王芳恒　著

陈法哲学思想研究

A Critical Analysis of Chen Fa's Philosophical Thoughts

社会科学文献出版社
SOCIAL SCIENCES ACADEMIC PRESS (CHINA)

自　序

　　《周易》是"六经"之首，是中国古代形上哲学智慧的雏形，是中国古代思想文化的滥觞和中华文明的源头。《周易》在中国思想史上地位重要，作用和影响都巨大。可以说，宋明道学的形上哲学，是以《周易》、道家学说、佛学为其形上哲学智慧的三根支柱。中国古代形上哲学思维的形成、宋明道学形上哲学体系的建构，均从《周易》中吸取了有益的养分。易学家关于易的起源和八卦、六十四卦的形成，关于象、数、辞、理及其关系和天地万物产生的解释，不仅包含了形上思维的思想元素，甚至在程颐、朱熹等易学家那里，已经建构起形上学哲学思维路径和哲学体系。中国古代思想家，无论他们怎么看待《周易》，鲜有做学问而不涉及《周易》者。学习和研究西方哲学史的人都认可，康德的《纯粹理性批判》《实践理性批判》和《判断力批判》像里程碑一样，竖立在欧洲思想史的进程中，不能绕过。类比而言，《周易》是中国思想史上的里程碑，同样没法绕过。据粗略统计，在贵州历史上，自汉至清末，研究《周易》思想文化者数十人。其中，著名学者有易贵、孙应鳌、李渭、王耘、萧光远等。据学者统计，明清两代，贵州学者撰著的书目中，以《周易》为著述内容的多达43部，以《易》中式的学子也很多。其中，陈法是易学研究的杰出贡献者。近年来，贵州学界出版了《孙应鳌文集》《明代黔中王门大师孙应鳌思想研究》等，述及孙应鳌的易学思想。但据《明代黔中王门大师孙应鳌思想研究》的作者王路平先生介绍，孙应鳌易学主要关注的是《周易》的义理。而陈法笺易，继承了孔颖达、朱熹等人的学风，不废象数，而更看重易明天道人事的意义。可以说，陈法的易学观和研究《周易》的方法，更符合《周易》的思想实际，其学术精神和研究思路，更具备现代转换、运用的可能性和必要性。因此，我们以易学和儒学为主要研究内容，建立起陈法哲学思想研究体系，目的是要突出陈法学术成果的重要理论意义和价值。

本书采用史论结合之方法，坚持逻辑与历史统一原则，以易学和儒学为有机组成部分，建构起陈法哲学思想研究的体系。本书由上篇"陈法易学思想"和下篇"陈法儒学思想"构成。在易学方面，本书将陈法的易学思想置于易学发展史的大背景下加以系统的考察，围绕易的起源、八卦和六十四卦的形成、《周易》的体系结构、《周易》的性质和解易体例等，阐述了陈法关于易学中心问题的主要观点和思想。突出了陈法在解易体例方面综合易学史上象数派、义理派解易方法之优长，从而拓展创新的特点。对陈法解易取象数派和义理派之长而避其短的学术精神，给予了充分的肯定。特别彰显了陈法视《周易》为明人事自然之理、强调《周易》为穷理尽性之书的理性精神，系统介绍了陈法对传统解易体例的继承和发挥。在中国思想史上，大凡重要的思想家，都对《周易》有不同程度的研究和体会。研究陈法的易学思想，在一定程度上可为深入研究中国传统思想文化提供一种独特视角和切入点，达到以古鉴今，推陈出新的目的。

儒学是陈法思想的重要组织部分，主要体现在其所著之《明辩录》中。由于对哲学最高本体"道""理"的体用关系有不同的理解，以及对《周易》及释、道思想的不同认识和吸纳，儒学发展至宋代，逐渐分化为理学和心学两派。朱熹、陆九渊分别作为理学和心学的杰出代表，围绕着本体论、发生论、道德修养论等展开了长期的争论。"朱陆之辩"长达800年，肇始于南宋，至明末清初仍有回声余绪。陈法在《明辩录》中，从本体论、道德修养论等方面对陆王心学提出了严厉批评，即属于回声余绪的重要组成部分。陈法对陆王心学的批评，是站在程朱理学立场上展开的，并以程朱理学为正学、为圣学、为道统，而以陆王心学为异端、为异道。陈法认为象山之学异于孟子学，其心学本体论和修养方法主要来源于禅宗，是异端。陈法赞成程朱理本论观点，而以象山"认心为理"为非。对于王阳明之"良知"本体，陈法认为其源自佛教"知觉灵明"之说。陈法对陆王道德修养理论的批评，主要涉及道德主体性和道德修养方式两方面。陈法对象山所谓"复其本心"和"先立乎其大者"的"易简"工夫，以及王阳明的"致良知"说，都提出了批评。陈法认为，要明天理，就必须走程朱理学"格物致知"的道路。象山的"复其本心"和阳明的"致良知"，都是佛教"明心见性"那一套东西，而非儒家圣人的修养方法。透过陈法的批评，可以更好地认识和理解理学和心学之异同，有利于进一步深入研究中国传统思想与文化。

"陈法哲学思想研究"是一个开放体系，可能存在疏漏和失误，需要不断完善和改进，作者借之向同行请教，以便进一步丰富和充实。

前　言

陈法（1692—1766 年）字世垂、圣泉，晚号定斋，清代著名学者，贵州安平县（今平坝县）人。康熙五十二年（1713 年）春，陈法乡试，举亚元，同年"秋闱"成进士。入词馆，任职检讨，为翰林官八年。像许多传统知识分子一样，陈法学而优则仕，先后任职河北顺德府、山东登州府知府，河东运河道、江南卢凤道、淮扬道、河北大名道道台等。陈法的学术著作颇多，主要分为三类：哲学类，如《易笺》《明辩录》等；治河、治水类，如《河干问答》《河工书牍》等；教育类，如《醒心集》《敬和堂文稿》等。2009 年，贵州人民出版社出版的《黔南丛书》第一辑、第二辑即收录了陈法先生的《易笺》《犹存集》等著作。《易笺》是陈法易学思想专著。2010 年，贵州人民出版社出版了《陈法诗文集》上、下册，内容与《黔南丛书》第一辑、第二辑基本相同。陈法的儒学思想，主要体现在其所著之《明辩录》中。今存《明辩录》主要有清代山右（今山西）人荆如棠于乾隆三十五年（1770 年）校刊的刊行本。2011 年，贵州人民出版社出版了《陈法诗文集续》，书中收录了《明辩录》等内容。本书所引《明辩录》原文，据此本。这些著作的点校、整理和出版，为开展陈法思想研究提供了方便。

梁启超在《中国历史研究法·总论》中说，历史研究的目的在于将过去的真事实予以新意义或新价值，以供现代人活动之资鉴。冯友兰在《贞元六书》中说，一事物之历史是决定此事物之现在与将来之行为之力量之重要部分。陈法是继孙应鳌、周起渭之后，贵州籍又一著名思想家。研究陈法思想，目的在于凸显贵州历史人物及其思想在当代中国思想文化建设实践中的重要地位和作用。

本书分上、下两篇，上篇"陈法易学思想"，下篇"陈法儒学思想"。从广义上说，这两篇主要讲的是陈法的哲学思想。陈法的思想当然还包括教育、文化及其对治河治水经验的总结等，囿于篇幅制约，我们选择了陈法思想中闪光的内容。我们认为，以易学和儒学作为研究的主要内容，已经足以承担"陈法思想研究"的目标要求。

一　陈法易学研究向度及收获

《周易》以其思想来源之古老、复杂，内容之丰富、深邃和影响之巨大、久远，历来被视为儒家"六经"之首。中国历史上的著名学者鲜有不涉及《周易》的，学习和研究中国思想和文化的后人，更不能绕过《周易》。孔子曾感叹："假我数年，五十以学易，可以无大过矣！"（《论语·述而》）陈法重要的学术贡献之一，体现在易学研究方面。陈法因替同事白钟山辩冤，得罪朝廷，于乾隆十三年（1748 年）被谪内蒙古十六军台戍边。在此期间，陈法系统、深入地研究《周易》，撰有《易笺》八卷。在《易笺》中，陈法总结并批判继承了历代著名学者研究《周易》的经验和得失，在关于易的起源、易的性质、《周易》的体系结构和解易体例等方面，提出了自己独到的理解。陈法解易，曾经得到四库馆编纂者的肯定，《易笺》亦被收入《四库全书》。

（一）关于易的起源和八卦、六十四卦的形成

关于易的起源，易学家们花费了大量的精力开展研究。可谓诸说并起，百家争鸣，但始终没有取得大致统一的看法，这或许正是学术研究的特点。关于易的起源和八卦、六十四卦的产生主要有这几种说法，如"伏羲观象说"，即伏羲画卦、文王演而为六十四卦并作彖辞、周公作爻辞，就是司马迁所谓"人更三圣，世历三古"之说，后来朱熹有所谓"人更四世"之论，即认为在"三圣"的基础上，又有孔子为《周易》作传。还有所谓"画前有易说"，即八卦、六十四卦源于圣人对数和理的领悟等。这两种说法均具有明显的主观性和猜测性特点。此外，易学家又从理论上将关于易的起源和八卦、六十四卦的产生概括为"参天两地而倚数说""大衍之数说""易有太极说""乾坤父母说""设卦观象说"等，而这些学说在很大程度上又蕴含在"河图洛书说"之中。《易传》讲到的天三、地二之数，大衍数五十，都与河图之数、天地之数有关。"易有太极说"与"大衍之数说"是用两套不同的语言，说明天地万物和八卦、六十四卦的起源。"乾坤父母说"乃解释文王卦位的一种学说，而文王卦位由伏羲先天卦位变化而来，故此说也与河洛之说关系密切。从易学史看，真正具有代表性的是河洛图书说、

易有太极说和乾坤父母说。

河图洛书说认为，上古时代，伏羲氏得黄河龙马所负"河图"，依其中的奇偶点数画出八卦，文王在此基础上演为六十四卦，即为易的起源。又传洛阳一带的洛水出现神龟，背负"洛书"，大禹得之，以为治水和创立九章大法之依据，治理天下，取得成功。这是后来图书学派解释天地之数、大衍之数来源的又一根据。易学史上，也有许多易学家反对易的产生与河图洛书有关系，认为所谓河图、洛书，不过是古代地理图籍一类的东西。

关于易的起源和八卦、六十四卦的产生，陈法赞成河图洛书说，他特别重视河图洛书的作用。同时，陈法又多说并举，包括河洛说、大衍数说和乾坤父母说等，而以河图说为其基础。陈法本邵雍河洛说，以河图为天圆，洛书为地方。在陈法看来，河图之数即大衍之数、天地之数，这是圣人作易的本源。主张有图而后有卦，有卦而后有易。关于易的演变，陈法赞成朱熹、焦循等人的"四圣"说，即认为伏羲作八卦，周文王、周公系之以象、爻辞，孔子作传。所不同的是，他认为"四圣"之易皆以明人事为最终目的。而朱熹等则认为只有孔子易方言人事。从体例上讲，关于六十四卦的构成，陈法赞成"重卦说"。就是说，伏羲根据河图奇偶之数画八卦，文王在此基础上按"重卦"原则演为六十四卦。可贵之处在于，陈法认为，无论是伏羲先天图，还是文王后天图，均来自阴阳相推而生变化的原理。先天图为体，文王图为用。体寓于用，用不离体。陈法认为河图是存在的，他不赞成欧阳修、毛奇龄等人以河图洛书为怪妄的观点。这体现出陈法对汉、宋图书说的继承。总之，陈法认为，卦与图是统一的。河出图，洛出书，圣人就是根据河图洛书而作八卦和六十卦。河图是天地万物产生和发展的总根据。

《周易·系辞传》有所谓"易有太极"章和"大衍之数"章，这两章实际上是用两套不同的语言，阐述天地万物的产生及八卦、六十四卦的起源。然而，历代易学家对这两章所表达的内容和主旨，却一直存在不同甚至相反的看法。有的易学家认为"易有太极"章讲的是宇宙本体论，如程颐、朱熹；有的认为此章讲宇宙发生论，如邵雍；有的易学家认为这两章均讲揲蓍成卦，如毛奇龄。陈法即认为"大衍之数"章是讲揲蓍成卦的。笔者赞成陈法的观点，但又有所补充，即"易有太极"章和"大衍之数"章均讲天地万物的产生和八卦、六十四卦的起源。当然，前者是从哲学上讲，后者则以所谓河图之数为基础，直接讲揲蓍成卦。"太极"即揲蓍中

"不用之一"，"两仪"即揲蓍中之"分二以象两"，"四象"即揲蓍中"揲四"的成果，结果都是讲八卦的起源。

乾坤父母说是易学家解释易的起源和八卦、六十四卦产生的一种重要学说，可分为乾坤升降说和乾坤本体说，后者自前者发展而来。这一学说是以阴阳升降、消长、相推为原理，认为其余六十二卦均自乾坤两卦变化而来。因此，在具体解释卦的形成时，乾坤父母说实际上主"重卦说"。乾坤两卦围绕二、五爻变化，产生六子卦。乾坤六子为体，其余卦为用，即所谓乾坤本体说。上下经构成等，均由八卦体用关系决定，六十四卦无非乾坤之体而已。乾坤父母说是卦变说的理论基础。陈法主乾坤父母说，他认为伏羲卦位图是体，文王卦位图是用。而乾坤两卦是伏羲先天图的核心，是正卦。陈法从体用、阴阳、刚柔几个方面，明确阐述了乾坤父母卦对于成就万事万物之重要性。

（二）关于《周易》一书的体系结构

《周易》的体系结构历来是易学家们讨论的重要话题，易学家们争论的问题，主要包括言（辞）、象、数、意（理）及其关系，《十翼》的作者，上下经的构成，经传关系等。多数易学家认为，象辞为文王所作，爻辞为周公所作。陈法亦持此论。争论最激烈的是《十翼》的作者问题。一种观点认为，《彖上传》《彖下传》《大象传》《小象传》等《十翼》为孔子所作，如朱熹等人即持此说。另一种观点认为，《十翼》并非孔子所作，而是由不同的人于不同年代完成的，如北宋的欧阳修、南宋的叶适等即持此看法。陈法认为《系辞传》《彖传》《爻传》《象传》为孔子所作，《说卦》《杂卦》古已有之，《序卦》为文王所作。因此，他不赞成孔子作《十翼》的观点。关于言（辞）、象、数、意（理）的内涵及其关系，易学家们的观点主要体现为两种倾向，一种倾向是置象或数于第一位，认为有象或有数，方有意或理，言（辞）为表达意（理）的手段。没有象或数，辞无所系；没有义理表达的需要，言（辞）就没有存在的必要。陈法即提出，辞由象系，因数显理，因图显理。他明确反对扫象和泥象，指出解易离不开象数，但解易的重点在明人事和自然之义理。另一种倾向是置意或理于第一位，以意或理为主体，主张有意、有理而后有象和数，如程颐、朱熹、杨万里、湛若水等即持此看法。

关于《周易》的经传结构，涉及六十四卦的排列问题，即所谓"序卦"、上下经的构成及其原则等。易学们提出了多种多样的构成方式和原则，如"八宫卦说""十二辟卦说""错综说""乾坤父母说""体用说""旁通说""相错说""相因说""相成说"，等等。关于上下经的功用，易学家们认为上经讲天地自然的形成，下经讲人事之理等。朱熹则指出《易经》分上下篇并没有什么特别的理由，只不过，"特以简帙重大，故分上下两篇"。在这一问题上，陈法继承了叶适、朱熹等人的观点。他认为，明其大义即可，不必探之过密、过繁。古人序卦合理之处，存之即可。他认为，上下经构成及各卦顺序，是按照"先天方位图"来定的。这是秉持和发挥元代萧汉中、明末清初方以智的观点。对于历史上所谓上经言天道，下经言人事，陈法以为，天道人事一也，最终落实到人事。陈法还从体用说、重卦说等立场，论述了上下经的构成。

（三）关于《周易》的性质

关于《周易》的性质，主要有两种观点。一是认为《周易》乃卜筮之书，卦爻象变化预示吉凶悔吝的变化，而吉凶悔吝情况由卦爻辞而得。汉代易学家将卦爻象、五行与四时节气等结合起来，提出卦气说、月体纳甲说等，用以解释阴阳灾异，使《周易》走向谶纬迷信。二是认为《周易》虽在历史上曾以卜筮之书的形式存在，但《周易》的目的却是明人事自然之理。魏王弼以玄学解易，重视阐发《周易》之义理，开启了以易解人事之先河。孔颖达、欧阳修、程颐、张载、朱熹、王夫之等均认为《周易》乃明人事之作。

陈法继承了这一传统，明确指出《周易》为本天道而明人事之书。这是圣人作易的本源。陈法解易，并不废象数，也讲揲蓍成卦并提出了独到的见解。然而，陈法做出了"小人占"和"大人占"的区分，并指出"易为君子谋"，不为小人谋。吉凶悔吝根源于人自身的行为。六十四卦及其卦、爻、象辞均以明人事为目标。尤其是《大象》辞，专言人事。《周易》讲自然界的道理，由于天道与人道一致，所以，《周易》最终目的是明人事之理。陈法关于《周易》明人事的观点，在《四库全书提要》中是得到了充分肯定的。

（四）关于解易体例

关于解释《周易》经传的原则及方法，即解易体例，陈法批判地继承了传统观点，并在若干方面有新的发挥。为解释卦爻象和卦象辞之间的关系，易学家们提出了许多解易原则和方法。或者置象（卦象、爻象）于第一位，从而主取象说，或者置义（意）于第一位，而主取义说，或取象取义说兼采等。以这两种解释倾向为基础，易学家又提出了一系列更为细致的解读方法，如在取象说的大前提下，又有爻位说、卦变说、互体说等。陈法在《易笺》中继承和吸收了传统的取象说、取义说、爻位说、中位说和趋时说等解易体例，同时，对传统解易方法又有发挥，提出善会说卦、以类而推、互卦取象、象爻互证、全卦取象、变通取象等解易方法，可谓推陈而出新。

二　儒学研究向度及收获

儒学是陈法思想的重要组成部分，主要体现在其所著之《明辩录》一书中，其核心内容主要有以下几个方面。

（一）赞成"理本论"，批评"心本论"

由于孔子、孟子等先秦儒家思想的不同特质及其影响，以及对道家学说和佛教理论的不同理解和吸纳，儒学发展至宋代，出现了明显的理论分化，形成理学和心学两大系统，宋明儒学也因此被称为"新儒学"。朱熹和陆象山分别作为理学和心学的杰出代表，围绕着本体论、道德修养论、正统与异端等方面展开了长期的争论，史称"朱陆之辩"。而后世学者针对"朱陆之辩"所展开的讨论，则被称为"朱陆异同之辩"。"朱陆之辩"肇始于南宋，至明末清初仍有回声余绪。陈法《明辩录》一书以程朱理学为正学、为圣学、为道统，从本体论、道德修养论等方面对陆王心学提出了严厉批评，即属于回声余绪的重要组成部分。"朱陆之辩"的本质，是争夺道统的话语权，是如何重建儒家道德形上学的问题，是如何确立和发挥儒家道德伦理的问题。陈法站在程朱理学的立场上，秉持朱与陆、儒与佛对立，而以朱、儒为是以陆、佛为非的观点，对象山和阳明哲学提出了批评。陈法坚定地捍卫了程朱一派的"性即理"说，以及道德修养方法上的"格物致知"说。

朱熹认为，人、物之性，就是人、物所禀之天理。天是理的本体，人性之所同者是理。从这个意义上说，性即理。从理的立场说，天授予人和物者曰"命"，从人和物所承受的立场说，其所受者曰"性"。性与理同质而异名。当然，天授予人者为普遍的理，而人和物所得者为分殊的理。原因就是人、物受后天气质和资禀的影响。

象山和阳明认为本体心是完满自足的，理在心中，也发自心中。心外无理，心外无物，心即理。心理为一，心理合一。心是理的根源或本体，人性之所同者是心。心与理同质而异名。

陈法以程朱理学为宗，即肯定了朱熹的"性即理"说，他在《明辩录》中以象山"认心为理"为非、"复心见性"为非等。陈法批评象山心学的前提是以程朱理学为正宗。这种批评在当时是一种思潮，并非陈法一人之独创。

在陈法看来，象山认为心与理合一或心与理为一。然而，心分为"道心"和"人心"，受后天"气质"或"气禀"影响，心并不直接是"理"，只有道心才是理。因此，陈法认为象山的"心即理"说，是受了佛教禅宗的影响。他认为象山所谓心之"灵明、不昧"，及其所谓"明心见性"，皆来自佛禅。象山只见心，不见性，即不见客观存在的理，而以心之"灵明"为理。象山和阳明找到了佛教禅宗所谓"知觉灵明"之心，用来代替孟子具有"良知良能"之心。象山、阳明与朱子一样，均主张性善论，认为心体至善，但又承认人的心体可能"受蔽""壅蔽"。既然如此，缺少了"格物致知"的工夫，心体怎么可能就是至善的？明此心，怎么就能够明此理呢？陈法认为这是不可能的。象山所谓"明心见性"，只是佛教的"机巧"而已。

（二）坚持"格物致知"的为学和修养方法，反对"复其本心"和"先立乎其大者"的"易简"工夫

既然人所得之理是天所授予的，说明理是客观的存在，实际上就是儒家那套伦理规范。那么，在朱子看来，为了去恶存善，去欲存理，就得做"格物穷理"的工夫。既然象山认定心就是理，心具众理，纯然至善，那么，要去欲存理，恢复善性，就只需要在心上下工夫。朱陆本体论上的差异，导致他们在道德修养方法上的差异。陈法坚持程朱的修养方法，提倡"格物致知"的工夫。反对象山"发明本心"或"复其本心"的"易简"工夫，也反对王阳明的"致良知"说。

在道德修养方法上，陈法坚持程朱的"格物致知""格物穷理"说，反对象山所谓"复其本心"之说，不赞成其"先立乎其大者"的"易简"工夫。陈法认为，这种工夫是受禅宗影响的结果，不可能认识万事万物之理。

朱子和象山都主性善论，认为恢复人的善性是有可能的。因此，从道德修养理论上说，他们都倡导复性论。他们都看到，人性本善，其不善者，根源于物欲、利欲所蔽，以及受个人后天的气质、资禀不同所制约。因此，复归善性要做的基本工作，就是去欲、去恶而存善性。在如何去、如何存的问题上，朱子与象山、阳明就产生了分歧。朱子提倡格物穷理，心统性情。象山倡导"复其本心""先立乎其大者",也就是"立心",而仁、义、礼、智"四端"则是本心的核心和根据。

象山也讲格物致知,也以"格"为"至",训物为"物理"。然则象山关于格物致知之旨,却与朱子意趣大相径庭。象山所谓格物致知,只是致本心之明,去本心之蔽,即"发明本心"。象山认为,万物皆备于我,通过所谓"静坐占睟",理不解而自明。只要在个人的本心上用功,便是格物致知了。这种"格此物""致此知"的思想,被阳明所继承。

针对象山的观点,陈法指出,由于人受先天气禀和后天物欲影响,本心所具之理是不可能一复即现的。要恢复天理,得经过一番去欲、去蔽的格物穷理之工夫。象山急功近利,乃以一己之私,而自以为本心自足,从而切近天理,这是做不到的。陈法认为,只有长期地修养和积累,才能保持向善的品性,纠正气质之偏、克服物欲之私,达到"大中""至正"的标准。陈法批评了象山所谓"自证自悟",认为这种方法不可能悟得天理。在陈法看来,所谓"易简"工夫,简直就不是道德修养工夫。所谓"自足""自证""自悟",并非圣人的学问,乃是对禅宗所谓"知觉灵明"之本心说的发挥。陈法认为,孟子"万物皆备于我,反身而诚"与象山"复其本心"不同。孟子所谓"皆备""固有",是指圣人在精神境界上与万物为一体,这种境界是通过"格物"的工夫得来的。而"复其本心"则是复佛禅"虚灵明觉"之心。总之,象山抛弃了"见闻之知",而认为本心之"灵明"自显,这完全是佛教禅宗那套办法。

陈法继承朱熹以"至""尽"训"格"的观点,即认为"格"是"达于物"和"至其极",他不赞成王阳明关于"格物"的思想。阳明也讲"格物",但其早期训"格"为"正",即"正念头",即所谓"正其心之不正以归于正"。格物变成了"格心""求心",就是在自家心里下工夫。阳明和朱熹一样,也训"物"为"事",可是,其早期所谓格物之最终目的指向至善之心,而非穷万物之理,非"即物"。陈法认为,在格物致知问题上,阳明作内外之别,从而"是内而非外",这是其格物说与程朱格物说最大的区别之处。实际上,笔者认为,阳明格物说并非"是内非外",而是认为"内优于外""内重于外",以"约礼"为"博文"的头脑。陈法指出,阳明所谓"吾性自足""万理咸具"等,都是"任心"之学,乃佛禅之学,不足取。实质是批评阳明对"见闻之知"的忽视。

陈法指出,后世学者之所以认为程朱"格物致知"之说"支离",就是象山和阳明的误导所致。其原因是象山、阳明对"格物致知"之说的认识和理解有问题，具体体现为"失之太泛""视之太难""论之太拘""失其本旨"。例如，阳明所谓"格竹"之举，就是把"格物穷理"理解为"格尽天下万物而穷其理"，此即为"失之太泛"。又如阳明以格物为"正物"，从而认为格物，就是"正念头"，就是"泥于训诂"之失。陈法认为，对程朱"格物致知"思想的认识，要懂得变通之道，不能做机械的理解。

（三）指出象山之学异于孟子而合乎禅宗

在"朱陆异同辨"中，象山之学的来源问题，也是学者们讨论的重要话题。关于象山之学的来源，大致有三种说法：第一是认为象山之学受启于北宋的程颢；第二是认为象山之学以孟子学为宗；第三是认为象山心学本体论和修养方法，主要是受佛教禅宗影响的结果。第二种说法是象山本人、弟子、门人、友人都认可的传承关系。象山认为自己的哲学是"自得""自成""自道"。王阳明也认为象山之学出于孟子。陈法持第三种看法，他认为象山之学异于孟子学而合乎禅宗。陈法否认象山之学源于孟子，至少认为象山未得孟学之真传。他认为对象山思想产生重大影响的是佛教禅宗。在陈法看来，孟子倡导性善论，讲究道德修养工夫，注重对"四端"的扩充。而这些为学的特征，是象山之学所不具备的。孟子虽讲"万物皆备于我矣"，但同时又强调"存心""养性""知性""知天"，即重视渐进性的道德修养。陈法认为，格物致知在孟子道德修养中具有重要的作用。孟子只是指出"四端"是人完成至善品性的基础，但并非就是至善本身。要达到至善，还需要格物而穷其理。因此，象山所谓悟本心、明此心的方法，既不能明此理，也不能直接成就至善人性的。

陈法指出，象山之学得于孟子者浅，却出入于佛禅，并深受其影响。所谓"先乎其大者"，是抛弃了"见闻之知"；而所谓"求放心"则受启于佛禅所谓"灵觉"和"明心见性"之说。这些都来自禅宗所谓"顿悟"的"机巧"，而非儒家传统的格物穷理说。陈法认为象山是借孟子"良知良能"说，来阐述佛教"诸法出自本心"的观念和"任心"之说，最终是用佛教"明心见性"之说代替孟子的"良知良能"说。

关于儒与释之别、道统与异端辨等，陈法一如既往地站在程朱立场上，对象山的有关论点提出了批评。朱陆均以尧舜禹汤文武周孔孟之道为道统，然而，他们对道德的内涵及本质、道统的传承体系等，则各有各的看法。朱熹至少还承认孟子之后，伊洛关诸公得儒学真传。而象山认为，孟子之后，儒学失去传承者，只有到他这里，才真正把丢失的儒学精髓找回来。陈法坚信朱子关于儒学传承体系的观点，坚决不同意象山的看法。此外，在关于异端的外延问题上，朱陆的看法也是不相同的。朱子明确以佛、老为异端，而象山则认为，异端者，不只佛、老，凡是儒家圣学之外的学问，凡是与"心即理"说不相符的学问都是异端。关于儒、释之别，程朱以虚实为判断之标准，即以儒为实，以释为虚。象山则以公私、义利为判断的根据，即以儒为公、为义，以释为私、为利。陈法赞成程朱的判断原则，并在《明辩录·论象山辟禅之非》一文中，从多个层次和侧面，对象山辟禅观点提出了批评。

（四）指出王阳明所谓"良知"和"致良知"是吸收佛教思想观念的产物

陈法在《明辩录》的《良知辩》和《致良知辩》两文中，对王阳明的良知本体论和作为道德修养论的致良知说提出了批评。陈法批评的重点，集中在阳明所谓良知及致良知的本质和内涵方面，认为阳明良知本体和致良知说，是吸纳佛教禅宗思想的产物，是"阳儒而阴释"。孟子讲良知、良能，象山讲良心、本心，阳明讲良知，体现出心学理论特征的相似性和内在关联。阳明认为，良知是本体心、至善心和天理心。良知、良心就是天理，良知、良心与天理异名而同质。此由象山笼统的"心即理"说发展而来。良知又是自觉之心和是非之心。陈法对阳明以良知为是非之心提出了批评，在陈法看来，既然良知是善性，是心之体，又怎么是"是非之心"呢？这不自相矛盾吗？

陈法所谓良知辩，除涉及良知的先验性、局限性问题外，更主要的是围绕阳明所谓良知与孟子良知说及禅宗的关系展开的。阳明晚年居越时期提出的"四句教"，可以说是其良知本体论与道德修养实践相结合的一种尝试，是企图将本体与工夫打成一片的努力。陈法则指出，阳明"四句教"是用良知来阐述佛禅理念。他认为，孟子是在道德意义上讲良知，因而，良知是至善或纯善。而阳明所谓良知则是禅宗之"知觉灵明"，因而，是"无善无恶"之心体。阳明以良知和"无善无恶"为心之体，而良知又是天理，即儒家伦理。换句话说，天理是心之体，或心之体是天理，能说天理无善无恶吗？

在禅宗那里，本心之性与真如、佛性是同一的。在阳明这里，良知与理或天理也是同一的，良知即天理。然而，陈法认为阳明析良知为二，一是作为本体的良知；二是作为主体所具有的认识能力的良知。陈法认为阳明所谓良知者，实是佛教禅宗的产物，托之以先儒之词而已。他认为佛教禅宗讲真如、佛性、无念、无往、无相、无执着、不思善、不思恶等，正是象山、阳明所谓心体之性，象山谓之"灵明""不昧"，阳明谓之"知觉灵明"等。阳明以儒家的良知等同于佛家的"真如佛性"，是想掩盖其学说之佛学本质。

陈法指出，在禅宗的影响下，阳明在解释本体和工夫的关系时，始终存在矛盾。一方面，阳明认为心体"无善无恶"或"不思善，不思恶"。另一方面，阳明又认为致良知就是去恶存善，本体和工夫始终未能统一起来。

"致良知"是一种修养工夫，阳明视其为最重要的认识方法。它以作为心之本体的"良知"为前提。因此，致良知企图实现本体与工夫的统一。阳明用良知代替《大学》之"诚"和孟子所谓的"善"，又吸收禅宗"心体清净"的观念，从而提出致良知说。阳明认为，良知人人具有，之所以还要"致"，乃在于人的良知易为利欲所蔽。要做一番努力，才能克服私利，恢复纯善之本心。推广良知于事事物物的办法，就是"致"。就是从良知之本然推广而为良知之发用，并去掉人欲和私意，是本体与工夫的融合和统一。致良知，既指"完全扩充"良知以便"知至"外，还指"依良知而行"。这是阳明更重视的一个侧面，他认为，只有这样，才能更好与"知行合一"结合起来。阳明为此批评程朱一派只强调知而不见行。当然，知行合一是强调知与行在本体意义上的必然统一。而致良知则强调的是良知本体与致用工夫应当合一。致良知的目的是明天理，即体认儒家伦理。在这一点上，阳明致良知的目标与朱子的格物穷理并无不同。

阳明致良知说受到批评，首先源于其理论描述与禅宗言论的相似处。阳明以良知为"明觉"，欲使孟子所谓良知与《大学》之"明德"结合起来。而明觉就是佛教所谓"灵昭不昧"，陈法认为，这种理念在儒家古代圣人那里是不曾有的，完全是佛教禅宗的东西。阳明承认其致良知说具有先验性，先于见闻之知。这也是受佛教影响所致。如禅宗即主张不立文字，得意忘言。禅宗主张"明心见性"，认为体察本心，就可洞见本心佛性，象山和阳明都吸收了禅宗的这一观念。

陈法认为，致良知就是格物穷理，是从个别现象上升为普遍知识的工夫。阳明所谓致良知，与子思、孟子和朱熹所言都是不同的，子思、孟子、朱熹所谓致知，才是儒家圣门"最切至要之功"。陈法指出，阳明视良知为天理，正如佛教所谓"万法自一心流出"，只不过是禅宗那套"明心见性"的方法，是不需要下任何工夫的。

　　总之，在道德修养和为学之方上，陈法坚定地捍卫程朱的格物致知说。严厉地批评了阳明致良知的先验性、局限性，指出了阳明致良知说是受佛教禅宗影响的结果，是借用儒学的概念，阐述佛教禅宗的思想。因此，在陈法看来，阳明之学不属于"正学"的范畴。

目　录

上篇　陈法易学思想

第一章　易的起源 ……………………………………………………… 3

　第一节　河图洛书说 …………………………………………………… 3

　第二节　易有太极说 …………………………………………………… 26

　第三节　乾坤父母说 …………………………………………………… 33

第二章　《周易》的体系结构 ………………………………………… 42

　第一节　象、爻、象辞及其含义 ……………………………………… 42

　第二节　象、数、辞、理及其关系 …………………………………… 51

　第三节　《周易》的经传结构 ………………………………………… 70

第三章　《周易》的性质 ……………………………………………… 79

　第一节　以《易》为卜筮之作的论点评析 …………………………… 79

　第二节　以《易》为明人事之书的思想线索 ………………………… 83

　第三节　陈法关于《易》明人事的思想 ……………………………… 90

第四章　解易体例 ……………………………………………………… 99

　第一节　传统易学的主要解易体例 …………………………………… 99

　第二节　陈法对传统解易体例的继承和发挥 ………………………… 120

下篇　陈法儒学思想

第一章　朱陆之辩及其评价 …………………………………… 157
　第一节　朱陆之辩的问题 ………………………………… 157
　第二节　朱陆之辩的实质 ………………………………… 159

第二章　象山心学论 …………………………………………… 169
　第一节　认性为理与认心为理 …………………………… 169
　第二节　朱陆心、理异同 ………………………………… 177

第三章　格物致知与发明本心 ……………………………… 184
　第一节　格物穷理 ………………………………………… 184
　第二节　复其本心 ………………………………………… 204
　第三节　朱陆为学方法辨 ………………………………… 224

第四章　象山之学与孟子思想 ……………………………… 242
　第一节　圣人之学 ………………………………………… 242
　第二节　象山之学与孟子思想 …………………………… 252

第五章　象山之学与禅学 …………………………………… 262
　第一节　朱陆异端辨 ……………………………………… 262
　第二节　象山之学与禅学 ………………………………… 276

第六章　良知和致良知辩 …………………………………… 294
　第一节　良知辩 …………………………………………… 294
　第二节　致良知辩 ………………………………………… 316

附录　陈法年谱简编 ………………………………………… 329

参考文献 ……………………………………………………… 342

后　记 ………………………………………………………… 345

上 篇

陈法易学思想

　　《周易》作为儒家六经之宗，其内容丰富而广泛，历代学者关于《周易》的研究，主要涉及易的起源、六十四卦的形成、彖爻象辞的性质、经传结构、解易体例和原则等问题。陈法所著《易笺》一书，基本也是围绕《周易》的这些主要问题展开讨论的。因此，研究陈法的易学思想，有必要采取史论结合的方法，考察其思想脉络，彰显其于易学有所发明之要点。

第一章 易的起源

关于易的起源，历代易学家均花费大量精力做了深入研究，并做出了不同回答。这是以易解释世界所必须回答的问题。明确了易之起源，才能解释《周易》的体系，例如，八卦如何演化为六十四卦，以及卦序、经与传之关系，等等。从易学发展史看，关于易的这些重要问题的探究，诸说并起。如所谓伏羲观象说，认为伏羲画八卦、文王演而为六十四卦并作象辞、周公作爻辞，即司马迁所谓"人更三圣，世历三古"之说，后来朱熹有所谓"人更四世"之论。还有所谓画前有易说，即八卦、六十四卦源于圣人对数和理的领悟等。同时，关于易的起源，还存在许多充满对立和矛盾的观点、看法。以《系辞》和《说卦》为基础，认真考察易学发展史，我们发现，关于易的起源和八卦、六十四卦的形成，最具代表性的说法有三，一是"河洛图书说"；二是"易有太极说"；三是"乾坤父母说"。伏羲观象说、画前有易说，以及"参天两地而倚数说""大衍之数说""设卦观象说"等，在很大程度上蕴含在"河图洛书说"之中。天三、地二之数，大衍数五十，都与河图之数、天地之数有关。"易有太极说"与"大衍之数说"是用两套不同的语言，说明天地万物和八卦、六十四卦的起源。"乾坤父母说"乃解释文王卦位的一种学说，而文王卦位由伏羲先天卦位变化而来，故此说也与河洛之说关系密切。唯"设卦观象说"是讲卦爻象之变化，不直接涉及河洛之说。

第一节 河图洛书说

所谓"人更三世，世历三古"等说法，是建立在河图洛书说基础上的，即无论三圣说，还是四圣说，均以伏羲画卦为其基础，即《系辞》所谓"河出图，洛出书，圣人则之"。从易学发展史看，关于八卦、六十四卦的起源，易学家们曾经提出"河图洛书说""设卦观象说""大衍之数说""参天两地而倚数说""易有太极说""乾坤父母说"等，多数易学家往往诸说兼备，各有侧重。

一　河洛之说与易的起源

（一）河图、洛书概念渊源

关于易及八卦、六十四卦的起源，总体上看，易学家的观点大致可归结为"河洛图书说"和"反河洛图书说"两类。在此基础上，易学家又有所谓"易有太极说""参天两地而倚数说""大衍之数说""乾坤父母说"等。这些关于易的起源的学说，都与易学家对于河图洛书的基本看法和态度有密切关系。因此，河洛之说更为根本。

《汉书·艺文志》载："易道深矣，人更三世，世历三古。"按照任俊华先生的观点，即是说"易学在儒学之前，已经经历了伏羲为代表的上古易、周文王为代表的中古易，而到孔子时代已是近古易了"①。即认为上古时代，伏羲得黄河龙马所托之先天图，画出八卦；中古时代，周文王将八卦演为六十四卦，并作卦辞和爻辞；近古时代，孔子喜易，为易作传。东汉的经师又提出周公旦作爻辞说。据说，伏羲得到的龙马所负之图，即河图。

"河图"一词，最早见于《尚书·顾命》："赤刀、大训、弘璧、琬琰，在西序；大玉、夷玉、天球、河图，在东序。"郑玄注曰："图出于河，帝王者之所受。一有洛书二字。"按郑玄的看法，汉人所见到的《尚书》，有的版本在河图之下，还有洛书两字。依此，河洛一词，最初出现在《尚书·顾命》中。《管子·小匡》记载了管仲和齐桓公的对话，管子曰："……昔人之受命者，龙龟假，河出图，雒出书，地出乘黄。今三祥未见有者，虽曰受命，无乃失诸乎？"这里也讲到了河图、洛书。《论语》记载了孔子的感叹："凤鸟不至，河不出图，洛不出书，吾已矣夫！"（《论语·子罕第九》）《系辞》所谓"河出图，洛出书，圣人则之"即来源于《论语》所记。

其实，上古时代的河洛，同《周易》未必就有真正的联系。将河洛同《周易》联系起来，始于《系辞》文，而《易经》和《易传》是不同时代的产物，且《系辞》并未说明河图、洛书到底是什么东西。西汉刘歆

---

①　任俊华：《易学与儒学》，中国书店，2001。

始以八卦系统解释河图，以《洪范》解释洛书，易的起源问题始与河图联系起来。所谓："伏羲氏继天而王，受河图，则而画之，八卦是也。禹治洪水，赐洛书，法而陈之，洪范是也。"（《汉书·五行志》）后来孔安国的《古文尚书》伪传，亦采此说。孔安国云："河图者，伏羲氏王天下，龙马出河，遂则其文以画八卦。洛书者，禹治水时，神龟负文而列于背，有数至九，禹遂因而第之，以成九类。"① 西汉的扬雄则进一步视河洛为《周易》的来源，其曰："大易之始，太初之先，冯冯沉沉，奋搏无端。河出龙马，洛贡龟书。"② 可见，扬雄以黄河龙马所负之图为河图，洛水神龟背上所托之书为洛书，视河洛为《周易》之本源。汉代的《纬书》据此鼓吹河图洛书说。

在道教易学的影响下，宋朝初期的象数学派为了探讨汉人所谓河图洛书与《周易》的联系，将《系辞》所谓天地之数、大衍之数与河洛联系起来。为了解释数与图的联系，又绘制了不同的河图和洛书图式，如所谓方位图、卦位图、圆图、横图等，用来说明易的起源及《周易》原理。于是，图书学派出现了。按记载，其首创者为陈抟，抟又传于种放。在种放之后，图书学派一分为三：一是陈抟所谓先天图传承至邵雍；二是河图、洛书传授至刘牧；三是太极图传承至周敦颐。三支图书派易学之共性，体现在他们均以图式解读《周易》。据《宋文鉴》载，陈抟曾撰有《龙图序》一文。《龙图序》提出"龙图三变"的观点，其第三变之结果，即后来刘牧所谓河图、洛书。"龙图易的中心思想是，天地之数，经过三次变化，成为龙图，用来说明八卦卦象起于龙图。"③ 按照朱伯崑先生的这种解释，可以看出，陈抟龙图易的中心意思是"数生象"，即八卦之象由数而生。伏羲得龙马所负之图，即河图，这是象。河图中有奇偶点数，可以说是象中有数。伏羲则之画八卦，此即数生象。

（二）先天之易与后天之学

"先天"概念出自乾卦《文言》："先天而天弗违，后天而奉天时。"北宋邵雍的易学，可称为先天易学。他将伏羲八卦称为先天之学、天道之学，而周文王依伏羲八卦所演之六十四卦及卦辞则为后天之学、地道之学。地

---

① （宋）朱熹撰《易学启蒙·本图书第一》，载（清）李光地撰《御纂周易折中》上，中央编译出版社，2011。

② 郑文：《扬雄文集笺注》，巴蜀书社，2000，第326～327页。

③ 朱伯崑：《易学哲学史》第1卷，华夏出版社，1995，第20～21页。

道源自天道，文王继承和发展了伏羲易，文王易为伏羲易之应用。

邵雍以乾坤坎离为四正卦的图式为伏羲氏所画，故称此类图式为先天图，即乾南坤北图式，邵氏易学被称为先天学。从基本原则看，邵雍易学以乾坤坎离为四正卦，在此基础上演绎出一套图式，从而深入发展了北宋李之才的卦变说。邵雍认为汉易中以坎离震兑为四正卦的图式，即离南坎北图式，乃伏羲易的推演，是为文王之易，故称其为后天之学。陈法的八卦方位图既采伏羲先天图，又继承了文王所谓后天之学。

在《答袁机仲书》中，朱熹说："据邵氏说，先天者伏羲所画之易也。后天者文王所演之易也。伏羲之易，初无文字，只有一图以寓其象数，而天地万物之理，阴阳终始之变具焉。文王之易即今之周易而孔子所为作传者是也。"① 朱熹如是说，大致与邵雍易学的基本内容一致。总之，所谓伏羲之易，就是以乾南、坤北、离东、坎西四正卦为内容的图式。在邵雍看来，这类图式是《周易》的基本原理，存在于《周易》之先，因此，其以阐发伏羲易为己任的易学即为先天学。

从易学发展史看，所谓八卦方位图、八卦次序图等，均是研究八卦和六十四卦起源的。

在《易学启蒙》和《周易本义》中，朱熹将邵雍的伏羲先天图归纳为四种图式：伏羲八卦次序图、伏羲八卦方位图、伏羲六十四卦次序图、伏羲六十四卦方位图。而这几种图式以八卦次序图和八卦方位图为其基础。陈法《易笺》所举之《八卦方位图》（即伏羲八卦方位图）、《文王卦位图》等即本于邵雍和朱熹。

蔡元定和朱熹合著《易学启蒙》，首篇即明图书。按朱熹的说法，原因在于他们认为卦爻象和奇偶之数皆源于河图洛书。河洛之数的演变，形成八卦和六十四卦卦象。而河洛之数又出于"自然之理"，两仪、四象各具自然之理。这样一来，朱熹的太极观就具有了本体论意义。

在《易学启蒙》中，蔡元定和朱熹以邵雍所谓乾坤坎离四正卦说，解释其河图中的八卦方位，从而发展了河洛之学。《易学启蒙》以乾卦居南、坤卦居北、离卦居东、坎卦居西，解释一年四季阴阳二气运行规则，而不采刘牧所承汉易之坎离兑震四正卦说。

---

① （宋）朱熹撰《朱文公文集》卷38，四部丛刊初编集部，商务印书馆，2009。

在《河图》，则乾坤离坎分居四实，兑震巽艮分居四虚。在《洛书》，则乾坤离坎分居四方，兑震巽艮分居四隅。[1]

可见，就易的起源和八卦的方位和运行来说，蔡元定和朱熹以河图说为其基础。

关于易的起源及发展，朱熹除所谓先天、后天之说外，又提出"人更四圣"的概念。朱熹认为，伏羲画八卦，周文王演为重卦并作卦辞，周公旦作爻辞，孔子作传，此为"四圣"说。

易本卜筮之书，后人以为止于卜筮。至于王弼用老庄解，后人便只以为理，而不以为卜筮，亦非。想当初伏羲画卦之时，只是阳为吉，阴为凶，无文字，某不敢说，窃意如此。后文王见其不可晓，故为之作彖辞。或占得爻处不可晓，故周公为之作爻辞。又不可晓，故孔子为之作十翼，皆解当初之意。(《朱子语类》卷六十六)[2]

意思是说，后人认为《周易》止于卜筮或止于义理，都是不对的。实际上，朱熹认为，孔子易专言义理。只不过，当时的学校课程只设置诗、书、礼、乐，没有设置易的课程。朱熹的"四圣"说也存在内在矛盾，他认为伏羲易、文王易、周公易均讲占筮，只有孔子易讲义理。可是，按照《系辞》所谓"十有八变而成卦"之说，蓍草要经过十八变才得一个六画之卦。有了六画之卦，才能断吉凶。而伏羲的八卦，为八单卦，与《系辞》所言不符。那么，怎么能断定伏羲易就一定是讲占筮而不讲义理的呢？

元代的雷思齐提出"河九八卦"说，认为八卦出于河图。他排斥五行生成图，只承认九宫图为《周易》象数之所本。

到明代，易学中所谓"先天"和"后天"之说，已经超越发生论的立场，从本体论的意义解释八卦和六十四卦的起源。例如，王畿视先天八卦为本体，而以后天八卦为功用，从体用一原的立场说明先天和后天之卦并无时间先后关系。所谓时间先后，只是发生的关系，而体用关系，则为本

---

[1] （宋）朱熹撰《易学启蒙·原画卦第二》，载（清）李光地撰《御纂周易折中》上，中央编译出版社，2011。

[2] （宋）黎靖德编《朱子语类》，杨绳其、周娴君校点，岳麓书社，1997。本书引用《朱子语类》较多，为省略计，引用时作夹注处理。

体论观点。

王畿以乾坤坎离四正卦为所谓先天之卦，以震艮巽兑为后天四隅卦，发展了邵雍关于先天之易的思想。

明代易学家蔡清将易分为"天地之易"和"易书之易"，前者即画前之易，后者则为后天易学。在蔡清看来，易书之易虽为后天之学，但是圣人依天地之易而作，乃为天地之易之摹写。蔡清说：

> 易何以见其弥纶天地之道邪？盖天地之道不过一阴阳之变也。而易书卦爻亦一阴阳之变也。易书只一阴阳之变，凡幽明、死生、鬼神、智仁之属，易皆有以象之而无遗。①

就是说，《周易》之义理是对天地之道的摹写。

明代易学家来知德将《周易》经传分为伏羲、文王、周公、孔子之易，以河洛图式和邵雍的先天圆图为伏羲之易，后天大圆图为文王之易，皆本于朱熹说。

明末清初的方孔炤、方以智父子既重视先后天图式，又特别推崇河洛图式。方孔炤谓"两间物物皆河洛"，视河洛为宇宙运动之根本，"以此河洛象数为一切生成之公证"②。方氏父子对河洛图式的理解采朱熹、蔡元定之"河十九洛"说，即以"中五"为中心理念，试图融"天地之数""大衍之数""参五错综"和"参两"说为一体，构造一个逻辑系统，用以说明河洛图式结构及其运动规则。

方孔炤、方以智父子吸收了邵雍、蔡清等人的传统说法，以体用关系解释河图和洛书的联系，即认为河图为体，洛书乃河图之用，二者是一致的。方孔炤说："河源远，故为图之体。洛源近，故为书之用。"③ 因为河图之数五十又五，乃天地之数；洛书之数四十五，包含在天地之数中，故河图为体，洛书为用。实际上，方氏父子继承了邵雍的说法，以河图为天圆，以洛书为地方。方氏父子秉承蔡清的观点，认为河洛二图之体用关系体现

---

① （明）蔡清撰《周易蒙引·系上》，转引自朱伯崑著《易学哲学史》第 3 卷，昆仑出版社，2005，第 121 页。
② （明）方以智撰《周易时论合编·图象几表·太极图说》，转引自彭迎喜《方以智与〈周易时论合编〉考》，中山大学出版社，2007。
③ （明）方以智撰《周易时论合编·图象几表·太极图说》，转引自彭迎喜《方以智与〈周易时论合编〉考》，中山大学出版社，2007。

在互藏，即河图藏用，洛书寓体。河图之体即藏于洛书之用中。

关于易的起源和性质，王夫之有二说，一是伏羲画卦说；二是乾坤并建说。

盖孔子所赞之说，即以明彖传、象传之纲领，而彖象二传即文周之象爻，文周之象爻即伏羲之画象，四圣同揆。后圣以达先圣之意而未尝有损益也。[①]

就是说，伏羲画卦，文王作彖辞，周公作爻辞，《系辞》是明彖传和爻传之纲领。这就是王夫之所谓四圣同揆说，"同揆"指四圣皆言天人之理，"伏羲氏始画卦而天人之理尽在其中矣"[②]。王夫之所谓"孔子所赞之说"指《易传》，不含《序卦》，他认为此传不是孔子作。王夫之四圣同揆说的目的之一，是不赞成朱熹所谓"四圣说"，朱熹四圣说认为只有孔子易讲义理。而王夫之同揆说则认为伏羲、文王、周公之易亦讲天人之理。

王夫之赞成河图说，以伏羲所画八卦源于河图之数，持河图八卦说。他说："河图者，圣人作易画卦之所取，则孔子明言之矣。八卦之奇偶配合，必即河图之象，圣人会其通，尽其变，以纪天地之化理也明甚。"[③] 就是说，八卦奇偶之画源自河图阴阳点数。但王夫之不赞成用洛书图式解释八卦，也反对以五行配河图。他认为这是刘牧的看法，有悖圣人之旨。实际上，王夫之的河图八卦说是对宋代蔡沈易学观的继承，就是将河图纳入《周易》体系，而将洛书归入《洪范》系统。

王夫之伏羲画卦说的中心观念，是以奇偶二数和阴阳二象的配合解释八卦和六十四卦的形成，或者说，视六十四卦为奇偶二数和阴阳二象的展开。

二 关于河洛说的修正与批判

关于易起源于河图、洛书，历史上也存在许多不同于上述易学家的观点，甚至存在强烈的反对声音。

北宋易学家李觏秉承汉唐卦气说，认为奇偶二画和八卦构成，源自圣

---

① （清）王夫之撰《周易内传·发例节录》，湖南人民出版社，2009。
② （清）王夫之撰《周易内传·发例节录》，湖南人民出版社，2009。
③ （清）王夫之撰《周易内传·发例节录》，湖南人民出版社，2009。

人对阴阳二气运行的观察，即所谓"观阴阳而设奇偶二画"。河图只为确定八卦方位提供帮助，洛书只定八卦之象。因此，河图、洛书仅为八卦形成的一种条件。实际上，八卦的方位也来自阴阳二气之变化。就是说，卦爻象的形成来自阴阳二气的变化。李觏进一步以此为基础说明各卦的卦义，这是一种卦气说的观点，是对河洛说与易的起源观的一种修正。

欧阳修直接斥责河图、洛书为虚妄，河洛说为"曲为之说"，乃卜筮者杜撰的，这种解易学风必须禁止。他说："此曲学之士，牵合傅会，以苟通其说，而遂其一家之学尔。其失由于妄以系辞为圣人之言而不敢非，故不得不曲为之说也。河图之出也，八卦之文已具乎，则伏羲受之而已，复何为也？八卦之文不具，必须人力为之，则不足为河图也。"① 欧阳修认为河图是存在的，然而他并没有正面回答其究竟为何物。欧阳修对河洛说的批判，对南宋功利学派和清代汉学家易学的解易倾向产生了重要影响。

程颐不赞成图书学派的解易风格，他说："圣人见河图洛书而画八卦，然何必图书，只看此兔，亦可作八卦，数便此中可起，古圣人只取神物之至著者耳，只如树木，亦可见数。"② 意思是，事物内部本身就存在阴阳之象和阴阳之数的对立和统一，即使没有河图洛书，照样可以画出八卦。这是对河洛说的一种修正。依此，程颐对刘牧的图书之说提出了许多批评。

张载易学抛弃了河图洛书之说，他说："作易以示人，犹天垂象见吉凶；作书契效法，犹地出图书。"③ 意思是，圣人仿效河图洛书创造了文字，圣人作易，同河洛并没有直接联系。张载以阴阳二气之运行代替河洛之说，用以阐述《周易》原则，建立起了气学易学体系。

功利学派之叶适不赞成《汉书》所谓"人更三圣"说，其实质是反对朱熹的"四圣"说。在"四圣"说中，朱熹认为只有孔子易讲义理，而伏羲易、文王易、周公易均讲占筮。叶适不以《周易》为卜筮之书。叶适指出，不应作所谓先天易和后天易的分别。关于河洛，叶适认为，河图和洛书产生于不同的时代，内容各异，后世河洛说解释天人联系，都是伪说。叶适河洛观的要点在于反对象数学派和义理学派部分易学家用所谓五行生成之数、九宫之数解释天地之数、大衍之数和八卦的起源，打击了河洛之说和邵雍的"画前有易"说。

---

① 闫骏翔主编《中华典籍精荟：易童子问》，远方出版社，2005。
② （宋）程颢、（宋）程颐著，潘富恩导读《二程遗书》，上海古籍出版社，2000。
③ （宋）张载撰《横渠易说·系辞上》，转引自丁原明《横渠易说导读》，齐鲁书社，2004。

南宋功利学派的薛季宣认为，伏羲画卦，来自对自然万物的观察，正所谓上观天文，下察地理，远取诸物，近取诸身，观鸟兽虫鱼之文，始画八卦。易的起源与河洛完全无关，解易者所谓龙马负图、神龟献书，乃无稽之谈。为此，薛氏解释了河图洛书的来源。薛氏认为，河图洛书乃周王朝主管河川的官吏所进献的与地图、地理志有关的图籍，如《山海经》然，其功用是记载黄河、洛水流域的地名风物。所谓河称图，洛言书，是因为黄河源头位于中原之外，依世代传闻了解其形态，因此用图以表示；而洛水源头则出于神州，其详情，人得而知之，因此用文字加以记载，"图书者，详略之方也。"① 总之，薛氏一方面指出古代以来确有河图、洛书存在；另一方面又反对将河洛神秘化。他说："就龙龟之说，成无验之文，自汉儒启之，后世宗之，征引释经，如出一口，而圣人之道隐，巫史之说行。"② 因此，在薛氏看来，易的起源与河洛无关。

宋末元初的易学家俞琰虽为朱熹后学，但排斥河洛之学。他认为用河洛之数说明易理，乃汉人之牵强。他认为五十五之数为天地自然之数，五十则为揲蓍之数，这两个数都与河图洛书无关，"《河图》自易言之，吾又于《顾命》见之矣，不过曰'天球、河图在东序'。又于《论语》见之矣，不过曰'河不出图，吾已矣夫'。又于《礼运》见之矣，不过曰'河出马图'。未尝有所谓五十五数，亦未尝有所谓四十五数。"③ 就是说，《尚书》《论语》等书中所谓"河图""洛书"，并没有五十五和四十五之数，即使有，也没有名之"河图"和"洛书"。俞氏认为《系辞》所谓河图，是《尚书·顾命》所谓列于东序之河图，同天球并列，为玉之有文者，洛书乃石而自有文者。相比于薛季宣之说，俞氏此论，是一种新观点。

明代义理派易学家崔述认为，所谓河图与易无关。《四库提要》评论其易学曰："大旨舍象数而阐义理。故谓陈抟所传图象，皆衍术数，与易无干。诸儒卦变之说，亦支离无取"。可见，崔述既不赞成图书学派的解易学风，也反对汉儒以来的卦变说。

王廷相尖锐批评了邵雍、朱熹的图书之学和先后天之学，他说：

① （宋）薛季宣撰《艮斋先生薛常州浪语集卷之二十七·河图洛书辩》，台湾商务印书馆，1977。

② （宋）薛季宣撰《艮斋先生薛常州浪语集卷之二十七·河图洛书辩》，台湾商务印书馆，1977。

③ （宋）俞琰撰《读易举要·河图洛书之附会》，载李申、郭彧编纂《周易图说总汇》上，华东师范大学出版社，2004。

易自邵朱以来，如先天、后天、河洛、五行，任意附入者已多，及求诸六十四卦，何曾具此？后学自少至老，读其遗文，迷而不省。又为衍其余说，日胶月固而不可解，使四易之圣，杂以异端之说，悲哉！①

王廷相也主"四圣"说，但他认为《易经》六十四卦与邵雍、朱熹等所谓图书说、河洛说、先天与后天之学等均无关系。一句话，河洛说、图书说、先后天学与"四圣"之易没有联系。

明代的湛若水不仅不认为圣人作易出于河洛，反之，他指出河洛原理恰恰来自自然阴阳的变易之理。他说："伏牺作易，只见天地间惟阴阳奇偶耳，故始作一画于上，加之至六，而后尽天地人物变易之理，洛书之合者，亦合于此耳。后世有圣人作易，亦不过此。"② 这是圣人观象作易说，只不过，圣人所观者并非只是物象，而是阴阳变易之理。

清初的黄宗羲在其所著之《易学象数论》中指出，自京房象数之学到邵雍河洛说和先天之学，都不是《周易》经传之正宗，而是百家之学的窜入，故不可据之解说经文。朱熹在《周易本义》中却摘邵雍所谓先天图式于卷首，后来官方确定其为教科书。除周孔之易外，又有所谓伏羲之易，使易学回到京焦方技之老路。

黄宗羲依《周易》经传，驳斥河图说。他斥责朱熹容纳图书和象数之学以乱经传，他认为河图象数之学，"不特不见于经，亦是不见于传。"③ 黄宗羲对朱熹易学观的批判，是对封建王朝以《周易本义》为思想上层建筑的一次挑战。

黄宗羲认为《说卦》"帝出乎震"章已经讨论了八卦的方位问题，邵雍和朱熹又根据《系辞》之"天地定位"章提出八卦方位问题，从而得出所谓伏羲先天说，即乾南坤北、离东坎西之位，这是没有根据的。

夫卦之方位已见帝出乎震一章，康节舍其明明可据者，而于未尝言方位者，重出之，以为先天，是所谓非所据而据焉。④

---

① （明）王廷相撰《内台集·答何柏斋造化论》，《内台集》七卷本，齐鲁书社，1997。
② （明）湛若水撰《湛甘泉先生文集·新泉问辨续录》，四库全书存目丛书编纂委员会编《四库全书存目丛书·集部》第57册，别集类，齐鲁书社，1997。
③ （清）黄宗羲撰《易学象数论》，谭德贵校注，九州出版社，2007。
④ （清）黄宗羲撰《易学象数论》，谭德贵校注，九州出版社，2007。

在黄宗羲看来，"天地定位"章并不讲卦的方位问题，仅为邵氏一家之说，而朱熹却以其为先天说，并在《周易本义》中以所谓伏羲先天说注《系辞》"天地定位"章，以文王后天说注《说卦》"帝出乎震"章。黄宗羲指出，朱熹这样做是先入为主，即由先信有所谓先天之说，后信文王学为后天之学。

> 离南坎北之位，本无可疑。自康节以为从先天改出，牵前曳后，始不胜其支离。朱子求其所以改之之故而不可得，遂至不信经文。吁！可怪也。①

黄氏指出，朱熹宁可不信经文，而信邵雍。此论点对《周易本义》的权威性提出了挑战。黄宗羲还指出邵雍的先天八卦方位图，来自陈抟炼丹的理论。

黄宗羲非常赞赏欧阳修以河图洛书为怪妄的观点，认为这是了不起的见解，但他认为应当承认儒家的典籍中确实曾经明言古有河图洛书存在。关于河洛，他取薛季宣说，以其为上古时代的地图。

> 谓之图者，山川险易，南北高深，如后世之图经是也。谓之书者，风土刚柔，户口扼塞，如夏之禹贡，周之职方是也。谓之河洛者，河洛为天下之中，凡四方所上图书，皆以河洛系其名也。②

就是说，河洛乃古代地图和地理志一类的东西，与孔安国、陈抟、邵雍等所谓龙马负图、洛龟献书说毫无联系。黄氏指出，《论语》所记孔子慨叹风鸟不至、河图不出，是惋惜"世莫宗周，列国各自有其人民土地，而河洛之图书不至，无以知其盈虚之数"③。黄氏确定《系辞》为孔子所作，故认为其中所说河洛，应与《尚书·顾命》《论语》等所言是一回事。这样，黄宗羲的论点陷入了自相矛盾，即一方面认为河洛为古代地图，与易无关，另一方面又肯定《易传》为孔子所作，即肯定"圣人则之"之说。

---

① （清）黄宗羲撰《易学象数论》，谭德贵校注，九州出版社，2007。
② （清）黄宗羲撰《易学象数论》，谭德贵校注，九州出版社，2007。
③ （清）黄宗羲撰《易学象数论》，谭德贵校注，九州出版社，2007。

　　黄宗羲认为，宋人所提河图、洛书说，都不符合"天地之数"章的本意，乃以主观想法加于经传。汉唐易学家说到天地之数和九宫之数时，都没有认为这两类数是河图和洛书。即便可称天地之数的组合为图，但洛书之书指的是文字，非图象之意。黄氏指出，视河洛为两类图式，始于宋代陈抟，经刘牧阐发，河洛图式方纳入易学系统。黄宗羲认为"图十书九"说与《系辞》天地之数说合，但反对将其配方位，也不赞成用五行生成解释天地之数，认为这两种情况都与《系辞》无关。

　　黄宗羲认为邵雍的先天次序图和先天方位图，是出于对《系辞》"易有太极"章的解释，但其解释与传文的原义不一致。例如，邵雍的先天横图次序有所谓生十六、生三十二之说。而"易有太极"章只讲"两仪""四象"和"八卦"。

　　黄宗炎对河洛说和先天学也提出了批评，他认为儒者秉承此观点解易，是对经学的背叛。

　　　　易有图学，非古也，注疏犹是魏晋唐所定之书，绝无言及此者。有宋图学三派出自陈图南，以养生驭气之术，托诸大易，假借其乾坤水火之名，自申其说，参同契，悟真篇之类，与易之为道，截然无所阂合。……图学从来出自图南，则道家者流，杂之大易，遂使天下靡然称为易老。儒者极其崇奉，并讳其所谓老，专以易归之，亦可畏也。上古何尝有图？但文字未备，画为奇偶，示文字之造端尔。陈氏不识古文古字，误以为图也。①

　　"图学三派"指刘牧河洛图式、邵雍先天图和周敦颐太极图。黄宗炎认为，朱熹《周易本义》以河洛说和先天学解释《周易》经传文是乱经，因此，其所著《图学辨惑》实际上是清算以朱熹为代表的官方易学。道教以方术解经，已是乱经，朱熹所为则是乱中再乱，黄氏认为必须清算。

　　同其兄长一样，黄宗炎认为河图与"天地之数"章没有关系，"五位相得而各有合，不过言奇与奇相得，合之而成二十有五；偶与偶相得，合之而成三十，未尝有生数成数及五行之所属也。以此为河图，绝无证据。"②既不赞成以天地之数的组合为河图，也不赞成以所谓五行生成解释天地之

①　（清）黄宗炎撰《图学辨惑》，载施维主编《周易八卦图解》，巴蜀书社，2010。
②　（清）黄宗炎撰《图学辨惑》，载施维主编《周易八卦图解》，巴蜀书社，2010。

数。关于洛书图式，黄宗炎认为《洪范》九畴之数，同图书学派所说的洛书亦不相干。

黄宗炎采其兄黄宗羲说，认为河图洛书乃指古代的版籍和地图。"河图洛书乃地理方册，载山川之险夷，壤赋之高下，与五等六等班爵授禄之制度，若禹贡、王制之类。特因儒者好为神奇，愈作怪妄，愈失真实矣。"①黄宗炎指出，龙马负图和神龟载书，皆源于陈抟之徒根据道教炼丹术伪造和附会，并非《诗经》《论语》等文献所说的河图和洛书。

朱熹在《周易本义》中所列邵雍图式，遭到黄宗炎全面批判。关于邵氏先天方位圆图，黄氏着重批评了其乾南坤北说，立论与其兄同。但他比其兄更进一步，指出邵氏此图式乃道教炼丹术的改头换面。所谓"先天""后天"都是虚语。

> 文言之谓先天者，曰天时未至，大人有以开之，若先乎天矣，而与天所将来一无违逆，故云先天而天弗违。谓后天者，曰天既启其端，大人继述其所宜后乎天矣，若奉天之命令而不失其时候，故云后天而奉天时。此先后二字，本属虚语，如礼传先后从前一例，非实有先天后天之可象可指也。②

这是对《文言》所谓"先天""后天"的解释，以之驳斥邵氏所谓先天、后天为虚语。这种观点源于朱熹《周易本义》，但打击了朱熹对邵氏先天学的推崇。

黄宗炎于《图学辨惑》中重点批评了周敦颐的《太极图说》，考证此图说乃陈抟无极图的改头换面。朱熹的《太极图说解》却对此图加以剖析，致其乱典。黄宗炎指出，无极乃道教和道家的学说，而儒家只讲太极，不能混同。周敦颐的易学乃道教和道家学说的混合物。

毛奇龄首次从汉学立场，批判了图书之学和太极图说。其所著《河图洛书原件编》系统考证了河图洛书起源和演变。概括起来，有以下几点：第一，先秦典籍及《系辞》中所谓河图、洛书，"大抵图为规画，书为简册，无非典籍之类"，但其内容，已不可考。第二，汉人论河图、洛书，或以为龙马负图，神龟负书，或以河出书，洛出图，或以河图为八卦，洛书

① （清）黄宗炎撰《图学辨惑》，载施维主编《周易八卦图解》，巴蜀书社，2010。
② （清）黄宗炎撰《图学辨惑》，载施维主编《周易八卦图解》，巴蜀书社，2010。

为九畴，或以河图出天苞，洛书吐地符。众说纷纭，皆无证据，难以是从。第三，宋初道士陈抟始解说河图和洛书的内容，但亦未言出于何处。刘牧倡其说，图书之学始行于世。刘牧明言以四十五数者为河图，五十五数者为洛书。至邵雍又以圆者为河图，方者为洛书，不言五十五和四十五之数。北宋阮逸又伪造《关朗易传》和《洞极真经》，以十为图，九为书，对抗刘牧的"河九洛十"说。至朱熹采阮逸说，载于《周易启蒙》和《周易本义》，图书之名始确定下来，不再争议。第四，北宋陈抟始以黑白点之数解释河图的内容，其以五行生成之数释河图之数五十有五，是窃取汉郑玄注"天地之数"文。而郑玄以五行生成数注天地之数，亦非"大衍之数"章的本义。《系辞》所说五十有五之数乃天地生成之数，并非五行之数。洛书四十五之数，则出于《易纬》太乙下九宫之法，郑玄注九宫说亦未言此是洛书之文或洛书之数，而陈抟之徒则以其为洛书，儒者遵之，竟窜入经文。至于以《洪范》九畴为洛书文，亦无根据。总之，"大衍图至于九宫明堂皆出于纬书，虽经汉儒采及之而不可为训"，至于陈抟之徒以五十五和四十五之数解说图书，更非先秦文献中河图、洛书之本意。①

在《太极图说遗议》中，毛奇龄指出，陈抟剽窃道教的太极先天之图，并将其分为先天和太极两图，后者即周敦颐太极图。所以，周敦颐图说来源于道教和道家。

李塨系毛奇龄弟子，他在《周易传注》中发挥了黄宗羲兄弟和其师毛奇龄的观点，进一步批评了图书之学。李氏不赞成陈抟等以五行生成之数解释天地之数，在李塨看来，宋儒以郑玄所变五行生成之数配八卦方位，并以其为河图、洛书的内容，于经传无根据。其结论是："圣经只有五十五数以为衍之本，而并不及五行生成一语，岂经旨尚有纰漏耶！其为曲学穿凿附会，灼无疑也。"即大衍数来源于天地之数，与五行生成之数和河图无关。

关于河洛原义，李塨取毛氏说，认为乃"周之宝珪典籍"。此典籍西周后失传，汉唐以后各家之解均属猜测。陈抟、刘牧以黑白圈点表示四十五和五十五之数，名之河图和洛书，以为八卦来源，邵雍、朱熹等宗之，错上加错。李塨引胡渭言曰："欲明易，八卦具在，焉用河图；欲明范，九畴具在，焉用洛书？其言明矣。"②即否认所谓河图洛书为易的起源。

---

① 毛奇龄批判图书之学和太极图说的主要观点，参见朱伯崑《易学哲学史》第4卷，华夏出版社，1995，第271～272页。

② （清）胡渭著，王易等整理《易图明辨卷一》，巴蜀书社，1991。

清初考据学派大师胡渭是清代汉学的先驱，著有《易图明辨》一书。他继黄宗羲、黄宗炎和毛奇龄之后，系统清算了宋易中的图书之学，是宋明至清初批判图书说和先天学论点的总结。胡渭指出，所谓图就是卦爻象，此外，《周易》无其他图。即便有图，亦无先后可言。《周易》既自古无河图之象，也无洛书之文。据河洛说释八卦起源，乃后人伪造。"……自伪龙图出，而始以五十有五为羲皇复位之数矣。"① 胡渭直接称陈抟《龙图》为"伪龙图"，而邵雍所谓先天学，源自道教炼丹术。邵氏所谓圆图，是对《说卦》"天地定位"章的错误理解。在胡氏看来，"山泽通气""雷风相薄"等表示八卦间可相通相配，可重而为六十卦，而与八卦方位无关，与先天无关。邵氏所谓后天易学，即"帝出乎震"章之义，也为伏羲易，没有必要区别为先后天之易。简言之，朱熹所示九图，都可抛弃。

胡渭解释河图之本意与李塨基本相同，而认为洛书是古代的象形文，是作《洪范》九畴的根据。其他各种解释，都是附会。

清代易学家焦循关于易的起源，采"四圣"说，认为四圣相袭，其旨均在于明卦爻象之错综变化，以断吉凶之理，他说：

> 伏羲设卦，自文王始系之。孔子作系辞传云：圣人设卦观象，系辞焉以明吉凶。伏羲设卦以观变通之象，况象者即况其当位、失道之吉凶也。②

焦循不赞成区分伏羲之易、文王之易和孔子之易，也反对对卦、爻辞作分别，他企图将卦爻象、卦爻辞和经传统一起来，从而贯彻其"汇而通之"的解易原则。

三 陈法关于河洛说与易的起源

陈法特别重视河图洛书的作用。莫友芝认为，陈法"其酷信宋人图书，不服王祎、归震川、毛际可、李穆堂之辨，所申说嫌于浮游。然固不以掩其大醇也"③。关于易的起源和八卦、六十四卦的形成，陈法多说并举，包

---

① （清）胡渭撰《易图明辨题辞》，中华书局，2008。
② （清）焦循撰《易图略·原辞上第五》，《易学三书》下，九州出版社，2003。
③ （清）莫友芝撰《宋元旧本书经眼录·附录》，载顾久主编《黔南丛书》第一辑，贵州人民出版社，2009。

括河洛说、大衍数说和乾坤父母说等，而以河图说为其基础。陈法本邵雍河洛说，以河图为天圆，洛书为地方。在陈法看来，河图之数即大衍之数、天地之数。《易笺》中的河图见图1-1。

图　　　　河

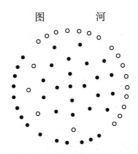

图1-1　《易笺》中的河图

邵雍说："圆者，星也。历纪之数，其肇于此乎？方者，土也。画州井地之法，其仿于此乎？盖圆者，《河图》之数；方者，《洛书》之文。故羲、文因之而造《易》，禹、箕叙之而作《范》。"① 邵雍《皇极经世书》洋洋洒洒数十万言，论及河图者不过这几句话，未见河图洛书之妙处。邵雍也未言河图和洛书之数分别是多少。清朝人江永云："按此一条，未足以见图、书之妙也。图不必圆，亦可为方。书不必方，亦可为圆。历纪之数，其一隅耳。画州井地之法，其粗迹耳。盖邵子之学，专意于六十四卦圆图，而图、书犹其所略也。"② 朱熹《周易本义》所列河图，即非邵雍所谓圆者之图。

陈法继承了邵雍的观点，视河图为圆图，其谓：

邵子曰："圆者，河图之数；方者，洛书之文"，则河图宜圆。夫河图者何也？天地之化机也。阴阳之化，日流行于天地之间，莫不由微而之著，以渐而相推，是故阳长而阴消，阴长而阳消，盛衰之变化也。（《易笺图说》）③

即河图为圆，象征天，洛书为方，象征地，天地配合而成世界。

---

① （宋）邵雍著《皇极经世书卷十三·观物外篇上》，中州古籍出版社，2007。
② （清）江慎修著《河洛精蕴》卷一，孙国中点校，学苑出版社，1989。
③ （清）陈法撰《易笺》，顾久点校，贵州人民出版社，2009。本书引用《易笺》较多，为省略计，引用时作夹注处理。

关于易产生的年代，陈法在解明夷卦时说：

> 又尝观之《大传》曰："《易》之兴也，其于中古乎？其当文王与纣之世耶？"如此卦是也。初之"于飞"，"耄逊于荒"也。六二，其文王之在羑里耶？（《易笺·卷三·下经上·明夷》）

这是根据《说卦》文所做的推断。又其解明夷卦六二爻辞说：

> 六二，明之主，正与五相对，如日之在"地中"，故他爻明夷只带说，而此爻独曰"明夷"。去不如初之速，"夷于左股"，则为所伤矣。盖牵制之，使不得行也。凡行者，先右而后左，夷则后塞，欲行而不能也。（《易笺·卷三·下经上·明夷》）

陈法认为，明夷之六二爻，讲的正是文王被武人囚禁羑里的事。故，易当出乎商代最后一位君主纣到周文王之世这一段时期。

> 《易》之为文、周作，以小畜、明夷、升、随之象、爻辞推之也。文王处危之时，"故其辞危"。惟其忧危，故不至于危，而"危者"可"使平"。（《易笺·卷六·大传下》）

文王处乱世，但处之得当，故《象辞》《爻辞》皆以之为法。

关于易的发展演变，陈法赞成朱熹、焦循等人的"四圣"说，所不同的是，他认为"四圣"之易皆以明人事为最终目的。关于伏羲作八卦、文王作卦名，陈法说："文、周只因而系之辞耳，是伏羲作，而文、周述也。"（《易笺·卷五·大传上》）就是说，伏羲作八卦，文、周系之以象、爻辞，以使人能明卦爻之义。

> 盈虚消息，皆本天道以明人事，而疏"通神明之德"以示人。卦之名虽不一，要不外此"阴阳""刚柔"之理，其情伪皆上古浑朴之世所未有，故疑名卦之为文王也。（《易笺·卷六·大传下》）

就是说，只有到了文王之世，易才有可能由上古占筮之需，发展为明人事之书。关于六十四卦的产生，陈法认为来自伏羲画八卦，他说：

> 于是证之河图而无不相合，乃则其奇偶之象：阴阳者，上下内外，
> 两相渐摩，画之而为八卦；八卦之上，又加八卦，如舟之相荡，往来
> 上下，而为六十四卦；重之为圆图，列之为横图，累之为方图。(《易
> 笺·卷五·大传上》)

就是说，伏羲根据河图奇偶之数画八卦，文王据之演为六十四卦。所以，从体例上讲，关于六十四卦的构成，陈法赞成"重卦说"。

陈法认为，朱熹所审定的邵雍先天八卦方位图、先天八卦次序图、六十四卦方位图、六十四卦次序图，从根源上讲，都来自伏羲画八卦。简言之，伏羲画八卦，乃八卦、六十四卦的起源，即易的起源。

> 康节先天四图，传自希夷，朱子从而表彰之。伏羲之《易》，自是
> 而显，其功大矣！或以为希夷所自作，不知此即伏羲之《易》也。上
> 古无文字，只有此图，伏羲既见河图奇偶之数，浑沦圆转，化育之流
> 行，《大传》所谓"刚柔相摩"是也。乃画为八卦以拟之，所谓方位图
> 也。于是八卦相荡而为六十四卦之圆图，并列之而为横图，重累之而
> 为方图。故有方位图，乃有圆图，有圆图，乃有横图，有方图，此所
> 谓"四图"也。(《易笺·论四图》)

黄宗羲、黄宗炎、毛奇龄、李塨、胡渭等易学家均认为，河图为宋陈抟所伪造，邵雍又名之先天图，不足信。陈法则认为，邵雍所谓先天四图，即伏羲易。伏羲八卦按照刚柔相推的原理运行，才形成了六十四卦。

陈法认为，《说卦》"天地定位"章，讲的正是伏羲八卦方位图，"八卦相错"三句，讲的就是圆图。

> 此《说卦》所谓"天地定位，山泽通气，雷风相薄，水火不相射"
> 也，然亦于卦既画之后名之耳。(《易笺·八卦方位图》)

陈法秉承邵雍、朱熹等人的观点，细致地解释了伏羲八卦方位图。

"天地定位"四句，即图之方位也：南北，阴阳之位也，故以此定乾坤之位；山之在西北者弥高，则环乎东南矣。"山泽"在地而其"气"上"通"于天；"雷"起于东北，"风"厉于西南，雷动而风从，如"相薄"近也；日月寒暑，错行代明，而不相悖，"水火"之"不相射也"。此言八卦之方位，而流行已在其中。（《易笺·卷八·说卦传》）

乾南坤北，离东坎西，这就是伏羲卦位图。

关于文王卦位，即邵雍所谓"后天图"，多数易学家依《说卦》"帝出乎震"章，从取象和取义立场加以解释。陈法则指出，由"先天图"到"后天图"，乃阴阳对待、流行和消长所致，从而比一般易学家的看法更为深刻。

文王卦位，所以与伏羲异者，诸家之解终费辞说，细绎之，只先天之变为后天耳。天地定位，则下济上行，故乾、坤交而为坎、离于南北，而乾、坤自退于两隅。震之始于东北者，出而奋于东。离之出于东方者，升于天中。……此所以为后天也，对勘自明矣。（《易笺·文王卦位图》）

陈法赞成邵雍以"帝出乎震"章解释文王卦位图的观点，他说：

此一节邵子以为文王卦位，是也。《文图》主阳而言，故首言"帝"，造化之主宰也。（《易笺·卷八·说卦传》）

在文王卦位图中，震居正东，阳气上升，故言主宰。陈法说：

此释"帝出乎震"一节之意，定其方位，明其与《羲图》异也。前言"帝"而此言"万物"，帝不可见，于万物见之，显诸仁，藏诸用，洋洋乎发育万物而帝出矣。（《易笺·卷八·说卦传》）

易学家以"帝出乎震"解释文王后天卦位，受到了阴阳家"五德终始"说的影响。阴阳家以木、火、土、金、水五种元素为五种"德性"，又将这五种德性与四方、四时联系在一起。例如，春天，盛德在木，而木主东方，阳气开始上升。夏天，盛德在火，火主南方，等等。这与震居东方，阳气始升的说法是一致的。

离所以为正南之卦，陈法解曰：

> 人君之德，莫大于"明"，故"离"为王象。（《易笺·卷八·说卦传》）

这就是所谓"圣人南面而听天下，向明而治"。离为明，为丽，为火，君王以光明照耀天下。

陈法认为，伏羲先天图和文王后天图，都出自天理自然。这个天然之理，就是阴阳相推之理。先天图为体，文王图为用。体寓于用，用不离体。

> 夫伏羲因河图以画卦，皆天理之自然；文王因伏羲之卦变为后天，亦必出于自然。"帝出乎震"一节，图之既具，乃发明其用与方位耳，非依此以一一安排为图也。故夫《羲图》之变，而为《文图》，"乾父坤母"一节已明言之，而读者不察也。伏羲本河图以画卦，八卦之始也；卦之既具，又有乾坤六子之象，故文王本乾坤之交以为图，八卦之变也。（《易笺·论文王卦位》）

在这里，陈法明确指出，八卦源于伏羲依河图画卦。

陈法认为，"雷以动之"一节，讲图从中起，指的就是横图、方图。

关于河图与方位图、圆图和方图的关系，陈法认为先有河图，后有圆图、方位图和横图。

> 夫有河图，然后有方位图；有方位图，然后有大圆图；有大圆图，又移其上一层之八卦先横列之，复于每卦之上再加八卦，遂成横图。盖圆图上一层之八卦，震、巽相连于中，次以水、火，次以山、泽，乾、坤持其两端，已与方位图异，与今所谓八卦次序图者无二，故列之即成横图。是因圆图而为横图，非规横图而为圆图也。不须拗转，自无造作。（《易笺·横图》）

可见，关于六十四卦的形成，陈法主重卦说。又其论《大圆图》说：

> 至于"八卦"之上各加八卦，而"相错"而为六十四卦，成大圆

图矣。(《易笺·卷八·说卦传》)

这是针对朱熹说的，朱熹认为，比起横图来说，圆图造作，不自然。陈法不赞成朱熹的看法。

陈法又以圆图为体，以横图为用，他说：

> 天有其时，地有其方，若仍未足以尽阴阳之变也，故又列之为横圆图。图以八卦圆图为之体，上加八卦，其交易也，亦交易于流行之中。若横图，即以圆图上一层列之而各加八卦，则相荡相错，纯乎交易之用。(《易笺·横图》)

陈法认为，体不离用，用不离体，他说：

> 羲、文各图说《易》者，皆以先、后天分属，又或分为体、用，为对待，为流行。夫体与用原不相离，而所谓流行者，即流行于对待之中耳。对待而不流行，则对待为死物矣。故《羲图》体已该用，而《文图》用不离体。(《易笺·论文王卦位》)

"体已该用"，即体不离用，这是一种强调相互转化的辩证思维方法。在这里，陈法虽提到体、用概念及其关系，但他所讲的是发生论，而非本体论。陈法论《羲图》和《文图》都是从宇宙发生论的立场展开的，他说：

> 惟是就二图言之，《羲图》，造化之形容，有天地而后有万物，《大传》所谓"乾道成男、坤道成女"也；《文图》称乾坤以父母，目六子以男女，有万物而后有男女，有男女而后有夫妇，周子所谓"万物生生而变化无穷"也。(《易笺·论文王卦位》)

就是说，二图均讲天地万物和人的产生，故谓之生生变化而无穷。
陈法认为，《系辞》所谓"天地之数"，即河图之数，这是圣人作易的本源。

> 盖造化无形也，而河图以数显之，是故奇偶者，阴阳之象也。一三七九、二四六八者，阴阳生长盛衰之象也；五居中而十环之，四方

与中为五位；一得五合而为六，阳生北而阴盛于外；三得五合而为八，阳长于东而阴消于外；二得五合而为七，阳盛于南而阴生于内；四得五合而为九，阳消于西而阴长于内；五与十相守于中。此奇偶之合，阴阳之会，氤氲停畜，以储变化流行之用也。即此一图之内，而阴阳之往来升降、盈虚消长已悉具于其中，万物以之成其变化，鬼神以之显其功用。是此一切圣人发明河图之精蕴，卦由此而画，作《易》之本源也。（《易笺·卷五·大传上》）

河图显奇偶之数、阴阳之象，含阴阳往来、盈虚消长之道。圣人则此而画卦，以描述万物形成及变化之功效。

陈法提出，河图、洛书虽各有特点，但其实质则一。伏羲八卦方位图，文王八卦方位图，六十四卦圆图、横图、方图都是河图、洛书的扩展。他的结论是，"有图而后有卦，有卦而后有《易》，非凿空杜撰，无图是无卦无《易》也。"（《易笺·论河图》）

洛书，阴阳奇偶，五位相得相合，虽分四正、四隅，然亦与河图无二，以其圆名之图，以其方名之书。河图于对待之中，显流行之用；而洛书又于流行之内，见交易之用，故河图皆左旋，而洛书阳皆左旋，阴由右转。（《易笺·论洛书》）

比起历史上的易学家来说，陈法更明确地指出，八卦、六十四卦来源于河图。他认为，圆者，方者，均显流行、对待之用。

二者固若合符契，书之与图不同者，方、圆之象。而一三七九，二四六八，中五之数不殊。图之奇偶相附，书则奇处四正，偶居四隅，而五位之相得而各有合则一。图终于九八，阴阳之老而变也；书终于四七，阴阳之灭而消也。河图阴阳皆左旋，而洛书阳左旋而阴右旋。河图对待中有流行，洛书流行中有交易，其理则一也。（《易笺·论洛书》）

无论河图，还是洛书，均显示了阴阳、奇偶之数的相合相得和对待，行鬼神而成变化。陈法又以洛书为《洪范》九畴之数，他说：

书之出，即当禹之世，书之数，既为范之畴，《大传》何为并举之？若夫书之为畴，徒以九类、九章之数偶合，至按其实一。（《易笺·论洛书》）

……

窃意：禹之世，必有《洪范》之瑞如河图洛书者，禹因而第为九畴，如伏羲为八卦耳。但箕子既未明其所自出，后人又不见其遗迹，以洛书数九，遂妄以实之耳。（《易笺·论洛书》）

陈法此说，正与黄宗炎、毛奇龄等人的看法是相对的。陈法认为河图是存在的，他不赞成欧阳修、毛奇龄等人以河图洛书为怪妄的观点，他说：

不知大传已著其五十有五之数，若非言河图则何从说起，其曰此所以成变化而行鬼神，又以阐河图之精蕴而揭作易之本源，可谓深切著明矣。（《易笺·论河图》）

他指出，汉朝之孔安国、刘歆、扬雄都直接或间接讲到河图，而汉朝离古代相距不算远，因此，河图是存在的。又纬书《乾凿度》里讲到四正、四维皆十一的概念。虽然，纬书不足以言《易》，但可证明，河图洛书自汉而有。河图并非自宋初之陈抟始有，最早，图和《周易》应合为一体。后来，人们多用易来卜筮，《周易》的资料又掌握在太卜手中，久而久之，卦与图分离。陈法说："夫子之时，《易》之四图与系辞合，故夫子玩图而赞之。"（《易笺·卷五·大传上》）意思是说，在文王、周公的年代，《周易》与四图是合为一体的。

古圣人之作《易》，原本之河图，效法乎天地以为之准，故极乎道之至大至小而无所不该。……所谓"画前之《易》"也。（《易笺·卷五·大传上》）

这些论点，体现了陈法对河图洛书说的偏爱。当然，其所阐述的河图洛书存在之理由，显得并不充分。但作为易学家，以河图洛书说阐述易的起源，不只陈法。这体现了陈法对汉、宋图书说的继承。总之，陈法认为，卦与图是统一的。河出图，洛出书，圣人就是根据河图洛书而作八卦和六十卦。

此《大传》所谓"易有太极，是生两仪，两仪生四象，四象生八卦"，所谓"河出图，洛出书，圣人则之"者也。卦与图岂有二致哉！自世之言《易》者不究，则图、画、卦之旨，直从"元亨"、"利贞"说起，则不知卦之所由以画，而"道之大，源出于天"者，不可得而明也。岂不深可慨哉！（《易笺·八卦方位图》）

河图不仅是六十四卦的根源，更是天地万物流行、化育之总根源。"《周易》首乾画卦，本之河图；河图，化育之流行。"（《易笺·卷一·上经上·乾》）总之，河图是天地万物产生和发展的总根源。

第二节　易有太极说

《系辞》所谓"易有太极"章与"大衍之数"章，实际是用两套不同的语言，阐述天地万物的产生及八卦、六十四卦的起源。只是，历代易学家对这两章所表达的内容和主旨，一直存在不同甚至相反的看法。有的易学家认为"易有太极"章讲的是宇宙本体论，如程颐、朱熹；有的认为此章讲宇宙发生论，如邵雍；有的易学家认为这两章均讲揲蓍成卦。陈法即认为"大衍之数"章是讲揲蓍成卦的。笔者赞成陈法的观点，但又有所补充，即"易有太极"章和"大衍之数"章均讲天地万物的产生和八卦、六十四卦的起源。当然，前者是从哲学上讲，后者则以所谓河图之数为基础，直接讲揲蓍成卦。"太极"即揲蓍中"不用之一"，"两仪"即揲蓍中之"分二以象两"，"四象"即揲蓍中"揲四"的成果，结果都是讲八卦的起源。

《系辞》云：

是故《易》有太极，是生两仪。两仪生四象，四象生八卦。八卦定吉凶，吉凶生大业。是故法象莫大乎天地，变通莫大乎四时，悬象著明莫大乎日月，崇高莫大乎富贵。备物致用，立成器以为天下利，莫大乎圣人。探赜索隐，钩深致远，以定天下之吉凶，成天下之亹亹者，莫大乎蓍龟。是故天生神物，圣人则之；天地变化，圣人效之；天垂象，见吉凶，圣人象之。河出图，洛出书，圣人则之。《易》有四象，所以示也；系辞焉，所以告也；定之以吉凶，所以断也。

这是宇宙论的太极观。

一 宇宙论和本体论太极观的对立

邵雍是易学数学派的代表人物，关于八卦和六十四卦的起源，朱伯崑先生认为邵雍采"大衍之数说"和"参天两地而倚数说"，并以此解释其他说法。

但从所谓大横图关于八卦、六十四卦的形成程序来看，邵雍和朱熹对易的起源实际上持有三种说法，一是"易有太极说"；二是"大衍之数说"；三是"参天两地而倚数说"。首先，邵雍以易有太极说解释八卦、六十四卦的形成，他说：

> 太极既分，两仪立矣。阳下交于阴，阴上交于阳，四象生矣。阳交于阴，阴交于阳而生天之四象；刚交于柔，柔交于刚而生地之四象；于是八卦成矣。八卦相错，然后万物生焉。是故一分为二，二分为四，四分为八，八分为十六，十六分为三十二，三十二分为六十四。故曰分阴分阳，迭用柔刚，故易六位而成章也。①

这是从"易有太极说"的立场讲八卦和六十卦的起源。因此，邵雍所谓"加一倍法"或"一分为二法"，实际上可归结在"易有太极说"中。

邵雍和朱熹均认为八卦的形成是一分为二，二分为四，四分为八的过程。一即太极，二即阴阳，四即老阴老阳少阴少阳。再加以推衍，即八分为十六，十六分为三十二，三十二分为六十四，便导出伏羲六十四卦次序横图，又叫大横图（八卦次序图则称小横图）。

六十四卦乃阴阳（或动静、刚柔）对立面经过六次分化而成。程颢将这种方法称为"加一倍法"，他说："尧夫之数，只是加一倍法。"② 朱熹则称之为"一分为二法"或"四分法"，他说："此只是一分为二，节节如此，以至无穷，皆是一生两尔。"（《朱子语类》卷六十七）这种"加一倍法"或"一分为二法"推演的基础就是在八经卦的基础上分别加一奇一偶，则由八而十六，十六而三十二，三十二而六十四，即得到大横图。

朱熹对邵雍的"一分为二法"，以及邵雍关于八卦、六十四卦形成的观

---

① （宋）邵康节原著，阎修篆辑说《皇极经世书今说》（上），华夏出版社，2006。
② （宋）程颢、（宋）程颐撰《二程遗书二程外书》，上海古籍出版社，1992。

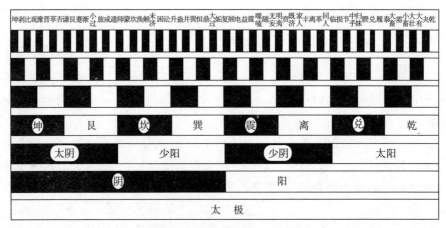

图1-2　伏羲六十四卦次序图

点是大加赞赏的，他说："邵氏先天之说，则有推本伏牺画卦次第生生之妙，乃是易之宗祖，尤不当率尔妄议。"① 他认为邵雍的一分为二法，说出了八卦形成的本源，有"自然契合，不假安排之妙"，"易之心髓，全在此处。"② 这是对邵雍先天图高度的逻辑性和严密性的肯定，说明邵氏易学在易学史上占有重要的地位。

　　朱熹与邵雍的不同之处在于，他认为"一分为二"后，"二"中包含"一"，即太极生两仪、四象、八卦，而两仪、四象和八卦中又各具太极，这就使其太极观具有了本体意义。而邵雍的观点，停留在发生论的阶段。朱熹所谓太极，也与程颐所谓"理一"不同，理一对"万理"而言，理一并不包含万理。朱熹的这一思想，又被明代的薛瑄所继承，其结论是以理为本，理在事上，终致体用脱离。

　　邵雍所谓"一分为二法"是讲宇宙论的，王夫之从本体论立场对之做了批评。王氏指出，"易"指六十四卦之全体。"易有太极"是指六十四卦含有太极之总和；"是生两仪"是指太极自身包含阳奇阴偶两方面。太极展开，则四象、八卦、三十六象随之显现，进而六十四卦象皆具。太极与卦象为体用关系，太极者体，卦象为用，体用不离。故每卦均含太极之全体，此即"易有太极"。王氏这种观点，乃朱熹"一卦一爻莫不具一太极"之义的发挥。王夫之本体意义上的太极观，是对邵雍加一倍法的先天卦序图的

①　《朱文公文集·答袁机仲》，四部丛刊初编集部，商务印书馆，2009。
②　《朱文公文集·答袁机仲》，四部丛刊初编集部，商务印书馆，2009。

否定，具有重要的意义。

黄宗羲继承了朱熹和王夫之的本体论观点，认为两仪即含四象，四象即含八卦。关于"易有太极"章中生两仪，生四象，生八卦之"生"字，黄宗羲认为此所谓生是指阴阳不断变易的形式，而不是邵雍所说次第生出。依黄氏的看法，八卦和六十四卦中即含两仪、四象，两仪、四象间没有时间先后的次序。他在答万公择时说："统三百八十四爻之阴阳，即为两仪；统六十四卦之纯阳纯阴，阳卦多明，阴卦多阳，即为四象；四象之分布，即为八卦。故两仪四象八卦，生则俱生，无有次策。"① 生则俱生，这里取朱熹本体论的太极观。

关于"易有太极"章之旨，黄氏取阴阳变易说，而不赞成画卦说和揲蓍成卦说。他说："易有太极是生两仪，所谓一阴一阳者是也。其一阳也已括一百九十二爻之奇，其一阴也，已括一百九十二爻之偶，以三百八十四画为两仪，非以两卦为两仪也。"这是以阴阳二爻之总括为两仪。

笔者认为，如果把邵雍的大横图理解为他对八卦、六十四卦形成过程和方式的一种解释，那么，邵氏的"一分为二法"是有其合理性的。但从哲学的学理立场讲，我们更赞成朱熹从本体意义上对太极、两仪、四象、八卦及其关系的解释。因为，朱子的解释，更具有易学哲学的特色。

二　陈法太极观的宇宙论特色

关于"大衍之数"五十，陈法以其不用之一为太极，这是本朱熹的说法。他认为"大衍之数"章所讲的是揲蓍成卦的过程。他认为大衍之数五十，称为五十蓍，即"太蓍"，曰"大衍"，乃尊称。

虚一以象太极，故策数只用四十有九。盖太极之理，开天明道之圣人已默契之，隐而不发。（《易笺·卷五·大传上》）

就是说，大衍之数是五十。这种看法与邵雍的说法是一致的。邵雍说：

易之大衍何数也？圣人之倚数也。天数二十有五，合之为五十。地数三十，合之为六十。故曰五位相得而各有合也。五十者蓍数也，

---

① （清）黄宗羲著《宋元学案·龟山学案·引》，中华书局，1986。

六十者卦数也。五者蓍之小衍也，故五十为大衍也。八者卦之小成，则六十四为大成也。①

这里，既讲了大衍数，也讲"倚数"，即八卦、六十四卦由大衍之数和揲蓍之数而形成。邵雍认为，筮之数和卦数分别出于天地之数，揲蓍求卦的过程，即是八卦和六十四卦形成的过程。

《系辞》所谓"大衍之数"的说法，与《说卦》中关于揲蓍成卦的说法，虽有所差异，但其实质为一，均认为八卦、六十四卦皆揲蓍之数而成，即有数而有象。

《系辞》说：

> 大衍之数五十，其用四十有九。分而为二以象两，挂一以象三，揲之以四以象四时，归奇于扐以象闰；五岁再闰，故再扐而后挂。《乾》之策二百一十有六；《坤》之策百四十有四，凡三百六十，当期之日。二篇之策，万有一千五百二十，当万物之数也。是故四营而成《易》，十有八变而成卦，八卦而小成。引而伸之，触类而长之，天下之能事毕矣。显道神德行，是故可与酬酢，可与佑神矣。子曰："知变化之道者，其知神之所为乎！"

《说卦》也提出了八卦出于揲蓍之观点：

> 昔者，圣人之作易也，幽赞神明而生蓍，参天两地而倚数，观变于阴阳而立卦，发挥于刚柔而生爻，和顺于道德而理于义，穷理尽性以至于命。

这是讲由揲蓍而生数和象，即揲蓍而生八卦之象。但《说卦》的观点，与《系辞》又有所差别。《系辞》讲了八卦、六十四卦产生的程序，即揲蓍的程序。《说卦》则主要从阴阳、刚柔的变化，讲卦爻象的产生。

南宋的朱震以太极为不动之数，或不动之一，既是受了邵雍太极说的影响，也是对程颐说的发挥。朱震把四象、八卦看成大衍之数自身的展开，

---

① （宋）邵康节原著，阎修篆辑说《皇极经世书今说》（上），华夏出版社，2006。

以不动之一即太极为八卦和六十四卦之根源。

关于易的起源，也即关于八卦、六十四卦起源的认识，易学家们通常有两个思考向度，一是考察原生形态的易的起源，或者认为八卦、六十四卦源于伏羲得龙马河图，则之画为八卦，文王演为六十四卦并作彖辞，周公作爻辞；或者反对八卦、六十四卦源于河洛，即反对先天易学。一是考察圣人如何根据河图中所谓大衍之数，经过"虚一""分二""挂一""揲蓍"等程序，从而由数生象，推导出八卦、六十四卦，并以之断吉凶。可以说，前一个向度是指向原生的，后一个向度是指向后天的。陈法关于八卦和六十四卦起源的讨论，正是沿着这两个向度展开的。

陈法将"天地之数""河图之数"与"大衍之数"并说，如其解"是故阖户谓之坤，辟户谓之乾"一章说：

> 大衍之数即乾坤之数，阳开阴闭，如"户"之"阖""辟"，而两仪可见。"一阖一辟"，四时之"变"；"往来不穷"，日月之流"通"。其见于图书，则有奇偶之象。成形而为著，则为器。圣人则河图而生著，"制而用之"，因象以制器，而即器以显象，则为大衍之法。(《易笺·卷五·大传上》)

这样一来，乾坤之数、河图奇偶之数和大衍之数，也就视之为一了。陈法说：

> 夫乾坤之阖辟也孰主张？是有理而后有气，是为"太极"以为阖辟之根柢，往来之枢纽。然有理而无形，故大衍虚一以象之。有太极，则一动一静而"两仪"生，《易》分而为二以象之。"两仪生四象"，《易》揲之以四，以象四时。由阴阳、老少之变而生"八卦"。六十四卦，无非八卦之相错而成，而"吉凶"以之而"定"。(《易笺·卷五·大传上》)

这是从河图之数、乾坤之数、大衍之数的立场，讲了从太极到八卦的过程。这个过程，就是揲蓍成卦的过程。

从以上所谓后天的向度看，陈法关于八卦、六十四卦起源的模式是：河图之数（奇偶点数）→天地之数（五十有五）→大衍之数（五十，其用四十九）→揲蓍成卦（八卦、六十四卦）。大衍之数五十乃是天地之数五十五的用数，由天地之数五十五减去小衍之数五而得。小衍数五为天地之体数，大衍五十为天地之用数。朱熹认为，大衍之数五十是由中宫衍母之数五乘以地十之数而得，他说：

> 大衍之数五十，盖以河图中宫天五乘地十而得之。至用以筮，则又止用四十有九，盖皆出于理势之自然，而非人之知力所能损益也。[1]

陈法亦说："大衍之数，中宫以十含五，四方之数由五之合，故虚其中以为衍母。"（《易笺·卷五·大传上》）五为衍母，为天地之体数，五十则为天地之用数，即大衍数。

显然，在易学哲学观上，陈法继承了程朱的说法，即以理为太极。而太极则是阴阳阖辟的源头。在这里，宇宙生成的过程，也就是揲蓍成卦的过程了。陈法与朱熹、王夫之的不同在于，他并没有强调理、太极与两仪、四象、八卦等有则俱有，生则俱生。因此，其太极观，仍属于宇宙论的范畴。

按照陈法上述观点，圣人则河图之数而画卦，河图之数以中五为衍母，故大衍数为五十，其用四十九，揲蓍以前民用。然陈法在解释《系辞》"制而用之"时又说：

> 夫是太极、两仪、四象也，圣人则之以画卦，又则之而衍筮，所谓"制而用之"也。（《易笺·卷五·大传上》）

太极、两仪、四象到底是圣人在画卦、揲蓍过程中得到的概念呢，还是圣人根据太极、两仪、四象的概念而画卦和揲蓍？陈法和历史上大多数易学家一样，并没有讲清楚。这可从一个侧面说明，《易传》是后世易学家解释《易经》的作品，传文和经文通常没有必然的联系。

欧阳修就认为《系辞》关于八卦起源的观点充满矛盾，《系辞》非圣人所作，非一人之作品。欧阳修指出，《系辞》关于八卦起源之说有二：一是河出图，洛出书说；一是圣人设卦观象说。欧阳修指出，这两种说法是互相矛盾的。他认为"河出图，洛出书，圣人则之"，是说，"八卦者非人之所为，是天之所降也"。可是《系辞》观象立卦说，又意味着"八卦者是人之

---

[1]　（宋）朱熹撰《周易本义》，苏勇校注，北京大学出版社，1992。

所为也，河图不与焉。斯二说者已不能相容矣"。另外，《说卦》又提出八卦出于揲蓍说，与《系辞》说又不同。由此，欧阳修得出结论说："谓此三说，出于一人乎，则殆非人情也。"[①] 欧阳修可谓一语击中要害。

我们认为，作为后学者，与其根据神话、传说一类的思想资料，无休止地讨论易的来源和八卦、六十四卦的产生，还不如把主要的精力放在象、辞、意（理）、数等范畴及其关系的探究上。尽可能地剔除《周易》主要范畴及判断源自农业社会的直观性、自发性和猜测性特点，彰显古代思想者以易认识人生、社会和自然的智慧。这样的研究思路，应该更有意义。

第三节 乾坤父母说

这是许多易学家关于八卦、六十四卦起源的一种重要学说。

《说卦》云：

> 乾，天也，故称乎父。坤，地也，故称乎母。震一索而得男，故谓之长男。巽一索而得女，故谓之长女。坎再索而得男，故谓之中男。离再索而得女，故谓之中女。艮三索而得男，故谓之少男。兑三索而得女，故谓之少女。

索，就是求，指揲蓍求爻而言，有爻方有卦。男女，指卦中之阴阳爻。

一 升降说

乾坤父母说至少可追溯到西汉的京房，京房曾说："乾坤者阴阳之根本，坎离者阴阳之性命。"[②] 荀爽继承京房以乾坤为阴阳运行根本的思想，创见性地提出了乾升坤降说。荀爽指出，乾坤两卦乃基本卦，此两卦的爻位互易，即乾卦九二居于坤卦六五爻位，坤卦六五居于乾卦九二爻位，此即乾升坤降。其结果形成坎离两卦，为上经之终；坎离两卦又相配合，则形成既济和未济，为下经之终。所以乾坤两卦爻位的升降乃八卦和六十四卦的基础。荀爽以阴阳爻位升降说解释乾坤、坎离、既济、未济外的其他卦。

荀爽指出，一卦之爻位升降，即可变成另一卦。"就占筮的体例说，荀

---

① 闫骏翔主编《中华典籍精荟·易童子问》，远方出版社，2005。
② 郭彧著《京氏易传导读·附录》，齐鲁书社，2002，第133页。

爽从其乾升坤降说发展为卦变说，即某一卦通过其爻位的变化，可以成为另一卦。此说是《彖》《象》二传的爻位说，特别是刚柔往来说的新发展，也是本于《系辞》所说：'上下无常，刚柔相易，不可为典要，唯变所适。'从上面所引的材料看，荀爽不仅以此解释卦爻辞和《彖》《象》二传文，还用来解释《周易》的基本原理。在荀爽看来，乾坤两卦和二五两爻乃六十四卦的基本要素。乾坤乃众卦的父母，有乾坤方有其他卦，有乾坤方有阴阳之变易。"① 荀爽对《说卦》的乾坤父母说做了解释，认为乾坤两卦之爻位互易，则形成六子卦。虞翻推崇荀爽的乾坤升降说，使卦气说向卦变说演化。

由于荀爽在《周易注》中，并未明确定义什么叫"乾坤升降"说，因此，后人做出了各种各样的理解。清代易学家惠栋在其所著之《易汉学》中指出，"《易》以阳在二者当上升坤五为君，阴在五者当降居乾二为臣。盖乾升坤为坎，坤降乾为离，成既济定，则六爻得位"。② 按照惠栋之意，乾坤升降仅发生于六画卦的二、五爻之间。其升降规则是，当二爻是阳爻而卦之上体为坤体之时，此第二爻当升至五爻之位；相应地，若第五爻为阴爻且下体卦为乾时，此阴爻当下降到二的位置。惠氏此论之根据有这样几点：一是认为乾坤是两个基本卦；二是认为一卦之刚柔爻有上下运动的特性，"而流动的趋向是达到离下坎上既济定即阴阳各正其位的状态。所以居六画卦上体的坤为了变为坎，下体阳爻二要升至五；居六画卦下体的乾为了变为离，上体阴爻五要降至二。"③ 此外，易学家普遍赋六爻变化予人格性，即认为五爻应是君位，应为阳爻处之；二爻所在位置为臣位，应为阴爻居之。清代易学家张惠言在《周易荀氏九家》中，对乾坤升降说有不同的看法。张氏超越荀爽等人，他认为所谓乾坤升降，不只发生在二、五爻间，一卦六爻都可升降。"乾六爻皆君，即卦中阳爻皆可视作乾；坤六爻皆臣，即卦中六爻皆可视作臣。乾升坤降的理论依据是阳性欲升，阴性欲承。"④ 很明显，张惠言的观点更有说服力，更能关注阴阳变化和联系的普遍性。由荀爽首创的乾坤升降说，对汉以后历代易学的影响巨大。虞翻的卦变说，正是在荀爽乾坤升降说的基础上提出来的。

---

① 朱伯崑：《易学哲学史》第 1 卷，昆仑出版社，2005，第 229~330 页。
② （清）惠栋撰《周易述·易汉学》上册，郑万耕点校，中华书局，2007。
③ 中国孔子基金会编《中国儒学百科全书》，中国大百科全书出版社，1997，第 433 页。
④ 中国孔子基金会编《中国儒学百科全书》，中国大百科全书出版社，1997，第 433 页。

二 本体说

元代的萧汉中从体用关系论六十四卦的形成，即以乾坤及六子卦为体，其他卦为用，六子卦又以乾坤为体。故其关于六十卦起源的观点，可归结为"乾坤父母说"。萧氏说：

> 且圣人若何而分之？盖先分八卦，次分余卦附也。八卦之分若何？乾坤坎离四正卦也，当居上经；震巽艮兑四偏卦也，当居下经。八卦既分，余卦以次附焉，此两经所以分之纲领也。①

乾坤坎离居上经，震巽艮兑统下经。以乾坤坎离为正，震巽艮兑为偏，亦可见萧氏是赞成先天易学的。萧氏说：

> 六十四卦之体，八卦之体为之也。每卦各具上下二体，则六十四卦，凡其一百二十八体。乾之体，十有六；坤之体，十有六；六子之体，合十有六；总为一百二十八体而成六十四卦，皆自八卦本体中分出而生者也。上经乾坤坎离之卦，下经震巽艮兑之卦，所谓八卦之本体也。其体分出互合而生五十六卦者，八卦本体之用也。或分出而生上经之卦，或分出而生下经之卦。②

意思是，上经之三十卦，下经之三十四卦，皆由八卦之体用关系及分配所定。因此，上经之卦就可能移到下经，反之亦然。八卦体用关系即卦序之所由。

总之，萧氏认为，由八卦之体分出六十四卦之体，乾坤之体又分出八卦之体，六十四卦无非乾坤之体而已。"上经取阳升而上之义，下经取阴降而下之义。上经所以明易之阳体即乾之阳体也。下经所以明易之阴体即坤之阴体也。"③ 这是对《程氏易传》附录"易上下篇义"的阐发。程颐云：

---

① （元）萧汉中撰《读易考原》，载江西省高校古籍整理小组编著《豫章丛书 经部一》，江西教育出版社，2006。

② （元）萧汉中撰《读易考原》，载江西省高校古籍整理小组编著《豫章丛书 经部一》，江西教育出版社，2006。

③ （元）萧汉中撰《读易考原》，载江西省高校古籍整理小组编著《豫章丛书 经部一》，江西教育出版社，2006。

　　乾、坤，天地之道，阴阳之本，故为上篇之首；坎、离，阴阳之成质，故为上篇之终。咸、恒，夫妇之道，生育之本，故为下篇之首；未济，坎、离之合，既济，坎、离之交，合而交则生物，阴阳之成功也，故为下篇之终。二篇之卦既分，而后推其义以为之次，序卦是也。
　　……
　　卦之分则以阴阳。阳盛者居上，阴盛者居下。所谓盛者，或以卦，或以爻。①

　　可见，萧汉中和程颐均以乾坤为本体，为阴阳之根本，为六十二卦之父母。

　　明末清初的方以智继承了萧汉中的观点，其关于六十四卦的起源，也主乾坤父母说。明代的蔡清也以乾坤为体，坎离为用，论述六十卦的构成和顺序，实际上也主乾坤父母说。

　　关于六十四卦的形成，王夫之主乾坤并建说。

　　伏羲以八卦生六十四卦，而文王统之于乾坤之并建，则尤以发先圣之藏。②
　　……
　　伏羲平列八卦而乾君坤藏之象已著。文王并建乾坤以统易，亦善承伏羲之意而著明之耳。③

　　"乾君坤藏"，指《说卦》所谓"乾以君之，坤以藏之"。王氏认为，"乾君坤藏"表示乾坤两卦乃六子卦之本源，而乾坤并建乃文王对伏羲画卦之理的阐发。王氏认为乾坤并建说由文王所创，因为他视《卦序》为文王所作。

　　具体言之，关于六十四卦的形成及卦序，王夫之有三种说法：其一是乾坤两卦变为六子卦，六子卦进而演变为五十六卦。其二是乾坤变为十辟

---

①　（宋）程颐撰《程氏易传·附录·上下篇义》，载梁韦弦著《程氏易传导读》，齐鲁书社，2003。

②　（清）王夫之撰《周易内传卷六下·说卦传》，李一忻点校，九州出版社，2004。

③　（清）王夫之撰《周易内传卷四下·既济》，李一忻点校，九州出版社，2004。

卦，十二辟卦依据阳变阴合的原则演化为五十二卦，有异于汉易卦气说依据阴阳爻象从多到少或从少到多所做的组合。其三是乾坤并建，展开为八错卦，二十八综卦，共三十六象，六十四卦。以错综说解释六十四卦的结构，来源于来知德。王氏这几种说法皆是乾坤为体，以其余六十二卦为用。

> 以全易言之，乾坤并建以为体，六十二卦皆其用。……舍乾坤无易，舍象无爻，六爻相通共成一体，始终一贯，义不得异。①

在王氏看来，乾坤与六十二卦相互蕴含。乾坤可以展开为六十二卦，六十二卦又各含乾坤。王夫之在《周易稗疏》中提出"卦各有六阴六阳"②说，意思是，乾坤两卦外的其余六十二卦，都蕴含了乾卦和坤卦。这是其乾坤并建说的本意。

王夫之不赞成邵雍所谓文王卦位图，即不赞成《说卦》"帝出乎震"之说。他否认坎离震兑为四正卦，乾坤巽艮为四隅卦。他说："乾坤非隅也，行乎四维而各适有正也。震兑坎离非正也，受乾坤之化而各司一偏也。谓之正，谓之隅者，人之辞也。"③ 王夫之认为乾坤运行于四维之中，无往而不居正位。震兑坎离受乾坤之化而发挥其功用。所谓正、隅者，不过是人为的称谓。

黄宗炎断言邵雍的先天图式出于陈抟的道教炼丹术。他认为邵氏先天卦序横图，以加一倍法解释八卦和六十四卦之形成，并非《周易》经传之原意。黄宗炎依《系辞》和《说卦》文，以重卦说解释八卦和六十四卦的形成，实主乾坤父母说。他说："自有乾坤六子，以一卦为主，各以八卦加之，得三画，即成六画，得八卦即有六十四卦，何曾有所谓四画、五画之象，十六、三十二之次第也"，"四画、五画，成何法象？"④ 意思是，《系辞》谓"兼三才而两之，故六"，《说卦》云"兼三才而两之，故易六画而成卦"都没有讲四画、五画。因此，邵氏所言纯为虚构，有悖于《周易》法则。

---

① （清）王夫之撰《周易内传卷六上·系辞下传》，李一忻点校，九州出版社，2004。
② （明）王夫之撰，船山全书编辑委员会编校《周易稗疏》，《船山全书》第1册，岳麓书社，1988。
③ （清）王夫之撰《周易内传卷六下·说卦传》，李一忻点校，九州出版社，2004。
④ （清）黄宗炎撰《图学辨惑·先天六十四卦横图》，载施维主编《周易八卦图解》，巴蜀书社，2010。

　　清初的毛奇龄提出"五易"说，以解释八卦、六十四卦的起源及上下经的构成，其论点可归结为"参天两地说"和"乾坤父母说"。"变易"，如乾变为坤，坤变为乾类。"交易"，如乾坤交为泰否，坎离交为既济、未济类。他认为此两易为伏羲之易，内容是解释八卦和六十四卦的来源。"反易"，如屯卦倒转为蒙卦，咸卦转为恒卦类，又称为"转易"。"对易"，如上经需讼与下经晋明夷相对，上经同人大有与下经夬姤相对。此种相对，取上下体之卦象。"移易"，如泰卦三上爻象互易，阳爻往上，阴爻来下，则为损卦。否卦初四爻互易则为益卦类。"反易"用以解释卦序；"对易"用以解释六十四卦分上下经；"移易"用以解释卦爻辞。此三易为文王之易，即今传《周易》。毛氏的"五易"说，旨在反对邵雍提出的伏羲先天之易和文王后天之易的说法。

　　毛氏用"变易"和"交易"说，解释八卦和六十四卦的来源。他说：

　　　　夫伏羲但画八卦耳，何曾画六十四卦乎？系辞曰乾坤成列，易在其中，则先画乾坤。又曰八卦成列，象在其中，则次画八卦。又曰因而重之，爻在其中，则于是不在画也。第其所画而复配之为六十四卦而易象终焉。[①]

　　就画卦的程序说，毛奇龄采"参天两地说"，即伏羲先画三阳爻为乾，又画两地阴爻，效法乾三画为坤，三阴变一阳为震等。毛氏又以乾坤父母卦，解释六子卦来源。乾坤两卦交于六子卦，六子卦反交于乾坤，即得六十四卦。

　　毛奇龄和他的弟子李塨坚持认为"易有太极"章和"大衍之数"章都是讲揲蓍的程序，不是讲天地万物的形成。李塨指出，如果两仪是指天地，那么，由两仪所生的八卦又有乾坤，这就等于天地生天地了，自相矛盾。

　　李塨对邵雍和朱熹的画卦说提出了批评，关于八卦、六十四卦的起源，其主乾坤父母说和重卦原则。他对邵雍、朱熹画卦说的批评包含以下要点：依《说卦》乾坤父母卦说，圣人作卦之序，乾父坤母合生六子，未闻有乾一兑二离三震四等之序；"依八卦成列，因而重之"，圣人画八卦后，因一卦而重以八卦，即为六十四卦，未闻再作六十四卦；依"兼三才而两之"，

───────────────

①　（清）毛奇龄撰《仲氏易卷一》，上海古籍出版社，1990。

《周易》只有三画或六画卦，未曾有四画、五画之名；爻辞称一画为初，六画为上而不称六，表明卦画止于六，未曾有七画、八画以至无穷画之说；依《说卦》"帝出乎震"章，八卦方位为离南坎北，震东兑西，未闻有乾南坤北之说。"天地定位"章乃论八卦相错之象，非言方位。以离南坎北说为文王后天八卦，乾南坤北说为伏羲先天八卦，此是依《参同契》义以乱经等。可以说，这是对清初考据学派批评邵雍和朱熹画卦说论点的总结。其立论原则仍是依经解经，打击了邵雍和朱熹所谓先天易学。

李塨和黄宗炎一样，都认为邵雍所谓四画、五画说，违背了《系辞》《说卦》的"三才"之道，缺乏依据。一卦六爻所表达者不是别的，初、二爻为地，三、四爻为人，五、上爻为天，此即"兼三才而两之"。

陈法的乾坤父母说，具体体现在其关于文王卦位图形成的论述中。他说：

> 《羲图》以坤从乾，故《羲图》由太极而两仪，而四象，而八卦，皆天理之自然，无一毫人为之造作；《文图》由一索、再索、三索而成，亦无一毫人为之造作。不然，则"乾父坤母"一节为赘文矣。（《易笺·论文王卦位》）

索者，求也，由乾坤而震、巽、艮、兑，也是阴阳相推的结果。这是继承朱熹的观点。

> 乾坤生六子，遂有"男女""少长"之称，此皆文王玩《羲图》而得之者也。（《易笺·卷八·说卦传》）

意思是说，《文图》来自《羲图》，《文图》为后天之易，《羲图》为先天之易，《羲图》为体，《文图》为用。这是对邵雍在《观物外篇中》关于伏羲八卦为"易之本"，故为先天之学观点的发展。王畿也曾依邵雍之学，以先天八卦为体，后天八卦为用，以体用一原说，解释先天和后天之卦并无时间先后关系。

陈法从体用、阴阳、刚柔几个方面，明确了乾坤父母卦对于成就万事万物之重要性。

> 坤之于乾，尤所当戒，"以大终也"，明其始终从阳也。阴之盛，

则疑阳而战，其变，则从阳而终，代阳而终其事，则阳之功成而阴亦有终矣。故曰"以大终也"。夫乾坤，其体则天地，其道则阴阳，其用则刚柔，其分则尊卑，而其德则健顺，其在圣人至诚无息。(《易笺·卷一·上经上·坤》)

以天地为乾坤之体，以阴阳为乾坤之道，以刚柔为乾坤之用，以健顺为乾坤之德。而人得于天地者，则至诚不息之品性。这可以看成陈法关于宇宙本体论的基本观点。这是对张载取义说的继承和发挥，张载在解释乾卦时说："不曰天地而曰乾坤，言天地则有体，言乾坤则无形，故性也者，虽乾坤亦在其中。"① 此是以乾为刚健之性，坤为柔顺之德，即取其刚健之义。陈法所谓乾坤之道、用、分、德等，均取乾坤之义。王夫之对乾坤两卦的解释，即以阴阳二气为此两卦之体，认为阳气主舒畅，阴气主凝敛。这是乾坤两卦的德性和功能。王夫之说：

乾者阳气之舒，天之所以运行；坤者阴气之凝，地之所以翕受。……惟其健，故浑沦无际，函地于中而统之，虽至清至虚而有形有质者皆其所役使，是以尊而无上，惟其顺。故虽坚凝有实体之可凭，而静听无形之抟捖，不自擅而惟其所变化，是山卑而不违。则于尊卑之职分，而健顺之德著矣。②

王夫之关于乾坤德性和功用的思想，为陈法所继承和发扬。

关于易的起源和八卦、六十四卦的形成，除上述几种观点外，还有所谓"圣人设卦观象说"。不过，严格说来，这一学说主要是讲卦爻象和吉凶变化的，并不直接讲易的起源。《系辞》云：

圣人设卦观象，系辞焉而明吉凶，刚柔相推而生变化。是故吉凶者，失得之象也；悔吝者，忧虞之象也；变化者，进退之象也；刚柔者，昼夜之象也。六爻之动，三极之道也。是故君子所居而安者，《易》之序也；所乐而玩者，爻之辞也。是故君子居则观其象而玩其辞，动则观其变而玩其占。是以自天佑之，吉无不利。

---

① （宋）张载撰《横渠易说·乾》，《张载集》，章锡琛点校，中华书局，1978。
② （清）王夫之撰《周易内传卷五上·系辞上传》，李一忻点校，九州出版社，2004。

例如，关于八单卦的形成，黄宗炎取《系辞》圣人观象设卦说，其以"文字说"解释卦象的结构，他说：

> 伏羲欲以文字教天下传后世，创为奇偶之画，使天地雷风水火山泽八象之在两间者，焕然移于方册之上，正所谓文字也。后圣师其大意，变成斜正纵横之状，而文字日增。是卦画者文字之根源，文字者卦画之支流也。八卦者，六书之指事象形，六十四卦六书之声意转借也。①

意思是，伏羲创奇偶画，组成八卦之象，描写天地风雷水火山泽八种自然现象。因此，八卦之象即八种象形文字，此八种文字后来又演变为各种文字，即其所说"卦画者文字之根源"。黄宗炎在其《周易寻门余论》中以重卦为原则，根据卦爻的变化，详细论述了八卦所象征的八种文字。

黄氏以八卦象即古文字说，反对邵雍一分为二的画卦说，从而否定了邵氏伏羲先天卦序横图。其八卦文字说的意义在于探讨卦象和卦名的关系，以八种自然现象即以取象说解释二者的关系，为观象设卦说提供历史依据，表现出汉学家以经解经的风格。

关于易的起源，陈法也采圣人观象设卦说，如其解释圆图、横图和方图的形成时说：

> 天若自行泄露，以启圣人之聪明，于是圣人仰观俯察，近取远取，皆与河图契合。乃画而为卦，又因而重之，规而为大圆图，列而为横图，累而为方图，以体天地之撰，以通神明之德，以类万物之情。此画卦之本原，而《易》之所由作也。（《易笺·图说》）

此圣人，即伏羲，因而重之而为大圆图、横图和方图是文王，这是解释《系辞》"圣人观象立卦"说。陈法此说，严格而言，可归在"河洛说"中。

清代的焦循提出"旁通说""相错说"，以旁通之卦和相错之卦的刚柔爻象相互交易为基础，认为八卦起于乾坤二、五爻互易，乃六十四卦的生成之本。正如乾卦《彖》文所言："大哉乾元，万物资始。"

---

① （清）黄宗炎撰《图学辨惑》，载施维主编《周易八卦图解》，巴蜀书社，2010。

第二章 《周易》的体系结构

《周易》由《易经》和《易传》组成，关于经、传关系，上下经结构，传的作者，经中所谓象、爻、象辞及其关系，等等，历来是易学家重点讨论的话题。对于《周易》中的这些重要问题，陈法既秉承传统，又有所发明，提出了一系列独到见解。

第一节 象、爻、象辞及其含义

象辞、爻辞、象辞，是《周易》经、传的基本范畴，是表达义理或判断吉凶的基本要素，是了解和掌握《周易》理论体系的钥匙。

一 《彖》《象》的形成及其内涵

所谓象辞，是解说《周易》六十四卦的卦象、卦名和卦义的素材。彖辞所言，不及爻辞。汉注训"彖"为"断"，即断定一卦卦义。《系辞》云："彖者，材也。"又说："观其彖辞，则思过半矣。""材"，即德行，指一卦之义。依孔颖达疏，"彖辞"即卦辞。解释卦义和卦辞的传，亦称为《彖》。《象》分为《大象》和《小象》，以卦象和卦义为解释对象的是《大象》；以爻象和爻辞为解释对象的为《小象》。《大象》《小象》之所以以"象"名之，是因为《大象》对卦象和卦义的解释，主取象说，即通过天地风雷水火山泽八种自然现象解释六十四卦的卦义，《小象》则通过各种小物象解释爻辞和爻义。此即《系辞》所说："象者言乎象者也"，"易者象也，象也者，像也"。

根据史料记载，从形成的时间上看，《彖》《象》《文言》三者中，《彖》形成最早。春秋时，人们解易，不谈刚柔、盈虚和爻位等，而彖辞中出现了这些讲法。这就是说，《彖》出于春秋以后。

　　具体而言，关于《象》产生的年代，学术界主要有两种看法，一是战国前期说。例如，高亨《周易大传今注》即持此说。其根据是《史记·仲尼弟子列传》关于孔子传易于鲁人商瞿，瞿传楚人馯臂子弘，弘传江东人矫疵的记载。高氏认为，象辞多为韵语，同老庄用语类似，作者应是南方人。子弓，姓馯，名臂，字子弘。子弘即《荀子》里的子弓，楚人，《象》有可能就是子弓所作。《象》中的语言，若"刚柔""盈虚"等，与老庄言论实有相同处。二是战国中期说，主要依据是认为《象》文吸纳了《孟子》的思想。认为《象》文一方面广泛吸纳了"适中"即中道的儒家思想，另一方面直接阐述了《孟子》的部分论点，表明《象》辞在《孟子》的影响下形成，出自战国中期。孟子说："顺天者存，逆天者亡。"（《孟子·离娄上》）所谓"顺天"，即"应乎人"，符合人的意愿。孟子指出，尧将政权让给舜，既是天意的体现，又是对人心的顺应，此即"天与之，人与之"。（《孟子·万章上》）相应地，暴君违背民心，即违背天意，人人得而诛之。孟子说："残贼之人，谓之一夫。闻诛一夫纣矣，未闻弑君也。"（《孟子·梁惠王下》）此所谓"汤武革命"。革卦《象》曰："天地革而四时成。汤武革命，顺乎天而应乎人。革之时，大矣哉！"兑卦《象》云："是以顺乎天而应乎人。说以先民，民忘其劳；说以犯难，民忘其死；说之大，民劝矣哉！"可见，革卦和兑卦的《象辞》均受孟子思想的影响。孟子又说："乐民之乐者，民亦乐其乐。"（《孟子·梁惠王下》）"取之而燕民悦，则取之"；"取之而燕民不悦，则勿取。"（孟子·梁惠王下）孟子"悦民"观点告诫统治者，只要懂得与民同乐，虽处危难，"效死而民弗去。"（孟子·梁惠王下）而《象》文多处以"悦""说""乐""动"互解，这与《孟子》的思想是一致的。因为，有这些直接的证据，且这些证据出现在《周易》的"经"里，而不是《系辞传》中，所以，我们更倾向于战国中期说。

　　朱伯崑先生主《象》出于战国中期说，其主要论点如下。

　　《象》的"时中"说，是解释《周易》和筮法的，如果孟子的"时中"说来自《象》，可是孟子对《周易》一无评论，说明孟子的观点并非来自《周易》系统。《象》的"汤武革命"说，是对孟子的汤武征伐说的概括，使用"革命"一词，是出于对革卦卦名的解释。思想的内容总是在先，而后方有理论上的概括。就养贤说，在《孟子》中，圣和贤是有区别的，圣高于贤，圣贤并未连为一个词组。可是，《象》在解释鼎卦时，则圣贤连称。就词组的演变说，《象》文当在《孟子》以后。据此，《象》的形成年代，不会早于孟子，可以定于战国中期以后，孟子和荀子之间。①

如果朱先生所论成立，则传统关于文王作《象》辞的观点就说不通了。《大象》《小象》都不解释卦辞，虽然按照孔颖达疏，象辞又称卦辞。但实际上，象辞是用来解释卦辞的。《小象》解释爻辞。从时间上看，《象》应晚于《彖》而出现。春秋时期的人解易，并没有爻位说，可是《小象》里却有了这种说法。从功用立场上看，象辞是对彖辞所做的深入解释。朱伯崑先生认为，《礼记》《中庸》或引《象》的观点，或表达了与《周易》某些相同的看法，而儒家这两部作品均是秦汉之际的作品。因此，《象》应是战国后期形成的。《文言》则在《彖》《象》之后出，当为后世老师授课的记录，其意多承《彖》《象》之旨。

一开始，《彖》《象》有可能与经文是分开的，后来讲授《周易》的老师为了查阅方便，才将其置于经文中。"据《汉书·儒林传》记载，西汉经师费直治易，亡章句，以《彖》《象》《系辞》等篇，解说上下经。又《魏志·高贵乡公纪》引易博士淳于俊语：'郑氏合彖象于经，欲使学者寻省易了也'。按此说法，以传附经，始于汉代经师费直和郑玄，后传至王弼。今通行本《周易》连合经传，即王弼传本。此种编排，便于查阅，使人'寻省易了'。"②陈法认为所谓"彖曰""象曰"等为东汉郑玄所加，故其解经时又将其省去，但给阅读带来不便。"'彖曰'，'象曰'，康成所加，非《易》本文，故去之。"（《易笺·〈易〉要略》）因此，我们更赞成通行本的编排。

二 关于"十翼"的争论

北宋的欧阳修在《易童子问》卷下，讨论了《易传》的作者问题。他仅肯定《彖》《象》出于孔子，而其他传都不是孔子所作。他说："系辞非圣人之作乎？曰何独系辞焉，文言说卦而下，皆非圣人之作，而众说淆乱，亦非一人之言也。昔之学易者，杂取以资其讲说，而说非一家，是以或同或异，或是或非，其择而不精，致使害经而惑世也。"③这就是说，《系辞》等传不仅不是孔子所作，亦非一人之作。因为众多论点，文意重复，观点自相矛盾，混乱不堪，即"众说淆乱"，后世对《系辞》等的解释更是莫衷

① 朱伯崑：《易学哲学史》，昆仑出版社，2005，第51~52页。
② 朱伯崑：《易学哲学史》，昆仑出版社，2005，第60页。
③ 闫骏翔主编《中华典籍精荟·易童子问》，远方出版社，2005。

一是。欧阳修从语言、文字等方面，举例说明了《系辞》等非出于孔子。当然，欧阳修也未指出《文言》等是何时何人所作。只是，其以《文言》等非圣人所撰，亦非一人所作，乃易学史开山之说。最后，欧阳修强调，《文言》《系辞》中所谓"子曰"，非孔子所说，乃"讲师之言也"。

关于《说卦》和《杂卦》，欧阳修评论说："说卦杂卦者，筮人之占书也，此又不待辨可以知者。"① 这就是说，《说卦》《序卦》《杂卦》所言乃占术，更不是圣人所创，故欧阳修反对依《说卦》等传所论去理解《周易》经文。朱伯崑说："总之，欧阳修对《易传》的评论，第一次打破了两汉以来孔子作十翼的正统观念，这是易学史上一件大事。他提出的论点，有说服力，对近代易学起了很大影响。……就当时易学中的论争看，其否认《系辞》为孔子所作和圣人之书，目的在于反对图书学派的解易学风，反对将易学神秘化。"②朱先生的这一评价是十分中肯的。

朱熹易学在易学发展史上具有里程碑的意义，关于卦爻辞，朱熹认为文王作卦辞，周公作爻辞。朱子认为文王之事在爻辞中出现，"不应是文王自说。"（《朱子语类》卷六十七）他说：

> 自伏羲而上，但有此六画，而未有文字可传。到得文王、周公乃系之以辞，故曰圣人观卦象系辞焉而明吉凶。……文王观卦体之象而为之彖辞，周公视卦爻之变而为之爻辞，而吉凶之象益著矣。（《朱子语类》卷六十七）

朱熹对文王作彖辞，周公作爻辞论点的推崇，被历史上一大批易学家所传承。其论点的合理之处在于，指出《周易》经、传并非源自一人所作，且出现于不同年代。

然而，按照朱熹的判断，爻辞讲到文王，故其不应为文王自说。那么，《彖》辞讲到文王，亦可说明《彖》辞并非文王所作。例如，明夷卦《彖》辞云：

> 《彖》曰：明入地中，"明夷"。内文明而外柔顺，以蒙大难，文王以之。"利艰贞"，晦其明也，内难而能正其志，箕子以之。

陈法说："自古处君臣之变者，惟文王、箕子为难，而处之尽善，故以为法。"（《易笺·卷三·下经上·明夷》）朱熹说："蒙大难，谓遭纣之乱而见囚也。"[①] 明夷卦《彖》辞讲文王被武人囚禁羑里的事，怎么可能是文王自己说呢？文王自称"文"，也不符合古人称谓习惯。

近人的一些研究成果亦表明《易经》并非周公所作。例如，顾颉刚先生在《周易卦爻辞中的故事》一文中，指出康侯即卫康叔，封于卫，乃周武王之弟，称康叔，其事迹在武王之后。从而认为卦辞非文王所作，断定《周易》成于西周初叶。[②] 这些说法的意义在于承认《周易》并非由一人于某一时期所完成。

南宋功利学派代表叶适继承了欧阳修的观点，认为除《彖》《象》二传外，"十翼"的其他部分皆非孔子所作。他说：

> 孔子之学，无所作也，而于易独有成书，盖其忧患之者至矣。不幸而与大传以下并行，学者于孔氏无所得，惟大传以下为信。[③]

所谓"独有成书"，指孔子作《彖》《象》二传。"大传以下"，指《系辞》《说卦》《序卦》《杂卦》等传以外。叶适认为《文言》和大传以下，文义夸耀其辞，凸逞怪妄，与《周易》之道不相符，皆非孔子所作。那么，《彖》《象》怎么会是孔子所作呢，他说：

> 《彖》《象》辞意劲厉，截然著明，正与《论语》相出入，然后信其为孔氏作无疑。至所谓上下系、文言、序卦，文义复重，浅深失中，与《彖》《象》异，而亦附之孔氏者，妄也。[④]

就是说，从文风看，《彖》《象》接近《论语》，余皆非孔子作。所以，在叶适看来，解易应以《彖》文为主。他反对大传以下乃孔子之作，一个重要理由是孔子不信卜筮。

---

① （宋）朱熹撰《周易本义卷四·周易象下传》，苏勇校注，北京大学出版社，1992。
② 朱伯崑：《易学哲学史》第 1 卷，昆仑出版社，2005，第 10 页。
③ （宋）叶适撰《习学记言·周易四》，上海古籍出版社，1992。
④ （宋）叶适撰《习学记言·周易四》，上海古籍出版社，1992。

清代乾嘉时期的著名考据学家崔述更进一步，他是第一个怀疑文王作卦辞，周公作爻辞的易学家。崔述说：

> 谓文王作象辞，周公作爻辞者，乃汉以后儒者因史记、汉志之文而辗转猜度之，非有信而可征者也。①

崔述的证据主要是：明夷卦六五爻辞为"箕子之明夷"；升卦六四爻辞为"王用亨于西山"，皆文王以后事。《汉志》认为爻辞为文王作，讲不通。于是，马融、陆绩等人转而认为周公作爻辞。《史记》所谓"西伯拘羑里，演周易"，《汉志》所谓"文王重易六爻，作上下篇"，乃依《系辞》下传"易之兴也，其当殷之末世，周之盛德邪？当文王与纣之事也"推论得出。但《系辞》并未直言文王作《周易》卦爻辞。崔氏此说乃发前人所未发。

关于《易传》，崔述又提出"十翼"皆非孔子作。他说：

> 若易传果皆孔子所作，不应自冠以子曰字，即云后人所加，亦不应或加或不加也。孟子之于春秋也，尝屡言之，而无一言及于孔子传易之事，孔孟相去甚近，孟子之表彰孔子也，不遗余力，不应不知，亦不应知之而不言也。由此观之，易传必非孔子所作，而亦未必一人所为，盖皆孔子之后，通于易者为之。故其言繁而文，其冠以子曰者，盖相传以为孔子之说而不必皆当日之言；其不冠以子曰字者，则其所自为说也。②

崔述依《易传》文体与《春秋》《论语》不同，以及孟子未言孔子论易事，断定《易传》非孔子所作。此外，崔述又据杜预《春秋传后序》所记汲县出土有关《周易》著作中，没有今通行本《易传》文，推测墓中易书乃魏人所藏。魏文侯乃孔门弟子子夏徒弟，而子夏不传《易传》，魏人也不知有《易传》存在。可见，《易传》非孔子所作，而由后世儒者所撰。他还指出，艮卦《象》辞"君子以思不出其位"，源于《论语》"曾子曰：君子思不出其位"，说明《象》辞乃曾子之后的人所为。可以看出，崔氏继欧阳修、叶适之后，不仅否定《系辞》等传为孔子所作，进而认为《象》

---

① （清）崔述撰《丰镐考信录》，《崔东壁先生遗书十九种》上，北京图书馆出版社，2007。
② （清）崔述撰，顾颉刚编订《崔东壁遗书·洙泗考信录》，上海古籍出版社，1983。

《象》《文言》亦非孔子所作。这沉重地打击了汉代以来传统的易说观，说明清代学者研读《周易》经传取得了相当大的成果。

三　陈法对传统观点的批判与继承

对于《周易》的体系结构，陈法对传统的观点，既有批判，又有继承。其研究《周易》构成的显著特点，是突出《大象》明人事之意义。

莫友芝曾批评陈法独辟《易大传》的做法，指出陈法的解易体例"非郑非王"，"唯其六十四卦经文，于半简之中，横分四截，首彖辞，次《彖传》，次爻辞，次《象传》，而《大象》别为一条于后，《系辞》上、下据《史》、《汉》引，改为《大传》上、下，非郑非王，不今不古……"①批评归批评，莫氏也承认陈法的体例有所本。

汉初易学家根据《尚书大传》《礼记·大传》的体例，称《系辞》为"大传"，这是儒家经师解易的著作。欧阳修说："古之学经者皆有大传。今书礼之大传尚存。此所谓系辞者，汉初谓之易大传也。至后汉又为系辞矣。"②在这里，欧阳修依据《史记》称《系辞》为《易大传》，断定《系辞》乃经师解易之作，非孔子之文。陈法所谓《易大传》之称，即本于此。陈法解释说："若《大象》，夫子于二《传》之外，另发观象之意，不嫌于离析，故附之于后。"（《易笺·〈易〉要略》）就是在《象传》《爻传》之后，附《大象》以释全卦义理。陈法将《大象》置于经文之后，一是体现了解经的逻辑严密性；二是突出了《易》明人事的特点。如此，则不必非郑即王矣。

关于彖爻辞，陈法持传统看法。他认为，文王作彖辞，周公作爻辞。关于爻辞由周公所作，他说：

> 周公即一卦而观之，又有以见夫上下之并列，而贵贱远近之分明，刚柔之杂居，而好恶攻取之情见，比应乘承，拟之人事，而无不相肖。于是乎又即六爻而各系之辞，而后一卦之蕴，阐发无遗；一卦之理，无不周尽。（《论作易本源》）

---

① （清）莫友芝撰《宋元旧本书经眼录·附录》，载顾久主编《黔南丛书》第一辑，贵州人民出版社，2009。
② 闫骏翔主编《中华典籍精荟·易童子问》，远方出版社，2005。

就是说，周公系爻以辞，目的是明卦之理和义。又说：

> 《易》之辞，皆因象而系。伏羲画"卦"，象在卦中；文王序其卦以"观象"，因而系之辞；周公又系之爻辞，以明"吉凶"。（《易笺·卷五·大传上》）

陈法在此提出辞由象系，没有象，辞也无存在之必要。

陈法继承了王夫之象爻一致的思想，他认为，象辞和爻辞在解释卦爻象时，其作用是不同的，他说：

> 文王既系象辞，周公复系爻辞，非象辞有所未备而待爻辞以补之也。爻辞若与象辞无异，是爻辞为蛇足矣。故象辞多吉亨，而爻辞吉凶参半，有象吉而爻凶者，有象凶而爻吉者。（《易笺·论象爻并传》）

陈法认为，象、爻之不同作用体现在三个方面：一是象以全卦之象而言，爻则分其上下内外之位而言。盖位有当有不当，比应承乘，其情有相得有不相得。例如，乾卦之《象》为"元亨利贞"，爻则分别指出，初"勿用"，三"厉"上"悔"，等等。二是象、爻取义各有不同，如豫卦《象》为"顺动"，爻则言"逸（鸣）豫"，等等。三是象每以一爻概一卦，爻则分六爻而论一卦，如讼卦之九二为刚，《象》即以该爻为得中之爻，故曰"敌刚"，等等。

但爻辞并非与象辞矛盾，而是发挥象辞的意义。陈法阐述了象爻辞、象爻传和卦爻之理的关系，他说：

> 夫《易》所载者，辞也。而辞因卦、爻而系《传》，又所以明辞也。今解《易》，而理明矣，辞得矣。求之于是卦是爻，所以系是辞之意而未有得也，则所谓理者，未知其果有合焉否也；理明矣，辞得矣，卦与爻合矣，求之于《传》，所以释是辞之意而未有得也，则所谓合焉者，未知其果有当焉否也。是故由《传》以求辞，由辞以求卦与爻，三者合而《易》明矣。（《易笺·解〈易〉管见》）

也就是说，要明理得辞，必须使象爻辞与象爻传相合、相印证。

陈法在解经的过程中，对历代易学解经有争议的字词也做了新解，使读易者更易于理解。例如，其解颐六二爻辞"颠颐"曰："六二以上而求养于下，为'颠'。以上养下，如损上益下，常经也。今以上而反赖于下之养，既为'拂经'。"（《易笺·卷二·上经下·颐》）此解颇有见地。

关于《传》，陈法认为是孔子所作，他说：

> 孔子又从而为之《传》，发明卦德与其时义，及刚柔往来与爻之中正，位之当否，内外之比应，然后文、周之意可得而推。（《易笺·论作易本源》）

陈法所谓《传》，包括《大传》，即《系辞传》，以及《彖传》《象传》《爻传》，他认为，这些都是孔子所作。而《说卦》《序卦》《杂卦》等则古已有之，非孔子所作。因此，他不赞成孔子作"十翼"的观点。

> 《说卦》与《序卦》《杂卦》，皆昔所流传附于经之后，圣人存而不去，非夫子所自作也。……是故《说卦》而触类旁通之可也，拘泥其说则非也，要在能参活象，则往往当卦而具。（《易笺·论象数》）

陈法指出，《周易》言文王、周公之事，而文王、周公皆在孔子之前，不可能用《说卦》中所谓孔子所取之象来证文王、周公之事。

> 观《春秋传》所载，可见于后儒以其附于经，遂以为夫子所取之象，则非矣。借如其言文王、周公，何反用孔子之象以作《易》也？乃今之言象者，反执《说卦》以委象、爻，圣人曰：乾为龙为虎，而必曰：乾为马，不为龙、为虎，而必求龙、虎于乾之外；圣人曰：坎为狐，而必曰：坎为马，不为狐，而必求狐于坎之外。于是乎穿凿附会之说纷纷矣。（《易笺·论象数》）

陈法引班固的话，阐明了《传》的由来，他说：

> 按，班固曰："孔子晚而好《易》，读之韦编三绝而为之《传》，《系辞》谓之《大传》"，则释象者宜谓之"象传"，释爻者宜谓之"爻

传", 释象者宜谓之"象传"。今以《爻传》为《小象》, 非也。《说卦》《序卦》《杂卦》, 则古有是说, 而夫子存之, 非夫子之自作。是故"十翼"之说非也。(《易笺·〈易〉要略》)

也就是说,《大传》《象传》《爻传》《象传》为孔子所作。陈法认为,《序卦》为文王所作, 他说:"夫文王序卦, 本之《方位图》。"(《易笺·卷八·说卦传》) 意思是, 文王根据离南坎北、震东坎西的后天方位图解释卦序。

陈法没有说清楚的问题是, 既然《周易》讲的是文王、周公的事, 那么, 象辞和爻辞怎么又分别为文王和周公本人所作呢?

综上所述, 历史上关于"十翼"作者的争论, 主要包括以下两种情况: 一是认为"十翼"皆为孔子所作, 这是最传统的说法。一是认为"十翼"并非出自一人之手, 也不是在某一个特定时间完成的。这是最普遍的说法, 为大多数易学家所接受。陈法关于"十翼"之所由作, 属于第二种情况, 体现出对传统观点的批判和继承。

第二节 象、数、辞、理及其关系

由于易学家对易的起源及八卦、六十四卦的形成存在不同看法, 因此, 他们在解释《周易》时就出现了不同的倾向, 有的主取义说, 有的主取象说, 有的取象与取义并重。易学家们的不同看法和倾向, 集中围绕着象、数、辞、理 (义) 等范畴及其关系而展开, 反映出不同易学家和易学学派对《周易》体系结构的不同看法。陈法关于《周易》体系结构的观点和看法, 是对历代易学家有关论点的批判和继承。

一 象数派与义理派的对立和统一

易学义理派和象数派自汉魏时期开始了长时期的对立和斗争, 其焦点主要是象、数、辞、理等《周易》基本范畴及其关系。《四库总目提要》对宋代易学曾作如下评价, 从中可见两派易学对立斗争之端倪。

汉儒言象数, 去古未远也, 一变而为京焦, 入于机祥, 再变而为陈邵, 务穷造化, 易遂不切于民用。王弼尽黜象数, 说以老庄, 一变而为胡瑗、程子，始阐明儒理；再变而李光、杨万里，易遂日启其论端。此两派六宗，己互攻驳。①

这就是说，从汉到宋，易学分为两大派：一是象数派，一是义理派。前者自汉朝的京房、焦延寿，到宋朝的陈抟、邵雍；后者由魏晋时期的王弼，到宋朝的胡瑗、程颐，再到李光和杨万里。这是北宋易学的一个演化过程，这个过程，就是象数派与义理派既斗争又走向统一的过程。

宋以后，易学家将两汉易学学风概括为"象数易学"。《左传·僖公十五年》载："龟，象也；筮，数也。物生而后有象，象而后有滋，滋而后有数。"西晋杜注云："言龟以象示，筮以数告，象数相因而生，然后有占，占所以知吉凶。"这些言论已经涉及象和数的关系问题。

东晋初年，庚阐在其所著之《著龟论》中，讨论了象、数和神妙之道的关系。"夫物生而后有象，有象而后有数，有数而后吉凶存焉。"（《艺文类聚》卷七十五）《周易》中所谓天地雷风水火山泽之类为象，所谓初、上、九、六之类为数。象数并称，即指龟筮。此外，象还包括六爻之象、爻位之象、方位之象、反对之象和互体之象等。

从学理上讲，易学之所以形成象数派与义理派学术风格之长期对立统一，原因在于易学家对作为五经之首的《周易》的基本范畴言、象、意的地位和作用有不同看法。按照《系辞传》的说法，"圣人立象以尽意，设卦以尽情伪，系辞焉以尽其言。"意，即义理，天道自然人事之常理。"尽意"乃易之目的，"尽其言""尽情伪"都是在尽意的过程中所要做的工作。系辞，即卦辞、爻辞、彖传、象传等。言是系辞的思想内容，系辞是表达思想内容的形式。象，即卦象，圣人以之摹写天地及万事万物。因此，所谓系辞、卦象都是圣人尽意之手段。也可以说，象数是形式，义理是内容。

言、象、意是易学家依照《系辞》的概括，解说易的起源和作用的三个基本范畴。而《周易》的内容十分广泛而深刻，涉及体用关系、象数关系、理气关系、道器关系、宇宙论、本体论等问题。因此，易学家解易，不仅运用言、象、意等概念，也引入数、辞、理等范畴，并围绕这些范畴及其基本关系展开讨论。

---

① （清）纪昀、陆锡熊等撰《四库全书总目摘要·易类》，河北人民出版社，2000。

东汉的郑玄、荀爽，三国的虞翻扬弃了孟喜、京房以卦气说言阴阳灾异的传统，突出了象数在解释《周易》经传中的作用。以费直为代表的民间易学，不讲阴阳，也不讲卦气，注重义理，后来发展成义理派。

汉代的《易纬》关于象、数、理三者的关系，并没有统一的看法，有时置数为第一位，有时又置象为首位。但以数为《周易》原理之一，则是统一的。

魏晋时期，玄学兴起，以玄学解易成为当时的学风。例如，曹魏时王肃解易，疏于象数，看重义理，其易学成为王弼派义理易学的先导。从斗争的焦点看，玄学派攻击象数派泥象，王弼倡导以义理扫象数，象数派则批评义理派空疏。

易学家关于象、数、理关系的讨论，最早应来源于对言、象、意三者关系的看法。言、象、意三者及其关系，有两个来源，一是《庄子·天道》载："语之所贵者，意也。意有所随。意之所随者，不可以言传也。"意思是，言语不能抒发心声，至少不能完全表达心意。《庄子·外物》进一步提出"得意而忘言"说，即后人所谓"言不尽意"。一是出于《系辞》："圣人立象以尽意，设卦以尽情伪，系辞焉以尽其言。"就是说，卦爻辞是表达圣人心意的手段，即以言尽意。在不同易学家和易学学派那里，意的含义是有区别的。王弼以意为义理，由扫象而显义。在邵雍那里，意则为其心中之数理，主张假象数以显意。在程颐和朱熹那里，意则为万事万物之理。总之，意、理是根本，言、象、数是手段。

王弼于《周易略例·明象》中提出"得意而忘言"，以庄学解易。以象数解《易》，从物到认识和感觉。这一解易路线是可行的，包含了一些朴素唯物主义和辩证法因素。但是，如果过分拘泥于象数，在言、象、意三者的关系中，忽略了意的重要性，就会陷入人为的无休止的变卦变爻的循环中，从而丢掉《周易》明天地自然和人事大道之宗旨。

> 夫象者出意者也。言者明象者也。尽意莫若象，尽象莫若言。言生于象，故可寻言以观象。象生于意，故可寻象以观意。意以象尽，象以言著。[①]

---

① （魏）王弼，（晋）韩康伯注，（唐）孔颖达疏《周易正义·附录·周易略例·明象》，余培德点校，九州出版社，2004。

可见，王弼并非抛弃象数，而是在继承象数解易传统的同时，批评其泥象弊端，以及汉儒所崇尚之卦变、爻变等烦琐的解易方法。关于泥象，如乾卦《大象》辞云："天行健，君子以自强不息"，虞翻注云："'君子'谓三。乾健故强。天一日一夜过周一度，故'自强不息'。《老子》曰：'自胜者强'"①。本来，《大象》辞已据乾卦卦象得出"自强不息"之理，可虞翻又从乾卦九三爻辞"终日乾乾"寻找君子的卦爻象依据，在乾为健的属性里寻找"强"之依据，此即为泥象。王弼首次全面、系统地总结了汉魏以来象数解易存在的问题，将意置于第一位，以之为解易目的，以言、象为解易之工具，即所谓"象之所生，生于义也"。至此，王弼的解易方向应该说还是对的，但他却走极端，主张得意忘言、得意忘象，从而走向扫象。

> 故言者所以明象，得象而忘言。象者所以存意，得意而忘象。犹蹄者所以在兔，得兔而忘蹄；筌者所以在鱼，得鱼而忘筌也。然则言者象之蹄也，象者意之筌也。是故存言者，非得象者也。存象者，非得意者也。②

这就是说，既然言语是用来阐述卦爻象的，得到了卦象的内容，言便可以忘掉了。既然卦义是靠卦爻象及其所取物象得以保存，那么一旦掌握了卦义，卦爻象便可以忘掉了。比如已得龙象，则"潜龙勿用"一类的言辞即可忘掉，已获乾卦刚健之义，则龙象可弃，等等。言、象都是得意之工具，既然已经得意，便没有必要存言、存象了，这就是扫象。其结果就是把《周易》所要阐述的自然和人事之大道，变成了对意念的玄学唯心主义的追求。

> 平心而论，阐明义理，使《易》不杂于术数者，弼与康伯深为有功；祖尚虚无，使《易》竟入于《老》《庄》，弼与康伯亦不能无过。瑕瑜不掩，是其定评。③

---

① （唐）李鼎祚撰《周易集解·卷第一·乾》，载张文智著《周易集解导读》，齐鲁书社，2005，第 88 页。

② （魏）王弼，（晋）韩康伯注，（唐）孔颖达疏《周易正义·附录·周易略例·明象》，余培德点校，九州出版社，2004。

③ （魏）王弼撰《周易注》，（清）纪昀总纂《四库全书总目提要·经部一·易类一》，河北人民出版社，2000，第 55 页。

当然，王弼作为义理派易学的代表，像历史上许多思想家一样，其之所以坚持这种极端观点，为的是以另外一种极端相对抗，即与汉易泥象对待。这在思想史上，又确实有其存在的合理性。正因为有这种极端的扫象观点，方可能出现后来的象数与义理解易的统一和融合。

韩康伯阐发了王弼的易学观，在象、数、理三者的关系中，以理为第一位，以理为体。他认为象、数属于有形的东西，乃义理之用和义理的体现。义理在象数之上，所以能统领象数。韩康伯也主张得意忘象，视义理为象数之根源。总之，韩康伯主张有理而后有数，有数而后有象。

孔颖达《周易正义》是在总结吸收汉魏象数派与义理派易学对立统一的学术经验的基础上，形成了综合两派学术方法的易学观。这一特点体现在其关于象、数、辞、理关系的阐述中。其解《说卦》"观变于阴阳而立卦"云：

> 蓍者是数也。传称物生而后有象，象而后有滋，滋而后有数。然则数从象生，故可用数求象，于是幽赞于神明而生蓍。用蓍之法，求取卦爻，以定吉凶。①

就八卦的来源说，先有物象，而后方有奇偶之数，即"数从象生"。就占筮过程说，先有蓍草数目的变化方有一卦之象，此即"用数求象"。孔颖达是针对汉易关于数生象的观点说的。王弼则认为象、数何者第一，要具体分析。总之，孔颖达置象于第一位，以数居第二，既不同于王弼，也有异于汉易。

关于言、象、意三者关系，孔颖达认为象数派和义理派各持一端，在学理上都是有失偏颇的。因此，他兼采两派之所长。孔氏指出，尽意是目的，言、象是手段，既不主张排除象数，又反对泥象。他认为言、象、意是相互联系、相互渗透、互为条件而不可分割的关系，偏向任何一边均不是科学的解易方法。孔颖达所谓义理，并非王弼玄学派"超言绝象"之玄理，而是根基于象数而生之义理；孔颖达亦言象数，但并非汉易公式化、绝对化了的象数，而是随义而取之象数。孔颖达综合统一象数与义理学风

---

① （魏）王弼，（晋）韩康伯注，（唐）孔颖达疏《周易正义·周易兼义卷第九》，余培德点校，九州出版社，2004。

的努力，得到了两派易学家的广泛赞同。

李鼎祚是唐代易学家中倡导汉易象数学的学者，他著《周易集解》一书，借以纠正孔疏之偏。此书汇集荀爽、郑玄、虞翻、干宝、崔憬等汉易体系中象数学者之易注，使汉易派易学观得以广泛流传。李鼎祚对王弼、韩康伯等玄学派义理易学不是一概排斥，而是有所吸收和肯定。《周易集解》收录了王弼和孔颖达几十条易注，即说明李鼎祚并不走极端。《周易正义》《周易集解》系总结汉易之巨著，只不过，前者偏重义理，后者偏重汉易象数学，但均以统一两派易学为目的。

宋朝人刘牧的河洛学属于象数学派，刘牧提出"象由数设"的观点。这就是说，在象与数的关系中，他将数置于第一位，主张象由数设，或极数以定象。其所谓象，包括卦象和物象。其论卦象和奇偶之数的关系说：

> 夫卦者，天垂自然之象也。圣人始得之于河图洛书，遂观天地奇偶之数，从而画之，是成八卦，则非率意以画其数也。①

这就是说，卦象并非臆造，乃圣人观察河图、洛书所显示的天奇地偶之数，即圣人观天地之数而画八卦，圣人画卦就是"画其数"，此所谓象由数设。依此而推，奇偶之数的不同，决定了卦象之不同，有数而后有象。

> 天地之极数五十有五之谓也，遂定天地之象者，天地之数既设，则象从而定也。②

这是刘牧对《系辞》"极其数遂定天下之象"的发挥，即认为有天地奇偶之数，方有天地之象。但刘牧的观点也存在矛盾，因为，其所谓定象之数，又是圣人取之于河图。所以，也可以说，有象而后有数。

周敦颐的易学属于象学，他解卦象说："圣人之精，画卦以示；圣人之蕴，因卦以发。卦不画，圣人之精不可得而见。微卦，圣人之蕴，殆不可悉而得闻。"③ 这是解释"圣人立象以尽意"的含义。就是说，周氏主张义理由卦象才能得到表达。

---

① （宋）刘牧撰《易数钩隐图》，载施维主编《周易八卦图解》，巴蜀书社，2005。
② （宋）刘牧撰《易数钩隐图》，载施维主编《周易八卦图解》，巴蜀书社，2005。
③ （宋）周敦颐撰《精蕴第三十》，《周敦颐集》，岳麓书社，2007。

邵雍主张数生象，象生言和意，以象数为尽言、意之手段。

> 有意必有言，有言必有象，有象必有数。数立则象生，象生则言
> 彰，言彰则意显。象数则筌蹄也，言意则鱼兔也。得鱼兔而忘筌蹄则
> 可也，舍筌蹄而求鱼兔则未见其得也。①

王弼易注和《系辞》都只讲言、象、意，邵雍加了数。象由数生，言
由象而立，意由言而显。

邵雍易学可称为易学中的数学派，其讲数，又讲象，将卦象的变化建
立在奇偶之数的基础上，认为"数生象"。邵氏以神、数、象、器四个观
念，解释八卦和六十四卦横图及万物生成的程序。数即奇偶二数，大衍之
数，天地之数；象指阴阳刚柔之象，包括卦象和爻象等；器指卦画和有形
的个别事物，即天地、日月、水火、土石等；神指变化的性能和根源。关
于神、数、象、器四者关系，邵雍说："太极一也，不动生二，二则神也。
神生数，数生象，象生器。"② 在这里，邵雍以不动之心为太极，太极生数、
象、器，这是一种客观唯心主义的观点。

义理学派之程颐提出"假象以显义"，视义为主体，以象为表现义的形式。

> 理无形也，故因象以明理。理既见乎辞矣，则可由辞以观象。故
> 曰得其义则象数在其中矣。③

象、辞都是明理的手段，理是第一位的。程颐又说："有理而后有象，
有象而后有数。"④ 也是置理于第一位，充分体现了理本论的特点。关于理、
气、数三者，程颐认为有理则有气，有气则有数，仍以理为第一。

气说派之张载主张义存于象，视义为主体，以辞明象，观象求义。张
载解《系辞》"鼓之舞之以尽神"说："辞不鼓舞则不足以尽神，辞谓易之
辞也。于象故有此意矣，又系之以辞，因而驾说，使人向之，极尽动之义
也。"⑤ 即以辞系象，借象显义。关于数和象的关系，张载主有象而后有数，

---

① （宋）邵雍撰《皇极经世书卷十三·观物外篇上》，中州古籍出版社，2007。
② （宋）邵雍撰《皇极经世书卷十三·观物外篇上》，中州古籍出版社，2007。
③ （宋）程颢、程颐撰《答张闳中书》，《二程集》（上），中华书局，2004。
④ （宋）程颢、程颐撰《二程遗书》，上海古籍出版社，2000。
⑤ （宋）张载撰《横渠易说·系辞上》，《横渠易说导读》，齐鲁书社，2004。

即数依赖于象和形。

至北宋南宋之际的朱震，象数派分化为两支：一支主张有数而后有象，以邵雍为代表；另一支主张有象而后有数，以朱震为代表。朱震认为有天地山泽水火之类的象，方有七八九六之类的数。朱震置气、象于第一位，"气聚而有见故谓之象，象成而有形故谓之器。"① 朱震重视气，乃受张载的影响，重视象则是受周敦颐的影响。

南宋初的杨万里认为卦爻象及其变易的法则，是对天理的摹写。因此，他置理于第一位，认为象、辞乃明理的工具，"有卦而后有象，有象而后有辞。……象泯则卦隐，辞废则象晦，卦以象立，象以辞明。"② 这就是说，有卦（理）而后有象，有象而后有辞。卦爻象是用来表现义理的，即显示进退、存亡、治乱之理。

蔡元定、蔡沈父子及朱熹易学，既继承了邵雍数学，又秉承了理学传统。在此基础上，他们系统阐发了刘牧以来的河洛说。蔡元定和朱熹促使宋易象数学走上理、数统一的学风，这在《易学启蒙》中得到了充分体现。

同其父一样，蔡沈主张有理而后有数，但认为数中有理，数中体现了治理国家的根本大法，从而发展了蔡元定的数理观。

受其哲学理本论的影响，朱熹认为有理而后有象，有象而后有数，有理和象便有辞。"盖有如是之理，便有如是之象，有如是之象，便有如是之数。有理与象数，便不能无辞。"（《朱子语类》卷六十七）象、数、辞乃阴阳之理的体现，是阴阳之理之用。其所谓阴阳之理，即邵雍所谓"画前之易"。朱熹以理为体，以象为用，认为象寓于理之中。

> 盖有此理即有此象，有此象即有此数，各随问者，意所感通。如利涉大川，或是渡江，或是涉险，不可预为定说。但其本旨只是渡江，而推类旁通，各随其事。③

也就是说，卦爻辞所言之义理，并不局限于某一事物，而是表现了某一类事物之理。象和辞，都是为理服务的。

朱熹明确反对泥象，他批评朱震易学说："太拘滞支离，不可究诘"，

---

①　朱伯崑：《易学哲学史》第 2 卷，昆仑出版社，2005，第 386 页。

②　杨军主编《十八名家解周易》第 1 辑，长春出版社，2010。

③　（宋）朱熹《朱文公文集·答郑子上》，四部丛刊初编集部，商务印书馆，2009。

"皆可以束之高阁而不必问。"① 朱熹继承了程颐的解易学风，如其对卦爻辞的解释，取象与取义并重。这从其对程颐易学风格的评价可以看出。

> 自秦汉以来考象数者，泥于术数而不得其弘通简易之法；谈义理者，沦于空寂而不适乎仁义中正之归。求其因时立教，以承三圣，不同于法而同于道者，则惟伊川先生程氏之书而已。②

评价很高，也十分中肯。在朱熹看来，汉易象数学泥象，王弼玄学易学又过于空虚，能融合象数与义理学风者，他认为在其本人之前，唯程颐做到了这一点。因此，朱熹视程氏易学为正宗。

宋代的张行成提出有数而后有象，"象生于数，数生于理。故天地万物之生皆祖于数。"③ 即以理为数和象之本，这是理本论的观点。

南宋功利学派的叶适主取象说，尤其推崇《大象》，认为一卦之卦义充分体现在《大象》中。关于象和理的关系，叶适主张有象而后有理。卦象所表达的义理，主要内容为君子修身处世的准则。

宋末元初的易学家俞琰主取象说，但排斥河洛之学，不赞成以数为《周易》之根源。"象数固不可不知，然亦不可深泥。"④ 他认为不能偏重数，象、数、理是统一的，不能离理和象而论数。有画而有象，有象而有辞，理寓于画中，舍象则不能穷理。

元代易学家雷思齐吸收了邵雍"数生象"的观点，主有数而后有象，成为数学派解易的代表。

> 因理而有数，因数而有象，因象而有卦。既有卦矣，象数乃藏于其中。……象生于数，数生于理。故天地万物之生皆祖于数。⑤

雷氏所谓"理"，指数的变化法则，并非唯心主义的形上本体。

---

① （宋）朱熹《朱文公文集·书伊川先生易传板本后》，四部丛刊初编集部，商务印书馆，2009。

② （宋）朱熹《朱文公文集·答陆子美》，四部丛刊初编集部，商务印书馆，2009。

③ （宋）张成行撰《易通变》，《四库术数类丛书》2，上海古籍出版社，1990。

④ （宋）俞琰撰《读易举要·卦画取象》，载李申、郭彧编著《周易图说总汇》（上），华东师范大学出版社，2004。

⑤ （元）雷思齐撰《易图通变》，载施维主编《周易八卦图解》，巴蜀书社，2010。

明代义理学派之吴澄、薛瑄、蔡清和罗钦顺等人，或提出理寓于象，或主理象合一、理气为一，公开批评朱熹离气言理之理本论。由于他们在易学领域主理寓于象中，从而逐渐从义理学派中分化出来，成为气本论的倡导者。

吴澄说："理者非别有一物在气中，只是为气之主宰者即是。无理外之气，亦无气外之理。"① 这是对朱熹理先气后说的一种超越。理中有气，气中有理，即理寓于象，或理象不离。

薛瑄继承了程颐"假象以显义"之说，主理象合一、理气合一，不赞成朱熹理本论。薛氏以气为象之根源。关于理和象的关系，他说：

> 卦爻未画时，至虚至静中，而卦爻之理已具。既卦爻既画，而天地万物之理皆具于卦爻之中。故曰易与天地准，故能弥纶天地之道。②

一方面，薛氏认为理气不离；另一方面，他又以理为主，认为有理后有气、象和数。薛瑄说："象数未形，而其理已具，即画前之易。"③ 可见，薛氏所谓卦爻之理即"画前之易"。薛氏在理本论的基础上，强调理、象合一，这是对程朱传统的扬弃。

王廷相置气于第一位，既反对程朱的理本论，又反对刘牧、邵雍的象数易学，提倡气一元论。王廷相主张有气则有象，有象后有数，有气方有理，贯彻了气一元论的思想。

罗钦顺认为理存于气、象之中，乃气、象之理。"夫有气斯有神，有象斯有数。"④ 就是置气和象于第一位，认为气、象乃"神"和数的根源，是理、数的基础。

王廷相认为在气、象、理三者关系中，气最根本。因此，他不赞成邵雍视数为变易的法则。"象者气之成，数者象之积。"⑤ 即有气则有象，有象则数生，而理则为气之具。在王廷相看来，六十四卦并不讲数，所谓数，均为揲蓍和《易传》所言。

① （清）黄宗羲：《宋元学案》，中华书局，1986。
② （明）薛瑄撰《薛瑄全集》上册，山西人民出版社，1990。
③ （明）薛瑄撰《薛瑄全集》上册，山西人民出版社，1990。
④ （明）罗钦顺撰《困知记续录》，载金沛霖主编《四库全书·子部精要》（上），天津古籍出版社，1998。
⑤ （明）王廷相撰《慎言·道体篇》，载侯外庐等编《王廷相哲学选集》，科学出版社，1959。

明代义理学派中的心学一派也辩论了理、气、象、数同心的关系，倡导理气合一。湛若水依取义说，主有理而后有象。最终则将理、气、象、数的根源归之于心之本体，即道德意识。

湛若水依程颐所谓"假象以显义"，提出"立象以明理"，以阴阳变易之理为体，以卦爻象为理之用，所以他认为理得而象可亡。关于理、气，湛氏认为气乃实体，理赖于气。在湛若水看来，象数只是理之刍狗，不应泥象数。

明代心学者禅师真可对言、象、意三者关系有明确论述，他说：

> 圣人以为书不尽言，言不尽意。故设象，以寓其意，使学者玩象积久，智讫情枯，意得而象忘，则书与言我得之矣。①

即认为观象乃得意之前提，因为意存于象中。观象、玩象的目的是得意，意得之后，象自然可以忘却。与王弼得意忘象说不同的是，真可认为象既忘，意也就不存在了。视无意为宗旨，而非以得意为目的，进而走向否定义理的存在。

由于受理本论和气本论的双重影响，明代象数学派在讨论理、气、象、数关系时，视气为世界本原，象数为表现气的形式，理则乃气化之条理。此派提出有气则有象，有象则有理，有理则有数。他们从象数出发，重视个体事物和现象，置象于第一位，提出象气合一，象理合一，得出本体寓于现象，道寓于器，理气不脱离象数，一般不脱离个别的结论，为发展宋明易学哲学做出了重要贡献。

明代易学家来知德主取象说，他将《周易》一书的内容归结为辞、变、象、占四个方面，象即卦爻象。来氏对朱熹理本论提出了批评，置象于第一位，认为理寓于象。来氏将万物之象及其变化过程，称之为"画前之易"，认为《周易》卦画即来自此画前之易，是圣人对天地万物象数的摹写。卦爻象既摹写万物之象，又摹写万物之理。即有象则有理，理寓于象。"易不过摹写乾坤之理。易道之广大，其原盖出于此"②。可见，来氏此说是一种朴素唯物主义认识论，应给予充分肯定。

来知德对象的重视，促使其批评王弼派的得意忘象、得意忘言说。在

---

① （明）紫柏真可撰《〈解易〉》，《紫柏老人集》，孔宏点校，北京图书馆出版社，2005。
② （明）来知德撰《周易集注·卷十三·系辞上传》，上海古籍出版社，1990。

来氏看来，象才是最根本的，天数和地数均从属于天地，象是对天地的摹写，数也寓于象中。道器不离，理数亦不离。来氏批评了程朱的观点。

> 朱子说，未有天地之先，毕竟先有此理。说得不是，有物方有理。程子说，在物为理，说得是。①

这是借《程氏易传》的观点，批评朱熹的"理在事先"说。总之，来知德认为"有象即有数，有数即有理。"② 在来氏看来，《周易》中的象同客观世界中的象一样，是个别事物，理乃普遍原则，理存于象，象为理存在的根源。与此相应，气乃道、理存在的根基。

关于辞，来知德主辞由象系说，认为没有象，辞就没有存在的必要了。"辞因象而系，占因变而决。"③ 还是置象于首位。

来氏指出，辞、变、象、占均是对天地自然的摹写。这是一种朴素而特色鲜明的唯物主义反映论，具有积极意义。

明清之际的易学家方以智在本体论上继承了程朱体用一源说，其关于理与象数的关系，主理寓于象数。在解易体例上，方氏主象数说，指出理之本体即存在于象数中。他对扫象的观点提出了批评，认为只有象数才能体现因时而变的原则，指导人们的行动。

方氏父子对理与象、数的关系做了精辟论述，体现出鲜明的辩证法思维特点。如方孔炤说："易合理象数为费隐一贯之书，善前民用，适中于时。"④ 费，指象数，隐指理。意思是，《周易》融理和象数为一体，三者是统一的。方孔炤解释说："见器即见形，见形即见象，见象即见理。"⑤ 从形器到象，由象到理，这是一种朴素的唯物论。

方以智批评了泥象和扫象，认为这是两种偏颇的解易方法。泥象支离附会，扫象空言义理。"世有泥象数而不知通者，固矣。专言理而扫象数

---

① 四川省梁平县政协文史委员会编《梁平县文史资料》第 5 辑《来（夫子）知德专辑》，1989。
② （明）来知德撰《周易易注·原序》，上海古籍出版社，1990。
③ （明）来知德撰《周易集注·系辞上》，上海古籍出版社，1990。
④ （明）方以智撰《周易时论合编·系辞下》，载彭迎喜著《方以智与〈周易时论合编〉考》，中山大学出版社，2007。
⑤ （明）方以智撰《周易时论合编·系辞上》，载彭迎喜著《方以智与〈周易时论合编〉考》，中山大学出版社，2007。

者，亦固也。"① 方以智认为，数不离象，数由象、气而生。"凡不可见之理寓于可见之象者，皆数也。以数极数而知之，皆蓍也。"② 就是说，卦爻象之理，以数的形式体现。所以又说："至理一合，无所不合，万事万理以数为征。"③ 数体现理，理寓数中。

王夫之认为《周易》的基石是卦象，提出"易之全体在象"。他不赞成邵雍和朱熹画前有易之说，也反对程朱重理轻象的原则。他认为有画可见者，卦象也。所谓先天之易，是离卦象而空谈易理。王夫之也不赞成王弼得意忘象、得意忘言之说。

> 象与象皆系乎卦而以相引申，故曰系辞。系云者，数以生画，画积而象成，象成而德著，德立而义起，义可喻而以辞达之，相为属系而不相离。故无数外之象，无象外之辞。辞者即理数之藏也。④

也就是说，有数就有象，有象就有理，而辞则为解释义理之手段。王夫之在这里解释"系辞"这一概念，其意是说，就揲蓍过程说，由七、八、九、六之数而得卦爻象，象生则义立，数、画、象、德或卦义，乃一联系之整体，不能分割。又系之以辞，解说其义，此即"系辞"。在这里，王氏强调了卦爻象是数、画、辞、理统一的纽带。这是就揲蓍成卦的过程说。此外，还有人为依数之差别而立象者，也是有数而有象。如依天子、诸侯等差次序所立之象然。

王夫之既反对汉易泥象，也不赞成王弼扫象，认为二者各偏一端。泥象，则易忘象之理。因此，他认为王弼反对泥象有其积极意义。然易之全体在象，舍象又不可言易。所以，王夫之对扫象也提出了批评。

> 汉儒泥象，多取附会。流及于虞翻，而约象互体，半象变爻，曲以象物者，繁杂琐屈，不可胜纪。王弼反其道而概废之，曰得象而忘言，得意而忘象。乃传固曰易者象也。然则汇象以成易，举易而皆象，

① （明）方以智撰《东西均·象数》，中华书局，1962。
② （明）方以智撰《周易时论合编·系辞上》，载彭迎喜著《方以智与〈周易时论合编〉考》，中山大学出版社，2007。
③ （明）方以智撰《周易时论合编·系辞上》，载彭迎喜著《方以智与〈周易时论合编〉考》，中山大学出版社，2007。
④ （清）王夫之撰《周易内传卷五上·系辞上传》，李一忻点校，九州出版社，2004。

象即易也，何居乎以为兔之蹄、鱼之筌也？①

孔颖达、韩康伯、朱熹、王夫之等易学家，既重视象数，又反对泥象，注意挖掘象数中的义理。可以说，这种融合与统一象数与义理的解易学风，是一脉相承的，体现出与汉易象数观的区别。

关于数和理的本然关系，王夫之继承了程颐的看法，提出有象而后有数，"物生而有象，象成而有数。"② 这是一种唯物主义象数观，与邵雍"数生象"说有异。王夫之指出，卦象的形成，本于阴阳变易原则，即阴阳变易之理，此即程颐"有理则有象"，不同于程颐的是，王夫之认为此理即寓于卦象中，象外无理，这又取张载义。

王夫之所谓阴阳变易之理，与朱熹所谓阴阳之理是有区别的。朱熹说的阴阳之理，就是邵雍画前之易，是唯心主义的形上本体。

王夫之指出，辞乃显义之手段，离开辞，义无所显。"辞者象之义也，吉凶象之所固有，而所以然之理非辞不明。"③ 所以然之理是卦爻象所固有，卦爻辞是义理的语言形式，其作用就是阐发义理的。有什么样的卦爻象，就会有相应的卦爻辞。

王夫之认为象乃卦之主体，故象为理依存之根基。既不赞成扫象，又扬弃了程朱"理本象末"说，从而得出"象外无道"之结论。

清初黄宗炎主理象合一，他说："夫有其理乃有其象，无其象斯无其理矣。天下岂有理外之象，象外之理！"④ 总之，黄氏吸纳了义理学派中象学的传统，而对宋易中的图书学采取批判态度。

清初易学家李塨吸收了象学的解易传统，指出卦象统领道和数。"易有道、有数、有象、有占。然系辞传曰易者象也。道寓象中，数占即象而见，一言象而易尽矣。"⑤ 李塨秉承了来知德、毛奇龄等人的象学传统，主"道寓象中"。因此，在理事关系上，李塨主理在事中，不赞成程朱所谓"理在事上"或"理在事先"。

---

① （清）王夫之撰《周易外传·卷六·系辞下传》，中华书局，1977。
② （清）王夫之撰《周易外传·乾》，中华书局，1977。
③ （清）王夫之撰《周易内传卷五上·系辞上传》，李一忻点校，九州出版社，2004。
④ （清）黄宗炎撰《周易寻门余论》，载《丛书集成续编·28·哲学类》，台湾新文丰出版公司，1989。
⑤ （清）李塨撰《周易传注·凡例》，载王德毅主编《丛书集成三编第9册·哲学类·易类哲学》，台湾新文丰出版公司，1997。

清初考据家胡渭主"数由象生",他说:"左传韩简曰物生而后有象,象而后有滋,滋而后有数。盖数即象之分限节度处,生于象,而不可以生象。康节加一倍法,欲以数生卦,非也。"① 胡渭明确反对邵雍的数生象说。

乾嘉之际的汉学家崔述在《易卦图说》中,对象数做了肯定。他说:"易虽以义为归,然义皆由象数而起。遗象数而言义,故未有以见其必然而不可易也。"这就是主"义由象而显"②。这是一种朴素唯物主义观点,具有积极意义。

这一时期的另一著名易学家张惠言也讨论了象和理的关系,他说:

> 夫理者无迹,而象者有依。舍象而言理,虽姬孔靡所据以辩言正辞,而况多歧之说哉!③

在张惠言看来,汉儒泥象,不能正确解释卦爻辞的含义。王弼义理之学反其道而行之,空谈义理。结果众说纷纭,陷经学于困境。

关于卦爻象的变化问题,焦循提出"旁通说""相错说"等。在此基础上,他论述了象和辞的关系,指出辞是表达卦爻象变通过程和规则的手段,即有象而后有辞。易学家的主要任务,就是遵照其所谓二、五爻互易原则,求卦与辞的一致性。焦循认为,要解释清卦爻象与卦爻辞之关系,就应当把卦爻辞看成表示刚柔爻象变化的符号,而不应将其视为阐述某种或某几种事实。这在易学史上是颇有创见的观点,具有重要意义。这与朱熹、陈法等易学家将象视为虚象是一致的。焦循认为单纯取象或取义都有失偏颇,合于此,则有可能悖于彼。因此,只有将卦爻辞理解为解读卦爻象之符号,才能揭示象辞之间的联系。实际上,"符号说"是对朱熹等人以象为虚象,以卦爻辞为抽象理论观点的发挥。

二 辞由象系,因数显理

关于数、图、象与理的关系,陈法认为,象由数显,理由数显,理由图显。他说:

---

① (清)胡渭撰,王易等整理《易图明辨卷六·先天古易上》,巴蜀书社,1991。
② (清)崔述撰《易卦图说》,《崔东壁先生遗书十九种》下,北京图书馆出版社,2007。
③ (清)张惠言撰《虞氏易事》卷上,中华书局,1985。

　　愚则以为理无形也，因奇偶之数而显。是河图者，天所以启圣人之聪明。有是图，而天地万物之理已悉具于其中。……而有河图，因数以显象，因象以显理，乃确乎其可据。于是乃画之为卦，是图为作《易》之本原也审矣！（《易笺·论河图》）

　　显象之数者，显理之数者，便是河图。因此，河图是易的根源，是作易的基础。在这里，陈法所谓因数所显之象，是指卦爻象，即下文所谓"象在卦中"之象。陈法又说：

　　故"帝出乎震"，一切从图之既具而推明之，非圣人先有成见于中，而后为图以拟之也。（《易笺·论文王卦位》）

　　因此，理显于图中，非圣人心中先有理也。当然，河图本身，亦是象，但易学家倾向于将河图理解为"数"，即奇偶点数，是易的本原。
　　陈法继承了孔颖达和朱熹的解易体例，既反对象数派泥象，又不赞成义理派之空虚说教。既不废取象说，又力主取义。当然，其重点在取义，即重视卦德。所以，莫友芝认为陈法解易，"颇敷畅程《传》朱《义》，而与《传》《义》异者甚多。"[1]
　　关于象、辞、理三者关系，陈法指出，理由象显，辞由象系。

　　象数之难明久矣！夫圣人作《易》，欲使天下不迷于吉凶悔吝之途，则何不分明指示，而乃寓其意于象？非故艰深其辞也，盖天下之理，一而已，而事则不同。事犹可以类推也，而人各有所处之时与位，则万有不齐，而无不森列乎卦爻之中。而是卦之象，适足以明是卦是爻之理，如天造地设，不可思议。且辞之所指，必不能该，故就其象而拟之，则辞约而理举。如立一鉴于此，凡人之至乎其前者，其面目形容皆可得而取照也。此因其自然而明之，而非造作也。《大传》不云乎"圣人设卦观象、系辞焉以明吉凶？"又曰："圣人立象以尽意。"（《易笺·论象数》）

---

①　（清）莫友芝撰《宋元旧本书经眼录·附录》，载顾久主编《黔南丛书》第一辑，贵州人民出版社，2009。

也就是说，辞由象系，即辞是为了解释象而存在的，而象则在卦中。陈法关于辞由象系的观点，与来知德、焦循等易学家的看法是一脉相承的。

关于辞、象、意三者及其关系，陈法说：

> 故辞由象系，意在象中，象在卦中，岂可卦外生意？离象释辞，扫象则辞皆无着落，圣人之意不可得而见矣。（《易笺·论象数》）

离开了象，辞无所系，没有了辞，意不可显。在陈法所著之《易笺》中，意，即义理。

陈法认为，彖辞和爻辞，既说象，又取义，他说：

> 此有彖辞不可无爻辞也。然彖、爻之词简，其意深，其旨远，其取象也赜，而所包者广。（《易笺·论作易本源》）

也就是说，彖、爻辞所包含的义理，十分广大。陈法明确指出，由象以明辞，由辞而得意。但象、辞并非筌蹄，若以其为筌蹄，则为扫象。反之，若在象中穿凿附会以求意，则为泥象。这些都是不可取的。陈法解释"立象以尽意"，他说：

> 《易》之为书也，言也，意也，象也；言具于书，而"书不尽言"；意因言显，而"言不尽意"；象立，而意存乎其中矣。言实而滞，象虚而该，象立则意不待言而显矣。（《易笺·卷五·大传上》）

也就是说，有象则有言，有言则意可显。从这个意义上说，王弼派之扫象及汉易之泥象都是不可取的。

> 言象似乎琐屑烦难，此后之言《易》者，或扫象，或不言象，不知圣人立象以尽意，不言象则意不可得而见，故虽"至颐而不可恶"。《易》虽变动不居，而爻各有等，出入以度，不可乱也。（《易笺·卷五·大传上》）

在陈法看来，自河图、洛书演化而来的八卦、六十四卦，本是对天地自然之象的摹写，因此，不言象则不可尽圣人之意。关键的是，要合理把握象在理解易之义理中的作用，不可有失偏颇。

> 象则因是卦是爻，又确有是象，故因而系之辞，以明是卦之理。……世之不言象者，辞既无所着落，而泥象者，又刻舟求剑，字字委曲附会，非失之穿凿，则失之琐碎新巧。或求之不得，遂以为不必言象。此皆逐末忘本，因噎废食，不善读《易》者也。（《易笺·〈易〉要略》）

陈法对象、辞、理关系的认识，显然承自朱熹。至宋，朱熹为反王弼派之扫象，特别重视象数，但只以象数为解易之基础和前提，并非泥象。可贵的是，陈法解易虽十分重视象数，但又深刻认识到泥象的危害。

> 自来言象者，惟郑康成、虞仲翔最为穿凿附会，故启王弼扫象之失。后此如朱汉上，来梁山踵二家之弊而又甚之。朱子谓："汉上《易》如一领破衰衣"，讥其琐碎也。（《易笺·〈易〉要略》）

从易学发展史看，王弼之所以以玄学解易，强调义理，而摒除象数，其用意正在于反对东汉郑玄、三国虞翻等人的泥象学风。

陈法反复强调象数的重要性，认为象数是人们了解《周易》奥秘的基础。他说：

> 夫《易》以象数，朱子曰："学者于言上会得者浅，于象上会得者深。"又曰："说《易》得其理，则象数在其中。固是如此，然沂流以观，却须先见象数的当下落，方说得理不走作。不然，事无实证，则虚理易差也。"（《易笺·论象数》）

"当下落"即是将象数理解为解易的基础和前提。在陈法看来，朱熹也想以象数言易。而实际上，朱熹十分重视象数，一反王弼派扫象之弊，象数与义理并重。

> 或曰：《易》以阐理，求之于象，则逐末而忘本。此其说亦非也。夫圣人立象以尽意，不得其象，则意不可得而知，而理亦无所附丽。

《易笺·解〈易〉管见》

陈法反复强调象数的重要性。他在解释履卦卦名时说：

> 文王名卦之义，以象而言。古人之履，前后皆护其足，卦有履象，故曰"履"，犹乎鼎、井也。（《易笺·卷一·上经上·履》）

即义由象而生。从这些论述中，可以看出，陈法虽强调易之目的在于明人事之理，但他又视象数为解易的基础。这是对历代易学家解易经验的批判继承，既有综合各家之说的特点，又时有发明。陈法说："《易》以象教，不言象则言意皆晦。"（《易笺·卷四·下经下·节》）其同科进士陈宏谋评价说：

> 其言爻必根诸象，而不外象以言爻，而又必明乎爻之序；其言象，必根诸卦义，有是义乃取是象，拟诸其形容，但取其大意而参活象，故不扫象而亦不泥象；其于义、象有难明者，尤必反复阐发，不肯一字含糊；解《大传》者，多分段句解，或文义不属，必首尾会通，使义理融贯；其分别羲易、文易，视旧说另有发明。（陈宏谋《易笺》卷首序）

就是说，陈法解易，既不泥象，亦不扫象。这一评价十分中肯，符合陈法易学思想实际。

关于道与器的关系，陈法主张道气合一，他说：

> 然而道即器，器即道，即两仪而在两仪，即四象而在四象，八卦六十四卦何往而非太极？不可以形象方所求也。（《易笺·论河图中数》）

这就是说，道寓于器，器体现道。两仪、四象、八卦和六十四卦，是道与器的结合。道器并非二物。

> 然非有二也，有物则有道，而后有器。器在道中，道在器中，只在一形中分"上""下"。"上""下"犹言精粗，此形中之粗者为器，精者为道，精粗两者，一而二，二而一，器非道即不能成其器，道非

器亦无以显此道。乾坤，亦器也，《易》即道也，故"乾坤成列而《易》立乎其中"，"乾坤毁即无以见《易》也"。夫卦之有象，亦器也。圣人之意即道也，器在而道存矣，象立而意尽矣，有不待言而显者矣。（《易笺·卷五·大传上》）

总之，从宇宙、乾坤到万事万物，无不体现了道与器的结合。没有道，也就没有器。反之，没有器，道也无从显示。象也是器，没有象，圣人之意不可得而见之。圣人之意即寓于象、器之中。

综上所述，关于象、数、辞、理（意）的关系，陈法主张辞由象系，意在象中，理由象显，理由数显。这是一种朴素唯物主义观点，应当给予充分肯定。

第三节 《周易》的经传结构

《说卦》《序卦》中分别有关于《易经》上、下经结构以及组成原则、六十四卦排列顺序等问题的论述，历代易学家围绕这些问题展开了热烈研讨。因此《周易》的经传结构，是研究《周易》不能回避的问题。对此问题，陈法提出了自己独到的看法。

一 关于经、传的传统论点述评

在"八宫卦说"中，京房提出了关于六十四卦的排列体系，他将八经卦的重卦称为"八宫"，又称为"八纯"，其排列的顺序是：乾、震、坎、艮、坤、巽、离、兑。这种排列来源于《说卦》的乾坤父母说。每一宫卦又统率七个卦，如乾宫所统之卦，其顺序为姤、遁、否、观、剥、晋、大有。坤宫所统之卦，其顺序为复、临、泰、大壮、夬、需、比。"八纯"卦加上五十六卦即得六十四卦，始于乾卦，终于归妹卦。京房以阴阳消长原理为六十四卦排列顺序的根据，指出这种顺序是卦爻象变化的过程。"京房的乾坤二宫阴阳消长说，实际上来于孟喜的十二辟卦说，不同的是，所配月份不一致。"①这是京房以卦气说解释阴阳灾异和吉凶悔吝的基础。

唐朝的李鼎祚、宋代的胡缓和程颐在他们的解易著作中，均十分推崇

---

① 朱伯崑：《易学哲学史》第1卷，昆仑出版社，2005，第143页。

《序卦》传关于六十四卦排列的论述，并列《序卦》文于所释各卦之前，以之为解释卦义之依据。叶适竭力反对此种学风，尖锐地抨击了《序卦》的卦序说。"按上下系、说卦浮称泛指，去道虽远，犹时有所明，惟序卦最浅鄙，于易有害。"① 叶适指出，《序卦》以卦名字义解释卦之产生，而不知各卦之名源于卦象，所以浅鄙。照卦名字义解说六十四卦排列顺序，牵强而可笑。叶适举需卦、讼卦卦序为例说："物稚不可不养也，物之稚者养，而壮者不养乎？饮食必有讼，饮食则曷为必讼？"② 取蒙卦字义为"物之稚"，需卦字义为"养"，讼卦字义为争讼，故卦序为蒙→需→讼。叶适指出，物幼者需饮食之养，难道壮者不必养于饮食乎？物需养之以饮食，然则何必一定争讼？鲜明反对《序卦》机械而望文取义的序卦原则。

关于《易经》上经始于乾坤、下经始于咸恒的说法，历来被易学家所推崇，以为上经讲"有天地然后有万物"，下经讲"有男女然后有夫妇"。即上经讲自然万物的产生，下经讲人类的诞生。叶适和朱熹持同样的看法，他们认为，由于《周易》卷帙浩繁，所以经分上下，并无特别深奥的义理。这种观点对后世易学影响很大。叶适承认六十四卦存在对立面，比如，乾、坤，屯、蒙等即为相对关系，即所谓"二卦对立而为六十四，画之始终具焉"③。显然，这是对孔颖达《周易正义》"二二相偶"说的发展。但是，叶适不同意用因果关系解释六十四卦卦序，反对依卦序来阐述相因相反或物极必反的道理。

朱熹在《周易本义》的开篇，即指出《易经》分上下篇并没有什么特别的理由，只不过，"特以简帙重大，故分上下两篇"。元代的萧汉中不同意此说法，他指出《周易》经文和彖爻辞字数并不多，谈不上简帙重大。萧氏认为，三十卦为上经，三十四卦组成下经，这有特别的意义。关于卦序，萧氏不同意《说卦》依卦名所做的解释，也就是不赞成取义说。其解释六十四卦的形成及上下经的构成，重点依照卦爻象和奇偶之数的变化情况，可归之为乾坤父母说。

明代来知德认为六十四卦的排列遵循了错综之法，错即阴卦阳卦相对，综即阴阳上下颠倒。他认为孔子所作的《序卦》《杂卦》在解释卦的顺序时，主取象说，而非取卦名和卦义。错综乃六十四卦的结构，无错综即不

① （宋）叶适撰《习学记言·周易四》，上海古籍出版社，1992。
② （宋）叶适撰《习学记言·周易一·序卦》，上海古籍出版社，1992。
③ （宋）叶适撰《习学记言·三》，上海古籍出版社，1992。

成易。

来知德在其《易注·改正分卷图》中，按其错综之说，将《周易》上、下经，各分为十八卦。上、下经十八卦中，既有综卦，又含错卦。其余卦的形成，也是按照错综原则完成的。例如，乾卦初爻变阴爻，则为姤卦，姤卦之错为复卦，姤卦之综卦为夬卦，等等。乾卦象颠倒仍为乾，离卦象颠倒仍为离，故不言综。上经首乾坤而终坎离，下经首咸恒而终既济未济。来氏认为，综卦表示万物万事的盈虚消长过程，即阴阳流行的过程。错卦则表示天地和男女既对立又相交的规律，即阴阳对待的法则。

明末清初易学家方以智关于序卦的思想，继承吸纳了萧汉中的观点，以乾坤坎离四正卦为上经之主，震巽艮兑四偏卦为上经之客，主先天卦位说。下经之主为四隅卦，下经之客为四正卦。这是依先天八卦解说文王后天六十四卦卦序。先天卦是体，后天卦为用，体不离用，反之亦然。此本于邵雍说。方氏依孔颖达疏的"非覆即变"和来知德的错综说为解释上、下经卦序形成的原则。从关于六十四卦起源的立场看，方氏的观点也可归结为"乾坤父母说"。

方氏认为，六十四卦卦序构成的原则是"正对"和"颠对"，正对即来氏所谓错卦，颠对即综卦。"对"即对待、相反。按方氏之说，由三十六对相反卦象构成六十四卦。正对之卦八，彼此相错而反对，又表现为相依。例如，乾坤相依，坎离相依，等等。相依即相因。颠对之卦，也表现出相依关系，例如，屯蒙相依，泰否相依等。可见，方氏序卦思想是对孔颖达疏"非复即反"说和来知德错综说的发挥。

明代的蔡清从体用关系立场论述了上、下经的构成，他说：

> 愚意乾坤者造化之本体，坎离者乾坤之大用。坎为水阴也，离为火阳也。……使乾坤而无坎离，则乾坤或几乎息矣。此上经之所以首乾坤而终坎离也软！①

乾坤为体，坎离为用，有体即有用。因此，上经始于乾坤，终于坎离。

关于八卦形成六十四卦，王夫之提出三画卦各爻又重为一爻，而得六画卦。他认为，此即《系辞》所谓"爻在其中矣"。他又依《说卦》"兼三

---

① （明）蔡清撰《周易蒙引·系辞上》，载朱伯崑《易学哲学史》第 3 卷，昆仑出版社，2005，第 139 页。

才而两之"文，认为八经卦演为六十四卦，体现三才之道。王夫之不赞成三画卦之上分别加三画而得重卦的观点。八经卦每爻各增一爻的原则是，"初三五、八卦之本位；二四上，其重也。所重之次，阳卦先阳，而阴自下变；阴卦先阴，而阳自下变。故交错而成列。"① 这是说，以三画卦为六画卦初、三、五之位，其上各加一爻则为二、四、上之爻。重爻的原则，首先，阳卦二、四、上先重阳爻，其次，此六画卦从下即从二画开始，变为阴爻，可变一至三爻。例如，乾卦☰按此原则相重，即得乾、同人、小畜、夬。阴卦二、四、上先重阴爻，其次，此六画卦从二画开始变为阳爻，可变一至三爻。如坤卦☷按此原则重爻，即得坤、师、豫、剥卦等。八经卦依此原则重爻，每卦演为八个重卦，共计六十四卦。

王夫之以奇偶或阴阳相配、变易的法则，作为论述三画卦变为六画卦的依据，其意是，初、三、五为阳位，二、四、上为阴位，六位相配合则成三才之卦。居阳刚之位者不变，处阴柔之位者可变。可变者或阴变阳，或阳变阴，乃阴阳相推法则之体现。总之，六十四卦的形成乃一阴一阳之妙用。

由于受欧阳修等人的影响，王夫之在《周易内传发例》中指出，《序卦》并不是圣人所作。"序卦非圣人之书，愚于外传辨之详矣。"② 他认为"相因说""相成说""相反说"等并不能正确解释卦序。因为六十四卦中，总有一些排列同以上诸说不一致。其结论是："六十四卦之相次，其条理也，非其序也。"③ 王夫之的意思是，六十四卦的排列是一种逻辑上的展开。按照现在的话说，六十四卦可依不同标准，分为若干类。就这一点说，是有条理的，但卦与卦间的排列顺序并无特别的道理。王氏所谓"条理"，包括其关于乾坤变为六子及乾坤六子演为五十六卦；乾坤变为十辟卦、十二辟卦，十二辟卦演为其余五十二卦；乾坤并建演为八错卦，二十八综卦，三十六象，六十四卦等内容。

王夫之以乾坤为六十二卦之基础，是受了卦变说的影响。他不赞成京房的八宫说和邵雍的先天卦序说。当然，王夫之也对汉易将卦变说引向烦琐提出了批评。

---

① （清）王夫之撰《周易内传卷五上·系辞上传》，李一忻点校，九州出版社，2004。

② （清）王夫之撰《周易内传发例》，载顾廷龙主编《续修四库全书18·经部·易类》，上海古籍出版社，2002。

③ （清）王夫之撰《周易内传发例》，载顾廷龙主编《续修四库全书18·经部·易类》，上海古籍出版社，2002。

清初的毛奇龄提出"反易"或"转易"为上下经构成的原则，毛氏认为，这就是孔颖达所谓"复卦"。他以此解释卦序，结论是："分篇之意，原无秘旨，只以上下相对举。"① 他不赞成其他序卦说。

毛氏著《推易始末》，深入议论其移易说，此说乃卦变说的一种形式，用来解释卦爻象和卦爻辞之联系。其推易方法是，乾坤两卦以外，六十二卦，分为聚卦和分卦两大类。所谓聚卦，指一卦之阴阳爻象聚于上体或下体，如剥复两卦；分卦指一卦之阴阳爻象相间而分开，如师卦等。聚卦、分卦中的爻象，皆可上下推移，故称为"推易"。毛氏认为，聚卦依《系辞》文"方以类聚"，分卦依"物以群分"句，"推易"源于"刚柔相推而生变化"。除乾坤两卦和聚卦外，其余卦皆属分卦。毛氏所谓推易，本质上就是从一卦引出他卦，然后通过取象说和互体说解说象辞之间的联系。

清代汉学家惠栋在《周易述》中，按照《乾凿度》的看法，认为"天地定位"章就是讲《周易》上下篇结构和六十四卦排列顺序的。首乾、次坤，先泰、后否，此为上篇结构，所以说"天地定位"。

清代的焦循提出"变通说"作为解释卦爻象变化的原则。所谓变通，是指刚柔爻象变化，其中的"旁通说"涉及上下经的结构问题。在焦氏看来，若按刚柔爻象六爻皆相反划分，六十四卦可分为三十二对。照此原则，旁通卦涵盖乾坤、震巽、坎离、同人师、比大有、随蛊、渐归妹、屯鼎、家人解、革蒙，等等。焦氏认为，"变通"是通过刚柔爻象互易实现的，包括两种情况，一是乾坤等旁通卦间刚柔爻象互易。二是一对旁通卦之某一卦刚柔爻象互易。一卦中有不互易之爻，包括柔爻与柔爻、刚爻与刚爻间，以及得中、当位之爻。焦氏谓："凡爻之已定者不动。"② 对于不当位之爻，即所谓"未定者"，其互易也含两种情况，一是按初四、二五、三上原则进行本卦刚柔爻象互易，且以二五互易为中心，为爻象变通的基础，即归结为二五是否当位。焦循将其易学总原则称为"二五变通为易"。他认为二五爻先互易，初四爻响应，这叫下应；三上爻响应，则称之上应。这叫"数往者顺"。通过这样的变易，位不当者，变通而为当位，"终而更始"，这就叫"知来者逆"。所谓"易逆数也"，就是强调变而通之。从思想根源上说，这是对"乾坤升降"说的发展，荀爽就特别重视二、五爻的作用，认为九二爻应上升为六五爻。相应地，六五爻应下降为九二爻。这同时又是对中

① （清）毛奇龄撰《仲氏易卷一》，上海古籍出版社，1990。
② （清）焦循撰《易图略卷一·旁通图第一》，《易学三书》下，九州出版社，2003。

位说的发挥。焦氏认为，若互易不能于本卦进行，则与旁通卦互易。互易的结果，不当位之爻变为当位，凶变为吉。这就是《说卦》所谓"六爻发挥旁通情也"。变通说的本质，是通过爻象的变化，从一卦导出其他卦，贯通彼此，从而使卦爻辞可以互释。从这个意义上说，旁通说是卦变说的一种形式。在焦循看来，旁通是《周易》经传普遍遵循的法则，《周易》是一个整体。

焦氏的旁通说，是对荀爽刚柔升降说和虞翻卦变说、旁通说的扬弃。焦氏认为，荀说和虞翻说之短处在于他们所谓刚柔互易，均未遵循二五、初四、三上的互易原则。就这一点说，焦氏的刚柔互易原则，是其首创。

与旁通说相联系，焦循又提出"相错说"，以之解释六十四卦的形成问题。焦氏认为，天地风雷水火山泽八种物象是相错的，所以八卦亦是相错的，八卦相错而为六十四卦。相错原则有二，一是单卦相错，即依八卦重叠解释六十四卦的形成。在这一原则基础上，焦氏以十六组来展示六十四卦的结构，每组四卦。如乾下坤上为泰，坤下乾上则为否，巽下震上为恒，震下巽上则为益，离下坎上为既济，坎下离上则为未济，艮下兑上为咸，兑下艮上则为损等。可见，每一组中的四卦，由八个单卦构成。这样，相错之卦就相互联系起来，其卦爻辞便可以相互解释了。二是旁通之卦的刚柔爻互易，其原则是初四、二五、三上相易。按照这种原则，又可分出若干组，其卦爻辞间亦可互释。焦氏认为，相错、旁通的存在，说明卦与卦间是紧密联系的。因此，解释相错或旁通之卦的卦爻辞，就如同比值一样，具有相等关系。焦循说："因悟圣人作易所倚之数正与此同。……以此推之得此数，以彼推之亦得此数，数之比例如是，易之比例亦如是。"[①] 就是说，若 A 卦与 B 卦具有相错或旁通关系，那么解释 A 卦的卦爻辞，亦可用来解释 B 卦。即不同卦爻象与卦爻辞间，存在一定的变化和解读的规律，正如数学等式两边一样，形成比例，可以互解。相错、旁通卦之间普遍存在这种比例，也有一卦刚柔爻互易而成比例者。总之，六十四卦依"旁通""相错"等原则而变化，故而具有内在的联系。相应地，六十四卦卦爻辞也就有了内在关联。但是，焦循的比例说并不能完全通释所有卦爻象与卦爻辞之关系，即比例说与《周易》经、传的实际不一致。这从一个侧面又说明，卦爻象与卦爻辞没有必然联系。

---

① （清）焦循撰《易图略卷五·比例图第五》，《易学三书》下，李一忻点校，九州出版社，2003。

总体上看，焦循尝试以二五爻变通为原则，将六十四卦视为一个体系。他认为，卦爻象只能向其对立面转化，即所谓变而通之。在此基础上，才能寻找到解释卦爻象与卦爻辞关系的新渠道。其观点包含一定的辩证法内容，具有积极意义。

二　体藏于用，用即显体

关于上下经的结构问题，陈法继承了叶适、朱熹等人的观点。他认为，明其大义即可，不必探之过密、过繁。古人序卦合理之处，存之即可。他认为，上下经的构成及各卦顺序，是按照《先天方位图》来定的。这是秉持和发挥元代萧汉中、明末清初方以智的观点。对于历史上所谓上经言天道，下经言人事，陈法以为，天道人事一也，最终落实到人事。

> 先儒以天道人事言，为近之矣，然《易》所言者，人事。即以上经言，否、泰以前，其洪荒之世乎？同人、大有，其中天文明之世乎？（《易笺·卷八·说卦传》）
> ……
> 下篇则日用伦常，饮食男女之事。然则二篇之序，皆以人事求之，而亦无往不合矣。（《易笺·卷八·说卦传》）

这就是说，从思想上讲，上下经所言皆人事，是一个统一体。

陈法认为上经始乾坤而终坎离，"乾、坤者，夫妇之象，而万物之大父母也。"（《易笺·卷三·下经上》）上经三十卦。下经首咸恒，"咸、恒者，万物之夫妇，而亦万物之各为父母也。故上经首乾、坤，而下经首咸、恒，有以也。"（《易笺·卷三·下经上》）下经终既济、未济，下经三十四卦。陈法说："今惟以卦相从，首乾、坤三十卦而至咸、恒，是卦虽杂而仍不失文王首尾之序。则首乾、坤，宜终坎、离；首咸、恒，宜终既、未济。"（《易笺·卷八·杂卦传》）从陈法关于上下经构成的观点，可以看出，其关于八卦、六十四卦的起源，除主河图洛书说，又有乾坤主干说的思想。

陈法所谓上经始乾坤而终坎离、下经始咸恒而终既济未济的观点，历来为易学家所推崇。孔颖达《周易正义》、程颐《程氏易传》、朱熹《周易本义》等都以上经首乾坤而终坎离，下经首咸恒而终既济未济。这是《周易》通行本一般排列方法的来源，是易学家按照《序卦》所谓一系列因果关系所做的安排。

陈法还从体用关系的哲学高度，论述了上下经的构成，他说：

> 上经首乾、坤而终坎、离，以坎、离为天地之用也。即卦象而观，坎阴含阳，离阳含阴，互根之妙也。离中互坎象，坎中互离象，互藏之义也。离备乾爻，坎备坤爻，母孕男而父育女也；坎中互艮、震，备三男之象；离中互兑、巽，备三女之象；则各从其类也。即坎、离二卦，而八卦之象备矣。（《易笺·卷二·上经下·离》）

这就是以天地为体，以坎离为天地之用。其妙道则为阴阳互根之理，体藏于用，用即显体。

> 夫咸、恒二卦，乾、坤之互体，阴含阳，亦阳分阴也。二气相感，六爻相应。在天地，则山泽之通气；在人，则二少之专情。（《易笺·卷三·下经上·咸》）

在这里，陈法以咸卦、恒卦与乾坤两卦为互体，意思是说，咸、恒亦秉乾坤之体，故也为天地之用。

关于六十四卦构成法则，陈法持重卦原则，如其在解释六十四卦圆图时说：

> 此圆图也，《说卦》所谓"八卦相错"者也。伏羲既画八卦，以为未足以尽阴阳之变也，于是乎一卦之上各加八卦。（《易笺·六十四卦圆图》）

意思是，后圣为了尽阴阳之变，于是在伏羲八卦的基础上，各卦之上又重以八卦而成。此外，陈法在论方位图与圆图、方图和横图的关系时，也主张重卦说。

在《易笺》中，陈法提出了"易大传"的概念，这并非空穴来风，而是对传统观点的继承。"系辞"有二义：一指系于卦爻象之下，即《系辞》所说："系辞焉以断其吉凶"，即卦爻辞；一指系于《周易》上下经之后，即《系辞》。此传乃通论《周易》和筮法之大义，非逐句解释经文，故又称为《易大传》。

孔颖达《周易正义》本，上传分十二章，下传分九章。"天数五，地数五"一段在孔颖达《周易正义》中置于"大衍之数"一节之后。

朱熹《周易本义》本，上下传各分十二章。程颐、朱熹、王夫之将"天数五，地数五……成变化而行鬼神也"一段编在"大衍之数五十"之前，又将"天一，地二……天九，地十"一段又置于"天数五……行鬼神也"之前。朱熹《周易本义》云：

> 天一，地二；天三，地四；天五，地六；天七，地八；天九，地十。天数五，地数五，五位相得而各有合。天数二十有五，地数三十。凡天地之数五十有五，此所以成变化而行鬼神也。大衍之数五十，其用四十有九。分而为二以象两，挂一以象三，揲之以四以象四时，归奇于扐以象闰，五岁再闰，故再扐而后挂。二篇之策，万有一千五百二十，当万物之数也。是故四营而成易，十有八变而成卦。八卦而小成，引而伸之，触类而长之，天下之能事毕矣。显道神德行，是故可与酬酢，可与佑神矣。①

陈法也采用了程颐、朱熹等人的编排形式。这些不同的编排，其共同点都在于说明所谓"大衍之数"。马王堆汉墓出土的帛书本有《系辞》，其内容一部分与今本同，其他部分则为今本所无。今本《说卦》开头三节，又见于帛书本《系辞》后半部中。这说明，《系辞》在汉初有不同的传本。一般认为，《系辞》形成于《彖》《象》之后，应在战国末年。②

总之，陈法认为《周易》上、下经的结构及卦序，并没有特别的奥秘。古人所论，存其合理之意即可，不必探之过密、过繁。他强调，上、下经皆言人事之理，乃体与用的关系。

---

① （宋）朱熹撰《周易正义》，苏勇校注，北京大学出版社，1992。
② 参见朱伯崑《关于〈易传〉形成的年代》，《易学哲学史》（第1卷），昆仑出版社，2005。

第三章　《周易》的性质

关于《周易》一书的性质，历代易学家均有讨论，且为解易者首要回答的问题。汉代易学家普遍以《周易》为卜筮之书，魏王弼以玄学解易，重视阐发《周易》之义理，批评汉易象数学，开启了以易解人事之先河。宋以后，易学家关于《周易》性质的论点趋于公允，即认为《周易》在历史上曾经作为卜筮之书的形态存在，但后世之学易者应注重开发其明天道、人事之理。程颐、张载、朱熹、王夫之等即持此种观点。陈法继承了这一传统，明确指出《易》为明人事之书。

第一节　以《易》为卜筮之作的论点评析

从文献记载看，《周易》在历史上确实曾以卜筮之作的形态存在，《汉书·艺文志》云："《易》道深矣，人更三圣，世历三古，及秦燔书，而《易》以卜筮之力传者不绝。"秦始皇焚书坑儒，正因《周易》以卜筮典籍的形式存在，才有幸保留下来。"及秦禁书，《易》以卜筮之书独不禁。"（《汉书·儒林传》）《艺文志》《儒林传》皆言"《易》以……"，这一"以"字，指明了《周易》的历史存在形态，即古人多以《周易》为卜筮之作。陈法也持类似的看法，他说："秦焚诗书，《易》以卜筮独存。"（《论文王卦位》）"《易》本卜筮之书，故末派浸流于谶纬。"（《四库全书总目·〈周易正义〉提要》）这一评价十分客观，只说末派流于谶纬。据《左传》《国语》等书记载，以《周易》为占筮的依据，在春秋时已经很流行，占问吉凶的占辞已达二十余条。据说汉初占筮家司马季主曾设摊摆卦于市中心，招呼行人占筮，并鼓吹说占筮上利于国家、下利于教导臣民，可使臣忠子孝，病者可愈，死者复生。

一　以《周易》神道设教

《易经》本身不讲五行，更不讲气候变化。到了汉代，易学家孟喜、焦延寿、京房等人以《周易》为卜筮之作，将五行和气候变化与《周易》结合起来。具体体现在，这些易学家通过创造卦气说、月体纳甲说、爻辰说、八宫说、世应说、飞伏诸说等，以灾异纬候解读《周易》，使易学陷入谶纬歧途。《汉书·京房传》评价焦延寿的思想说："其说长于灾变，分六十四卦，更直用事，以风雨寒温为候，各有占验。"可以说，易学至汉代流于术数迷信，焦延寿是开创者。京房将其师焦延寿的术数推向极端，四处宣讲，危言灾异，并以之干政。据说其关于灾异的预言"近数月，远一岁。所言屡中，天子说之"（《汉书·京房传》）。实际上，京房掌握了一定的天文知识，这是其言有所中的原因。《月令》《淮南子·天文训》《史记·天官书》等，都将节气变化、日月星辰运行同人事吉凶联系起来。京房吸收了其中的占星术等内容，并以之占卜吉凶。京房以术数言灾异，从易学学理上讲是重视《系辞》所谓"天垂象，见吉凶"。从术数的目的上说是"神道设教"，即以灾异劝告统治者。他说："天雨血者，兹谓不亲，民有怨咨，不出三年，亡其宗。佞人用功，天雨血"，"天雨石，为政者伪诈妄行，质信不施，国君死亡"，"日无故日夕无光，天下变枯，社稷移主"，"日月大无光，国无王，民不安，天下有兵"，等等。① 最后，京房及他的岳父被以"诽谤政治""归恶天子"罪名处死，死时才41岁。焦延寿曾经预言："得我道以亡身者，京生也。"（《汉书·京房传》）果真被老师言中了。"以经学明阴阳灾异而'神道设教'，则是西汉经学的共同特点，不同的只是有人利用《春秋》《尚书》设教，又有人利用《周易》设教而已。"② 以《周易》设教者，莫如孟喜、焦延寿、京房辈，而以《春秋》设教者，当首推董仲舒。

京房提出"八宫卦说""世应说""飞伏说""纳甲说""五行说"等，"八宫说"是其言气候灾异之基础，而"世应说"等则直接为占筮服务。汉朝解易著作《易纬·乾凿度》进一步将孟喜、京房等人的卦气说神秘化、神学化，并开始以象数解释义理，并使其理论化。这是儒家学说被神秘化

---

① （汉）京房撰，（清）王保训辑《京氏易》卷三易占（上），载郭彧《京氏易传导读》，郭彧点校，齐鲁书社，2002，第197~198页。

② 郭彧：《京氏易传导读》，齐鲁书社，2002，第8页。

的一种体现。《乾坤凿度》是《易纬》中重要的一篇，这篇文献不仅将卦气说神秘化，而且以阴阳奇偶之数，如七八九六之数为阴阳变易原则，以此解释《周易》之理，使之成为象数易学的特征。

东汉末年，郑玄提出爻辰说，以乾坤等三十二对反对卦，分别配十二辰，三十二对即配三十二年，为卦气说的一种。东晋的干宝是后期易学象数派的代表，干宝亦好术数，他继承了京房的衣钵。曹魏时期著名占筮家管辂，自比于司马季主，据说亦占无不验，疾病生死贫富皆可占而知之。管辂反对以老庄之学解易，也反对以义理解易，而主张以《周易》阴阳之数的变化断吉凶。

其实，汉初易学家之所以借术数的方法，以灾异谴告来奉劝皇帝，是与当时人们的认知水平普遍较低有直接关系。不这样做，不足以让帝王产生敬畏感，从而适当约束自己的行为。随着人们思维水平逐步提高，易学家更多地阐明《周易》的天道自然和人伦之义理，便是自然而然的事了。

朱熹不赞成程颐以《周易》为义理之书的说法，他认为《周易》就是卜筮之书，"易本为卜巫而作。"（《朱子语类》卷六十六）朱熹认为他与蔡元定合著之《周易本义》，就是要揭示《易》为卜筮之作的性质。朱熹以《周易》为卜筮之作，其主要依据是《左传》《国语》和《周礼》等书的有关记载。比如，在古代，《周易》主要由太史、太卜所掌握，而这些官职主要就是负责天文历算的制定和占筮等工作。然而，朱熹以《易》为卜筮之作的论点却值得玩味，一是他认为解易不能脱离筮法，这是他承认《周易》曾作为卜筮之作的形态存在。二是他指出解易不能脱离象数，否则会落空走样，但他并不赞成象数解易之穿凿附会，也不赞成汉易之互体说、纳甲说、五行说等。"易中先儒旧法皆不可废，但互体、五行、纳甲、飞伏之类，未及致思耳。"[1] 三是朱熹将易分为伏羲易、文王易、周公易和孔子易，并认为孔子易讲义理。"至于孔子之赞，则又一以义理为教而不专卜筮也。"[2] 也就是说，《周易》确实曾经作为卜筮的著作而存在，但其功用则不止于占筮。四是朱熹始终认为易象是空的事物，看人怎么用。"卦爻辞无所不包，看人如何用。"（《朱子语类》卷六十七）也就是说，卦爻之理是实的，但卦爻辞所说之事则是虚的。卦爻辞包含了天下万物万事之理，不限于六十四卦、三百八十四爻所说的那些事，即所谓"稽实待虚"。这就为

---

① 《朱文公文集·答王伯丰》，四部丛刊初编集部，商务印书馆，2009。
② 《朱文公文集·书伊川先生易传板本后》，四部丛刊初编集部，商务印书馆，2009。

《易》言人事与天道留下了空间。

南宋易学家杨简虽以《易》为卜筮之作，但又说："圣人作易，因筮设教，因人情引之而诸道。"① 既然是"因筮设教"，说明圣人是根据老百姓趋利避害、趋吉避凶的心理，以卦爻辞义理教导百姓向善，从而淳化社会道德。重点还是在人事。

占筮家们为达到占筮目的，从解易体例上讲，他们以取象说为前提，具体运用卦气说（如八宫说、纳甲说、爻辰说等）、五行说、世应说、卦变说、互体说等方法解易。当然，不能反过来说，凡讲互体说、卦变说者皆以《易》为占筮之书，例如南宋朱震，他也讲互体、飞伏、五行，但他认为《易》是人事之作。

二　陈法：易为君子谋

陈法解《周易》经、传，反复强调《易》乃明人事之作，但在实际解易过程中，他秉承了朱熹和来知德的传统，并不废象数和筮法，反而以之为研究《周易》的重要手段。陈法《易笺》之所以被收入《四库全书》，恰恰因为"四库馆"的学者认为陈法在论筮法时，指明了"再扐而后挂"是指二变、三变而言，即二变、三变不"挂一"，其余数都是四或八。陈法讲清楚了揲蓍的程序，故于经义有所发明。陈法讲占法、筮法，但他对占筮之动机、目的和作用等做了严格区分。一是区分所谓大人占和小人占，他认为大人占，是因事稽疑。这是对程颐论点的继承，程氏说："古者卜筮将以决疑也。今之卜筮则不然，计其命之穷通，校其身之达否而已。噫！亦惑矣。"② 王夫之说："未有疑焉，无所用易也。"③ 也就是说，君子了解到人的认知能力有限，故有时行占筮，是为解决心中的疑问。因此，大人占筮的结果是有咎或无咎，这是就"义"而言。而小人占的目的是利害得失，其占筮的结果是利或不利，吉或不吉。所以说"易不为小人谋"。二是君子自觉到吉凶悔吝之根源在人自身，因此，要做到贞吉无咎，只能自求多福，多做善事，提高道德水平。正如《系辞》上传所谓："是以自天佑之，吉无不利。"要得天之佑，必赖于人之不断改过从善，道德水平不断提高。小人则将利与不利、吉与不吉，全部归之为外部神秘力量之主宰，故终不能吉。

① （宋）杨简撰《杨氏易传》，上海古籍出版社，1990。
② （宋）程颢、程颐撰《二程遗书》，上海古籍出版社，2008。
③ （清）王夫之撰《周易内传·发例节录》，湖南人民出版社，2009。

第二节 以《易》为明人事之书的思想线索

《论语》有孔子"不占而已矣""加我数年，五十以学易，可以无大过矣"的记载。"不占而已矣"，说明孔子将《周易》视为政治伦理教科书，用以帮助人们提高道德修养水平。孔子的论点，实际上也是对春秋时期易学观的一个总结。

一 历代易学家关于《易》明人事的论点

孔子之后，大多数儒者以《周易》为明人事之书，如荀子说："善为易者不占。"① 在汉代，于《周易》而言，有术和学之分。以《易》占卜是术，以《易》言天道、人事是学。术是受到学者们轻视的。上文说过，司马季主摆卦设摊，贾谊和宋忠前去咨询，当面质问司马氏，直言以易卜筮为骗人之术。京房最善术数，但也认识到占筮只是一种解释人事的形式。"六爻，上下天地，阴阳运转。有无之象，配乎人事。八卦，仰观俯察在乎人，隐显灾祥在乎天，考天时察人事在乎卦。"② 即卦爻象的变化均拟之以人事变化，仰观俯察都由人来完成。

以《易》为明人事之书的思想，是同以《易》为卜筮之作的论点在对立斗争中产生的。易学中的象数学是在占筮家术数的基础上发展起来的，王弼以玄学解易，主取义说，贵无贱有，主张得意忘言，得意忘象，开启了义理解易之先河。义理解易，更重视卦爻辞所言之天道、人事内容。从体例上讲，王弼提出"爻变说""一爻为主说""趋时说""初上不论位说"等。概括而言，无非主取义说。王弼以这些体例，"从而排斥取象说、互体说、卦变说、纳甲说等。同汉易相比，其对卦爻辞的解释，则着重以人事问题，比附卦爻的变化。此亦王弼易学的特征之一。如他对乾卦各爻辞的解释，都立足于人事问题。"③ 又如，王弼以爻位的变化，说明人事的变动。如其解明夷卦，取其义以表示文王蒙大难而能正其志；解旅卦，以其义表示孔子出仕到处奔波等。

至宋以后，义理解易实际上成为解易之主流。王弼批评了汉易取象说

---

① 王先谦：《荀子集解》，中华书局，1988。

② 刘玉建：《周易正义导读》，齐鲁书社，2005，第135页。

③ 朱伯崑：《易学哲学史》第1卷，昆仑出版社，2005，第310页。

及其互体说、卦变说、五行说等解易体例，抨击汉易泥象之弊。其解卦爻辞，侧重于人事，唐李鼎祚于其《周易集解》中评价王弼易学说："郑多参天象，王乃全释人事。"① 郑玄解易，主取象，而王弼重视义理。王弼以义理解易，对宋代以后的义理派易学产生了重要影响。实际上，义理派和象数派都讲取象，但是，象数派是通过讲卦爻象的变化来推测吉凶，即主要是为了占筮的需要。义理派讲取象，主要是通过卦爻象的变化来解释卦爻辞所明自然人事之理。韩康伯进一步排斥象数学，以义理解易，作《系辞注》，补王弼义理解易之不足。韩康伯以义理解释《易传》之概念和范畴，他指出，《系辞》所谓"观象"，实际是观其"义理"。韩康伯企图摆脱古代卜筮迷信和汉代占候术对《周易》的影响，故其解易风格对宋明义理派易学的形成，也产生了极为重要的影响。韩康伯对《说卦》中所谓"以乾为马""以坤为牛"等均不加以注释，而对《序卦》，则从取义的立场加以解释。

韩康伯认为，八卦和六十四卦卦爻象和卦爻辞备天下之理，他说：

> 夫八卦，备天下之理而未极其变，故因而重之以象其动。用拟诸形容，以明治乱之宜；观其所应，以著适时之功，则爻卦之义所存各异，故爻在其中矣。②

这是对《系辞》"因而重之，爻在其中矣"的解释。意思是说，八卦备天下之理，但是，为了穷尽事物之变化，又由八卦演而为六十四卦，此即"因而重之"。各卦之六爻在于明社会治乱和人事变化之理，此即"爻在其中矣"，即六十四卦、三百八十四爻备天下自然人事之理。

唐孔颖达批评了汉易将象数公式化、机械化、绝对化的错误，抛弃了孟喜、京房等人将卦气说粗俗化为占巫术的做法。"作易者本为立教故也。非是空谈易道，不关人事也。"③ 也就是说，圣人讲易道、易理，目的是教化天下，创造大业。

北宋的欧阳修强调《易》为明人事而作，其解观卦说："曰圣人处乎人

---

① （唐）李鼎祚集注《周易集解》，中央编译出版社，2011。
② （唐）孔颖达撰《周易兼义卷第八·周易系辞下》，转引自刘玉建著《周易正义导读》，齐鲁书社，2005，第17页。
③ （魏）王弼、（晋）韩康伯注，（唐）孔颖达疏《周易正义》序，九州出版社，2004。

上，而下观于民，各因其方顺其俗而教之。民知各安其生，而不知圣人所以顺之者，此所谓神道设教也。"① 欧阳修以圣人观察民俗民情为观，以圣人顺民情为设教之目的，更加强调《易》明人事的特点，消解了神道的神秘性。欧阳修以《彖》《象》传为基础，着重以《易》解人事。"童子问曰，象曰天行健，君子以自强不息，何谓也？……盖圣人取象，所以明卦也，故曰天行健。乾而嫌其执于象也，则又以人事言之，故曰君子以自强不息。六十四卦皆然也。"② 欧阳修认为，六十四卦皆言人事。他特别推崇《大象》，认为《大象》前半句讲自然，后半句即讲人事，每卦都如此。

北宋的李觏认为《周易》是讲人伦教化的，关乎人事沉浮，天下治乱，"圣人作易，本以教人。而世之鄙儒，忽其常道，竟习异端。……包牺画八卦而重之，文王周公孔子系之以辞，辅嗣之贤从而为之注，炳如秋阳，坦如大逵。君得之以为君，臣得之以为臣，万事之理，犹辐之于轮，靡不在其中矣。"③ 为君、为臣之道，乃至天下万物之理，都包含在易之义理之中了。八卦所言之义理，乃治国安邦之根据。

程颐是义理学派的又一奠基人，其所著《易传》成为王弼《周易注》之后义理学派又一代表作。程颐认为《周易》是囊括天下之理的典籍，是穷理尽性之书。如其解屯卦《大象》文"云雷，屯。君子以经纶"曰："夫卦者事也，爻者事之时也。分三而又两之，足以包括众理，引而伸之，触类而长之，天下之能事毕矣。"④ 就是说，六十四卦、三百八十四爻含万物之理，这是君子治国理政之道。从义理易学发展的历史看，程颐以理解易，可以说是对王弼派以老庄解易传统的继承，从而使《周易》进一步从占术中解放出来。明末清初的顾炎武对王弼、程颐以义理解易的风格给予了充分的肯定。

南宋初的杨万里宗程颐义理易学，以《周易》为研究天下事变法则的著作。他认为学习和研究《周易》的目的，应于人事得失和社会治乱中掌握转乱为治、转祸为福、转危为安的规则，从而实现修身、齐家和平天下的理想，使天下万事万变归于"中正"。总之，在他看来，《周易》是"圣人通变之书"，目的在于使"危可安，乱可治"，使人穷理尽性。

---

① （宋）欧阳修撰《易童子问》，载闫骏翔主编《中华典籍精荟》，远方出版社，2005。
② （宋）欧阳修撰《易童子问》，载闫骏翔主编《中华典籍精荟》，远方出版社，2005。
③ 李觏撰《易论第一》，载曾枣庄、刘琳主编《全宋文》第42册，上海辞书出版社、安徽教育出版社，2006。
④ （宋）程颐撰《程氏易传·屯》，载梁韦弦《程氏易传导读》，齐鲁书社，2003。

张载继承了王弼和孔颖达的解易风格，注重阐发《易》之义理。他将占验和卜筮做了分别，认为占验是圣人根据事物变化之前因后果推断吉凶，卜筮则完全盲从神秘力量之左右。"易之为书，有君子小人之杂；道有阴阳，爻有吉凶之戒，使人先事决疑，避凶就吉。"又说："易象系之以辞者，于卦既已具其意象矣，又切于人事言之，以示劝戒是说。"① 张载认为，占验之根据已经包含在卦爻象和卦爻辞中，无须神秘力量的指示。卦爻取象之规则及卦爻辞所阐发之义理，由于其具有一般性和普遍适用性，故能指导人的行动。

王弼、程颐、张载等义理派易学家认为，占筮并非向神灵求助，而只是决疑惑、断吉凶的手段，并且只有道德高尚的人才能这样做。张载说："易为君子谋，不为小人谋。"② 《易》即使是卜筮之书，也只是作为"人谋"之辅助。正如《系辞》所云："天地设位，圣人成能。人谋鬼谋，百姓与能。"圣人就是利用《周易》的神妙作用，把老百姓召集在一起，共同经营人间的大业。

南宋易学家朱震在其《丛说》中论卦变说："周易论变，故古人言易，虽不筮，必以变言其义。"③ 意思是说，古人并不推崇占筮，而是通过卦爻象之变易以言其义。南宋末年之易学家杨万里，以《易》为"圣人通变之书"，"所谓前知者，易之道也，非特占事知来之谓也。"④ 《周易》并非只言占筮，认为学习《周易》可以使人预知人事得失、社会治乱之理，从而懂得修齐治平之道。陆九渊以《易》为明心见性之书，帮助人去私欲之偏，复天理之正，提高精神境界。他批评象数解易说："易之书所以不可以象数泥而浮虚说也。"⑤ 南宋功利学派代表叶适以孔子"不占而已矣"为根据，提出《周易》非卜筮之作，"然而以乾坤为父母，六卦为男女，皆卜筮牵合之虚文，非孔氏之书所道也。"⑥ 叶适推崇《彖》《象》，尤其推崇《大象》，认为《大象》最能体现君子修身立世之德。他说：

---

① （宋）张载：《横渠易说·系辞上》，《张载集》，章锡琛点校，中华书局，1978。
② （宋）张载：《横渠易说·系辞上》，《张载集》，章锡琛点校，中华书局，1978。
③ （宋）朱震撰《周易丛说》，粤东书局，清同治十二年（1873 年）刻本。
④ （宋）杨万里撰《诚斋易传·说卦》，载杨军主编《十八名家解周易 第一辑》，张士东、贾淑荣点校，长春出版社，2010。
⑤ （宋）陆九渊撰《陆九渊集·程文》，钟哲点校，中华书局，1980。
⑥ （宋）叶适撰《习学记言·周易四》，上海古籍出版社，1992。

夫象者所以推明其义理之所从生而全其为是卦之意者也。象者所以言其得为是卦者也。而圣人君子先王后帝杂取而用之，以之修身，以之应物，而无所不合。因八物而两之，而后有义，义立而后有用。①

八物即八卦，两之，即重卦，即有卦爻象而后卦之义理得以显现。程颐言"假象以显义"，"有理而后有象"。叶适则认为，"有象而后有理"。此理，其重点是人事义理。这是一种朴素唯物主义观点。

同时代的另一功利学派代表薛季宣指出，作为六经之道，《周易》承载之大道是圣人经邦济世的最高准则，其中最重要的法则之一是变通之道。

明中叶哲学家罗钦顺认为《周易》作为六经之宗，其要旨在教人"穷理尽性"，乃明人事之作。"易之为书，有辞，有变，有象，有占。变与象皆出于自然，其理即所谓性命之理也。圣人系之辞也，特因而顺之而深致其意；于吉凶悔吝之占，凡以为立人道计尔。"② 卦爻象、卦爻辞含有道德性命之理，为人道而设。"夫易之为书，所以教人穷理尽性以至于命也。苟能穷理尽性以至于命，则学易之能事毕矣，而又何学焉。"③ 王廷相则极力反对占术，认为《周易》乃圣人处理时务和人事应掌握的变通之道，"事变万殊，圣人乃时措。易即时措之道，随时变易，无有穷已，故曰生生之谓易。"④ 这是对程颐"随时变易以从道"思想的发挥，认为《周易》就是讲变易的，懂得这一道理的目的，就在于掌握处理人事之变的准则。此外，明代的湛若水、禅宗大师真可、心学家王畿，或以《周易》为明心见性之书，或以其为提高精神境界之作。

明末清初的王夫之在其《周易内传》中，尖锐批评了朱熹以《周易》为卜筮之书的观点，他说："是知占者即微言大义之所存，崇德广业之所慎，不可云徒以占吉凶，而非学者之先务也。"⑤ 即圣人占筮，是要掌握象、辞中的宏大义理，借以经营大业，而非一般人为利害得失而占。他继承了张载"易为君子谋"的观点，提倡占学兼备，认为《易》乃提高精神境界之作。王夫之认为《大象》辞纯讲义理，"易以筮而学存焉。唯大象则纯乎

① （宋）叶适撰《中适集·水心别集·卷之五·进卷·易》，中华书局，2010。
② （明）罗钦顺撰《困知记·卷上》，中华书局，1990。
③ （明）罗钦顺撰《困知记·卷下》，中华书局，1990。
④ （明）王廷相：《慎言·见闻》，载侯外庐等编《王廷相哲学选集》，中华书局，2008。
⑤ （清）王夫之撰《周易内传·发例节录》，湖南人民出版社，2009。

学易之理而不与于筮。"① 所以，王氏不赞同根据《大象》义理来注解卦爻辞。王夫之反问，朱熹所编《系辞》第五章即说明《周易》乃圣人穷理尽性之书，既然如此，怎么能说易是占筮之作呢？"乃说者谓易为卜筮之专技，不关于学，将显夫子此章之言于何地乎！"② 王夫之也批评了王弼、程颐等人"尽废其占"的做法，这倒不是要恢复占术，恰恰是要避免易流于术数。这说明，王夫之解易不废象数。顾炎武批评了荀爽、虞翻等人以象数解易之烦琐附会，认为《易》为明人事而作。

清初的功利学派代表颜元提倡实学，反对宋明易学家空谈义理，认为《周易》乃圣人治理国家和创建典章礼乐的依据，他说："阴阳秘旨，文周寄之于易，天下所可见者，王政，制礼，作乐而已。"③ 即《周易》是圣人明人事之典籍。李塨也以《易》为明人事之书，"夫圣人作易专为人事而已矣。"④ 李氏也特别推崇《大象》文，认为《大象》虽言自然之刚柔健顺，但必拟之于君子修德、成己立人、治国理政等内容。认为易言人事，从伏羲、文王、周公以来，已成传统。焦循继承了张载以来所谓"易为君子谋"的传统，反对以《易》为卜筮之作。焦循以"神道设教"说解释卜筮的本质，"易之用于筮者，假筮以行易，非作易以为筮也。易为君子谋，用易于卜筮则为小人谋，此筮之道即易之道也，而宁有二哉！"⑤"夫易者圣人教人改过之书也。……圣人作易非为卜筮而设也。"⑥ 他认为《易》之宗旨在于教人改过从善，提升道德境界。

二　《易》明人事的基础：天道与人道具有一致性

总体上看，易学家们之所以认为《周易》是明人事之作，乃在于《周易》所谓变化、变易，象、爻、象辞所断定之吉凶悔吝，与社会和人事之变化、得失等是一致的，即天道与人道具有一致性。易学家们认为，这是圣人作易的本源。

具体而言，主要包括以下几点：一是认为天道和人事具有一致性。《周

---

① （清）王夫之撰《周易大象解序》，上海古籍出版社，1996。
② （清）王夫之撰《周易内传·系辞上》，湖南人民出版社，2009。
③ 颜元撰《存学编》卷一，中华书局，1985。
④ 王达津主编，南开大学古籍整理研究所选编《清代经部序跋选》，天津古籍出版社，1991。
⑤ （清）焦循撰《易图略卷六·原筮第八》，《易学三书》下，李一忻点校，九州出版社，2003。
⑥ （清）焦循撰《易图略·序》，上海古籍出版社，1996。

易》象、象辞，即讲天道自然，又配以人事，而其最终目的是明人事。如《系辞》云："立天之道曰阴与阳，立人之道曰仁与义。"明代蔡清说："仁，人之阳德也，为慈惠，为宽裕之类；义，人之阴德也，为严毅，为刚果之类。二者积中而时出，因物而赋形，此则人道之所以为太极者也。"① 人道与太极一致，也就是人道与天道一致。罗钦顺说："夫易，圣人所以极深而研几也。易道则然，即天道也，其在人也，容有二乎？"② 就是说，天道即人道，二者一致。来知德虽认为《周易》为卜筮之书，但他在解释"一阴一阳之谓道"时，却指出此命题有三层含义：一是言天地之道，一是言人道，一是言占筮。如其对乾卦初爻爻辞"潜龙"的解释，则以其义喻君子当静、大臣当退、士当静修、商贾当待价、女子当惩期等。王夫之认为一卦六爻各有其位，上两画为天位，下两画为地位，中间两画居人位。阴阳、刚柔、仁义分别为天道、地道和人道的运行规则，阴阳刚柔与仁义是统一的，故天道与人事统一，此所谓"三才之道"。王夫之说："易统天道人道，以著象而立教，而其为天人之统宗，惟乾坤则一也。"③ 意思是，《周易》以乾坤并建和阴阳合一为其法则，统率天道与人事。此外，乾卦、大过卦、离卦、小过卦等均通过卦爻象的变化来说明人事之变化。二是《周易》认为，六十四卦的卦爻象之间通过交易、变易，可以向对立面转化。拟之人事，则人通过努力可以改变自身命运和处境。例如，乾坤、泰否、损益、既济未济等卦之间即可相互转化，其卦爻辞所反映的人事活动，就有所谓吉凶、得丧、利不利、贞与不贞、悔吝等。泰卦卦辞言"小往大来，吉亨"，否卦卦辞言"不利君子贞，大往小来"等，即以卦爻象的变化，说明人的活动状况的变化。孔颖达、程颐、欧阳修、邵雍等易学家都认识到卦爻象可向对立面转化，认识到天地和人事都存在"物极则反"的道理，并且认识到这是不可抗拒之规律。若要保持事物状态的相对稳定性，则人不应走极端。三是认为对应于《周易》所提倡的转化、对立思想，于人事则有君臣、夫妇、大人、小人等阶层之间的差别，但这种差别是可以转化的。《系辞》虽言"天尊地卑，乾坤定矣"，但又强调"变化见矣"，《序卦》则谓"物不可以久居其所"。《周易》认为"刚柔相摩""八卦相荡"而生变化，自然界如此，人事亦如此。司马迁《史记·太史公自序》云："易以道

---

① 朱伯崑：《易学哲学史》第 3 卷，昆仑出版社，2005，第 143 页。
② （明）罗钦顺撰《困知记·卷上》，中华书局，1990。
③ （清）王夫之撰《周易内传·系辞上》，湖南人民出版社，2009。

化，春秋以道义"。《乾凿度》提出"易一名而含三义"①。所谓三义，即简易、变易和不易。《乾凿度》认为"变易"包括天地之变、君臣之变和夫妇之变等。四是以卦爻辞之吉凶，警诫人事也有吉凶，教导人们为善去恶，自求多福。

综上所述，大多数易学家承认《周易》为明人事之书，其中虽有占筮的内容，但这仅是《周易》的一种历史存在形态，且大人、君子占与小人占之动机、目的、作用都是不同的，易占仅为"人谋"之辅助。

第三节　陈法关于《易》明人事的思想

程颐解易倡导引史解经，即引经典历史故事，说明《周易》经传之意。这在易学史上成为一种传统，被许多易学家所继承。引史说经，汉易亦开其端，借历史人物的遭遇说明卦爻辞的意义。但汉唐人解易，所引历史事件不多。宋易中的义理学派，由于重视王弼注以《易》明人事的传统，常以历史人物的事迹解释卦爻辞，《程氏易传》倡导的学风就是对这一传统的发扬。此种解易学风，实际上是把历史人物看成吉凶消长之理的体现者。这样，《周易》经传又成为总结历史经验教训，正确处理君、臣、民三者关系的教科书。陈法正是从引史解经的立场指出，精于术数者莫如京房，而京氏却以术杀身。这可以看成陈法从历史观的立场探讨《周易》性质的思想端倪。

《系辞》上传云：

> 《易》有圣人之道四焉：以言者尚其辞，以动者尚其变，以制器者尚其象，以卜筮者尚其占。是以君子将有为也，将有行也，问焉而以言，其受命也如响。无有远近幽深，遂知来物。非天下之至精，其孰能与于此。

按照《系辞》所说，占筮只不过是《周易》的一种职能，而言人事之辞、观物象之变、揆象以制器等则是其主要功用。正如焦循所说："故易有

---

① （魏）王弼、（晋）韩康伯注，（唐）孔颖达疏《周易正义序》，余培德点校，九州出版社，2004。

圣人之道四，卜筮仅居其一而已。"① 因此，君子不必占筮。

一 《易》本天道明人事

关于《周易》的性质，陈法继承了欧阳修、程颐、杨万里等人的说法，以《易》为垂教万世之书。"《易》何为而作也？曰：圣人本天道以垂教万世之书也。"（《易笺·论作易本源》）陈法指出，《周易》言天道与人事是一致的，大到社会治乱，小到饮食男女，无不言及。

> 文王于占筮之余，见六十四卦义理之本源既精深而难测，变化之用复浩博而无涯，天道人事备而天道万物之情见；又以后世风气日开，人之情伪日滋，事变日益多，吉凶悔吝之途不能不迷所往，是以取六十四卦拟之人事，而一一命之名，复从而系之辞。大之天下国家废兴存亡之由，小之饮食男女向背离合之端，罔不因其象之陈以断其吉凶。（《易笺·论作易本源》）

陈法指出，《周易》的法则不同于一般占卜，文王、周公所作之象、爻辞一一拟之人事，明吉凶悔吝之所由。因此，易占并非为占而占，乃在于明吉凶之所以然。

> 若夫大衍之法，肇自羲皇。历代皆以为卜筮之用，自文、周系辞，乃一反之人事。盖占只言吉凶，辞乃言其所以吉凶之由。故《大传》曰："以明得失之故"，又曰："又明于忧患与"。故吉凶悔吝，反以象人事之得失优虞。夫吉凶以占而见，若其故，必观象玩辞而后明，然福善祸淫，天道、人事一也。（《易笺·论作易本源》）

一般的占筮只言吉凶，却不知道吉凶之所以然。而《周易》则通过文王、周公之象、爻辞来明确吉凶产生的根据，这就把易占引向了明人事方面。因此，陈法明确地说："圣人作《易》，兴神物以绍天明，本天道以明人事、济民行，惟君子能体之。"（《易笺·卷五·大传上》）就是说，圣人根据《周易》的阴阳刚柔变易之道，用以指导人们为人做事。

---

① （清）焦循撰《易图略卷六·原筮第八》，《易学三书》下，李一忻点校，九州出版社，2003。

易之大用在言人事，朱熹虽言《易》为卜筮之作，但又不得不承认《周易》为穷理尽性之书。事实上，朱熹说《周易》为卜筮之书有两个意思，一是说不应仅依义理解释卦爻辞的文义和名物，而应从占筮的立场说明卦爻辞的原意；二是说作为卜筮之书的《周易》包含天下万物万事之理，需要易学家揭示和阐述。朱熹指出，这两层意思并不矛盾。陈法受到朱熹这种易学观的影响，他说：

> 盖无往而不与卦与爻相遇，所谓"顺性命之理"，和顺于道德而理于义。穷理尽性，以至于命。其为用大矣！岂仅为卜筮用耶？（《易笺·论作易本源》）

陈法和焦循、王夫之等易学家一样，认为卜筮只不过是《周易》的一项功能而已，其主要任务是明天道人事之理。

陈法认为，《周易》六十四卦、三百八十四爻，所言者皆天道、人事，而终归言人事。"夫《易》所言者，人事耳。"（《易笺·论象数》）"文王卦名，只就卦德言人事，《象传》有兼卦象言以况人事也。"（《易笺·〈易〉要略》）例如，陈法解乾卦说："《易》言人事，而人事本于天道，故推本天道明之，所以明天人之一理也。"（《易笺·卷一·上经上·乾》）人之命本为天所授，人乃人事之主体，故天道、人事一也。"凡天之阳气所施，地无不一一顺承于下而生长之，故曰'顺承'。……拟之人事，则君令臣共，夫唱妇随，皆'无成'而代'有终'也，承乾而动，亦如天之元亨矣。在天地与在人，非有二理也。"（《易笺·卷一·上经上·坤》）在陈法看来，乾坤、天地、阴阳、刚柔，这些对立面之间的和谐，才能使天地和谐、人事协调。陈法说：

> 在人事，则阳为天理，阴为人欲；阳为君子，阴为小人；阳为德化，阴为刑诛。在天地，则二气之流行不失其常，而阴常助阳。在人事，则人欲易滋，天理易微，小人易进，君子易退，刑罚易逞，德化难施。凡阴之类，其长而盛，无有不害阳者。（《易笺·卷一·上经上·坤》）

这是以阴阳二气之运行，拟之以人事关系，说明天道与人事是一致的。

若文、周之辞，皆切近于人事者也。……惟其理一，故以天道明人事，而吉凶悔吝皆不能外焉，此又文、周系辞之根柢也。(《易笺·卷五·大传上》)

文王、周公作象辞、爻辞，既明天道，又述人事，这是圣人作易的缘由。卦爻变化、阴阳相推、刚柔互易，象征人事之进退、变动、得失。陈法说：

所系之辞有"吉凶""悔吝"，以象人事之"得失""忧虞"。卦爻之变化，所谓"相推"者，象人事之"进退"；"刚柔"之交，象天地之"昼夜"。……故"六爻之动"，在天地为"进退""昼夜"，在人事为"吉凶""悔吝"。天道有盈虚，人事有盛衰，皆有不易之理以为之枢纽。(《易笺·卷五·大传上》)

在陈法看来，这是圣人作易的本源，也是《周易》最大的功能和任务。

二 《易》明吉凶之所由

陈法认为，《周易》是教人提高道德修养的，君子只需按照一定的道德标准提高修养，日常的吉凶悔吝，不占便知。而小人做不到这一点，所以凶。

夫《易》，教人以中正之道，非教人以趋吉避凶也。天下之事变无穷，而人所处之时、位各异，圣人即六十四卦以拟之。即是卦之象以显是卦之理，即是卦爻位之刚柔，揆以中正之理，以明其吉凶、惠迪、从逆，皆天理之自然，不必占而后见。(《易笺·论作易本源》)

陈法指出，所谓吉凶、得失皆由人自身之原因招致，非由外部力量使然。"是《易》之吉凶，有不待卜筮而决者矣。是祸福由于道义也。且君子论是非，而不论利害。……论人事之得失，则吉凶为大；以君子之自考，则无悔吝。"(《易笺·论作易本源》)君子以义制命，以德制命，秉道义而行，故虽也可出现"贞凶"，"否困"，但终可"凶而无咎"，无所"贞悔"。"磋乎！人能知事物、性命之无二理，则天人合一矣；人能知道义、祸福之非两途，则义命合一矣。此读《易》之大旨也。"(《易笺·读〈易〉大旨》）而小人计较利害得失，故有吉有凶。

陈法与张载等人一样，认为古人重占筮，是言行谨慎，以易决疑。今人则动辄占筮，乃功利之趋利避害而已。

　　　　古人甚重卜筮，盖其慎也；今人则率意妄行耳。又自术数之说兴，皆窃《易》之近似，而流遁失中。士大夫不明著教，反从卜肆（筮）问吉凶，是亦陋矣！又，古人有大疑乃占，今或小事亦占。或不能立诚，或再三之渎，凡此皆不告也。是亦弃天而亵天矣。（《易笺·论筮》）

在陈法看来，精通占术者莫如京房、郭璞，而京、郭二氏皆以术杀身。如果占筮能趋利避害，又何至于招来杀身之祸呢！

既然吉凶贞吝皆由人的原因所致，则人应创造条件促使吉凶转化。"刚柔相推，卦之变化也，而吉凶生焉。……则吉者固利，即凶者反之而亦利矣。"（《易笺·卷五·大传上》）也就是说，对立面是可以转化的，当然，转化需要条件，比如，要努力提高道德修养水平，提高精神境界等。"《易》若只作卜筮看，其用便小；辞只作占辞看，其义便浅。……且术数之言吉凶，即能知之，非能趋避之也。"（《易笺·〈易〉要略》）卦爻辞所言之吉凶，人是不趋避的，只能创造条件化凶为吉，转祸为福。学《易》之目的，应有先事之维持，有随时之补救，有潜孚默运之转移，虽无所趋避而气数顺矣，故"自天佑之，吉无不利"。

三　卦、爻、象辞皆言人事

陈法解易，几乎于每一卦必强调《易》言人事，如其解小畜卦云："又，泰之三阴则天地交，小畜一阴则不能畜阳。阳气上升而散，不能降雨而为雨。拟之人事，人主虚心求贤，然后贤才登进，谏行言听，膏泽乃下于民。"（《易笺·卷一·上经上·小畜》）意为人君者应虚心求贤，聚才为己所用。又其解否卦，以其言君子处事哲理，"否塞之时，小人道长，阴内则阳外。君子安于贫贱，韬光养晦，以避难也。"（《易笺·卷一·上经上·否》）此即孟子所谓"穷则独善其身"，不失为君子的一种处事妙道。又如其解噬嗑卦《象》文"噬嗑亨"说："亨者，通也，间去则彼此之情意感通而无间矣。由一身以至于天下国家，莫不皆然，此噬嗑之义与其用也。"（《易笺·卷二·上经下·观》）用现在的话说，就是摒弃隔阂，加强沟通与合作。可见，易之目的在人事。又其释益卦时，陈法认为，益本否卦，否之初九、六四易位而成，此即损上益下。拟之人事，陈法说："否卦四之一阳下而为初，阳自上入而动于下，如天道之下济而万物发生，亦如人君之膏泽下逮而民生遂，上下同流，非小补也。"（《易笺·卷三·下经上·益》）这也是告诫管理者，要关注民生，与民休息。

又其解大过卦《象》文"习坎"曰："《易》之取象如此。明乎此，则象、爻之义明矣。文王象辞只言人事，盖示人以处坎之道也。习坎，熟习于坎也。"（《易笺·卷二·上经下·坎》）正如今天所谓居安思危，教人身虽处险境，但内心应天理周流，不为带碍所阻。陈法说："观圣贤所以处坎与困者，惟尽其诚敬义命，自安而已，非有权谋术数为出坎济困之妙用也，是即处困与坎之道也。"（《易笺·卷二·上经下·坎》）其释丰卦《象》文"日中则昃"说："'旬'者十，数之盈；离为日。一月三旬，以一爻当十日，则'虽旬'而未过中也。过旬则望，而为'日中将昃'，而有灾矣。盖自古乱之机即伏于极治之时，故圣人安不忘危。"（《易笺·卷四·下经下·丰》）这是以季节的变化，说明社会治乱可以转化。教人居安思危，精神不能懈怠。

陈法指出，社会管理者要得人、留人、用人，关键是要有耐心。其解井卦说："以为学而言，掘井九仞而不及泉，犹为弃井也。以求贤而言，或求之而不得，或得之而不能信任，亦无由得其益，前功尽弃。天理蔽锢而贤人隐，不亦'凶'乎？"（《易笺·卷四·下经下·井》）这是取井卦之卦德、卦名，告诫管理者要善于吸引人才、管理人才，从而发挥人才的作用。

常言道，己正，才能正人，未有己不正而能正人者；又云善始善终，未见有不善始而能善终者也。陈法解渐卦《象》文"进以正，可以正邦也"云："阴进而至于四，则'得位'；得位，则有为而'有功'；得位，则正始'进以正'，则'可以正邦'。未有己不正而能正人者也，未有始不正而终能正者也。"（《易笺·卷四·下经下·渐》）

渐本否卦，坤下乾上。否卦三、四两爻交易，即坤六三爻上升而为渐卦六四爻，乾九四爻下降而为渐卦之九三爻。阴爻上而得位，得位而正。拟之于人，正己方能正人。

陈法继承了程颐"随时变易以从道"的思想，认为卦爻之变动，预示人事之变化，但他更看重卦之时与义。"《易》所言者，人事，'不可'求之于'远'。其刚柔之爻，周流上下于六位之中，或以柔居刚，或以刚居柔，吉凶未有一定，即二、五中正，亦有时不吉。惟其爻之'变动'，视卦之义与时何如耳。"（《易笺·卷六·大传下》）这是陈法对《系辞》文"《易》之为书也不可远，其道也屡迁"所做的解释，就是说，求卦爻明人事之意，不必远求，要注意卦爻是否得其时，得其位。得其时，得其位，则吉。

陈法虽然重视河图洛书说，但这是相对于易的起源来说的。就解易体例而言，他并不赞成邵雍的象数之学，认为邵氏重视河图洛书之数和象，不重视卦爻之象数。而只有卦爻辞才是明人事义理的，因此，邵氏易学少及人事之理。

> 凡卦之象、爻，只言人事。康节之说，详于天而略于人，详于图之象数而未及乎象、爻之象数。虽极汪洋浩渺，何由得身心之益乎？（《易笺·〈易〉要略》）

在陈法看来，程颐、程颢兄弟重视义理，其解易学风更接近易之本意。

陈法解经，尤其推崇《大象》辞言人事之意义。他将各卦之《大象》置于其经之尾，意在突出其明人事之特点，这是陈法解易一大特色。这是对孔颖达、欧阳修、叶适、李塨、王夫之等人解易风格的发扬，这些易学家都认为《大象》纯言人事之理。孔颖达说："虽取物象乃以人事而为卦名者，即家人、归妹、谦、履之属是也。所以如此不同者，但物有万象，人有万事。若执一事，不可包万物之象。若限局一象，不可总万有之事。"（《周易正义·乾》）如此一来，六十四卦之《大象》辞即成为人生格言和生活准则，整部《周易》成了政治、伦理的教科书。陈法说："《大象》乃专就象推之，如'刚健不陷'为需，而象以'云上于天'言；'上刚下险'为讼，而象以'天与水违行'言，亦以况人事也。"（《易笺·〈易〉要略》）《大象》文不断吉凶，六十四卦皆言自然、人事，说明《大象》在《周易》中具有重要地位和作用。如师、小畜、履、未济等卦的《大象》均如此。

陈法解屯卦《大象》文"云雷，屯。君子以经纶"说："君子解天下之纷难，运筹谋略，往复绸缪，如理乱丝而使之就绪。云雷之郁结，将化而为膏泽之需也。"（《易笺·卷一·上经上·屯》）就是说，君子治理天下，要做到运筹帷幄，目标明确，措施得当，为政方有成效。又如其解泰卦《大象》文"天地交，泰。后以财成天地之道，辅相天地之宜，以左右民"

说："圣人化育，裁其过辅其不及，使之常泰，则阴阳和百物生，而民生遂矣。此天地之不能为，而有待于人者也。"（《易笺·卷一·上经上·泰》）就是说，圣人经世致用，应效仿天地交泰之象，协调人民，改善民生。天地只有其象，只有人君才能完成这一目标。陈法解临卦《大象》文"泽上有地，临。君子以教思无穷，容保民无疆"曰："地中有水，已取容民畜众之象，泽上有地，停畜渊涵。君子以之广其教泽，其忧深虑远，如千顷之陂，久而不涸。"（《易笺·卷二·上经下·临》）由取象而取义，重点还是言人事。又其论剥卦《大象》文"山附于地，剥；上以厚下，安宅"曰："山以地为基，地厚则能载山；邦以民为本，本固则邦宁。"（《易笺·卷二·上经下·剥》）为人君者，应与民休息，巩固治国安邦之基础。厚德载物，社会才能安定团结。其解大畜卦《大象》文"天在山中，大畜。君子以多识前言往行，以畜其德"曰："小畜动而大畜止：动者，德之见于外；止者，德之畜于中。德性，君子所自有，然必尊闻行知，然后日进于高明光大之域，不然，则德孤矣。"（《易笺·卷二·上经下·大畜》）也就是说，为人君者，德高才能远行，德高才能服众。陈法解蹇卦《大象》文"山上有水，蹇。君子以反身修德"云："水行地上则畅流，行于山上则多阻滞。君子遇艰难险阻，困心衡虑，皆可动心忍性，无所怨尤也。"（《易笺·卷三·下经上·蹇》）这是告诫君子，身处困难时，要动心忍性，养成坚韧不拔的品质，这样才能成大事。陈法以升卦《大象》文"地中生木，升。君子以顺德，积小以高大"比喻君子修德，他说："木根于地，不戕伐则日长；德根于心，不以物欲害之。顺其德性之自然，培养充积，以至于高大，如木之滋长，不知其然而然矣。"（《易笺·卷三·下经上·升》）君子修德，日积月累，辅之自然而不敢为，自有增长。

陈法认为，《周易》不仅能够帮人审视过去、面对现在，还可以预知未来。"《易》不惟说尽当时事，即后世人情事势当时所未有者，亦无不豫言之；不惟说尽天下国家大事，即人生日用隐微琐屑，亦无不曲尽情伪。"（《易笺·〈易〉要略》）大到天下治乱、政治得失、人事进退，小到伦常日用，易皆讨论之，可谓穷理尽性了。陈法认为，这正是《周易》广大悉备、知周万物的特点。

陈法关于《易》明人事的思想，得到了当时学界的充分肯定，其同科进士陈宏谋说："其以人事言《易》，已居其切要。"（陈宏谋《易笺》卷首序）"见浅见深，存乎其人。四子之书，童而习之，终身不能尽。《易》所言者，人事。远之，在乎天下、国家；近之，及于旅、讼、家人；大之，关乎穷通得丧；而小之，不外乎日用饮食。即是卦之义与象以明乎是卦之理，此道之不可须臾离也。"（陈宏谋《易笺》卷首序）此评介切中陈法解易之要点，十分准确。

《四库全书提要》评价《易笺》道："其书大旨，以为《易》专言人事，故象、爻之辞未尝言天地雷风诸象，亦并不言阴阳。"从这一评价，可看出陈法解易，重视卦德、卦义，明人事义理。而不像汉易象数学那样，拘泥于象数，穿凿附会。也不像邵雍象数学，详于天而略于人。正如莫友芝所说："观其全而绎其旨，盖病术数言《易》之支离破碎，故专就人事立说，以愚夫愚妇之知，能见天地鬼神之奥，以省身寡过之学问，揭尽性至命之微。更事烛理，触物会象。不侈统同之理，使象为虚器；不求穿凿之象，使理无据依。欲学者于身心体验之中，得涵泳从容之味，不徒句释字解以为工，强探力索而无当。持平蹈质，粹然儒者言矣！"① 这一评价周详确切，既赞扬了陈法的解易风格，又突出了其以《易》言人事的特色。

① （清）莫友芝撰《宋元旧本书经眼录·附录》，载顾久主编《黔南丛书》第一辑，贵州人民出版社，2009。

第四章　解易体例

解易体例，即解读《周易》经、传的基本原则和方法，这是学习和研究《周易》的重要内容之一，主要体现为易学家对卦爻象和卦象辞关系的不同回答。对这一问题的回答不同，就产生了易学家不同的解易原则。例如，或主取象说，或主取义说，或取象、取义说兼采，等等。以这些学说为基础，易学家又提出一系列更为细致的解读方法，如爻位说、卦变说、互体说等。陈法在《易笺》中继承和发挥了传统的解易体例，其易学研究方法，得到《四库全书提要》作者的肯定。

第一节　传统易学的主要解易体例

自汉代始，易学家们为解读《周易》，创立了多种解易学说、原则和方法，统称解易体例，包括卦气说、爻辰说、飞伏说、五行说、互体说、卦变说、爻位说等。其中，归结起来，影响大而深远者如卦气说、飞伏说、卦变说和爻位说等。爻位说又包含中位说、当位说、应位说等更为具体的解易方法。这些解易学说和体例，又始终贯穿着取象说和取义说。解释卦爻象及其变化的是取象，解释卦德和卦义者是取义。

一　卦变说

所谓卦变，就是一卦之爻象变化而成他卦，依此而解释卦爻辞的意义。即卦爻辞的内容，来自卦爻象的变化。他卦，称为之卦或变卦，而作为卦变基础的卦，称为本卦。卦变说虽影响很大，但其并非一种独立的解易学说，而是由爻位说发展而来。东汉的荀爽、三国的虞翻均以提倡卦变说而著称。易学家普遍认为，伏羲画八卦，文王演为六十四卦。邵雍认为，如果按照他的"一分为二"法，六十四卦还可以演为更多的卦。由八卦而六十四卦，目的在于说明纷繁复杂的天道自然和人事之理。

从历史上看，易学家们为了说明卦变，提出了多种学说。其中，影响较大者有汉代孟喜、京房等人的"飞伏说"，唐孔颖达的"非复即反说"和明代来知德的"错综说"等。就易学发展史来看，飞伏说、非复即反说等一直分别作为单一的学说，被不同时代的易学家所使用。而从本质上讲，这些学说可归入卦变说中。当然，这些学说，也可以看成取象说的一种补充形式。

（一）飞伏说

汉代易学家提出"飞伏说"，所谓飞伏，是说卦象之间和爻象之间存在对立关系。飞，即可见而显于外者；伏，指不可见而隐于后者。如乾卦象，可见者为飞，其对立的卦象为坤，隐伏于乾象之后，不可见，为伏。《说卦》训巽为顺，但认为巽终归于急躁，即归于其对立面震。因此，飞伏说来源于《说卦》。"京房所以提出飞伏说，目的在于除本卦卦爻象外，又增一卦爻象，以便于说明卦爻辞的吉凶。"① 所以，从本质上说，飞伏说是以阴阳消长为原理说明爻象的变化，增加一条判定人事吉凶之途径。

关于卦爻象的变化，京房提出乾坤为体，坎离为用说。即以乾坤为根本，以坎离为乾坤之性命。荀爽提出"乾坤升降"说，即以乾坤两卦为基本，此两卦之爻位互易，成坎离两卦，为上经之终。就是说，上经始于乾坤之体，终于坎离之用，是由体而用的展开。坎离又上下互易，得既济、未济，为下经之终。因此，六十二卦可看成乾坤两个基本卦的展开。荀爽以阴阳爻位升降解释其他卦时，又提出以二、五爻位升降为中心。其结论是，一卦之爻位升降而成另一卦，这是其卦变说之要点。

虞翻是汉代象数易学的代表。虞翻解易，最崇尚荀爽学说，他对荀爽的刚柔升降说做了发挥，使卦气说走向了卦变说，并以之解释《周易》经传。虞翻卦变说的主要内容有二：一是以乾坤为父母卦，由之演变为六子卦；一是由十二消息卦演变为杂卦。虞翻认为，太一（即太极）生乾坤两个父母卦，此即两仪。乾坤之一、二五爻交易，则成坎离二卦。在离卦象中，初、三爻为离，二、四爻为巽，三、五爻为兑。在坎卦象中，初、三爻为坎，二、四爻为震，三、五爻为艮。这样，坎、离、巽、兑、震、艮六子卦产生。京房认为，二、四爻取象称互体，三、五爻取象为约象。其

---

① 朱伯崑：《易学哲学史》第 1 卷，昆仑出版社，2005，第 146 页。

实，约象也是互体之意。荀爽以二、四爻和三、五爻取象，正是取互体和约象说。总之，虞翻所谓乾坤父母说，乃是对京房乾坤基本卦和荀爽乾坤升降说的发展，属于卦变说的范畴。

关于十二消息卦演为杂卦，虞翻认为，十二消息卦由乾坤两卦阴阳爻互相交易而得。乾坤乃六十二卦之基础，即所谓"以乾推坤谓之穷理，以坤变乾谓之尽性"①。"以乾推坤"，指从复卦到夬卦即息卦变化的过程；"以坤变乾"指从夬卦到复卦即消卦变化的过程。阴阳二爻交易是虞翻所谓六十四卦卦变之原则，而只有一爻为主变动之爻。中孚和小过卦不在此变卦原则内，虞翻视之为变例之卦，需另立体例。

在解释《周易》经、传时，虞翻依其卦变说，从取象、互体体例加以说明。如其认为否卦初上两爻互易，则为随卦等。"虞翻的卦变说，就占筮体例说，无非是企图从某一卦引出另一卦，两卦合在一起，解释《周易》经传，这是对以前各种说法的补充。"② 虞翻变卦说的目的，就是企图通过一卦之阴阳爻互易而引出他卦，并借此说明爻象变化之后卦爻辞之理。然而，通过爻象变化而来的卦，与原卦之意往往无任何联系。这样，虞翻卦变说就变成了象数的游戏。

虞翻又提出"旁通说"，即一卦与其六爻刚柔皆反之卦，其关系即为所谓"旁通"。例如，乾坤、坎离、中孚与小过、恒益、师与同人等。按虞翻的观点，旁通之卦共有三十对。虞翻按旁通说，根据对立两卦，解释其卦爻辞之吉凶。例如，若本卦卦爻辞为吉，则旁通卦的卦爻辞自然就为凶。虞氏此种解易体例，对焦循等易学家产生了重要影响。虞翻易学的积极意义在于，他秉承了荀爽的卦变说，以之代替了京房的阴阳灾异说。虞翻承认阴阳可向对立面转化，以阴阳爻象交易为《周易》的重要准则。因而，其卦变说蕴含辩证法的内容。

王夫之在汉易飞伏说的影响下，提出了所谓阴阳响背说。响为显，背为隐。若阴为响，则阳为背；若阳为显，则阴为背。例如，乾坤两卦，乾为六阳，为显，则六阴为背。反之，坤六阴为显，则六阳为背。也就是说，乾为响时，实际已包含了坤为背，反之亦然。这一学说，可视为卦变说的一种形式。

---

① （唐）李鼎祚集注《周易集解·卷十七·周易说卦》，中央编译出版社，2011。
② 朱伯崑：《易学哲学史》第 1 卷，昆仑出版社，2005，第 238 页。

（二）非复即反说

这是解释卦序和六十四卦构成的一种重要学说，由汉易飞伏说发展而来。按照《序卦》的说法，六十四卦排列顺序、分类，有所谓相因、相须、相反、相病等依据。若从取义的立场理解上下篇宗旨，又有所谓上篇言天道、下篇言人事之说等。孔颖达在《周易正义》中提出"非复即反"说。

> 今验六十四卦，二二相耦，非复即变。复者，表里视之，遂成两卦，《屯》、《蒙》、《需》、《讼》、《师》、《比》之类是也。变者，反复唯成一卦，则变以对之，《乾》、《坤》、《坎》、《离》、《大过》、《颐》、《中孚》、《小过》之类是也。①

这就是说，"两两相对"是六十四卦排列顺序遵循的原则。两卦为一对，相互配合构成六十四卦。两两相对规则有二：一为复，即颠倒一卦之上下两体，如屯蒙、需讼、师比等乃上下体颠倒之卦。一为变，即卦之六爻刚柔皆反，如乾与坤、坎与离、中孚与小过等。后来，孔颖达所谓复卦被来知德等称为综卦，所谓变卦被称为错卦。"非复即反"说基本符合《周易》六十四卦排列的实际，影响巨大。孔颖达"非复即反"说是依取象说将六十四卦卦象分为两大类，说明卦象间存在对立和转化关系。

孔颖达解易，既重义理，又重象数。因此，他明确反对汉易将象数绝对化、形式化、粗俗化的解易风格。刘玉建先生说：

> 首先，孔氏充分肯定了汉代易学继承和发扬《易传》以象数解《易》的这一学术理路，但同时又坚决反对由于汉易将《易传》中本来充满生机活力的象数思想机械化、公式化、绝对化、僵死化而导致的卦气、卦变、互体、纳甲、飞伏、旁通、半象、爻辰、爻体等等的泛滥成灾。其次，孔氏充分肯定了汉代易学卦气说中源于《易传》的核心理论指导思想——阴阳气论，但又摒弃和蔑视孟、京卦气说流于占候之术的粗俗。②

---

① （魏）王弼、（晋）韩康伯注，（唐）孔颖达疏《周易正义·周易兼义卷第九·序卦》，余培德点校，九州出版社，2004。

② 刘玉建：《周易正义导读》，齐鲁书社，2005，第17页。

　　显然，孔颖达所反对者，乃汉代易学家出于占筮目的和预言灾异需要而将象数绝对化、烦琐化的做法。

　　北宋易学家李之才，吸纳了荀爽和虞翻的卦变理论，借鉴孔颖达的"非复即反说"，也提出"卦变说"。在其所谓"卦变反对图"中，李之才以乾、坤为基本卦，指出其余六十二卦均由乾坤变易而来，乃乾坤两卦之变易卦。李氏将变易卦归为四类七组，如"乾坤相索三变六卦不反对图""乾卦一阴下生反对，变六卦图""坤卦一阳下生反对，变六卦图"等。李之才卦变理论的目的，在于以刚柔爻象互易为基础，说明六十四卦的排列结构。要点在指出卦与卦之间可以向对立面转化，从而以卦爻象变化图式说明一卦可引出他卦。李之才还依据虞翻卦变说，提出六十四卦相生图，即认为乾坤两卦经三次相易，变化而得其余六十二卦。这是邵雍六十四卦先天图的理论基础。

　　南宋的朱震亦讲卦变说，他分别以乾坤、八卦、六十四卦和"卦变"为体，以"变"为用，认为卦变乃《周易》之体例。在朱震看来，孔子作《十翼》也是讲卦变的，如《象》讲刚柔上下往来；《系辞》谓"刚柔相易""唯变所适"；《序卦》云"剥，穷上反下，故受之以复"；《说卦》所谓乾坤父母卦生六子卦等，全都是讲卦变。荀爽、虞翻、李之才、程颐、王弼等不同时代的易学家都讲卦变。朱震阐述了卦变说的重要性。

　　　　或曰圣人既重卦矣，又有卦变何也？曰因体以明用也。易无非用，用无非变。以乾坤为体，则以八卦为用；以六十四卦为体，则以卦变为用；以卦变为体，则以六爻相变为用，体用相资，其变无穷。①

　　在这里，所谓体，指作为材质的卦，用，则指爻象变化。朱震指出，《周易》的宗旨就是依体而明用，没有用，没有变易，《周易》就不存在了。

　　变卦为卦变的基础，所谓变卦，就是由爻象之变而引起的卦象之变。在此基础上，依据变化了的卦象断定吉凶悔吝。占卜者一般认为，只有老阳、老阴之数，即九、六之数可变，七、八之数则不变，就是说少阴、少阳之爻不变。按照《左传》《国语》等关于占筮的记载，占筮者主要是依据可变之爻断定一卦之吉凶。即占得某卦后，根据可变爻象，对应相关的爻

---

① （宋）朱震撰《汉上易传》卷一，上海古籍出版社，1989。

辞，依其判断吉凶。如果占得之卦没有可变之爻，则依本卦卦辞判吉凶。如占得之卦六爻皆老阴或老阳，则依乾卦用九或坤卦用六爻辞断。实际上，这种情况就只有乾坤两卦。可见，朱震变卦之目的是为对卦爻辞的选择提出多种方案，以满足占筮需要。此种体例强调，可变之爻定吉凶，故其客观意义在于说明，《周易》之精神实质乃其变易之道。

朱震指出，卦变说的要义是变易以为用。因此，他认为八经卦演为六十四卦，出现于春秋时期的变卦说。《易传》所谓刚柔往来说、《说卦》之乾坤父母说、京房八宫卦说、飞伏说和卦气说，以及汉魏以前关于卦爻象变化的观点和体例，皆可归为卦变说。

凡易学家推崇卦变说，则其取象必宗互体说，朱震亦不例外。互体之目的是通过一卦引出他卦，从而认为卦爻辞可互解，使互体取象的范围不断扩大。"从易学史上看，义理学派，一般来说，不讲互体，而象数学派则视互体为《周易》的基本体例。朱震易学鲜明地表现了这一特色。"① 以上即为朱震卦变说的基本内容。

（三）错综说

明代易学家来知德在《周易集注》等书中提出阴阳错综说，以之解说卦象的逻辑结构和邵雍的先后天图式，依错综、爻变、中爻等说解释六十四卦卦爻象和卦爻辞，促进了取象说的发展，影响巨大。来氏依《说卦》义，认为八卦和六十四卦卦象，乃天地万物之象征。卦爻辞论及之事物如马、牛、飞龙、虎豹、鱼、男女等，同相应的卦爻象有内在联系，易学家的任务就是揭示二者的关系。

关于错卦之象，指依与本卦相错之卦而取象。

> 错者，阴与阳相对也。父与母错，长男与长女错，中男与中女错，少男与少女错。八卦相错，六十四皆不外此错也。……八卦既相错，所以象即寓于错之中。如乾错坤，乾为马，坤即利牝马之贞。履卦兑错艮，艮为虎，文王即以虎言之。②

如履卦，兑下乾上，下卦兑之错卦为艮。按《说卦》，艮为狗，狗似虎，故为虎，所以履卦卦辞谓"履虎尾"。孔颖达非复即反说之错卦，指六

---

① 朱伯崑：《易学哲学史》第2卷，昆仑出版社，2005，第379页。
② （明）来知德撰《周易集注·卷首上·易经字义》，上海古籍出版社，1990。

爻刚柔皆反的两卦关系。来知德发展了孔氏之说，认为上体或下体爻象相反之两卦，亦为错卦。如履卦下卦兑之错卦，即为艮。可见，来知德所谓错卦，为卦外互体取象。

所谓综卦之象，指倒转一卦而成他卦，从而取相综之卦象。

> 综即今织布帛之综，一上一下者也。如屯蒙之类本是一卦，在下则为屯，在上则为蒙，载之于文王序卦者是也。①

相综之卦，如井与困，困为坎下兑上，倒转过来，为井，即巽下坎上。又如屯卦，震下坎上，倒转为蒙卦，坎下艮上，所以蒙卦《大象》谓"山下出泉"。

为说明错卦综卦之形成，来知德又提出爻变说，"一变者，阳变阴，阴变阳也。如乾卦初变，即为姤，是就本卦变之……盖爻一动即变。"② 来氏认为，《周易》经传中所讲的"变"，指一爻的变化，即爻变，并非卦变。错卦之形成，源于爻变。爻变说，实为汉易卦变说的一种形式。

来知德错综说与孔颖达非复即反说还有一点不同，非复即反主要用于解说卦序和六十四卦的结构。而错综说则用于说明错综卦之卦爻象变化，从而断定卦爻辞与其变化之关系。来知德强调，只要按其所谓取象、错综、爻变和中爻说解易，即可以说清楚卦爻象与卦爻辞之关系。

来知德的错综说，由孔颖达的非复即反说发展而来。来氏企图以错综说代替汉易以来的卦变说，尤其是程朱之卦变说。从本质上说，错综说与卦变说并无区别，均认为一卦可以变为他卦，只是卦变的原则和形式不同而已。来知德指出，他的错综说能够说清楚象、辞之间的关系，其学术勇气前所未见。然而，来氏所谓错综说等体例，仍然存在内在矛盾，无法解释清楚实际上就不存在必然联系的卦爻象与卦爻辞之关系。

王夫之在谈到六十四卦结构时，也有所谓错卦和综卦之说。他在《周易稗疏》中注释"参伍错综"说云："卦各有六阴六阳，阴见则阳隐于中，阳见则阴隐于中。错去所见之阳则阴见，如乾之与坤，屯之与鼎，蒙之与革之类，皆错也。就所见之爻上下交易，若织之提综，迭相升降，如屯之

---

① （明）来知德撰《周易集注·卷十三·系辞上传》，上海古籍出版社，1990。
② （明）来知德撰《周易集注·卷首上·易经字义》，上海古籍出版社，1990。

与蒙，五十六卦皆综也。"① 可见，王夫之对错综卦的解释，秉承了孔颖达、来知德的说法。

在《周易内传发例》中，王夫之阐述了其易学主旨，即 "以乾坤并建为宗，错综合一为象"②。乾坤并建是其述八卦、六十四卦构成之说，错综说则为其解易体例，是取象说的一种补充形式。王夫之还批评了汉易将《周易》引向烦琐卦变说的做法，包括虞翻等人所谓约象、互体、半象、变爻等繁杂琐碎的解易方法。在王夫之看来，所谓变爻，就是变卦。汉易之烦琐和僵化，最终导致了王弼义理易学之兴起。

陈法批评来知德的错综说，但他自己也讲错综。只不过，他认为飞伏为偶取之象，非通行之体例。陈法在论同人卦九三爻辞 "伏戎于莽" 时说：

> 象不取伏，而此爻辞言伏，《羲图》天地定位，《文图》离上坎下，故惟此四卦偶取此象，不例他卦爻。（《易笺·卷一·上经上·同人》）

陈法认为，只有同人卦与师卦，离卦与坎卦为飞伏关系。其论同人卦说：

> 卦伏师，阳大阴小，师以众，同人以德，故曰 "大师"。故偶取伏象，与 "伏戎" 同。天地日月相对，然坤不伏乾，坎亦伏离，上下之位也，非如来氏之言错卦也。（《易笺·卷一·上经上·同人》）

只是，陈法不赞成来知德以乾坤两卦为飞伏关系。

清代易学家焦循不赞成一卦生他卦的卦变说，他认为自己所提之当位、失道等体例，乃是对荀爽和虞翻 "之卦说" 的扬弃，是解易应遵循的体例。从这里亦可看出，焦氏易学是对荀爽、虞翻易的新发扬，可视为汉易的创新，有异于惠栋、张惠言倡导之所谓汉易复归。

焦循提出 "变通说" 或 "旁通说"，他认为，《周易》所谓交易，不限于刚柔爻互易其位，如乾坤二五爻互易成同人、比，或归妹二五爻互易成随，还包括一卦与其对立卦象的相通。如同人又与师卦旁通，比又与大有

---

① （明）王夫之撰《周易稗疏》，载船山全书编辑委员会编校《船山全书》第 1 册，岳麓书社，1988。

② （清）王夫之撰《周易内传发例》，载顾廷龙主编《续修四库全书 18·经部·易类》，上海古籍出版社，2002。

旁通，随又与蛊旁通等。此即"易而变通"，刚柔爻象相易是往复循环而无止境的，即"易为变更反复之义"①。焦氏认为，刚柔互易称为"变"，变而无穷称为"通"。因此，刚柔爻象互易是基础，变而通之是关键。如同人与师，两卦之上下体，刚柔爻象正好相反，可以变通。

在焦氏看来，爻由刚而柔，或由柔而刚，谓之"变"，互易之循环无穷谓之"通"。六十四卦之象、辞，其主旨乃告人以变通之理。焦循认为，变易无穷，关键在通。因此，通更为重要。通是化凶为吉的基本条件，没有通，吉也会变凶。焦氏释《系辞》文"变通者趣时者也"云："刚反为柔，柔复为刚，所谓变通也。当位者以变通而致于乱，失道者以变通而能改为吉。由不当趣而之当，由不利趣而之利，故趣时。"②按焦循的意思，只有变通之爻象可为吉，反之则凶。他提倡变通说的目的，在于阐述六十四卦之所以能够相互转化，根源于刚柔爻象的变化。圣人就是通过变通之理，劝导人们改过自新，从善如流。但是，焦循变通说，没有摆脱循环论的限制，如其谓"当位者以变通而致于乱"。

焦循的旁通说，是对荀爽刚柔升降说和虞翻卦变说、旁通说的改造。焦氏认为，自汉代以来，易学家们所倡导的各种解易体例，均未能完全解释通象与辞的关系。而其所谓比例说，克服了汉易象数学中的弊端，从而全部讲通了《周易》中的经传文，故自称其易学为"通释"。

焦循所谓比例，来自其旁通说和相错说。所谓旁通，是以卦爻象相反为依据，将六十四卦分为三十二对，每相对的两卦之间的刚柔爻可互易、推移。相错则指六十四卦由八卦相错而来，包括两种情况，一是单卦上下体相错，如坎下离上为未济，艮下兑上为咸等。一是指旁通卦之间的刚柔爻相易，其原则仍然是初四、三上、二五互易。因此，相错包括旁通。焦循这两种体例的意思是要说明，具有旁通关系的卦爻象间，其卦爻辞可以互释。他认为卦爻辞重复出现，正因为这个原因。焦循自信，旁通和相错说解决了辞与象相互一致的问题。相错之卦如同比例关系，等式两边的值总是相等的。这的确是解说《周易》经传的一种创见。

此外，还有一部分易学家以乾坤为卦体，提出"卦变说"，影响也很大。例如，程颐解贲卦《彖》文"柔来而文刚故亨。分刚上而文柔，故小

---

① （清）焦循撰《易通释·卷三·易》，载《易学三书》上，李一忻点校，九州出版社，2003。
② （清）焦循撰《易章句·系辞下传·章句第八》，载《易学三书》下，李一忻点校，九州出版社，2003。

利，有攸往"说："下体本乾，柔来文其中而为离。上体本坤，刚往文其上而为艮，乃为山下有火，止于文明而成贲也。"① 贲卦，离下艮上。下体离卦，为乾卦九二变为阴爻；上体艮卦，乃坤卦上九变为阳爻。程氏认为此即"柔来而文刚"和"分刚上而文柔"。程氏卦变说，主乾坤卦体变化为主的卦原则，不赞成王弼取自荀爽的乾坤升降说，即不赞成以刚柔往来为基础的卦变理论。张载亦主卦变说，并且也以乾坤卦变为基础。关于卦变，王夫之则提出"纯杂说"。他不赞成程颐以乾坤卦体变化为基础的卦变说，而将本卦称为纯，由之所变之卦称为杂，"纯者其常，杂者其变。"② 相应的，王夫之依据常、变原理，阐述卦爻之理，不赞成一卦可引出他卦的主张。

二　卦气说

本来《易经》是不讲五行的，反之，五行家也不讲八卦。随着天文历法知识的积累，为从《周易》角度解释自然和社会现象，汉代易学家孟喜、京房等人提出了"卦气说"。这是汉代一种重要的解易学说。汉代象数学的特点有三：一是以奇偶之数和卦爻之象解说《周易》经传；二是以卦气说为解读《周易》的原则；三是以《周易》言阴阳灾异。汉代象数派受《说卦》"帝出乎震"章的影响很大，可以说，这是卦气说的理论源头。简单来说，卦气说就是以卦象解说一年节气的变化，即以六十四卦配四时、十二月、二十四节气和七十二候。例如，孟喜以离、坎、震、兑为四正卦，主管一年四季，即源于文王八卦方位说。孟喜用阳爻、奇数表示阳气，以阴爻、偶数代表阴气。四正卦分别所居之位，标志阴阳二气在一年中的消息过程。

孟氏还提出十二月卦说，又称十二辟卦或十二消息卦，以之代表一年十二月。一卦中，凡阳爻去而阴爻来称为"消"，阴爻去而阳爻来称为"息"。从下往上称去，自上而下称来。十二辟卦被视为由乾、坤各爻的消、息变化而来的。这是后来的"上下往来说""爻变说"的思想源头。"辟"是君主的意思，这里取其主宰之义。十二卦配十二个月，一月由一卦为主宰，是谓十二月卦，即复、临、泰、大壮、夬、乾、姤、遁、否、观、剥、坤。

① （宋）程颐撰《程氏易传·贲》，载梁韦弦著《程氏易传导读》，齐鲁书社，2003。
② （清）王夫之撰《周易内传发例》，载顾廷龙主编《续修四库全书 18·经部·易类》，上海古籍出版社，2002。

自复而乾，阳爻渐次增加，阳气自下而往上增长，这是阳息的过程，同时即是阴消的过程；自姤至坤，阴爻逐次增加，阴气渐次增长，这是阴息的过程，同时也是阳消的过程。经过阳爻、阴爻之消息，自一阳来复，说明阳气始增，至坤而六爻皆阴，说明阴气盛极。气、候就包含在消、息的过程中。这样，又可以十二辟卦说明二十四节气和七十二候的变化。四正卦外，孟喜又以一年的日数与六十卦相配。十二辟卦，实际就是四正卦之外，主宰一年四季其他消息过程的卦。

此外，京房又有所谓"纳甲说""五行说"，前者是以八宫卦分别配以十干，由于甲为十干之首，故此说称为"纳甲"；若以八宫卦之每爻分别配以十二支中的一支，则称"纳支"。从本质上说，纳甲说依然是对所谓乾坤父母说的发挥。在五行说中，京房开启了以木、火、土、金、水五种元素解释《周易》的先河，他吸取了当时天文学中的占星术，用来说明人事吉凶。

京房亦主卦气说，但已不像孟喜和纬书那样利用卦气说大讲阴阳灾异。而以费直为代表的汉代民间易学，注重阐发《周易》义理，不讲卦气，也不言阴阳变异，但此派影响远远不及孟喜、京房的官方易学。

东汉末年，郑玄提出爻辰说，以之解说《周易》经、传。爻辰说就是按《周易》六十四卦的顺序，每对立两卦，其六爻配以十二辰。例如乾坤两卦，12 爻，代表十二个月份，为一岁；三十二对卦象，即代表三十二年。从乾坤至既济未济，往复循环，推算年代。爻辰说是将八卦与四季节气相配，解说气候变化，属于卦气说的一种形式。

元明两代象数学派继承了汉易以来卦气说的传统，倡导象气合一，象理合一，并以气为象、数、理之根据，从而阐发了气论哲学，尤其是阴阳五行学说的传统，丰富和发展了气本论。

乾嘉之际的汉学家惠栋在《周易述》中，依孟喜卦气说和京房八宫卦说，用六十四卦表示十二月阴阳消息的变化过程。其注疏《周易》经传辞句体例，融合了京房纳甲说、五行说，易纬九宫说、八卦方位说，郑玄互体说、五行生成说、爻辰说，荀爽乾升坤降说，以及虞翻卦变说、月体纳甲说等，而以取象说为纲。惠栋对象、辞的解释，着重点在卦象的形成和变化，尤其是阐述汉易卦气说。其易学缺少哲学的意义，无新的创见。此为汉学吴派的特征之一。

乾嘉时期著名易学家张惠言著有《易候》，此书解释虞翻卦气说。从体例上讲，张惠言注卦爻辞采旁通说、卦变说、乾坤升降说、飞伏说、纳甲说、五行说、卦气说和互体说等。以上诸说，可归之为取象说，并以十二消息卦说为解经纲领。

以乾通坤，或以阳通阴为张氏所依据的主要原则。以阳通阴，即阳生于坤卦六位，用此程序解释虞氏易中阴阳消息之理。张氏唯汉是从，最终同虞翻一样，重蹈汉代烦琐经学之覆辙。清初的汉学易学家，他们推崇汉易，企图以古训为参照，探究《周易》本义，具有时代意义。张惠言则视虞翻易注为《周易》本义，比前辈易学家后退了一步，沦为汉学附庸。张氏注汉易，重点在于指引学者埋头于虞翻旧说，此亦乾嘉学者的弊病之一。

张氏还用天文现象比附八卦之象，注疏虞翻八卦在天说。认为日月周流，四时轮替，乃阴阳消息之过程；八卦之起源，亦是阴阳消息的结果。张惠言不赞成"易有太极"章为讲画卦或揲著成卦，然而其关于此章之论点又充满矛盾。可见，清代易学家，若一味笃守汉易旧说，必未能有所创见。而试图采用调和的体例，是难以建立新的解易体系的。

三　取象说

所谓取象有两层含义，一是以八卦分别象征、指代某种或某几种自然和社会物象，例如，以乾为天、为君、为父、为玉；以坤为地、为马、为母、为牝；以坎为水、为川、为夫；以离为火、为日、为鸟、为公、为侯；以震为雷、为足、为兄、为男，等等。二是根据卦象和爻象的变化，从而断定其变化与象辞、爻辞和爻传、象传的关系，即解释六十四卦卦爻象及其卦爻辞之关系，此即《系辞》所谓"八卦成列，象在其中矣"。取象重视所取物象之外延，取义重视所取物象之内涵。

从易学发展史看，汉代象数易学注重取象，宋明易学义理派注重取义。实际上，至唐以后，易学家逐渐意识到，单纯取象，或单纯取义，都不能较为准确地解释卦爻象与卦爻辞之关系。因此，多数易学家虽然有所倾向，但都主张取象与取义并重。

汉代的孟喜、京房、荀爽、郑玄以及三国的虞翻等人都是象数学派的代表人物，他们主取象说，无论卦变说、卦气说，还是乾坤升降说、爻辰说，实际上都是取象说的不同补充形式。重视象数在解易中的作用，从而提倡以取象为体例，原则上并没有错。汉易的局限在于，把象数解易公式化、绝对化，从而走向泥象，终于促使王弼义理派易学的兴起。

汉魏以后，易学家们逐渐意识到，单纯取象或取义都不能较好地解释象与辞的关系。唐孔颖达《周易正义》、李鼎祚《周易集解》实际上就是这种易学思潮的产物，尽管这两位易学家的易学主旨和努力方向并不同。

宋、明、清时期，象数解易依然是易学领域中一种主要的体例，在这种体例的基础上，发展出图学派、数学派等。只是，宋明以后，象数解易已经不像汉代那样独占易学研究法则的主导地位，而伴之以义理解易的存在和勃兴。朱熹、来知德、焦循和王夫之等易学大家，不废象数在解易中的作用，但又注重从象数的变化中解读《周易》经、传义理。由易学义理传统中，又发展出理学、气学和心学易学派等。王夫之等人还十分重视阐述《周易》的哲学精神，突出其解释天道自然和社会人事之理，使《周易》作为六经之首的思想地位更加凸显。

明代的薛瑄继承了程朱注重义理的传统，讲取象说，但不采互体、五行、纳甲诸说，有异于传统象数派之取象说。明代易学家来知德提出错综说、爻变说、中爻说等，这些体例均为取象服务。归结起来，就是主取象说。来氏以为，依据这些不同体例，可以取很多象，从而解释象与辞的关系。就取象而言，王夫之仅赞成《大象》所取之象，即认为《周易》所应取之象为天、地、山、泽、水、火、风、雷之象。他认为这些象源于自然，乃天地实有之象。而汉易以来卜筮家为占筮而取之象，均为附会。来知德解经的体例，已经扬弃了卦变说，而提出所谓错综说、中爻说、爻变说。其对卦爻辞的解释，主取象说。

黄宗羲虽对汉易象数学提出了批评，但其解易则持取象说。

> 圣人以象示人，有八卦之象，象形之象，爻位之象，反对之象，方位之象，互体之象，七者象而穷矣。后儒之为伪象者，纳甲也，动爻也，卦变也，先天也，四者杂而七者晦矣。[①]

黄宗羲认为汉易纳甲、互体等方法所取之象是伪象，他将象分为七种。实际上，分象为七种，并在此基础上解释象、辞关系，也避免不了陷入牵强附会的泥潭。

清初的黄宗炎著有《周易象辞》二十一卷，解说卦爻象和卦爻辞。其解易虽推崇《程氏易传》之义理传统，然其易学属气学派体系，持取象说，

---

① （清）黄宗羲撰《易学象数论》，谭德贵校注，九州出版社，2007。

特别强调以《大象》取象说为解易之基本法则。宗炎虽采取象说，但不赞成汉易卦变、互体、五行诸体例。

四　取义说

所谓取义，就是取六十四卦所代表的自然或社会物象的特有属性，通过卦爻辞将特有属性表达出来，成为每一卦的卦德或意义。例如，以乾为刚、为健；以坤为柔、为顺；以坎为险，以离为丽；以泰为通，以恒为久；等等。取象说之目的在于说明卦爻象与卦爻辞有联系，取义说之宗旨则在于说明卦爻辞与卦名、卦德有联系。取象说和取义说都力图通过卦爻辞明确天道、人事内容，只是，从易学史看，取象说往往与占筮联系在一起。在取象、取义的大前提下，易学家又通过爻位说、互体说、卦变说等原则解释六十四卦。从解易风格看，陈法虽取象和取义并重，但由于其重视对卦爻辞义理的阐发，应归结为义理派。

从易学发展史看，王弼率先从取义的立场对卦爻辞做出解释，他对《周易》《彖》《象》的解释主取义说。王弼取义之体现有二，一是对八卦的解释主取义说或卦德说。如以乾为健，以坤为顺，震为威惧，巽为申命，坎为险陷，离为丽，艮为止，兑为说，等等。王弼解释乾坤和阴阳，仅取其健顺、动静之义，不主张乾为天坤为地，亦不以阴阳为日月寒暑。如王弼解震卦卦辞"震来虩虩"和"震惊百里"说："震之为义，威至而后乃惧也，故曰震来。虩虩，恐惧之貌也。震者，惊骇怠惰以肃解慢者也。""威震惊乎百里，则惰者惧于近矣。"[①] 王弼不以震象征雷，而以其为威严让人恐惧。因此，"震惊百里"即指王公威严，影响百里，使人惧怕。此即取义说。不同于王肃、郑玄等以震象征雷的看法。受其取义说影响，王弼干脆不注释震卦《大象》文"洊雷震"。二是体现在其对卦爻辞的解释主取义说。如其以屯卦为"天地造始之时"，以蒙卦为蒙昧之义，以需卦为"饮食宴乐"，以讼卦为听讼，视师卦为"兴役动众"，等等，皆取义说。反观，虞翻等则多从卦变说、爻位说、互体说等解释卦爻辞。

王弼解易主张"唯变所适"。他反对卦变、爻变等公式化、格式化的汉易体例。不赞成将解易方法烦琐化、复杂化，提倡"唯变所适"，即卦爻适时而变。然而，在实际解易过程中，卦变、互体和旁通等体例又被王弼不

---

① （魏）王弼、（晋）韩康伯注，（唐）孔颖达疏《周易正义·卷五·震》，余培德点校，九州出版社，2004。

自觉地加以运用，以至其解易风格遭到诟病。反过来，象数派易学家也意识到泥象的局限。这说明，义理解易与象数解易，既斗争又统一。象数派易学家也不同程度地吸收了义理解易原则，如汉末易学家陆绩、三国吴国易学家姚信、西晋易学家蜀才、东晋易学大师干宝等便是这样。

韩康伯发挥了王弼的思想，其注《系辞》"神无方而易无体"说："方、体者，皆系于形器者也。神则阴阳不测，易则唯变所适，不可以一方一体明。"① 即以有方、有体者为形器，认为卦爻象的变化，无固定不变的方位和形式，所以其变化为阴阳不测之神。在这里，韩康伯所取为《周易》的变易之义。

两晋时期的易学家殷浩指出，细致观察六爻变化，是了解事物变化的重要途径。爻象周流不居，六位吉凶，变化多端，非受一事一物所限，乃"唯化所适"。一爻之象，吉凶兼具。比方都是六二爻，坤卦六二爻辞谓"无不利"，颐卦六二爻辞云"征凶"。因此，无视一爻之象的不同意义，就掌握不了变化之理。殷浩认为，卦象只是表示祸福的形器，一个卦象，喜事和恨事往往并存。如乾卦，九五为飞龙在天，上九则为亢龙有悔。因此，拘泥于一卦之象，就不能把握变化之道。

孔颖达说："'易则唯变所适'者，既是变易，唯变之适，不有定往，何可有体，是'易无体'也"②。同样强调了《周易》的变易、变化之义。

王弼、孔颖达、殷浩等人的变易思想，对宋明易学产生了重大影响。

王弼发展了孟喜、京房的"卦主说"，以及郑玄、虞翻的"爻体说"，提出了"卦主"的思想。他将卦主思想，亦即由象所表达之《周易》义理哲学化、系统化和理论化，更加突出了取义的特点。他的这一学说，同时受到象数和义理两派的重视，成为之后的解易通例。

王弼认为象来自卦义或卦德，故其提出"义生象说"。即有什么样的卦义或卦德，就会有相应的象。

> 夫易者象也。象之所生，生于义也。有斯义然后明之以其物。故以龙叙乾，以马明坤，随其事义而取象焉。……统而举之，乾体皆龙，

① （唐）孔颖达撰《周易兼义卷第七·周易系辞上》，转引自刘玉建著《周易正义导读》，齐鲁书社，2005，第 373 页。

② （唐）孔颖达撰《周易兼义卷第七·周易系辞上》，转引自刘玉建著《周易正义导读》，齐鲁书社，2005，第 373 页。

别而叙之，各随其义。①

　　程颐的"假象以显义"即来源于此。王弼认为，有卦义，方有该卦所取之象。即象生于义，如乾坤两卦，乾为刚健，坤则柔顺，此乃卦义。有此义，方以龙象明乾，而取牝马明坤。乾卦六爻，皆言刚健，故爻辞均以龙德称之，可谓"乾体皆龙"。初九潜龙，九二见龙，九三君子，九五飞龙等，表示因时位不同而刚健之德有异，此即"别而叙之，各随其义"。王弼不废卦象，但认为义生卦象，置卦义于第一位。

　　王弼在讨论言、象、意三者关系时，认为言、意由象而生。这里又说，象生于义。这并不矛盾，所谓言与意由象生，是就"意"产生的根源说。用唯物辩证法的话说，此为认识的第一阶段，亦可称之为由感性认识到理性认识。而象由义生，可视为认识的第二阶段，即以理性认识指导感性认识和实践。

　　实际上，多数易学家取象与取义并重。这是一种更为接近《周易》思想实际的解易原则。例如孔颖达即企图调和象数派与义理派的矛盾，两说兼采。他认为"义由象生"，八卦、六十四卦的形成，就是义理与物象相统一的过程，这与王弼是对立的。孔颖达认为乾为天，天运转不息，所以其义为健。坤为地，地顺承天，所以其义为顺。离为火，火附着在物体上，所以其义为丽。坎为水，水象有险陷，所以其义为陷。刚柔之理，源于阴阳物象的性质，等等。这就是取象、取义并重。按孔氏之说，八卦卦义或卦德，出于其所取之物象。

　　孔颖达虽两说兼采，但以取象为主。如其解大壮卦《象》文"雷在天上，大壮"说："震雷为威动，乾天主刚健，雷在天上，是刚以动，所以大壮也。"孔氏以震为雷，此取象说。而王弼注此条说："刚以动也"。只取乾刚震动之义，不谈雷象。显然，孔疏是对王弼注的补充，体现出取象、取义并重的特点。孔颖达不赞成舍卦爻象而抽象地阐述义理，在他看来，象数与义理统一，是理解《周易》之道的科学方法，"圣人之意，可以取象者则取象也，可以取人事者则取人事也。"② 这种解易倾向，对宋明易学产生

----

① （魏）王弼、（晋）韩康伯注，（唐）孔颖达疏《周易正义·附录·周易略例·明象》，余培德点校，九州出版社，2004。

② （魏）王弼、（晋）韩康伯注，（唐）孔颖达疏《周易正义·卷一·乾》，余培德点校，九州出版社，2004。

了重要影响。

易学发展史的实践表明，就解易体例而言，义理与象数并重更为得当。汉末魏晋之王肃、何晏、向秀等人即如此，他们努力使象数与义理获得统一。如向秀注大过卦《象》文"大过，大者过也。栋挠，本末弱也"，他说："栋挠则屋坏，主弱则国荒。所以挠，由于初上两阴爻也。初为善始，末是令终，始终皆弱，所以栋挠。"① 这是借大过卦初上两阴爻而明该卦之义理，保留了象数解易的方法。

张载继承了孔颖达的解易传统，认为取义与取象可以互补。但他解释六十四卦，还是主取义说，即重视对卦德、卦名的解释。比如他释乾卦说："不曰天地而曰乾坤，言天地则有体，言乾坤则无形，故性也者，虽乾坤亦在其中。"② 有体则有象，张载只取乾之刚健、坤之柔顺之性，即乾坤之义。另一方面，张载又以象为卦之体质，"象谓一卦之质"③。这是他对《系辞》"象者言乎象者也"的解释。就是说，象为一卦之体质。八卦依其象来显示卦义。

北宋易学中的义理学派并不排斥取象说，他们对卦爻辞的解释，或者偏重取义，或者倾向取义。前者形成了以程颐为代表的理学派易学体系，后者形成了以张载为代表的气学派易学系统。两派共同点是反对图书学派易学。

朱熹解易，不排斥取象，但更重视取义。他说："易中取象，不如卦德上命字，较亲切。如蒙险而止，复刚动而顺行，此皆亲切。如山下出泉，地中有雷，恐是后来又就那上面添出，所以易中取象处，亦有难理会者。"（《朱子语类》卷六十六）这是朱熹以取义说解释蒙、复二卦，间接批评了取象说。陆九渊认为《周易》是讲天地义理的，因此，他反对泥象。"不明此理而泥于爻画名言之末，岂可与言易哉！"④ 由其心本论出发，陆九渊主先有理，而后有数。

五 爻位说

这是一种重要的解易体例，无论象数派，还是义理派，无论主取象说，还是主取义说，几乎所有易学家在解说卦爻象与卦爻辞之关系时，都要用

① （唐）李鼎祚集注《周易集解·卷六·大过》，中央编译出版社，2011。
② （宋）张载撰《横渠易说·上经·乾》，《横渠易说导读》，齐鲁书社，2004。
③ （宋）张载撰《横渠易说·系辞上》，《横渠易说导读》，齐鲁书社，2004。
④ （宋）陆九渊撰《象山先生全集·卷二十一·易说四》，商务印书馆，1935。

到爻位说。易学家认为，一卦由六爻组成，六爻各有其位。一卦自下而上，初、三、五为奇数，为阳位；二、四、上为偶数，为阴位。六十四卦皆为重卦，具体到某一卦，或者阳爻居阳位，阴爻居阴位；或者阳爻居阴位，阴爻居阳位。也就是说，爻的位置是可以变化的。爻象变了，卦象也随之变化。从这个意义上说，爻位说就是关于爻象变化而引起卦象变化，从而以此为基础解释卦爻象与卦爻辞关系的学说。爻位说又是取象说的一种主要补充形式。如荀爽的"阴阳爻位升降"说，郑玄的"爻辰说"，王弼的"爻变说""一爻为主说""趋时说""初上不论位说"等，都属于爻位说。韩康伯又发挥了王弼一爻为主说，认为众爻所归者一。

孟喜卦气说是以卦爻象配以四时节气，从而解释气候变化。在卦气说中，孟喜有所谓"卦主"的说法，卦主就是一卦中为主的一爻，此爻决定一卦性质。为主一爻，随着阴阳消长而发生变化。可以说，这是爻位说的雏形。京房所谓"八宫卦"说中的一世卦、二世卦、三世卦、四世卦和五世卦，就是通过爻的变化而来。八宫卦中，除上爻，即上世不变外，若一爻变，称之为一世卦，若二爻变，称之为二世卦，依此类推。京房认为，爻象的变化就是阴阳消长的过程。

郑玄继承了京房纳甲说和刘歆"三统历"，提出"爻辰"说，即以六十四卦每对立的两卦，其十二爻配以十二辰，表示12个月。三十二对对立卦，就可以表示三十二年，以此从乾坤到既济、未济，循环无穷地计算年代。因此，爻辰说是卦气说的一种。郑玄以乾坤十二爻辰说为依据，认为其余卦之爻辰逢九从乾卦爻辰所值，逢六则从坤卦所值。一般而言，当位之爻，其与乾或坤爻辰所值必然一致，而不当位之爻，则未必一致。这是卦气说中爻位说的一种体现。

荀爽认为，"阳长阴降"是爻的变化原理之一，即阳爻上升，阴爻下降。如其释需卦上六爻辞"有不速之客三人来，敬之终吉"说：

三人谓下三阳也，须时当升，非有召者，故曰不速之客焉。乾升在上，君位以定。坎降在下，当循臣职，故敬之终吉也。①

需卦，乾下坎上。"三阳"指下卦。这是说，下卦三阳当上升，居上爻

---

① （唐）李鼎祚撰《周易集解》，九州出版社，2003。

之位，此阳长阴降之自然道理，不召而自来。坎卦上六爻应降至下卦，以表臣职居下。所以说"敬之终吉"。爻位变化，爻辞的内容也随之变化。荀爽认为，爻位升降，使一卦变成另一卦。

荀爽以二五爻为中位之爻，二为阴位，五为阳位，他认为中位之爻符合天下之理。据此，荀爽认为，一卦中之六五爻应下降为六二爻而居下卦中位，九二爻则应上升而居上卦中位，此即当位。只有当位，阴阳才和谐而不相悖。在荀爽看来，爻位变化的原理之二，就是九二爻上升居上卦之中位，六五爻下降居下卦之中位。《彖》《象》二传推崇中位说，荀爽二五爻位说就是对这种学说的发挥。荀爽力图依据爻象的变化，对《彖》《象》辞的来源做出说明，同时也对《系辞》《说卦》等相关的论点做出解释。

虞翻易学中有爻位说、互体说内容，其爻位说包括当位说、比应乘承说、中位说等内容。虞氏继承了传统爻位说，并进一步使其规范化和系统化，且有所创新。虞翻十分重视当位说，与传统观点论爻之当位与否不同，虞翻是在动态中考察爻之当位与否，而传统当位说则是以本卦为考察之依据。虞氏从动态与静态结合的方面考察爻象的变化，更能体现阴阳之道的变易原理。虞翻强调爻变，就是使不当位之爻变为当位。若一爻不正，即不当位，则变该爻为正，为当位。依此，直至六爻皆正，皆当位为止。关于应位说，虞翻也强调通过爻变，使不应之爻，变而相应。由于虞氏非常重视当位，故其十分看重当位之应，即爻与爻间，不仅相应，而且当位，认为此爻象为最吉。此外，同为阴爻或阳爻，虞氏有时也称其关系为应。陈法继承了这种观点，他将刚爻间、柔爻间的关系称为比或密比。关于中位说，虞氏特别重视五爻为当位之爻，即五爻为上卦中位，又当位。此时，阳爻得中得正，相比于二爻得中得正，此为君位。对于中而不当位之爻，虞氏同样主张通过变而实现其中且正。为变不当位之中爻为当位之爻，虞氏还将飞伏说引入中位说。如某卦之六五爻为中位，但不当位。虞氏则认为，六五爻之伏爻为九五爻。这是虞翻之首创。此外，虞氏还有所谓乘承等解易体例。这些都是其爻位说的组成部分。虞翻也讲互体说，包括一、三爻互体，二、四爻互体，三、五爻互体和半象互体等内容。这也是爻位说的一种补充。

王弼所谓"一爻为主说"认为，一卦之象，一卦之辞的主要意义，是由一爻决定的。例如，屯卦卦义取决于初九爻，即所谓"刚柔始交""利建侯"；又如需卦九五爻，亦是为主之爻，卦辞云"有孚，光亨，贞吉"。

《象》文说"位乎天位，以中正也"。王弼认为，一爻为主说的含义，主要体现在《象》辞解经之中。总体来看，王弼所谓为主之爻有三种情况：一是其爻辞与卦辞一致之爻；二是得中之爻，即二、五爻；三是一卦中爻象之最少者，也就是五阳一阴和五阴一阳之卦，其一阴或一阳，即是为主之爻。一爻为主说是对爻位说的发展。爻变说是对荀爽乾坤升降说的发挥。如果说一爻为主说是强调卦爻象的统一性，从而说明象与辞的一致性，那么，爻变说就是强调爻象的变易，认为没有一成不变之爻。这是王弼对《系辞》文"神无方而易无体"所做的解释。王弼解易以取义为主，但也重视爻象往来，认为爻的属性在于变通。王弼认为，爻象的变动不居主要包括三种情况：一是爻义与卦义或相合或相反；二是刚柔二爻性质相异但又可相通；三是刚柔二爻相排斥，又相吸收。此外，王弼还有适时说、初上不论位说等，这些都是爻位说的补充形式，对后世的影响很大。陈法就特别推崇适时说，认为爻象贵在变动，而变动则有时与位之不同。时与位不同，则卦义不同。

韩康伯认为卦象和事物都宗于一，从而发挥了王弼的一爻为主说。例如，☳、☵、☶为阴卦，为二阳一阴；☴、☲、☱为阳卦，为二阴一阳。此即"一者从众之所归"，也就是《系辞》所谓"阳一君而二民，君之道也"。

孔颖达在其《周易正义》中肯定了汉易以象数解易的传统，但又反对孟喜、京房等人将充满活力的象数思想公式化、绝对化、机械化，以及由此而造成的卦变说、互体说、爻辰说、半象说的泛滥成灾。孔颖达对《彖》《爻》《小象》辞中关于当位、应位和中位等解易体例是给予充分肯定的。只是，他反对将这些原则公式化和绝对化。因为，孔氏认为，随着时与位的不同，即随着时间的推移和卦爻象的变化，当位而吉者，可转为不吉，反之亦然。所以，他主张对解易体例的应用，要坚持"唯变所适"原则。孔氏解释《系辞》文"是故列贵贱者存乎位"说："爻之所处曰位，六位有贵贱也"。其《疏》曰："以爻者言乎变，以此之故，陈列物之贵贱者在存乎六爻之位，皆上贵而下贱也。"① 可见，孔颖达也讲爻位说，但注重"变易"的思想，强调"不可一例求之，不可一类取之"②。他的这一易学观点，

---

① （唐）孔颖达撰《周易兼义卷第七·周易系辞上》，转引自刘玉建著《周易正义导读》，齐鲁书社，2005，第370页。

② （唐）孔颖达撰《周易兼义上经乾传卷第一》，转引自刘玉建著《周易正义导读》，齐鲁书社，2005，第370页。

得到了象数派和义理派的共同遵循。

唐李鼎祚在《周易集解》中集诸家之说以解易，尤其推崇虞翻、荀爽、马融、郑玄等人之学。因此，从体例上讲，《周易集解》运用了爻辰说、卦主说、阴阳升降说、互体说、旁通说、飞伏说等。李鼎祚解讼卦说："二进居三，三降居二，是'刚来而得中也'。"① 意思是讼卦由遁卦变化而来，遁之六二爻进居三位，九三爻降为二位而成。遁九三阳爻自三降为二称"来"也。在《周易集解》中，李鼎祚收录了京房、虞翻和王弼等人的"卦主说"，所谓卦主，即决定性质者为一爻或几爻。而一爻或几爻是否能成为一卦之主，则与爻之时、位有关。这些解易方法，均说明李鼎祚是肯定爻位说的。

程颐以易为变易，主张随时变易以从道，主张卦爻象变化，因其时与义不同，而其义理不相同。程颐继承了王弼一爻为主说、爻变说和适时说等体例。他说："有取一爻者成卦之由也。柔得位而上下应之曰小畜，柔得尊位大中而上下应之曰大有是也。"② 程颐以乾坤卦变说解释卦爻辞内容，卦变说实为爻位说的一种形式。程颐还对爻位说提出了新的看法，特别推崇中位说。如其论恒卦九二爻辞"悔亡"云："中重于正，中则正矣，正不必中也。九二以刚中之德而应于中，德之盛也，足以亡其悔矣。"③ 从当位说角度看，九二阳爻居阴位，为不当位。可九二阳爻与六五阴爻有应，故悔亡。程颐提出"以中为贵"的观点，认为是否居中位而为中德是断定吉凶的最高原则。此外，程颐还主张"初上不论位说""相应说"，等等。

张载继承了王弼易注中的一爻为主说、当位说、中位说、应位说等解易体例，尤其推崇中位说。但是，张载对卦爻辞的解释，并不是简单重复王弼易注和孔疏，而有自己的见解。

南宋朱熹对象数之学是有所肯定的，认为人们从象数获得关于《周易》的道理，比从言辞上得到的多。一是肯定象数之学作为一种研究《周易》义理的传统体例，但他并不赞成汉易之泥象；二是认为研究《周易》离不开筮法，而筮法又离不开象数。因此，朱熹不赞成王弼派扫象而空谈义理的易学观。朱熹以程颐易学为正宗，程氏提出"假象以显义"，即卦爻辞义理依卦爻象及其变化而得以体现。卦象的变化是建立在爻象变化的基础上，

---

① （唐）李鼎祚撰《周易集解·卷第三·讼》，载张文智著《周易集解导读》，齐鲁书社，2005，第 88 页。

② （宋）程颐撰《程氏易传·屯》，载梁韦弦著《程氏易传导读》，齐鲁书社，2003。

③ （宋）程颐撰《程氏易传·恒》，载梁韦弦著《程氏易传导读》，齐鲁书社，2003。

爻象变化，即一卦六爻之变，这就涉及爻位说了。爻位说是朱熹运用的重要解易体例，但其解易的突出点主要在河图洛书说、先后天图等的论辩方面，且其主张体例应简易。因而在解释《周易》经、传时，于爻位说之新见并不多。

明代易学家来知德解易主取象说，将易道归结为辞、变、象、占四条。来氏强调卦爻象的变化，以"错综说"为重要的解易体例。两卦六爻皆相反者，一左一右曰错，如乾卦与坤卦；一卦之上下体颠倒，如屯与蒙，曰综。这是孔颖达"非复即反"说的发展，是爻位说的一种补充形式。不同的是，孔颖达以"非复即反"说解释卦序，而来氏则以错综说解释经传文。来氏也提中爻说、爻变说等，这些都是从爻位说发展而来，服务于其取象说，企图以此解释卦爻象与卦爻辞之联系。

王夫之解易，主要据一卦中阴阳爻位之关系来解释卦爻辞。为解释卦爻象与卦爻辞之关系，他吸收了王弼以来的主要解易体例，例如取象说、取义说、当位说、中位说、中四爻为体说、卦变说、爻有进退说、一爻为主说、比应承乘说，等等。但王夫之不赞成卦气说、五行说、纳甲说和先后天说。

焦循既批评汉易解易体例如卦变说、纳甲说等，但其在解释《周易》经、传时，又阐述了汉易之传统。他提出当位、失道等体例，并认为这些体例是对汉易体例的超越，可以解释通卦爻象与卦爻辞之关系。焦循主张爻变说，而反对卦变说，认为刚柔爻互易为变，变而无穷就叫通，即主变通说。变通的原则或体例是旁通、相错和时行，旁通说、时行说都是对汉易乾坤升降说、卦变说和旁通说等传统体例的发挥。变而通之，即为时行或趋时。相错说，是对旁通说的补充。焦循认为，这几种体例又以二、五爻交易为法则，又可归结为二、五爻当位与否。因此，焦氏将其易学总规则概括为"二五变通为易"。

以上所述，为传统易学主要的解易体例，陈法不讲卦气说，对错综说多有批评。从《易笺》一书的情况看，陈法主要吸取了传统易学取象说、取义说和爻位说。

第二节　陈法对传统解易体例的继承和发挥

由于易学家解易的基本原则和倾向不同，在易学史上，取象和取义既对立又统一，从而形成了易学象数派和义理派。从解易风格看，陈法虽取象和取义并重，但由于其重视对卦爻辞义理的阐发，应归结为义理派。以下就《易笺》对传统解易体例的继承做一阐述。

一 陈法对传统解易体例的继承和吸收

纵观《易笺》一书，从解易体例上讲，陈法主要吸取了传统易学解易体例中的取象说、取义说和爻位说。

（一）取象说

陈法认为易象最难明，因为，象是虚象，无所不包。纵观《易笺》一书，陈法主要以《说卦传》所取之象为其取象之基础。该传详细论述了乾、坤、坎、离、艮、兑、震、巽八经卦所取之象，实质上是对早期取象说的一次总结。陈法说：

> 观《说卦》所取诸象，可谓尽体物之能事矣：或就一卦而广为拟之，以尽其类；或兼而拟之，以见其旁通；又就一物而曲为拟之，以极其形容，使卜筮者推类以尽，其余则天下之象可得而知，故极"天下之至赜而不可恶"也。（《易笺·卷八·说卦传》）

陈法《易笺》也以八卦分别代表八种物象，"八卦分而天、地、山、泽、雷、风、水、火之象具列，而重之，而六十四卦备。是其法象自然，毋容析补。"（《易笺·文王卦位图》）由于八卦分别指代相关物象，故其余重卦亦分别代表该类物象。

> 夫坎、离之为水、火，巽之为木……震为竹，为萑苇，于木为近。艮，坤类也，生成之数，各居其方，人所习知。夫竹与萑苇，其象耳；究其实，则本秉令于东方。（《易笺·论文王卦位》）
>
> 蛊也，益也，涣也，中孚也，以木言也；巽也，舟之象也。（《易笺·〈易〉要略》）

陈法认为，比起卦之取象来说，爻之取象更多、更复杂，他说：

> 《易》象之大者，非天地、雷风、水火、山泽乎？乃今求之文王象

辞，如坤之牝马，离之牝牛，履之虎，中孚之豚鱼，小过之飞鸟，萃、涣之庙，大过之栋，未济之狐，其取象不一，乃并不及于天地、雷风、水火、山泽。爻之取象至赜，惟丰、离言"日"，明夷言"地"，盖亦如他爻之取象焉耳。（《易笺·论象数》）

也就是说，爻象并不直接取八经卦所取之大物象，如天、地、风、雷等，而延伸了取象的广度和深度。例如，坤为马，而爻则以坤为牝马，离为牛，而爻则以离为牝牛，等等。如陈法解渐卦☶☶云：

> 卦亦有其象：上，首也；中三爻，腹也，身也；下二爻，立则为足，飞则为翼。互离，阳鸟也；坎，水鸟也；上一阳引而伸之，昂首而高足，鸿也。（《易笺·卷四·下经下·渐》）

以上爻为首，下爻为足，为趾；九三、九五爻互离，离为腹；初六、六二爻为足，为翼。故爻之取象至赜，贵在"参活象"。陈法认为，六十四卦爻象的外延大于《说卦传》取象之外延。

> 凡物皆可作马观也，凡虚中者，皆可作离观也，推之各卦，无不皆然。如是，则不必说卦所有之象，而天下之象，无不具于卦爻之中。故象、爻之象，不尽同于《说卦》。（《易笺·论象数》）

这是对朱熹所谓"象为虚象"观点的继承。一卦六爻，初、上爻往往以全卦取象；二、五爻分处上下卦中间，往往为一卦之主，或得中得正，或中而不正；三爻处下卦之上，四爻处上卦之下，此两爻位于天地之际。六爻上下往来，刚柔相推，变化无穷。因此，爻之取象丰富而复杂。其实，早在汉易时代，易学家们就充分挖掘了卦爻取象的空间，其所取之象远远超出了《说卦》取象的范围。正如朱伯崑先生所说："汉易都讲取象说，同《说卦》所说的相比，八卦所象征的物象，愈来愈多，愈复杂化了。到虞翻，可以说是发展到高峰。"[1] 依惠栋在《易汉学》中的统计，虞翻所取之象，乾卦达六十，坤卦达八十二。这种取象方法，体现了古代农业社会在

① 朱伯崑：《易学哲学史》第1卷，昆仑出版社，2005，第242页。

缺少科学知识的条件下，人们企图解释世界的特有的自发方式。易学家讲取象，其目的是想说明他们所取之象，与《易经》卦爻辞有某种必然的联系，因此，可随卦爻象变化而断吉凶。这种易学观，首先遭到王弼的批评。

陈法论师卦说："以一阳统众阴于上，为君之象；以一阳统众阴于内，为师之象。"（《易笺·卷一·上经上·师》）一阳统众阴于上，指复卦。其解泰卦说："坤为众，为师，为邑，有其象。"（《易笺·卷一·上经上·泰》）以坤为师、为邑，乃取象。又其论豫卦说："五阴皆应一阳。震为长子，主器师师；坤为邑国，为众；有其象。"（《易笺·卷一·上经上·豫》）震为长子，坤为邑国等，皆取象说。又其论豫卦䷏九四爻说："卦一阳居四上，下皆阴柔，附于刚，有簪在髻中之象。"（《易笺·卷一·上经上·豫》）阳统阴，异类相辅，成化万物。此为典型的取象说。又如其论剥卦䷖言："剥之取象于床，其义最精。……剥之象为床，巽亦为床；巽之床二阳，剥则只余一阳矣。"（《易笺·卷二·上经下·剥》）对于剥卦六五爻辞"贯鱼以宫人宠"，陈法解之曰："鱼，阴物，群阴在下，有'贯鱼'之象。"（《易笺·卷二·上经下·剥》）此即卦爻取象。其论大畜卦䷙九二爻辞"舆说輹"云："二与五应，上、五两爻有輹象，中间一阴，轮在下而輹高悬，脱輹之象。"（《易笺·卷二·上经下·大畜》）輹乃车厢和轮子间所垫之木块，既然輹悬起，则有脱輹象，五又与二应，故九二爻"舆说輹"，自止不进。其论颐卦䷚六四爻辞"虎视眈眈"曰："艮，止，亦坐象，有坐视耽耽之象。坐视而不动，耽耽而不噬，艮象也。"（《易笺·卷二·上经下·颐》）又论颐卦上九爻说："上以一阳纲领群阴，卦有舟象，又有风帆，利涉之象，故系之辞。"（《易笺·卷二·上经下·颐》）故曰"利涉大川"。陈法解渐卦䷴之取象云："卦亦有其象：上，首也；中三爻，腹也，身也；下二爻，立则为足，飞则为翼。互离，阳鸟也；坎，水鸟也；上一阳引而伸之，昂首而高足，鸿也。"（《易笺·卷四·下经下·渐》）以上爻为首，以下爻为足，为趾；九三、九五爻互离，离为腹；初六、六二爻为足，为翼。

陈法解中孚卦䷼九二爻辞"鸣鹤在阴，其子和之"说："卦上下有二鸟之象：一仰其口，一俯其口，鸣、和之象。"（《易笺·卷四·下经下·中孚》）这是典型的取象说，即以中孚之下兑为上仰而张其口之鸟，上巽则为下俯其口之鸟。而其义则为鸣和。

陈法的结论是，卦爻取象就是以卦爻的变化，拟之于物，从而解释象与辞的关系，明天人之理。

此言卦象也，以物而拟诸其形容："乾"健"为马"，"坤"顺"为牛"，"龙"潜而或跃，"鸡"能飞而善伏。(《易笺·卷八·说卦传》)

又云：

"乾"，圆而在上；"腹"，虚而有容。耳，似虚而实，阳气之孕于内也；"目"，似实而虚，神明之丽于中也；"巽"，阴之歧于下，接震为足，故一阴而不为短；"艮"，"手"之伸于上，故二阴而不为长；"足"趾横，"震"似之；"手"指歧，"艮"似之。兑口仰。(《易笺·卷八·说卦传》)

因此，卦爻取象，唯变所适，不应拘泥于《说卦》或前人所取之象，而要"参活象"。

陈法指出，卦爻之象，未必《说卦》中都有。反之，《说卦》中之象，亦卦爻中未必尽有。来知德专以《说卦》言象，不能自圆其说后，又提出错综说。对此，陈法给予了批评，他说：

梁山来氏专以《说卦》言象，苦其未备，则错综以求之。夫所谓"错"者，即汉儒所谓"伏"也；所谓"综"者，即"反对"也。托之错综，以为本之《大传》。夫《大传》所谓"错综"者，以揲蓍而言，错综其七、八、九、六之数，遂定诸卦之象。今以错综诸卦定象，是先错综其象也，又以错综言数，是错综其象以定数也。先儒虽言卦变，未有易其阴阳刚柔之实，颠倒其上下之位者。今以乾为坤，以水为火，以上为下，混淆汩没，而《易》象反自此亡矣！又以变言象。(《易笺·论象数》)

陈法认为，《系辞》所谓"错综其数"讲的是揲蓍程序，即错综七、八、九、六之数而成卦，以数言象。来知德则托之《系辞》，以错综言卦变，是错综卦象而言数，搞颠倒了。至于陈法说先儒言卦，未有易阴阳刚柔，颠倒上下之位，其看法似与史实不符。陈法自己已经承认，来氏错综说，由飞伏说、非复即反说发展而来，并非无源之水，无本之木。

在谈到来知德的圆图时，陈法说："来氏以错综言易象，牵合假借，惟此图该括包涵，圆转活泼，卓然可存。"（《来氏圆图》）此图，指来知德圆图，陈法认为该图体现了象数、理气、阴阳、往来的流行和对待。陈法对来知德错综说的批评，受到了易学界的重视。

《四库全书提要》评价说：

> 至来知德以伏卦为错，反对之卦为综。法则谓：《大传》所云"错综"者，以揲蓍而言。错综其七、八、九、六之数，遂定诸卦之象。今以错综诸卦定象，是先错综其象也。又，以错综言数，是错综其象以定数也。先儒虽言卦变，未有易其阴阳刚柔之实，颠倒其上下之位者。今以乾为坤，以水为火，以上为下，混淆汩没，而《易》象反自此亡矣。其辨最为明晰。

错综卦象以言象，或错综卦象以言数，在陈法看来都是错的。来氏错综说，可谓"新瓶装旧酒"，被陈法发现了，故受到陈法的批评。

莫友芝评价说：

> 安平陈定斋先生笺《易》。论象数，则驳来瞿塘错综其象，颠倒阴阳刚柔之实之非，明辨以皙。[①]

这是依"四库馆"学者的看法所做的评价，十分中肯。

在陈法看来，无论哪一种解易体例，都在于明确卦爻象与卦爻辞之关系，取象说亦如此。而卦爻辞所明者，人事而已。

> 故《易》所取之象，皆以况人事也。故象、爻之辞，并不言阴阳刚柔，况天地、雷风、水火？圣人何为察察乎言之？《象传》偶言天道，皆以明人事，而每卦必言卦德，故自否、泰而外，皆言刚柔而不言阴阳。（《论象数》）

如陈法解泰卦，以乾象征君、大人，以坤象征臣、小人，体现了易言人事的特点。"夫天尊地卑者，形也，而其气则上升下降而始泰；君尊臣卑者，

---

① （清）黄友芝撰《宋元旧本书经眼录·附录》，载顾久主编《黔南丛书》第一辑，贵州人民出版社，2009。

分也，而其志则君礼臣忠而始交，不交则否。"（《易笺·卷一·上经上·泰》）

在解坤卦时，陈法说："其取象于牝马，《传》所谓'柔顺利贞'，所谓'行地无疆'也。牝马驯服，从良马而行，其柔顺之性，久而不渝。"（《易笺·卷一·上经上·坤》）"乾为良马，故坤为牝马。牝马，地类。凡阴之承阳者，皆地类也。"（《易笺·卷一·上经上·坤》从人事立场说，这就是主张臣从属于君，妇从属于夫。陈法吸取《系辞》和汉京房的取象说，《系辞》云："阳卦多阴，阴卦多阳。其故何也？阳卦奇，阴卦偶。其德行何也？阳一君而二民，君子之道也。阴二君而一民，小人之道也。"京房在《易传》中解释乾卦："六位纯阳，阴象在中。阳为君，阴为臣；阳为民，阴为事。阳实阴虚，明暗之象，阴阳可知。"[1] 晋韩康伯以奇数、阳爻象征君德，以偶数、阴爻象征小人及其德性，强调道必一。明代来知德说："天地者阴阳形气之实体，乾坤者易中纯阴纯阳之卦名；卑高者天地上下之位，贵贱者易中卦爻上下之位……"[2] 在《易笺》中，陈法也言"阳为君，阴为臣；阳为民，阴为事"。只不过，陈法解易的落脚点在自然和人事。

（二）取义说

陈法十分重视取义说，他认为，圣人画八卦、六十四卦，又作卦爻辞，其目的都是以卦爻辞之义理言人事。他说："《易》之所重者，卦德也，时也，义也，用也。"（《易笺·〈易〉要略》）也就是说，《周易》重视的是卦爻辞明人事之义，象数只是明理之手段。六十四卦皆重卦德、卦义。

> 夫《易》所言者，人事耳。今求之六十四卦之中，观文王名卦之意，乾只是健，坤只是顺，推之诸卦皆然。（《易笺·论象数》）

就是说，圣人作易，六十四卦卦辞皆言人事。而卦辞言人事，乃取卦爻之义。因此，陈法说：

> 卦德亦就卦象而拟之，盖健莫如天，顺莫如地，动莫如雷，入莫如风，离丽坎陷，莫如水火，止莫如山，说莫如泽也。五十六卦，亦多就卦德而言。（《易笺·〈易〉要略》）

---

① （汉）京房撰《京氏易传卷上》，载郭彧著《京氏易传导读》，齐鲁书社，2002。

② （明）来知德撰《周易集注·卷十三·系辞上传》，上海古籍出版社，1990。

即以乾为健，坤为顺，震为动，巽为入，离为丽，坎为陷，艮为止，皆取其义。陈法说：

> 需也，讼也，同人也，大畜也，以健言也；乾也，舟之行也，天下之至健也。（《易笺·〈易〉要略》）

以健言需、讼等，也是取义说。陈法在解释乾卦时说：

> 若文、周系辞，只言健、顺，不言天地八卦，皆言卦德，推之诸卦皆然。盖《易》所言者，人事，凡言象者，皆以况人事也。纯阳之象刚而健，天德也。人有是德则刚而无欲，健而不息。以之进德修业，酬酢万变，何所不顺遂？何所不感通？（《易笺·卷一·上经上·乾》）

在陈法看来，除《大象》辞外，文王、周公所作之彖、爻辞，并不直接言天、地、风、雷、水、火、山、泽，而只言刚柔、健顺，即取乾坤之义，以言人事。因此，在解坤卦时，陈法说："坤，顺也。顺乎理之自然而无所矫拂，所以大亨。"（《易笺·卷一·上经上·坤》）即以坤为顺。

陈法论述了很多卦爻象之义，如其论师卦䷆六三爻曰：

> 以不中不正之人，而逞其意见，参谋帷幄，一国三公，不败何待？此其义也，所以"凶"也。（《易笺·卷一·上经上·师》）

从取象的角度说，师卦六三爻不中不正。从取义的立场说，故有凶。又如履卦教人不躁进、不僭越等，也取义说。又陈法论恒卦䷟说：

> "刚上柔下"，二体也；"雷风"，卦象也；巽动，卦德也。（《易笺·卷三·下经上·恒》）

恒卦下巽上震，以巽动为卦德，取其义。其解解卦䷧《象》文云："动而免乎险"。陈法认为，解卦为坎下震上，坎为险，震为动。因此，只有动而能免于险。在此，以坎为险，以震为动，亦取其义。

陈法解巽卦䷸曰：

卦言人事。以卦德而言，巽为入，入之大者，无过于朝廷之政令，"重巽以申命"，此圣人之特笔。六爻之义，皆本此而推，其意乃明。（《易笺·卷四·下经下·巽》）

以巽为入，而入之大者莫过于朝廷之命深入人心也。此即取义。

卦巽为入，互离为明，互兑为说，皆由六四一爻而成。人之于言，故必明而入，入而说。（《易笺·卷四·下经下·巽》）

解卦九三、九五爻互离，离为明；九二、六四爻互兑，兑为说，即朝廷之命说下民，说民则为入之大者。这些都是根据卦爻象的变化而取其义。又陈法论同人卦䷌《彖》文"同人于野"说：

六二得中得正，上应九五。乾爻如人心之虚明，具大中至正之理，而合乎天理之公者也。（《易笺·卷一·上经上·同人》）

指同人卦六二爻以柔居中位，又上应于九五爻，具众人应同之公理、天理，故君子非同于一二人，而同众人，此"同人于野""利君子贞"。这是从卦德的立场解释同人卦，即取义说。

（三）爻位说

陈法主要继承了互体说、中位说、当位说、趋时说等传统的爻位说解易体例。

1. 互体说

互体说是爻位说的一种重要形式，因此，也是取象说的一种补充。互体说应归为爻位说，而不应列为卦变说。因为，互体，是以本卦为主，并不直接涉及他卦。按易学家的说法，初、二、三、四、五、上六爻，可互体取象，既可互一经卦之体，如兑☱、离☲、震☳等，还可以互半象，如半离、半兑等。但互体均以本卦为主，本卦并未变成之卦。

一卦由上下两体构成，两体交错即可成新卦，又称"互卦"。一般认为，一卦之二、三、四爻，三、四、五爻交互，即为新的卦体，从而取新象、新义。

互体、互卦的产生，是以其余六十二卦均由乾坤父母卦演化而来为前提，即认为其余六十二卦均含有乾体、坤体，亦分别含有乾、坤两卦之刚柔、健顺之义。

明代来知德提出中爻之象，即汉易所谓以互体取象。"中爻者，二三四五所合之卦也。"① 这是说，中爻指二至五爻，居上六和下初之中间，故称中爻。二四为一卦象，三五成一卦象。来氏认为此即《系辞》所说"辨是与非，则非中爻不备"。这是对唐崔憬"卦中四爻说"的发挥，但从互体说立场解释其意义。如渐卦䷴九三爻辞谓"妇孕不育"。来氏从中爻说做解释，认为此卦二四互体为坎象，其爻辞谓坎中满。其九五爻辞"三岁不孕"，则指三五互体为离，而离为中虚之象。

来知德还提出爻变之象，如乾象为马，而坎、震皆得乾之一爻，故亦取马象。坤取牛象，离含坤之一画，故亦言牛。此外，又有所谓相因取象说，如革卦䷰九五爻说"大人虎变"。这是因为革卦上兑错艮，艮为虎；上六爻谓"君子豹变"，因为豹从于虎，故相因而言豹。这些体例，都是互体取象的补充形式。来知德还提出"无此事此理而立象者"，如爻辞所谓金车、玉铉之类。爻内虽有此象，但实无此事此理。这是来氏的特有说法。

陈法指出，《说卦》所言之象，不能解释卦爻象变化及其与卦爻辞之关系。他说：

> 《说卦》只就一卦而言，象、爻则合上下二体而言。又，就是卦是爻之德之时之位以取象。或兼取互卦象，所谓"惟变所适"，"不可为典要"。（《易笺·论象数》）

这就是说，取象有时要取一卦之上下两体，还可以兼取他卦之象，即互卦取象。陈法说："蛊互震而言甲，巽互兑而言庚，经有明文矣。"（《论文王卦位》）陈法在解坤卦六四爻时说："坤中虚，四重阴，'括囊'之象。"（《易笺·卷一·上经上·坤》）这是说，坤卦之六二、六三、六四、六五爻，皆阴，有囊括之象。此为互体取象。又其解屯卦䷂时说："互坤，为众民之象，'得民'心则天命归之矣。互艮止，故初言'盘桓'，二言'邅如'。"（《易笺·卷一·上经上·坤》）这是说，屯卦二四爻互坤，三五爻互艮，艮为止，坤为众。

---

① （明）来知德撰《周易集注·卷首上·易经字义》，上海古籍出版社，1990。

陈法解释履卦之"柔履刚"时，即取上下体之象而言之。履卦下体为兑，为柔，上体为乾为刚，此即柔履刚。陈法认为，巽☴为俯口号咷之象，而同人卦☲六二、九四爻互巽，故其卦有"先号咷而后笑"之象。所以能"先号咷而后笑"，乃在于六二爻有应于九五爻，"应上则仰，如人之在下者，自上呼之则仰而应，如鼎初之应上，亦为'颠趾'，故为'先号咷而后笑'"（《易笺·卷一·上经上·同人》）。此即互体取象。又如其释随卦☳初九爻辞"出门交有功"说："艮为门，初在门内，故戒之。"（《易笺·卷二·上经下·随》）这是说，随卦六二、九三为艮，艮为门。因此，随卦初爻说"出门交而有功"，虽不失，但要慎。陈法解大壮卦☱九三爻辞"触藩，羸其角"，即以互体言，"卦有兑象，前阻于四之刚，故为'触藩''旅角'之象。"（《易笺·卷三·下经上·大壮》）就是说，大壮卦之九三、六五爻互兑，而兑之下阳爻被大壮之九四爻所阻，故云"触藩""羸其角"。又其释晋卦☲九四爻《象》文"鼫鼠贞厉"云：

　　　　且卦皆有其象，而四之位适当之。互艮为鼠，互坎为隐伏，为穴。全卦则为"明出地上"，而四一阳由下而上，若"鼠"之出自穴，不见其身，而但见其目，而又昼见，处非其位，贪而畏人，如是，尚何"贞"乎？盖戒其不可贪恋荣禄，久据非分而致危"厉"也。（《易笺·卷三·下经上·晋》）

指晋卦六二、九四爻互艮，以艮取鼠象，故言"鼫鼠"。

陈法论互体取象，其最典型者，莫如其解观卦☴六二爻辞文"窥观"。其说："中互艮，二在门内，有'窥观'之象。"（《易笺·卷二·上经下·观》）这是以观卦六三和九五爻互体为艮，艮为门，六二在门内，故为"窥观"之象。

2. 中位说

中位是指爻居上下卦之中，即二、五爻之位。此时，即使爻不当位，亦为吉。如果爻居中位，又为当位，则为得中得正，如六二爻、九五爻。《易经》之彖辞、小象辞一般以"中"或"中正"为事物的最佳状态。就人事言，则将人能中道而行视为极高的美德。陈法说：

　　"中"则无过不及；"正"则不偏不倚；"纯"则刚健之不息；

"粹"则中正之至善；"精"又探其本体之至微至密处赞之。此乾为天德所为备。（《易笺·卷七·文言》）

如噬嗑卦䷔，其六三爻虽不当位，但六二爻得中得正，所以《象》说："柔得中而上行，虽不当位，利用狱也。"以此卦为吉利。又如需卦䷄象文："位乎天位，以正中也"；讼卦䷅象文说："利见大人，尚中正也"；小畜卦䷈象辞云："健而巽，刚中而志行，乃亨"；履卦䷉象文说："刚中正，履帝位而不疚，光明也"；同人卦䷌象文说："文明以健，中正而应，君子正也"；大有卦䷍象辞云："柔得尊位，大中而上下应之，曰大有"；豫卦䷏六二爻象文曰："不终日，贞吉。以中正也"。观卦䷓象文曰："大观在上，顺而巽，中正以观天下"；离卦䷝象曰："柔丽乎中正，故亨"；晋卦䷢六二爻象曰："受之介福，以中正也"，等等。如果六爻既当位，又中位，那是最吉利了，如既济卦䷾。

荀爽特别推崇中位说。他认为，一卦之六爻依据"阳升阴降"和"九二上升为上卦中位，六五下降为下卦中位"的原理，一卦可变为他卦。既济卦既得中又得正，是中位说的典型例子。周敦颐、程颐、张载、朱熹、王夫之等人也十分推崇中位说。

周敦颐提出"刚柔中道说"，"惟中也者和也，中节也，天下之达道也，圣人之事也。故圣人立教，俾人自易其恶，自至其中而止矣。"[①]他主张处事和修养都应秉承中道，即以中道为人性、物性之最高标准。

程颐特别推崇中位说，"有取一爻者成卦之由也。柔得位而上下应之曰小畜，柔得尊位大中而上下应之曰大有是也。"[②]程颐解大有卦《象》文说："五以阴居君位，柔得尊位也，处中得大中之道也，为诸阳所宗，上下应之也。"[③]在程颐看来，中可统正，中贵于正。此其易学观之独特处。程颐进而提出"以中为贵说"，即以爻居中位、秉中德为最高标准和最佳状态。即使刚爻居柔位，或柔爻居刚位，只要所居者为二或五，则既得中，故为贵。

张载亦推崇中位说，他在解释《系辞》文"若夫杂物撰德，辩是与非，则非中爻不备"时说："初上终始，三四非贵要之用，非内外之主，中爻以要存亡吉凶。如困卦贞大人吉，无咎，盖以刚中也。小过，小事吉，大事

① （宋）周敦颐撰《通书·师》，上海古籍出版社，1992。
② （宋）程颐撰《程氏易传·贲》，载梁韦弦著《程氏易传导读》，齐鲁书社，2003。
③ （宋）程颐撰《程氏易传·大有》，载梁韦弦著《程氏易传导读》，齐鲁书社，2003。

凶，以柔得中之类。"① 这是以二五爻定一卦之吉凶。当然，张载又承认中爻不必一定皆利。此看法同王弼、程颐又有所不同。张载这一易学观，直接为陈法所继承。

明代的湛若水亦推崇中位说。湛氏认为，爻之时位不同，因而易的作用尽在阴阳爻变，即所谓"全在九六"。九为老阳，六为老阴，阴阳相推，爻位发生变化，爻处中正者为吉。"易卦既成，人体之，得其中正者，即道，而不中不正者，为凶。避凶趋吉，成天下之亹亹而大业生矣。"②

王夫之提出"中爻说"，即以初、上以外的其他四爻为一卦之中爻。他解释《系辞》文"非其中爻不备"说："中四爻者出乎地，尽乎人而应乎天，爻诚德备于此矣。"③ 例如，王夫之解家人卦☲☴云："中四爻者卦之定体也，初上者卦之所始终，御体以行而成乎象以起用者也。家人中四爻皆得其位，而初上以刚闲之，阳之为德充足而无间，御其浮游而闲之之象也，故化行于近而可及于远。"④ 这是说，家人卦六二、九五爻得中得正，九三、六四爻当位，乃一卦之定体。因此，《象》文云："女正位乎内，男正位乎外，男女正天地之大义也"。中四爻各就其位，表示家庭关系松弛有度，团结和谐。此外，睽卦、蹇卦和解卦，也以中四爻为定体，必须按中爻说体例来解释这些卦之卦义。当然，王夫之也主张二、五爻为中爻，并以其为吉爻。

焦循提出"当位""失道"等体例，所谓"当位"，就是指旁通卦之间以二、五爻为中心的刚柔爻象互易。他说："易之动也，非当位即失道，两者而已，何为当位？先二五，后初四、三上是也。何为失道？不俟二五，而初四、三上先行是也。当位则吉，失道则凶。"⑤ 即以二、五爻互易为刚柔爻象变化的根本准则，这是中位说的一种特殊形式。

陈法继承了中位说、中爻说等传统体例，他说："《爻传》若简略，而片言居要，大意已显，其最切要者，在揭明二、五中正之德，为千古传心之要。"（《易笺·论彖爻并传》）一卦之象、卦德、卦义都是围绕二、五爻来阐发，例如，乾卦之元、亨、利、贞四德，坎之言险，睽之言同等，均

① （宋）张载《横渠易说·系辞下》，《张载集》，章锡琛点校，中华书局，1978。
② （明）湛若水撰《湛甘泉先生文集·答王德征易问》，四库全书存目丛书编纂委员会编《四库全书存目丛书·集部》第57册，别集类，齐鲁书社，1997。
③ （清）王夫之撰《周易内传·系辞下》，湖南人民出版社，2009。
④ （清）王夫之撰《周易内传·系辞下》，湖南人民出版社，2009。
⑤ （清）焦循撰《易图略卷二·当位失道图第二》，《易学三书》下，九州出版社，2003。

以二、五爻言。陈法说：

> 如以初筮告为"刚中"，乃知九二为"蒙"；主爻以"有孚光亨"
> 为"位乎天位"，乃知指九五；以"有孚窒惕"为"刚来而得中"，乃
> 知指九二。推之诸卦皆然。（《易笺·〈易〉要略》）

这就是说，凡所谓"刚中"或"刚来而得中"均指九二爻，如讼卦☰☵
九二爻、蒙卦☶☵九二爻。按照当位说，二处下卦之中，本应是柔爻之位。
若为刚爻，则为"刚中"或"刚来而得中"。"柔来而得中"则指六二爻。
而"位乎天位"者，非九五爻莫属，如需卦九五爻。陈法认为，这是普遍
原则。可见，二、五爻在一卦中之重要性。陈法的结论是："读《易》，要
知圣人时措从宜之妙。全副精神力量，总在一'中'字。"（《易笺·〈易〉
要略》）陈法解乾卦九五爻辞说："九五，天位，乾为天德，五又阳刚中正，
盖与天合德之大人，故以'飞龙在天'拟之。"（《易笺·卷一·上经上·
乾》）乾卦九五爻得中得正，为君之位，所谓"九五之尊"即本于此。其解
坤卦说："惟二、五有中正之德，三有含章之美，有'利贞元吉'之占，阴
阳之分著矣。"（《易笺·卷一·上经上·坤》）坤卦六二爻，以柔居柔位，
得中得正。六五爻虽以柔居刚位，但得中，亦为居位，等等。其解蒙卦九
二爻时说："九二以刚中之德，为治蒙之主。"（《易笺·卷一·上经上·
蒙》）其论需卦☵☰九五爻时说："《传》曰'位乎天位'，是以坎中之一阳为
'有孚'，为正中也。凡人所以不能需者，妄也。有妄念则妄动，有孚则诚
信中存，以义命自安，刚而正中，无畔援歆羡之私物，不得而蔽之，亦不
得而累之。"（《易笺·卷一·上经上·需》）需卦上体为坎，为险，为陷。
中为正中之九五爻。君子要义命自安，不得冒进，这样才"有孚""光亨"。
讼卦☰☵九二爻辞云："不克讼，归而逋。其邑人三百户，无眚。"九五爻辞
云："讼，元吉。""无眚"即无过错，所以"无眚""元吉"，陈法认为，
此是因为九五爻是中正之爻，"九二为'得中'，'终凶'以上之已亢也。
'利见大人'，以九五之中正也。"（《易笺·卷一·上经上·讼》）终凶，是
因讼卦上卦为乾三阳，亢极有悔。又如比卦☵☷之九五爻，陈法解之曰："九
五，一阳得位，为上下五阴之所亲比，故曰'比'。……九五，以一阳首出于
群阴之中，有刚中之德，位乎天位，人谁不依？"（《易笺·卷一·上经上·
比》）九五为天位之爻，上下有应。比喻人君才德出众，足以长人，殊方异

域之君长，莫不率从。

中位说是陈法在《易笺》中使用得最多的一种解易体例，这与历代易学家的解易风格是一致的。阴阳消长，刚柔相推，这是卦爻象变动的基本原理。易学家认为，爻的变化有时、有位的不同。得中、得正之爻往往为一卦之主，为一卦义理之典型体现者。如陈法论否卦䷋六三爻云：

> 六三，当否之时，阴柔不中不正，小人之尤更甚于二，故曰"位不当也"。初与二，犹君子小人杂处，故言"贞吉"，言"否亨"，至三则皆小人矣，皆附于小人矣，故只言"包羞"。（《易笺·卷一·上经上·否》）

否卦坤下乾上，六三爻阴处阳位，为不当位，不中不正。因此，其忧胜于二。又其论同人卦䷌说："六二得中得正，上应九五。乾爻如人心之虚明，具大中至正之理，而合乎天理之公者也。"（《易笺·卷一·上经上·同人》）因具众人应同之公理、天理，故君子非同于一、二人，而同众人，此"同人于野""利君子贞"也。其论大有卦䷍六五爻说："六五，柔得尊位，虚中而上下应之，故曰'服孚交如'，柔顺中正，至虚至明，故能兼得群贤之辅，契合无间，《传》曰'信以发志'。"（《易笺·卷一·上经上·大有》）大有为五阳一阴之卦，六五以阴爻处于君位，上下应之，故能信以发其志。随卦䷐之六二、九五爻，既得中，又得正，"卦之二、五，正而且中，则'贞'而'无咎'矣。"（《易笺·卷二·上经·下·随》）大有卦"六五与二以中正相应，志同道合，相得益彰，非苟同也，何吉如之？上六，辞虽系上而义原于五。上处随终，别无应与，惟九五之是从。"（《易笺·卷二·上经上下·大有》）指人君德泽深厚，人人心悦诚服，追随如父母。陈法论观卦九五爻曰："'中正以观天下'，以九五一爻而言也。以中正为观于天下，所以立荡平正直之极，以中正之道观天下，所以化偏陂反侧之私。"（《易笺·卷二·上经上下·观》）其论遁卦䷠九五爻曰："九五得中得正，去就从容，而不瞻恋愤激之心，《传》故曰'正志也'。"（《易笺·卷三·下经上·遁》）九五为君之尊位，天下仰慕而称道，故此卦九五爻辞言"嘉遁"。其释大壮卦九二爻辞"贞吉"曰："九二，刚而得中，用壮之美者也。中得兼正，未有中而不正者也。大壮贵得中，《传》故曰'以中也'，非不足于贞而有以戒之也，刚利于贞。"（《易笺·卷三·下经上·

大壮》）九二为中而兼正之爻，所以说"刚于利贞"。

陈法认为革卦☲☱之六二爻为"革之善者"，九五爻为"革之大善者"。"六二中正，又有应于上，处革之最善者也。"（《易笺·卷四·下经下·革》）若一卦之六二、九五爻均得中得正，则从时与义的立场说，九五之时义更大更善。如陈法解革卦九五爻辞"大人虎变"说："九五，阳刚中正，下与二应，有中正之德，居九五之位，德、位兼隆之。'大人'如是而革，将举天下，而维新之声名、文物之美，如'虎'之'变'而其文炳然，革之最善而且大者也。"（《易笺·卷四·下经下·革》）

又其论旅卦☲☶六二爻辞"怀其资，得童仆，贞"云："六二，柔得中正，处旅之最善者，故'即次'而得其所安；'怀资'而不忧其乏，'得童仆'而资其力，皆旅之最要而不可无者，而二兼得之，皆以其'柔'而'得中'也。"（《易笺·卷四·下经下·旅》）这就是以旅卦六二爻柔居中位而为善。

总之，一卦由上下体组成，若下体之中爻为柔爻，则曰柔居中位，得中得正；若为刚爻，则曰以刚居中位或刚来而得中；若上体之中爻为柔爻，则曰以柔居尊位，得中；若为刚爻，则谓其得中得正而居尊位。这些看法，均体现了易学家对中位、中爻的重视。

陈法认为，爻之得中、得正，源于圣人之中道思想。"孔子又从而为之《传》，发明卦德与其时义，及刚柔往来与爻之中正，位之当否，内外之比应，然后文、周之意可得而推。"（《易笺·论作易本源》）又说："夫是中正之理，本之人所同具，而气拘物蔽，气质用事，则或过而刚，或不及而柔，或当刚而柔，或当柔而刚。即此一念之失中失正，即为吉凶悔吝之所由起。"（《易笺·论作易本源》）如其论节卦☵☱，认为因循守旧者不中，盲目妄为者不正。"若九五一爻，居尊位而以中正之道为节，此尤节之大者也。夫纵恣者不正，固陋者不中，圣人之道，惟其'中正'而已。"（《易笺·卷四·下经下·旅》）圣人之道是懂得节制有度，明白通塞之理。只有这样，才不劳民伤财。《系辞》云："若夫杂物撰德，辨是与非，则非其中爻不备。"（《易笺·卷五·大传下》）陈法解释说："若因刚柔之爻，'杂'居六位之中，'撰'述其'德'，别其'是''非'，则'备'于'中'四'爻'"。（《易笺·卷六·大传下》）就是说，初、上以外四爻，是辨别天下万事万物的属性、人的德性以及是非的依据。这当中，二、五爻又最为重要。

3. 趋时说

趋时说与中位说是紧密联系在一起的，因此，也可把这两种解易体例合称为"时中说"。中同时是相联系的，如《彖》释蒙卦云："蒙亨，以亨行时中也。"此所谓中，即蒙卦☶☵九二爻，象辞说："初筮告，以刚中也。"九二爻所以吉，因为得其时而居中位。故首次问占，则告之。告者，吉也。时机过了，如二次、三次问占，乃亵渎筮法，即"再三，渎，渎则不告"。再三，表示其时已过。故不告，乃不吉。这种中道和与时偕行的思想，在陈法《易笺》中表现得十分明显。

荀爽提出"趋时说"，王弼提出"适时说"，都认为由于六爻所处时机不同，爻义变动不居，不易推度。王弼说："夫卦者时也，爻者适时之变者也。"[1] 意思是说，爻的特点是变，而变总是与时、位紧密联系在一起的。象、爻辞亦随爻的变化而变化。在王弼看来，适时包括爻象是否有应、当位、居中位、承乘、处卦之始终等情况。因此，适时的外延是十分广泛的。王弼还提出"趋时贵近"说，这就是说，相邻两爻的变化，更可能符合趋时之道。王弼的主要局限在于，将适时与爻位、贵贱联系起来，又将位视为第一要素。这应当是受京房"世应说"影响的结果。因此，若阴阳爻错位，皆不吉。不吉，就是不适时。这样一来，所谓趋时，就被打了折扣。这些观点对陈法解易产生了重要影响，例如，陈法以阳为实、以阴为虚、以阳为君、以阴为臣等论点在《易笺》中比比皆是。

从思想根源上讲，易学之"时中说"，渊源于儒家的中道观。儒家主张适时，反对过和不及。孟子认为孔子是"圣之时者也"（《孟子·万章下》）。因为孔子说："可以仕则仕，可以止则止，可以久则久，可以速则速。"（《孟子·公孙丑上》）意思是说，孔子总是能够与时俱进。孟子云："孔子岂不欲中道哉！不可必得，故思其次也。"（《孟子·尽心下》）。在孟子看来，能够将中和时有机结合，只有圣人能做到。《中庸》亦倡导时中，如说："君子而时中"，等等。总之，《周易》的时中思想，源于儒家。

《系辞》云："变通者，趋时者也"，"六爻相杂，唯其时物也。"即爻之吉凶，可因时而异，爻虽中位，得其时则吉，反之则凶。象辞、小象辞认为，六爻所表示的吉凶，因每爻所处的条件不同而不同，主张与时偕行。就人而言，与时偕行才是美德。例如，《彖》释大有卦云："应乎天而时行，

---

① （魏）王弼、（晋）韩康伯注，（唐）孔颖达疏《周易正义·附录·周易略例·明卦适变通爻》，余培德点校，九州出版社，2004。

是以元亨"；释随卦说："天下随时，随时之义大矣哉！"释坎卦说："王公设险，以守其国，险之时用，大矣哉！"释遁卦云："刚当位而应，与时行也"；释损卦说："损刚益柔有时，损益盈虚，与时偕行"；释艮卦说："时止则止，时行则行，动静不失其时，其道光明。"这类强调因时而行的象文在《易经》中有很多。

陈法趋时说，是对易学史上"惟变所适"观点的继承。即使王夫之这样的易学大家，也意识到其所倡导之种种解易体例，并不能真正指明辞与象之间有什么必然的联系。因此，王夫之秉承了程颐等所谓"易随时以取义"的观点，认为六爻之得失，变易无常，文辞应因时而立义。因而对卦爻辞的认识，不能为某种格式所局限。"惟易不可为典要，故玩彖爻之辞者亦不可执一以求之。"①

王夫之认为，就一卦之六爻而言，当位、居中位和有应之爻等，有时并非皆吉利。反之，不当位、不居中位者，有时也未必皆不吉，应"惟变所适"。如既济卦，六爻皆当位，又都有应，然卦辞谓"初吉，终乱"。原因是，刚、柔爻各就各位，"各任其情之所安而据以不迁。"② 以此相应，貌合而神离，终成大乱。而未济卦，六爻皆不当位，"无互竟之情"，有应而不存猜疑之心，未济强于既济，故卦辞云："未济亨"。

陈法也主张"随时变易以从道"，他认为，爻虽非正非中，但未必就不吉利。反之，并非二、五爻皆吉，他说：

> 爻言中正，惟二、五两爻当之，然亦非专属之二、五也。故二、五不尽皆吉。他爻或刚柔之得其正，或刚而居柔，或柔而居刚，亦为不过而得中。盖因卦之时与比应而论。此为"变动不居"也。（《易笺·〈易〉要略》）

因为，爻象按照刚柔、阴阳消长的原理变动，因此，不中不正之爻，未必不吉。陈法还说："卦有其时，即有其义与用，诸卦皆然。《象传》以其重者言也，颐也，解也，革也，大过也，所重者时也，而义与用在其中矣。"（《易笺·〈易〉要略》）如陈法解乾卦爻辞说："初之位，时当潜；二之位，时当见。余爻皆然。……而知六位之各以时成，其潜、见、

---

① （清）王夫之撰《周易内传·发例节录》，湖南人民出版社，2009。
② （清）王夫之撰《周易内传卷四下·既济》，李一忻点校，九州出版社，2004。

飞、跃，皆与天道之盈虚消息相准。"（《易笺·卷一·上经上·乾》）陈法认为，乾卦教给人的道理是：处九三爻所说情况时，应勤奋努力，"惕"而无咎。居上爻时不亢，这样才能秉承乾卦阳刚之德而随时处中，与天理保持一致。

4. 上下往来说

即认为各爻可以上下往来，自上而下称来、退，自下而上称往、进。例如，无妄卦☲，震下乾上。《彖》辞云："刚自外来而为主于内。"即上乾为刚，来到下卦之中，为下震之初九。初九爻又统领六二、六三爻，故说其为主于内，以刚推柔，结论是"无妄，元亨，利贞"。这是陈法关于上下往来的观点，是对荀爽乾坤升降说、王弼刚柔往来说、来知德爻变说等的继承。"《传》言内外消长，在内者为长，在外者为消。其来也，自外而来，其往也，自内而往。"（《易笺·论往来上下》）内即内卦，下卦；外，即外卦，上卦。

关于六爻上下往来的根据，陈法说："所谓刚柔者，立本者也；其往来上下，阴阳二气，升降之象，所谓变通者，趋时者也。"（《易笺·论往来上下》）陈法认为，《系辞》所谓"因而重之，爻在其中；刚柔相推，变在其中"之"变"者，即往来上下，根据即刚柔相推。因此，陈法又说：

> 刚柔之爻，往来上下于六位之中，如日月寒暑之相推，只此便生变化而吉凶见矣。（《易笺·卷五·大传上》）

所以，六爻之上下往来，就在于刚柔相推而生变化。六爻上下往来变化的目标是趋时、趋位。陈法解屯卦☵说："卦惟二阳，一阳陷于上，有就消之势；一阳动于下，有必伸之理。象之'元亨利贞'，皆为初言。"（《易笺·卷一·上经上·屯》）这是指屯卦初九爻将往，九五爻将来。往来，即伸消。陈法还对"上下"和"往来"做了区别，他说：

> 否、泰言"往来"，往者，消也，故惟阴阳消长之卦言"往"言"来"，余卦只言"上下"，或言"来"而不言"往"。（《易笺·卷二·上经下·随》）

否卦☷坤下乾上，自下而上视之，为大往小来；泰卦乾下坤上，自下而上视之，为小往而大来。陈法指出，只有否、泰言往来，余卦只言来，或言上下，不言往。又如其解无妄卦☰☳说：

> "刚自外来而为主于内"，以卦象言。坤本静也，外卦之乾交于坤，遂为内卦之主。（《易笺·卷二·上经下·无妄》）

是说，无妄卦下体本为坤，由于上体乾阳爻与下体坤之阴爻相交，故为下卦之主。这就是刚柔相推，上下往来。陈法论咸卦☱☶的构成说：

> 且咸本否卦，以上九下为九三、六三上为上六，柔上刚下，一阴一阳，二爻相交相应而成咸，故曰"二气感应以相与"。（《易笺·卷三·下经上·咸》）

咸卦由刚柔二爻相交，六三爻往为上六，上九爻来而为九三爻。此即二气相感，咸卦由否卦变化而成。以此类似，泰卦☷☰之初九上而为九四爻，六四爻下而为初六爻，即得恒卦☳☴。陈法论损卦☶☱说：

> 损本泰卦，乾坤既交，则二气感应以相与，故三往为上，上来为三，阳实阴虚，以阳往而言，则为损下益上，阳气自下而上，故曰"上行"。（《易笺·卷三·下经上·损》）

即损卦由泰卦之九三爻上升为上九爻，泰卦上六爻下降为六三爻而成。从阳往而消的角度说，损卦是损下益上。益卦☴☳由否卦而来，阳为实，阴为虚，就阳而言为损，就阴而言为益。因此，益卦为损上益下。

乾为阳，坤为阴。其余六十二卦亦由阴爻和阳爻组成，以少者决定一卦之性质。比如，两个阳爻和一个阴爻组成之卦，则该卦为阴卦，两个阴爻和一个阳爻组成之卦，该卦为阳卦。《系辞》云："阳卦多阴，阴卦多阳，其故何也？阳卦奇，阴卦偶。其德行何也？阳一君而二民，君子之道也。阴二君而一民，小人之道也。"在这里，以君为阳，以民为阴；阳为君子之道，阴为小人之道。《系辞》的作者从取义的角度，通过阴阳消长的道理，强调君对民的统治。这种观点在陈法《易笺》中体现得很充分。

与上下往来说联系比较紧密的，还有刚柔消长或阴阳消长说。就是以乾为刚，以坤为柔，以刚为大，以柔为小。然后从一卦之上下体看，若下体为刚，上体为柔，则"小往大来"；若下体为柔，上体为刚，则"大往小来"。如泰卦《彖》辞云："小往大来"，"君子道长，小人道消也。"而否卦《彖》辞云："大往小来"，"小人道长，君子道消也。"此乃从取义的角度，说明刚长为吉，柔长为不吉。

5. 当位说

即一卦六爻，各有其位，一、三、五属奇数，阳位，二、四、六属偶数，阴位。各就各位为当位，反之为不当位。当位则吉，不当位则不吉。陈法说：

> 其当位与不当位，"吉凶""悔吝"之辞所由系也，而人事之"失得""忧虞"可知。（《易笺·卷五·大传上》）

意思是，象、爻辞所言吉凶悔吝，一个重要依据就是各爻是否当位。当位则吉，反之则凶。程颐、焦循等非常重视当位说。陈法继承了这一传统。如他在论象、爻之不同作用时说：

> 一则象以全卦之象而言，爻则分其上下内外之位而言。盖位有当有不当，比应承乘，其情有相得有不相得也。（《易笺·论象爻并传》）

陈法解蒙卦☶☵说：

> 屯、蒙反对，六二、六三皆比下应上，屯得中得正，遂高"不字"之贞；蒙不中不正，遂有失身之丑。（《易笺·卷一·上经上·蒙》）

屯、蒙二卦均与女子婚配有关，屯卦六二得中得正，为当位，女子应矜持，"高"不字之贞。蒙卦六三不中不正，为不当位，故有"失身之丑"。又如陈法论无妄卦☰☳六三爻曰：

> 六三，所处不中不正，故来"无妄之灾"，如"行人得牛"而灾在"邑人"。（《易笺·卷二·上经下·无妄》）

无妄卦下体为坤，为邑。而此卦刚自外来，震动于内，故有灾。究其缘由，则因六三爻不中不正。

当位之爻不一定得中得正，而得中得正之爻，一定当位。当位，则贞吉。陈法论需卦六四爻说："四柔而得正，故知难而退。"（《卷一·上经上·需》）指六四爻当位，君子知难而退。需卦之九五爻，既得中，又得正。需终有所获，自适其适，义命自安。又如其论比卦䷇六三爻曰：

> 三不中不正，承乘皆阴，而又应上，故曰"比之匪人"，终流为小人之归矣，不亦伤乎！（《易笺·卷一·上经上·比》）

六三爻不当位，故言有伤，流为小人之归。又如小畜卦䷈六四爻为当位之爻，陈法说："六四，以柔居柔，为'得位'，阴为小阳，为大。"（《易笺·卷一·上经上·比》）六四当位，故爻辞曰"有孚""无咎"。

六爻皆不当位者，为未济卦䷿。"未济，刚柔之位皆不当，事皆未得其序，物皆未得其理，所以为'未济'也。"（《易笺·卷四·下经下·未济》）

陈法认为，虽六爻均不当位，但爻与爻之间却都有应，故曰：未济，亨。

6. 承乘说

下爻对上爻曰承，上爻对下爻曰乘。柔承刚为正、为顺、为吉，反之，不正、不顺、不吉。刚乘柔为正、为顺、为吉，反之，不正、不顺、不吉。承乘说，是利用相邻两爻的关系，说明爻象的变化与爻辞的关系，无非增加了一种解释爻象与爻辞关系的形式。例如，小过卦䷽艮下震上。从上卦看，六五乘九四，从下卦看，六二承九三。《象》辞曰："不宜上宜下，大吉。上逆而下顺也。"就是说，六二承九三为顺，六五乘九四为逆。因此，要解释小过卦的卦象，则应依下卦之象，故言大吉。实际上，"承乘说"是"中位说"的一种补充形式。

陈法解释坤卦说："盖天施地生，有乾不可无坤，拟之人事，如有君不可无臣，有夫不可无妇。推之上下尊卑，万事万物，莫不有乾坤之义焉，故圣人又即坤卦以明阴承阳之义。"（《易笺·卷一·上经上·坤》）意思是说，万事万物都蕴含阴阳之气，这是承乘关系产生和存在的根源。"凡天之阳气所施，地无不一一顺承于下而生长之，故曰'顺承'。"（《易笺·卷一·上经上·坤》）阳气与阴气相感，万物得以产生成长。陈法解屯卦䷂六二爻说："上五爻各以其位而言，六二当屯之时，遭时之穷，正应在上，而下乘初刚，若为所牵制，遭回而不能进。"（《易笺·卷一·上经上·屯》）六二爻下乘初九爻，为阴乘阳，此为不顺，则不吉。故不可冒进，女子应"高"不字之贞。又其论谦卦☷☶六四爻曰："六四，处得其位，上承六五柔顺之君，下乘九三劳谦之臣，皆相孚无间……所以'无不利'也。"（《易笺·卷一·上经上·谦》）六四为阴爻，六五亦为阴爻，但处君位，故六四有上承君子之象。只要能体谦逊之道，无不利也。

7. 比应说

这是两种体例的合称，应位说指六爻中，初与四，二与五，三与上之间的刚柔呼应关系，有应则吉。实际上，当位说并不能解释所有的卦爻辞所断定之吉凶，于是《周易》的作者又提出应位说。京房曾提出"世应说"，即认为一卦六爻中，初爻为元士，二爻为大夫，三爻为三公，四爻为诸侯，五爻为天子，上爻为宗庙。六爻各有贵贱等级之位。京氏认为，初爻元士居世，与四爻诸侯相应，二爻大夫与五爻天子相应，三爻三公与上爻宗庙相应，等等。这当是应位说的早期形态。

应位分有应和无应，凡阳爻和阴爻相应为有应，如初爻为阳，四爻为阴，则为有应。凡阳爻遇阳爻或阴爻遇阴爻则为无应，如二爻为阴，五爻亦为阴，则为无应。应位说是当位说的补充，其目的是解释更加复杂的事物之间的关系。王弼认为初四、二五、三上，如为刚柔相应，则相吸引；若刚与刚，柔与柔，则相排斥，为无应。程颐更进一步，提出"易随时取义，变动无常"的思想，企图解决《周易》经、传文中一些自相矛盾的观点。程颐更看重爻位是否相应，而不在意其刚柔之别。就是说，刚爻之间，柔爻之间，亦可有应。例如，同为二、五阴爻，却因均具中爻之柔德，亦可有应，谓"同德相应"；若二、五爻皆为阳爻，但因其均具有刚中之德，亦可有应，有如君臣之关系。

比，是指阴爻与阳爻的相邻关系，初与二，二与三，三与四，四与五，五与上，都呈比的关系。若相邻两爻为一阴一阳，则有比，有比则吉。陈法将刚爻之间、柔爻之间亦称比或密比。如陈法解屯卦☵☳二、五爻辞说："二有正应于上，乃比初而终与之合。"（《易笺·卷一·上经上·屯》）这是指屯卦六二爻与九五爻有应，有应则吉。又其论屯卦☵☳四、五爻说："四比五而应初，若其屈己求贤，往而有合，泽被生民，此亦上君子得志行道之时也。"六四爻处大臣之位，下有应于初，上有比于九五爻，于己而言，求贤有合，于君而言，可助其得志行道，故皆吉。陈法论《周易》经、传，突出了卦爻辞明人事之道的意义。如其论蒙卦九二爻说："今二以刚中为主于内，而五自外虚中以应之，是求我而与我之'志应'，而中道得行也。"（《易笺·卷一·上经上·蒙》）就是说，蒙卦九二爻与六五爻有应，六五爻虚中为明。比喻蒙者应求明，君子应养德行之正。

取象说的特点，是根据卦爻象的变化来确定卦爻辞所作断定之吉凶，即义由象显。从这一意义上说，取象是取义的基础。所以，王弼派以玄学解易，完全排斥象数，最终必走向空谈义理。陈法十分注意取象与取义结合，落脚点又放在明人事之义理上。从易学史上看，这是解易最为有效的方法。

陈法论讼卦☰☵说："至于讼则自不能无是非争辩，然初不好讼。而比二应四，或即平于乡里，或见直于有司，其辩易明，是以'终吉'也。"（《易笺·卷一·上经上·讼》）讼之所以能够终吉，在陈法看来，是因为初六爻有比于九二爻，又有应于九四爻。有比有应，则顺而吉。故讼或平息于乡里调解，或通过有司辨明是非，最终能够使问题得到解决。讼卦六三爻柔，不好讼，所以《象》曰："从上吉"。即六三爻与上九爻有应。讼卦九四爻曰："居上凌下，于义弗克，以刚居柔，亦不敢终讼，又密比于九五中正之大人，则亦不能自逞，故始讼而仍顺命。"（《易笺·卷一·上经上·讼》）九四居大臣之位，以刚居柔，为不当位，与九五刚爻为"密比。"此爻教人不要逞能，应变易好讼之心。

又如比卦☵☷初六爻，虽远离九五爻，但卦乃自内而外运动，故初六与九五，其比最先，故"有孚"。陈法说："五为主爻，初六最远于五，而其比也最先。……故曰'有孚'。"（《易笺·卷一·上经上·比》）

陈法解泰卦六五爻"帝乙归妹"文时，认为泰卦六五柔爻为"帝乙"，所谓"归妹"则指六五爻与九二爻有应。"若以'帝乙'，当九五之尊位，而以'归妹'，为下应九二之象，使柔之顺乎刚也云尔。"（《易笺·卷一·上经上·泰》）此是以六五阴爻当君位，阴顺阳，有助于阳，而成造化之功。

其解临卦☱☷二、五爻说："二则得中，所应者六五，故'吉无不利'，《传》曰'未顺命也'，'未'字衍。"（《易笺·卷二·上经下·临》）以"未"为衍，是陈法的发现。

陈法论观卦☴☷六四爻"观国之光"文说："阴在下，而四独在坤上，有才德出众之象，而密比于五，五所尚也，是以'利'也。"（《易笺·卷二·上经下·临》）"观国之光"，指六四爻观九五爻君王礼乐文章之盛，亦指士得到君王的赏识。

陈法论复卦䷗六二爻曰："六二，柔而得中，密比于阳，复之美者也。象言'天地之心'，而《爻传》言'仁'，是天地之心即仁也。"（《易笺·卷二·上经下·复》）是以六二得中、得正，又密比于初九爻，故有依下仁之象，依者，休也，故曰"休复"。又复卦六四爻《象》文"以从道也"，陈法解曰："六四在群阴之中，独与阳相应，正如人心放失之久，而一念憬然复乎天理。"（《易笺·卷二·上经下·复》）六四与初九有应，故能复乎天理。

最典型体现比应这种解易体例的，莫过于咸卦的爻象了。陈法解咸卦䷞说："六爻皆相应，阴阳之气相合相需，阴资乎阳，阳亦资乎阴，相'感'相'应'，则各有'以相与'，所以'亨'也。"（《易笺·卷三·下经上·咸》）咸，感也，刚柔二气相感，万物生焉，故亨。

关于爻位说产生的根源，朱伯崑先生做出了精彩的论述。他认为其根源有三，一是尊卑等级观念。例如家人卦《彖》云："家人有严君焉，父母之谓也。父父子子，兄兄弟弟，夫夫妇妇而家道正，正家而天下定矣。"这种思想体现在解释《周易》经、传和占筮中，就认为尊者为阳，卑者为阴。阳居阳位则吉，阳居阴位则不吉，此即当位说；卑者宜顺从尊者，不能凌驾于尊者之上，此即承乘说；尊者要靠卑者侍奉，卑者要听从尊者的指挥，这就是应位说的由来。陈法在解易过程中，充分吸收了这种尊卑思想。二是儒家的时中观念。儒家崇尚中道，认为"过"和"不及"均非事物最佳状态，而以居中为美德，以"中正"为行为的最高标准。因此，中位说和趋时说来自以孟子为代表的儒家所倡导的时中思想，是儒家伦理学说流行的产物。陈法不仅在筮易的过程中充分吸收了"中道"思想，在治水治河和教育实践中，亦以中道精神为指导。三是道家和阴阳家的盈虚消长观念。战国时代流行的阴阳消息的观念，在易学中被用来说明爻的变化，在于阴阳消长或刚柔相推，而爻的变化是爻位说产生的前提。总之，爻位说认为内卦、外卦、六爻体现了尊卑、刚柔、大小、阴阳等观念及其相互关系。"阴阳卦画标志君臣、父子、夫妇、男女、君子小人等区分。卦爻辞的吉凶表示社会成员的遭遇和命运，按其伦理原则行动则吉，违背其原则则凶。

刚柔爻象的变动意味着社会各阶层势力的盈虚消长。"① 朱伯崑先生将其关于爻位说的结论表述为，"可以看出，爻位说是春秋时期的取象说和取义说的发展。取象和取义不足以解释卦爻辞的吉凶，则以爻位说加以解释。此说的理论意义是，认为卦象、爻象同卦爻辞之间存在必然的联系。为了说明其间的联系，当位说解释不通，则提出应位说，应位说说不通，则以中位说解之。中位说说不通，又以趋时说补充之。这些不同的解释恰好证明，卦爻象同卦爻辞之间本没有必然的联系。"② 这一结论切中爻位说的本质，精当而深刻。

二　陈法对传统解易体例的发挥

陈法在继承传统解易体例的基础上，总结了《说卦传》《春秋传》等有关的解易原则，提出了几种新的解易体例。主要包括善会说卦、以类而推、互卦取象、象爻互证、全卦取象、变通取象六种解易原则，体现了陈法对传统解易体例的发挥。

（一）善会说卦

就是"参活象"。陈法认为，这是《说卦》取象的方法之一。《说卦》里讲了很多取象，例如，马类，乾、震、坎卦都讲，但具体到爻象，则均归为马类而已。

> 其于马也，于乾、于震、于坎，皆曲尽其形容，见之于爻，则概曰"马"而已；于离也，以为虚中"为大腹"，尽之矣，而又曰"为赢、为鳖、为蚌、为龟"，见之于爻，则龟而已。而辞繁不杀者何也？曰：此正《说卦》示人以观象之法也，于一卦一物而然。（《易笺·论象数》）

也就是说，要善于融通《说卦》所取之象，不拘泥于一物一象，而将其所取之象看成一般原则，参活象。这样一来，卦爻所取之象，可以穷尽天下之象。陈法又说："只以制器言涣、随、豫、睽、小过诸卦，取象制器。"（《易笺·卷六·大传下》）意思是说，这些卦都言制器，这是其共通之处。

---

① 朱伯崑：《易学哲学史》第 1 卷，昆仑出版社，2005，第 68 页。
② 朱伯崑：《易学哲学史》第 1 卷，昆仑出版社，2005，第 67 页。

凡物皆可作马观也，凡虚中者，皆可作离观也，推之各卦，无不皆然。如是，则不必说卦所有之象，而天下之象，无不具于卦爻之中。故象、爻之象，不尽同于《说卦》。（《易笺·论象数》）

王弼曾对《说卦》的取象说提出批评，在他看来，一类事物之共性表达的应该是该类事物之义理，而不应限于某一物或几物。例如，《周易》所谓卦爻象，与刚健之义一致者未必都属马象，与柔顺之义一致者未必都归于牛象。假如按《说卦》所谓："乾为马，坤为牛"，则很难解释清大壮卦 ䷡ 之卦爻辞。此卦乾下震上，乾为刚为健。意思是，壮羊之象亦有乾健之义。又如坤卦 ䷁，卦象中并无乾象，然其象辞则言"利牝马之贞"。牝马也是马，并未以坤为牛。因此，王弼说：

触类可为其象，合义可为其征。义苟在健，何必马乎？类苟在顺，何必牛乎？爻苟合顺，何必坤乃为牛？义苟应健，何必乾乃为马？[①]

类，即共性。王弼并非完全反对取象说，而是主张参活象，提倡触类旁通。在王弼看来，《说卦》所谓以乾为马，以坤为牛，实则"执乾为马"。若某卦无乾象，却有关于马之辞，便认为象与辞不一致。为了解释此种矛盾，便提出互体、变卦等体例，此即伪学滋漫，乃占筮之需要。

陈法指出，《说卦传》虽讲了很多取象，但不可能穷尽所有之象。再者，《说卦传》所取之象，与六十四卦之卦爻所取之象是有差异的。

故《说卦》乃象、爻之义例，而象、爻之象不尽同于《说卦》也，此其所以不穷也。而世之解《易》者，乃欲执《说卦》以释象、爻之象，则《易》为死象矣。至《说卦》所言，皆象也。每句各为一义，求之不得其说，乃以卦德附会，又或因一象而牵连迁就，则《说卦》之象晦矣。（《易笺·卷八·说卦传》）

也就是说，《说卦传》所取之象，只为六十四卦之卦爻取象提供了义例。卦爻，特别是爻所取之象更加丰富、细致。历代解易者之弊在于以

---

① （魏）王弼、（晋）韩康伯注，（唐）孔颖达疏《周易正义·附录·周易略例·明象》，余培德点校，九州出版社，2004。

《说卦》之取象为蓝本，用以解释卦爻之象。这样一来，易象成了死象，卦爻之义晦暗难明。

（二）以类而推

即一卦可取许多象，反之，一象又可拟多卦。取多象、拟多卦即"以类而推"。例如乾坤六子可同时象征一物。只不过，由于卦爻之刚柔不同，故所取之一物，其属性有所差异，陈法说：

> 盖乾、坤生六子，一物也，而有阴阳牝牡。故乾为马，坤亦为马，震、坎亦为马；乾为龙，坤亦为龙，震亦为龙；坤为牛，离亦为牛。且乾为良马，则坤为牝马；坤为舆，大有之乾亦为大车，皆其类也。（《易笺·论象数》）

良马、牝马，都属于马类，都具有马的属性。大有卦六五爻变为阳爻，即为乾卦，故大有亦取大车之象，这就叫触类旁通或以类而推。

作为解易方法，以类而推是陈法关于一般与个别的哲学思想在易学中的反映，也就是陈法对于理学"理一"与"分殊"关系的理解在解易过程中的体现。陈法说："惟其'理一分殊'，正要在'分殊'上理会，若不就时与事上切实分明说出，皆笼统没分晓，但要触类旁通耳。"（《易笺·〈易〉要略》）理一和分殊都要重视，如此才能触类旁通。

> 如巽为木，而于乾为木果，于艮为果蓏，于坎为"坚多心"，于艮为"坚多节"，于离为"科上槁"。且一马也，为良马、瘠马，为善鸣，为馵足，为的颡，为美脊，为亟心、下首，为薄蹄，此又说卦示人以触类旁通之法也。（《易笺·论象数》）

陈法反复强调，"夫《易》，虚象也，不指一事而言。观象玩占，其义可以类推。凡感而以正相应者，皆是也。"（《易笺·卷三·下经上·咸》）陈法继承了朱熹的观点，认为《易》者，虚象也。象既为虚，则为一般原则，什么象都可以往里装。这样就可以类而推了。

（三）互卦

这是对传统互体说的继承和发挥，但陈法认为其所谓互卦，与传统互体说如飞伏说、错综说等不同。传统互体说是卦外取象，而其所谓互卦，是以本卦为主取象。他说：

> 诸卦之取互象者，不可枚举。且自文王名卦，多合两卦以取象，如颐，如噬嗑，如大过之栋，小过之飞鸟，其最著也。何独于象必分上下二体而不取互，不亦拘而鲜通乎？盖互卦，取之本卦，分明森列，非如"错综飞伏"，求之卦外也。或曰：每卦皆有互卦，何爻不尽取？曰：立象以尽意也。有是意，乃取是象，无是意，即，本卦之象。（《易笺·论象数》）

来知德以反对之卦为错，如坤为乾之错等，以颠倒一卦之刚柔为综。陈法认为，这些都是卦外取象，不足取。"取象只就本卦而言，而来氏于此，亦言'错综'至'上古'，云云，盖原其始耳，无象可取也，而来氏于穴、于薪之类，一一错综言象，何其谬也！"（《易笺·卷六·大传下》）陈法的意思是，所谓错综取象，并非古有之法。传统所谓互体取象，一般指初、上爻外，二、四爻，三、五爻互体。可是，陈法突破了这种原则，他提出取半象的观点，即初、二爻，二、三爻，三、四爻，四、五爻，五、上爻等亦可交互取象。这是对东汉虞翻"半象说"的发挥，取半象是传统取象的一种补充形式。

关于一、三爻互体取象，陈法解蒙卦䷃时说："卦象为止其险，互震为刑威，坎为桎梏。"（《易笺·卷一·上经上·蒙》）蒙卦为坎下艮上，坎为水，为险，艮为山，为止，故言止其险。关于半象，如陈法解困卦䷮六三爻辞"不见其妻"说：

> 以卦象言，泽无水为困。坎互离，离中虚为乾卦，空泽也，如虚"宫"，无人之象。水火未济，各全二体，男女夫妻也。坎互离，即水灭火，又，卦中四爻互家人，上五爻互革，下五爻互涣，家人变革涣，皆"不见其妻"之象（《易笺·卷三·下经上·困》

上五爻互革，指困卦九五、上六爻互革卦上体之半象；下五爻互涣，指困卦初六爻、九二爻互涣卦下体之半象。又说困卦䷮："下互半巽，不见其趾，'劓刖'之象。"（《易笺·卷三·下经上·困》）指困卦初六、九二爻互巽之半体。再如其解姤卦䷫时说："初、二两爻互半艮，在车下，有柅象。"（《易笺·卷三·下经上·姤》）也就是说，初六、九二爻互半艮，艮为止。九三、九五爻互乾，乾为车。艮取桎象，以止车。

（四）象、爻互证

这就是说，不同的卦，可以取一类物象之共性，具体到某一卦之某一爻，则取该类物象之特有属性。如此，则不同卦爻之间的象爻辞即可互证，因为共性寓于个性中。这是对王夫之"象爻一致说"的发挥。王夫之专门讨论了象和爻的关系，提出"象爻一致"说。王氏所以讨论此问题，是企图解决一卦之中象辞和爻辞不一致的现象，这是一种新的观点。王夫之的论点是，象爻兼顾，以象求爻，"以爻不悖象为第一义。"[1] 王夫之认为，象乃一卦之材质，六爻是依材成器的部分，是整体和部分的关系。爻依赖象，舍象无爻。象为体，爻为用，用不离体。这种关于象与辞统一、卦义统率全卦的观点，又是对王弼"一爻为主"说的阐发。

在倡导六爻相通共成一体的基础上，王夫之进而研究了各爻在卦中的地位，提出"卦各有主说"，用来说明一卦之主体，即为主的爻象体现一卦之主体。

> 自此而外，则卦各有主。或专主一爻行乎众爻之中，则卦象、卦名、卦德及爻之所占，皆依所主之爻而立义。[2]

"自此而外"，指乾坤两卦。王氏认为此二卦或纯阳，或纯阴，其六爻无主辅之分。其余六十二卦，皆阴阳爻象相杂，爻有主辅之别，卦义通过所主之爻表现出来。

按王夫之的观点，一卦之主爻，有专率众爻而其义则贯穿五爻之中者。如履卦☰，五阳一阴，六三爻为主爻，即《象》辞所谓以"柔履刚"。又如大有卦☰，亦五阳一阴之卦，六五乃为主之爻，此即《象》辞所谓"柔得尊位，大中"。王夫之这些论点，试图说明《象》所表达的一卦之义寓于某爻之中，而该爻又将全卦连为一体。同王弼、程颐"一爻为主"说相比，王氏此说，为主之爻不限于一爻而增至二爻，即将刚柔往来、有应无应以及初上为功皆包括在内，以此说明六十四卦各有其中心观念。如履卦☰《象》文"柔履刚也"，即以六三爻义为履卦卦义。但表达此意者不止于六

---

① （清）王夫之撰《周易内传·发例节录》，湖南人民出版社，2009。
② （清）王夫之撰《周易内传·发例节录》，湖南人民出版社，2009。

三爻，如上九爻所谓"视履"，亦是柔履刚之义。王夫之说："上九居高临下，与三相应，三方欲履上而干之。"① 又如临卦䷒，《象》文说"刚浸而长"，即刚临柔之义，这是临卦卦义。故其六五爻辞说："知临大君之宜"。意思是，"以柔居尊而下听九二之临"②。可见，为主之爻，实为二爻。

此外，王夫之还提出"爻外求义"说，即依此爻，而发他爻之义。总之，在王氏看来，六爻是有机整体，各爻从不同形式体现一卦之德。各爻之时位虽有异，但卦理则一，各爻均享有全卦之德。这些解易观点，对陈法产生了重要影响。

如陈法认为，坎卦取豕象，还有的卦取羸豕、豶豕、负涂之豕，等等。而羸豕、豶豕、负涂之豕，都是豕，因此，这些卦的象、爻辞就可以互证了。尽管《说卦》并没有完全讲到这些相关的物象。又如许多卦都讲到田、征伐、祭祀、金矢、婚媾等，但具体到某一卦之某一爻，其所取之象则为该类事物之个性。如师卦六五爻辞所谓"田有禽，利执言，无咎"，恒卦九四爻辞"田无禽"，解卦九二爻"田获三狐，得黄矢，贞吉"等等。师卦所谓"禽"，即阳。田即坤土，"田有禽"，指众阴之中有一阳。恒卦九四爻之"田无禽"，指此爻不当位，"田无禽"，实际是"田不应有禽"。解卦䷧九二爻居坎之中，坎为狐，又上应六五，比于初六、六三。六五、六三、初六皆坎象，故言"三狐"。田为坤土，为阴，此为共性。而禽、三狐等则为个性。陈法说："履之虎，取其猛；革之虎，取其文；颐之虎，取其下视。此又各因卦爻而取象，皆可互证而得也。"（《论象数》）虎为共性，猛、文、下视为个性。陈法论豫卦䷏之九四爻，认为此爻体现了象爻并证原则，他说："豫之一卦，惟九四一爻为阳之动，与象义合，余爻皆言'逸豫'。"（《易笺·卷一·上经上·豫》）"逸豫"包括此卦初六之"鸣豫"，六三之"盱豫"，上六之"冥豫"也。惟"由豫"为人君自主，其余诸爻所言，皆指人君不同程度地沉湎于安乐享受中。又如随卦䷐，从全卦说，下体为震，上体为兑，为泽，此卦旨在"明动而说"，但各爻却各有吉凶。"象合二体而言，故'元亨'、'无咎'。爻以各爻之位言，故有吉有凶。"（《易笺·卷二·上经下·随》）随卦初九爻辞云："官有渝，贞吉。出门交有功"，六二爻辞云："系小子，失丈夫"，六三爻辞云："系丈夫，失小子"。吉凶各不相同。陈法论明夷卦说："始明而终暗，如日之初登于天，后入于地也，以

① （清）王夫之撰《周易内传·履》，湖南人民出版社，2009。
② （清）王夫之撰《周易内传·临》，湖南人民出版社，2009。

全卦之象而言也。六爻之义，或去或不去，或速于去，于处明夷之道尽矣。"（《易笺·卷三·下经上·明夷》）就是说，明夷卦乃讲明晦之理，而各爻则讲明夷之法，此卦爻互证，象、爻互证也。又其解家人卦☲☴说："卦取二女之象，爻则阳爻为男，阴爻为女。"（《易笺·卷三·下经上·明夷》）这也是象、爻并证的典型。

（五）全卦取象

这是突出不同的爻在一卦取象中的作用，一是就取象而言，陈法指出，某一爻或两爻，不能构成一卦之象，这是陈法的独创之说。二是说初、上爻是一卦之始终，三、四爻处天地之际，二、五爻处上下卦之中位。其中一爻往往为一卦之主或成一卦之由，全卦之象亦往往由该爻推之。这是对王弼"一爻为主说"，张载、王夫之、来知德等"中爻说"体例的发挥。

　　一爻不能成象，故或合数爻以定。一爻之象，以是爻实备是卦之理，故于是爻言之。又或为是卦之主爻，或成卦之由，则各爻之义与象又由是爻而推。若初、上两爻，则一卦之始终，义虽主于一爻，象实取乎全卦。三、四两爻，则上下之交，故亦多取全卦之象。（《易笺·论象数》）

陈法之意是，解释卦爻辞与卦爻象之关系，应立足于本卦。因此，他不赞成错综、飞伏等法。

京房提出"定吉凶，只取一爻之象"[①]。即认为一卦之吉凶主要决定于其中一爻。每卦以一爻为主，京氏分别称为主之爻为"居世""临世""治世"等。王弼在此基础上提出"一爻为主说"，认为一爻之义往往决定一卦之义。如需卦☵☰卦辞说："有孚，光亨，贞吉。"需卦《彖》文云："位乎天位，以正中也。"这是指九五爻，既当位，又得中。显然，需卦卦义取决于九五爻义。王弼所谓为主之爻，主要包括三种情况，一是指直接表达卦义之爻；二是指二、五爻，即得中之爻；三是指一卦中阴阳爻象之最少者，其中的一阴或一阳之爻，乃该卦之主体。京房、王弼的这些体例，随处见于陈法《易笺》之中。

关于全卦取象，陈法在解坤卦时说："坤之上下皆虚，故坤为文皆以坤之全象而言，以六五能备其德，故于此爻言之。"（《易笺·卷一·上经上·

---

①　《京氏易传》卷下，载郭彧著《京氏易传导读》，齐鲁书社，2002，第133页。

坤》）其德，即"黄裳"，言"美在其中"矣。指六五爻柔居尊位，最能体现君子虚中之德。但坤之全卦卦德，则是由坤之整体阴虚之象确定的。其解屯卦说："初为卦主，得民于下，象曰'勿用有攸往'，爻曰'居贞'无反。"（《易笺·卷一·上经上·屯》）这是以初九爻为屯卦之主爻，比喻君子治国理政、待人处事，须收拾人心。

陈法论师卦☷☵九二爻说："九二为卦主，象皆为九二发也。然反之则如诸爻之凶，故象包爻义。"（《易笺·卷一·上经上·师》）师卦九二爻所以为本卦之主，乃在于此爻与六五爻有应，与初六、六三爻有比。从全卦看，群阴应之，则服众，故行险而顺。"卦之初、上，有只以其事言者：初，师之始；上，师之终。"（《易笺·卷一·上经上·师》）但就全卦取象而言，师卦有"行险而顺"和"众陷于险"之象。比卦☵☷之主爻为九五爻，陈法说："爻惟九五为比主，为人所比者，故曰'显比'。"（《易笺·卷一·上经上·比》）其余各爻皆比之九五爻，即亲近比合，以成顺合之道。又其论小畜卦☴☰六四爻云："四居大臣之位，上承九五，四正而五中，《传》故曰'上合志'也。……故诸爻皆本六四而言。"（《易笺·卷一·上经上·畜》）六四爻当位，又上承九五爻，乃为小畜卦主。就六四爻言，其为当位，又承九五，故曰"上合志"。但就小畜全卦之象言，则为堵塞不交之象。

陈法论泰卦☷☰九二爻云："九二，刚而得中，为泰之主。故于此备言保泰之道。"（《易笺·卷一·上经上·泰》）保泰之道，即爻辞所谓"包荒"，荒者，茅，指小人。即使小人各安其分，各遂其生。

又其解大有卦☲☰上九爻辞"自天佑之，吉无不利"说："大有至九而离体全，以人心之虚明，合乎天理之公，则自天佑之，乃能终保其有，岂人之智力所能强据者乎？合全卦以取象也。"（《易笺·卷一·上经上·大有》）大有卦六五爻"柔得尊位大中而上下应之"，下应，指六五爻与九二爻有应，上应，指与上九爻有比，故大有卦上九爻统全卦之象言，亦明全卦之义，即君子应顺命休德。

陈法释豫卦☳☷九四爻辞"盱豫"曰："四为豫主，三密比于四，不中不正，有望恩幸泽之想，故曰'盱豫'。"（《易笺·卷一·上经上·豫》）豫卦六三爻不当位，拟之于人，不能自力求福，而祈求他人，故曰"盱"。传统的解易观点，充满着无法自圆其说的矛盾，例如，对于豫卦六三、九四爻的解释即如此。六三爻不中不正，言其"盱豫"。但其上承九四，而不言其吉。按当位说，九四爻为不当位之爻，却为一卦之主，爻辞云其："由豫，大有得。"《象》云："由豫，大有得；志大行也。"不当位之爻，又怎么志大行呢？这是很难讲得通的。解易者总是坚持阳实阴虚的观点，所以，即使九四爻不当位，仍然为豫之主爻。陈法正是如此，他说："九四为动主，上动而下顺之，刚动而柔应之，故曰'由豫'。四以一阳而众阴应之，人心归附，'大有得'也。"（《易筌·卷一·上经上·豫》）意思是，君子得志，使众人各得其所，此"由豫"之谓也。

陈法论复卦☷☳初九爻说："'复'者，阳来复也，故诸爻皆指下一爻而言。"（《易筌·卷二·上经下·复》）六二之"休复"，六三之"频复"，六四之"独复"等，皆围绕初九爻言。复者，由一阳之来而成，故其他爻皆围绕一阳生而言。又其论离卦☲☲初九爻云："初统全卦而言也，故曰'履错然'，上下、内外、往来，皆履也。"（《易筌·卷二·上经下·离》）此以初为履，为足，为日之晨，事之始。君子处事，应以诚敬为法，不盲目冒进，不为纷乱所扰，终可无咎。又如，陈法认为损卦☶☱以上九一爻而言成卦之由，即损下益下。益卦则以初九一爻言成卦之由，即损上益下。

（六）变通取象

此有三层含义，一是说初、上爻只言趾、首，则二、三、四爻或三、四、五爻可以互体取象，这是对互体说的发挥。

二是说兑、巽、艮、震等分别为反对之象，而卦分为上下体，兑、巽、艮、震等在下体所取之象，到上体依然代表该类物象，反之亦然。陈法说：

> 震、巽、艮、兑四卦，反对取象：艮为手之垂，震为手之伸，巽为股，兑反巽为肱；卦互兑、巽；兑连上震，如伸手仰探；兑为"折"毁，肱折则下垂如股。（《易筌·卷四·下经下·丰》）

总之，手为一类，股为一类，皆取象人之身体。又说："震为马，艮为反震，亦震类也。"（《易筌·卷四·下经下·中孚》）就是说，艮亦马类。

三是说某些卦之间所取物象为一类，故解释这些卦的卦爻象与卦爻辞之关系，可遵循相同原则，这与象、爻互证说是相互联系的。陈法认为，如果用《说卦》的取象原则，是很难解释这些情况的。所以，他评价变通取象说："凡此皆其大凡也。夫意也，言也，象也，一以贯之，得则俱得，失则俱失。"（《易筌·论象数》）陈法指出，"八卦相错，皆可对勘：雷出地上为豫，故'利建侯行师'；雷在地下为复，故不利'行师'。"（《易筌·卷二·上经下·复》）此即变通取象。

变通取象还表现在，陈法在解释某一爻的爻辞、象辞时，通常从互体、上下往来等原则出发，以他爻、他体而论本爻。例如，其解巽卦初六爻辞"利武人之贞"说："上互离，为甲骨戈兵，武人之象。令布自上，故以上三爻取象。"（《易笺·卷四·下经下·巽》）即巽卦九三、九五互离，离为戈兵，故有此爻辞。

总之，陈法认为，《易》者，虚象也，不可为典要，贵在参活象，随时变易以从道。

下 篇
陈法儒学思想

　　陈法著有《明辩录》一书，其主旨是以程朱理学为正学、为圣学、为道统，批评陆王心学，认为陆王心学合乎禅宗，为异端。陈法对陆王心学的批评，涉及作为历史学术公案的"朱陆之辩"和后世学者所谓"朱陆异同之辨"。朱陆之辩、陆王之辩由来已久，在宋朝，有所谓"鹅湖之会"，朱熹和陆象山就认识论、本体论、无极与太极等展开了全面讨论。明代，王学得到了蓬勃发展，但随着明朝的灭亡，明末清初，一些儒家学者逐渐把明朝的灭亡与心学之空谈心性联系起来。清初以来，在程朱与陆王之辩中，学者们又一次视理学为正宗，极力罢黜陆王，认为程朱陆王之异必辨、严辨。陈法《明辩录》即属于此种思潮之产物，其本人即是本次辩论余绪的参与者。

第一章　朱陆之辩及其评价

在中国哲学史上，朱陆之辩长达 800 余年，以致成为一桩学术公案。宋明理学自其诞生之初起，便出现了争论，而朱陆将此种论争推向了极致。朱熹和陆象山围绕着哲学本体论、认识论、天理与人欲、义与利、为学与为道、虚与实、道统与异说等展开讨论。朱陆所辩论的问题，涉及宋明道学最主要的和最核心的问题，即哲学本体论问题和道德问题。从宋到清，朱陆之辩构成中国哲学史一条发展的重要线索。不仅如此，朱陆论争还传到了古代的日本、朝鲜等，对东亚儒学的发展产生了重要影响。朱陆之辩的本质，是争夺道统的话语权。陈法著《明辩录》一书，以朱陆之辩为大背景，站在程朱理学的立场上，秉持朱与陆、儒与佛对立而以朱、儒为是以陆、佛为非的观点，对象山和阳明哲学提出了批评。荆如棠在《明辩录》序中认为，陈法"学本程朱，辩严义利，自官翰林以及外任监司皆能不负所学。以见于行，实心实政，流传不朽"①。本章所讨论的问题有二，一是朱陆之辩的问题，二是朱熹思想渊源及朱陆之辩的实质。

第一节　朱陆之辩的问题

"朱陆之辩"是指发生在宋代的理学代表朱熹与心学代表陆象山之间的学术讨论，而"朱陆异同之辩"则指后世学者关于"朱陆之辩"有关问题的辩析和研究。一般而言，学者们以"朱陆之辩"为核心，辅之以朱陆异同之辩析。在这里，我们也坚持同样的学术原则。

一　朱陆之辩的中心问题

朱陆之辩的问题，是指朱陆争论中的核心问题，而不是每次辩论所涉

---

① （清）荆如棠撰《明辩录·序》，载《陈法诗文集续》，陈德远点校，贵州人民出版社，2011，第 129 页。

及的具体内容。因此，可以这样说，朱陆争论的问题属于社会思想史范畴，超越了哲学史领域。

从辩论时间、方式看，朱陆争论主要有两次，一是朱陆于 1175 年在江西信州鹅湖寺所谓的"鹅湖之会"，两人就治学方法或道德修养论开展了讨论，即就认识论问题进行了论辩。二是朱陆在书信往来中就诸如"无极""太极"等问题进行辩论，实质就是讨论哲学本体论问题。此外，从朱陆论辩的地点说，还有铅山、南康之会。为调和朱陆之争论，吕祖谦出面邀请朱陆在鹅湖寺开展讨论，这就是所谓"鹅湖之会"。鹅湖之会是朱陆论战的重镇，但会谈结果并未就有关问题达成统一。

那么，朱陆所辩者是什么？哲学领域历来存在不同看法。有学者认为，朱陆哲学之异，乃在于对道学中心观念的不同认识。如冯友兰先生认为，"朱熹赞同程颐说的'性即理'，陆九渊的回答却是'心即理'。两句话只有一字之差，可是其中存在着两个学派的根本分歧。"① 又如吕思勉先生指出，"朱陆之异，象山谓'心即理'，朱子谓'性即理'而已。惟其谓性即理，而心统性情也，故所谓性者，虽纯粹至善；而所谓心者，则已不能离乎气质之累，而不勉杂有人欲之私。惟其谓心即理也，故万事皆具于吾心；吾心之外，更无所谓理；理之外，更无所谓事。一切工夫，只在一心之上。二家异同，后来虽枝叶繁多，而溯厥根源，则唯此一语而已。"② 程朱以"理"为客观存在的本体，象山则以"心"为本体。由于对本体的不同看法，以致两派哲学在世界观、方法论、认识论上都产生差异。有学者认为朱陆之争，焦点在于"尊德性"和"道问学"何者更加重要。如张岱年先生认为，程朱理学派既重尊德性，又重道问学，提倡"格物致知"。而陆王心学则专注于尊德性，比较忽视道问学。"宋明理学中，'尊德性'与'道问学'二者孰先孰后成为一个争论的问题。程朱学派兼重德性与问学，提倡'即物穷理'；陆王学派专讲尊德性，轻视对于事物的认识。"③ 有学者认为所谓朱陆论争，乃经验与直觉之争，如陈钟凡先生指出，"经验直觉，各趋一途，屹立并峙于南宋时期，而成当代之两大学派焉。"④

哲学家之间和哲学思想流派之间的思想差别，通常而言，主要根源于

---

① 冯友兰：《中国哲学简史》，北京大学出版社，1985，第 352 页。
② 吕思勉：《理学纲要》，东方出版社，1996，第 116 页。
③ 张岱年：《思想·文化·道德》，巴蜀书社，1992，第 49 页。
④ 陈钟凡：《两宋思想述评》，东方出版社，1996，第 269 页。

本体论差异。认识论、道德修养方法及其他方面的差别，均由本体论差异所导致。因此，关于朱陆之异，我们更倾向于采纳冯友兰、吕思勉等人的观点。

二　重建儒家道德形上学

以上所论，都能从不同侧面揭示朱陆哲学相异点。问题是，朱陆关于认识和实践、知和行，也就是关于伦理和道德关系的不同看法是如何产生的？他们对这些问题所做的先后、轻重之别，其根源是什么？进一步说，"以性为理"和"以心为理"，其深层原因是什么？这一系列疑问，就是朱陆之辩所涉及的问题。这些问题，与宋明理学和朱陆哲学产生的时代背景有十分紧密的联系。

宋代理学的兴起，在于重树圣人之道，重建儒家道德形上学。从唐朝末年至宋初，战乱不断，维系社会的儒家伦理和规范渐渐松动。佛、道二教的兴衰，又使人们的思想观念混乱。因此，从哲学上重新建立儒家伦理和价值体系，就成为宋代儒家学者的重要使命。宋代理学体系的中心观念，如所谓仁、理、道等，实际上就是哲学化、系统化了的儒家伦理和价值准则。朱熹和陆象山都是儒家的卫道士，其共同任务，就在于通过哲学论证的不同方式扶持儒家的纲常名教。"朱子以'理'为其哲学本体，其主要目的与功能在于说明儒家伦理纲常的合理性、必然性、至上性、绝对性和永恒性。"[1] 只是因朱陆的论证方式不同，才出现了所谓朱陆之辩。从哲学层面上说，朱陆以先秦哲学为源头，在北宋理学发展所取得的丰硕成果的基础上，重建儒家的道德形上学；从实践和社会的角度讲，朱陆的共同目标是振兴儒家的伦理价值规范。然而，他们实现这些目标的方式不同，其不同又体现在本体论、认识论、方法论等方面的争论。这些方面的争论，又与朱陆思想的不同渊源、哲学之不同特质等有紧密联系。

第二节　朱陆之辩的实质

所谓朱陆之辩的实质，是指朱陆之辩的哲学意义及其社会影响。

以往的研究认为，朱陆论辩包括知与行、认识与实践、伦理与道德、

---

① 彭永捷：《朱陆之辩——朱熹陆九渊哲学比较研究》，人民出版社，2002，第90页。

"性即理"与"心即理"等内容，内容亦即实质。朱熹强调知、强调认识，主张性即理，强调格物致知的"道问学"。象山则强调"尊德性"，强调实践，主张心即理。对此，冯友兰、张岱年、陈钟凡、吕思勉等先生均有论述。本来，知与行、认识与实践、伦理与道德，可以说是一个问题的两个方面，那么，朱、陆二人为什么会在此问题上发生争论？知与行、认识与实践，如何会有轻重和先后之别？性即理和心即理，这种哲学本体论的差别是如何产生的呢？这就涉及朱陆思想的渊源问题。

一　朱陆思想渊源

对思想渊源进行梳理，有利于我们进一步深入认识朱陆之辩的实质。由于朱陆思想源头不同，秉承传统各异，思想特质就产生了差异。理解朱陆二人哲学特质之差异，是我们把握其论争实质的关键。

就思想渊源说，学术界一般认为，朱陆差异起于北宋二程哲学之不同影响。朱熹宗二程中之程颐，以"理"为中心观念和最高实体。象山宗二程中之程颢，以"心"为最高实体。然而，实际上，二程都讲理、天理，只是他们体认理的方法不同。黄宗羲在《宋元学案·伊川学案》中指出，程明道提倡"主敬"，从而"尊德性"，主张"明心见性"，"恢复本心"，认为"万物皆备于我"。程颐提倡涵养需有敬，进学在致知，主张涵养要有工夫。

二程哲学的不同直接影响了朱陆，朱熹更重道问学，即更注重对伦理规范的认识，提倡格物致知。陆象山倡导"尊德性"，提倡所谓发明本心，强调发挥人的主体性。

朱熹崇尚程颐性即理的观点，建立了"理本论"，并在其哲学的多个向度加以发展。他说：

> 伊川说话，如今看来，中间宁无小小不同？只是大纲统体说得极善。如"性即理也"，直自孔子后，惟是伊川说得尽。这一句便是千万世说性之根基！（《朱子语类》卷九十四）

实际上，孔子鲜言"性"，朱子如是说，是对程颐的高度认同。朱熹如此赞赏程颐性即理说，乃在于性即理以儒家的性善论为基础，为论证儒家道德形上学提供了理论根据。"性"于天为"命"，于"人"则为"理"。性含"天命之性""天地之性""天理之性"。于人而言，天命之性说明人有向善之端，表明道德形上学的构建具有可能性。天命之性与形体之性相杂，从而有了"气质之性"，需要摒除气质之性的弊端，以恢复天性、天理。也就是说，相对于性善而言，后天之恶为论证儒家道德形上学的存在提供了必要性根据。

程颢说："心是理，理是心。"① 这种以"心"为"理"的思想，对象山产生了重要影响。象山提倡心即理和心即道，认为心与道或心与理合而为一。在心之外，没有理和道。象山由此建立了"心本论"。

还有一些学者认为朱陆思想之异，与二程门人的不同影响有关。例如，清代学者全祖望将朱陆哲学的起源与二程门人谢良佐、杨时联系在一起。全祖望认为朱熹之学出于杨时，象山之学则与谢良佐之学相类。"象山之学，先立乎其大者，本乎孟子，足以贬末俗口耳支离之学。……程门谢上蔡以后，王信伯、林竹轩、张无垢至于林艾轩，皆其前茅，及象山而大成。"② 又如今人侯外庐等认为，谢良佐所谓理，既是客观的，又是主观的。其学既开启了朱熹的"一旦豁然贯通，众物之表里精粗无不到，而吾心之全体大用无不明"的先河，又是陆象山"人皆有是心，心皆具是理。心即理也"的直接渊源。③ 朱熹本人也曾指出象山之学源于二程门人。

朱陆哲学受北宋二程哲学影响，这是大多数学者的看法。然而，就影响的方式和程度而言，则各持己见。就象山哲学而言，论者主要根据其思想特点与程颢哲学具有相似性而做出定论，但从外部并未找到明确的二者思想关联的根据。象山本人认为自己的哲学是"自得""自成""自道"，而非依傍他人。《语录》谓："某尝问：'先生之学亦有所受乎？'曰：'因读《孟子》而自得之。'"④ 张立文先生说："由于陆九渊自以为读《孟子》而自得之学，因此，他虽然称二程得千载不传之学，但并没有明确宣称其学受程颢的影响。""陆九渊不仅否认程颢为其先河，更不提谢上蔡、王信伯、林竹轩、张无垢等为其前茅。"⑤ 可见，象山自认其学乃秉承孟子之学。象山说："窃不自揆，区区之学，自谓孟子之后至是而始为一明也。"⑥ 颇有"舍我其谁"的气度。

① （宋）朱熹编《河南程氏遗书》卷十三，商务印书馆，1935。
② （清）黄宗羲撰《宋元学案·龟山学案》，中华书局，1986。
③ 侯外庐、邱汉生、张岂之主编《宋明理学史》上卷，人民出版社，1984，第180页。
④ （宋）陆九渊撰《陆九渊集》卷三十五，钟哲点校，中华书局，1980。
⑤ 张立文：《走向心学之路——陆象山思想的足迹》，中华书局，1992，第205页。
⑥ （宋）陆九渊撰《陆九渊集》卷十，钟哲点校，中华书局，1980。

象山弟子、门人、友人亦普遍认为象山之学师承孟子，如大弟子杨简说："孔孟既没，日以湮微。赖我先生，主盟正学。"① 对其师的学术贡献，评价极高。王有大在祭文中说道："学同颜氏好，功与孟轲齐。"② 詹阜民谓："孟轲亲受，厥绪是承，卓哉先生，能自得师，玩其遗编，独识其微。"③ 傅子云说："周衰文弊，孟没学绝，功利横流，道术分裂。……千七百载，乃有先生。……远绍孟氏之旨，极陈异说之非。世之学者，标末是求，而吾先生，自源徂流。"④ 周清叟曰："天为斯文，乃生先生。指学者之膏肓，示入圣之门庭，不绕缴而支离，诚坦然而可行。暴之以秋明之白，灌之以江汉之清，继孟子之绝学，舍先生其谁能。"⑤ 江西提举袁燮刊印陆九渊文集并作序谓："孟子尝言之矣：'向为身死而不受，今为宫室之美、妻妾之奉、所识穷乏者得我而为之，此之谓失其本心。'其言昭晰若是，而学者不能深信，谓道为隐而不知其著，谓道为邈而不知其近，求之愈过而愈湮郁。至先生始大发之，如指迷途，如药久病，迷者悟，病者愈，不越于日用之间，而本心在是矣。"⑥ 陈埙于宋嘉熙元年刊印陆九渊《语录》并作序谓："孟子殁千五百余年，宋有象山文安陆先生，挺然而兴，卓然而立，昭然而知，毅然而行。"⑦ 从这些议论可以看出，象山直承孟子，学术功绩盖世，一点也看不到程颢之影响。

宋淳祐十一年（1251 年），刑部尚书包恢在《三陆先生祠堂记》中，阐述了象山思想与孟子学说的渊源。他说：

> 夫道不虚行，若大路然，苟得实地而实履之，则起自足下之近可达千里之远。故自仁之实推而至于乐之实，自有乐生恶可已之妙。其实可欲者善也，实有诸己者信也，由善信而充实有光辉焉，则其实将益美而大，是诚之者人之道也。由大而化则为圣，而入于不可知之之神，诚者天之道也。此乃孟子之实学，可渐进而驯至者。然而无有乎尔，则亦久矣。先生尝论学者之知至，必其智识能超出千五百年间名

---

① （宋）陆九渊撰《陆九渊集》卷三十六，钟哲点校，中华书局，1980。
② （宋）陆九渊撰《陆九渊集》卷三十六，钟哲点校，中华书局，1980。
③ （宋）陆九渊撰《陆九渊集》卷三十六，钟哲点校，中华书局，1980。
④ （宋）陆九渊撰《陆九渊集》卷三十六，钟哲点校，中华书局，1980。
⑤ （宋）陆九渊撰《陆九渊集》卷三十六，钟哲点校，中华书局，1980。
⑥ （宋）陆九渊撰《陆九渊集》卷三十六，钟哲点校，中华书局，1980。
⑦ （宋）陆九渊撰《陆九渊集》卷三十六，钟哲点校，中华书局，1980。

世之士，而自以未尝少避为善之任者，非敢奋一旦之决，信不敏之意，而徒为无忌惮大言也。盖以其初实因深切自反，灼见善非外铄，徒以交物有蔽，沦胥以亡，自此不敢自弃，是以深造自得，实自孟子。故曰："孟子之后至是始为一明。"其谁曰不然。①

就是说，象山所谓"先立乎其大者，则其小者不可夺矣"之论点，其渊源在孟子。象山门人傅子云于《槐堂书院记》中就象山之学渊源于孟子思想说得更明白：

> 孟氏去今千有七百余年，七篇俱存，晦蚀甚矣。其间出而力扶吾道者固有其人。然至我朝伊洛诸贤而始盛，殆冲和郁蓄之久，故间见层出者非一，惟象山先生禀特异之姿，笃信孟氏之传，虚见浮说，不得以淆其真，夺其正，故推而训迪后学，大抵简易明白，开其固有，无支离缴绕之失，而其中微起痼之妙。②

明朝学者傅文兆于《象山全集》叙谓："象山先生之学，得之于孟子求放心，先生立其大。"③ 明确指出象山尊德性之学，源于孟子"良知良能"说。

王守仁也认为象山之学出于孟子，反对世人因象山之学与朱子学有异而诋之为禅，他于《象山文集序》中说：

> 自是而后有象山陆氏……简易直截，真有以接孟氏之传。其议论开阖，时有异者，乃其气质意见之殊，而要其学之必求诸心，则一而已。故吾尝断以陆氏之学，孟氏之学也。而世之议者，以其尝与晦翁之有异同，而遂诋以为禅。……今禅之说与陆氏之说、孟氏之说，其书具存，学者苟取而观之，其是非同异，当有不待于辩说者。④

某种程度上说，阳明在这里也是为自己的学说辩解。阳明又谓："象山之学，简易直截，孟子之后一人。其学问思辨、致知格物之说，虽亦未免

---

① （宋）陆九渊撰《陆九渊集》卷三十六，钟哲点校，中华书局，1980。
② 《金溪县志第十八篇·文化》，新华出版社，1992。
③ （宋）陆九渊撰《陆九渊集·附录一》，钟哲点校，中华书局，1980。
④ （宋）陆九渊撰《陆九渊集·附录一》，钟哲点校，中华书局，1980。

沿袭之累，然其大本大原，断非余子所及也。"①

高攀龙系明末东林学派学者，一生以朱子学为宗，他亦认为象山之学源于孟子，其看法应当比较客观。

> 阳明与陆子静是孟子一脉，子静心粗于孟子。自古以来圣贤成就俱有一个脉络。濂溪、明道与颜子一脉；阳明、子静与孟子一脉；横渠、伊川、朱子与曾子一脉，白沙、康节与曾点一脉。②

这段话既指出了象山心学渊源，又讲明了程朱理学之出处。

从以上言论可知，无论是弟子、门人，还是友人，大多认为象山之学直承孟子。少有学者认为象山之学秉承程颢，象山本人也未曾说其学传自程明道。实际上，象山极少提到二程，偶尔论及，也颇有看法。他认为孟子之后，圣学失传，至程颢、程颐等，虽得孟子之学，但未发明光大。象山认为北宋诸贤在学术建树上，未能超越孔子、孟子和子思三圣人。

从象山《语录》有关记载看，象山甚至明确说过，自己的学术与二程是没有关系的。"某旧日伊、洛文字不曾看，近日方看，见其间多有不是。今人读书，平易处不理会，有可以起人羡慕者，则着力研究。"③ 因此，学界所谓象山之学源于程颢之论点，乃出于对心学发展的逻辑推演。而从实际的学术传承上说，很难讲象山心学启于程颢。逻辑统一，但历史却未必统一。

实际情况应当是，象山之学源于孟子，而二程哲学又与孟学有紧密关系。二程特别重视对《孟子》的学习和研讨，将《孟子》与《论语》《大学》《中庸》视为"四书"，又视为六经的有机部分。尤其推崇《论语》《孟子》，认为此乃入圣门的必读之书。二程强调，孟子对儒学的发展是做出了巨大贡献的。"圣人之学，若非子思、孟子，则几乎息矣。"④

孟子对于二程哲学的影响，主要体现在性善论方面。二程认为，孟子所谓"性善""养气"等思想，是以往圣人所未提及，这是孟子对儒学所做的最大贡献。

---

① （明）王守仁撰《与席元山》，《王阳明全集》上册，吴光等编校，上海古籍出版社，1992。
② 侯鸿鉴编《高子遗书节钞》，《锡山先哲丛刊》第4册，凤凰出版社，2005。
③ （宋）陆九渊撰《陆九渊集》卷三十五，钟哲点校，中华书局，1980。
④ （宋）朱熹编《河南程氏遗书》卷十七，商务印书馆，1935。

　　问："人性本明，因何有弊？"曰："此须索理会也。孟子言人性善是也。虽荀、杨亦不知性。孟子所以独出诸儒者，以能明性也。性无不善，而有不善者才也。性即是理，理则自尧、舜至于途人，一也。才禀于气，气有清浊。禀其清者为贤，禀其浊者为愚。"①

　　就是说，二程认为孟子指出了人性的本然是善的，其不善者乃在于气质之性禀其浊者。"性"与"才"，即二程学说中的"理"与"气"。可见，孟子思想是二程哲学的重要源头。

　　由此看出，与其说象山思想渊源于程颢，不如说程颢与象山有一个共同的思想源头——孟子"良知良能"说。依此来分析象山之学与朱子学异同，可能更为妥当。

　　朱子与象山之差异，还与朱子多承孔子、子思，而象山直承孟子有关。从思想特质看，孔子与孟子有许多不同处。例如，孔子鲜言性，孟子讲性善；孔子只倡仁，而孟子仁义并提；孔子言道，孟子言志，等等。孔子所谓"道"，其内核是仁，其外化形式是礼。孔子和宋代理学家均面临重建一个"有道"社会的重任，重建道德形上学和伦理纲常。孟子也讲"道"，其所谓道，指"先圣之道""仲尼之道"，是一种由孔子所倡导的价值与规范。当然，孟子发挥并充实了先圣之道的内容。比如，对于作为道之核心的仁，孟子不仅仁义并提，而且提出"四端"说。又如，孔子讲"君子之道"，而孟子则从修身、齐家、治国、处事、交友等方面对道进行了发挥。

　　孟子更突出"志"，在《论语》中，孔子也多次讲到"志"，如"志于道，据于德，依于仁，游于艺"（《论语·述而》），等等。孔子所谓"志"，有"倾慕""仰慕""意想""求道""崇道"等意。求道或崇道，正是孟子所谓"志"之意。孟子提出"士尚志"的观点，意思是，知识分子的修养目标，就是要使自己的志向和行为高尚。焦循在《孟子正义》中注解说：

　　孟子言志之所尚，仁义而已矣。不杀无罪、不取非有者为仁义。欲知其所当居者，仁为上，所由者，义为贵。大人之事备也。……言人当尚志，志于善也。善之所由，仁与义也。②

① （宋）朱熹编《河南程氏遗书》卷十八，商务印书馆，1935。
② （清）焦循注《孟子正义》，上海书店出版社，1986。

　　这就是"由仁义行",其指向是善。孟子认为"志"率"气",他说:"夫志,气之帅也。气,体之充也。"(《孟子·公孙丑》)

　　在孟子那里,"志"的含义主要包括两个方面:一是"主体性",即"志"作为"气"之率。人和物均有"气",但只有人能以"志"率"气",此人之所以为人者。从这个意义上说,"志"与"心"乃同等程度的范畴,如朱熹注云:"若论其极,则志固心之所之,而为气之将帅。"①

　　孟子这一意义上的"志""心"即被程颢和象山所继承。"志"就是人的主体活动能力。二是"志"具有"道"的规定性,"志"之所向者何?道也,即孟子所谓"由仁义行"或"居仁由义"的目标。就是说,"心"在"志"的能力驱使下,人心尽可能地合乎道。

　　孟子与孔子的不同处,不仅在于孟子关于"志"的道德内涵更为深刻,还在于孟子提出了"良知良能"说,并以之为基础,阐述了仁、义、礼、智"四端"的来源,即指出儒家的道德根源于人的善性。

　　孔子、孟子关于"道"与"志"的不同认识对二程哲学的影响,又是通过对"理"与"心"的关系的不同认识体现出来的。"理"与"心"这对范畴,源于"道"与"志"。程颐、朱熹更近于孔子,认为"理"就是"道","理也者,形而上之道也。"②"道"和"理"无非指儒家的伦理价值和伦常规范。而"心"则近于"志",程颢、陆象山、王阳明近于孟子。"心"和"志"都是指人的道德主体性。

　　程颐指出,理是客观的,外在于人而存在。通过"格物",才能够"穷理"。也就是说,通过认识"理"而回归"理"。"理"与"心"为二,理是本体,心是认识的主体,理包心,并统一于理。程颢则认为理即是心、心即是理。"曾子易箦之意,心是理,理是心。"③ 在程颢看来,仁、智、勇均是主体之德性,都统一于心。心与理同,或曰心即理。心统率主客体。

　　从以上所论,我们得到了这样的认识,即如果说象山继承了程颢的思想,不如说象山赋予了二程哲学中关于孔子、孟子"道"与"志""理"与"心"内涵及其关系新的特点。这种新特点表现在:第一,对于"道""志""理""心"等范畴及展开的认识,孔孟、二程不过各有倾向而已,而到了朱陆这里,则成了针锋相对的激烈辩论。第二,孔子、孟子和二程

---

①　(宋)朱熹撰《四书集注·孟子集注》,岳麓书社,1985。

②　(宋)朱熹撰《晦庵先生朱文公文集·答黄道夫》,北京图书馆出版社,2006。

③　(宋)朱熹编《河南程氏遗书》卷十三,商务印书馆,1935。

对"道""志""理""心"的不同认识，仅体现在哲学认识论或道德修养论方面。即或强调对伦理的认识，或强调对德性的发挥；或强调"格物穷理"，或强调"反躬自省"。二程均认为"天理"是自家体贴出来的。而朱陆之差别则体现在本体论上，朱熹以理为最高范畴，建立了理本论。象山则以心为本体，建立了心本论。

二 朱陆之辩的实质

概括言之，朱陆争论的核心问题，也即朱陆之争的实质，就是如何确立和发扬儒家的伦理纲常。他们之间关于本体论、道德修养论等的争论，可以说都是围绕这一核心问题展开的。象山说："由汉而来，胡虏强盛，以至于今，尚未反正。"① 又说："周道之衰，文貌日盛，良心正理，日就芜没，其为吾道害者，岂特声色货利而已哉？……此心未正，此理未明，而曰平心，不知所平者何心也。"② 因此，象山的任务是"扶持正理"。朱子的责任大体上也与此同。黄宗羲评价朱陆哲学说："二先生同植纲常，同宗孔孟，即使意见终于不合，亦不过仁者见仁，智者见智，所谓'学焉而得其性之所近'，原无有背于圣人。"③ 从黄宗羲的评述，我们认识到，朱陆之争主要体现在"弘道"的方式、路径上的差异。

就本质和核心而言，儒家学说是一套伦理道德规范。这一点，朱陆没有异议。就伦理和道德在哲学中的地位而言，朱熹更重视伦理，即从本体论高度阐述儒家伦理的合理性，而对道德践履的论述则较少。象山更关注道德行动，侧重于对儒家道德及其实践依据进行哲学上的论证，对伦理理论本身则较少触及。当然，朱子是重伦理而不忽视道德，且以伦理规范道德。象山是专注道德而论及伦理较少而已。正如高攀龙说："然而朱子大，能包得陆子；陆子粗，便包不得朱子。"④ 因此，说朱熹只重道问学，而不尊德性，或曰象山只尊德性，而没有道问学，这只是由朱陆后人认识上的偏颇所导致的。

二程所研究的伦理与道德的关系问题，在朱陆这里变成了道德的根源性问题。就是说，道德的本体是理，还是心的问题，即道德是人秉承天理，

---

① （宋）陆九渊撰《与吴斗南》，《陆九渊集》卷十五，钟哲点校，中华书局，1980。
② （宋）陆九渊撰《与李宰·二》，《陆九渊集》卷十一，钟哲点校，中华书局，1980。
③ （清）黄宗羲撰《宋元学案·象山学案·案语》，（清）黄百家辑，（清）全祖望修订，（清）王梓材等校定，商务印书馆，1929。
④ 侯鸿鉴编《高子遗书节钞》，载《锡山先哲丛刊》第 4 册，凤凰出版社，2005。

还是源于人之本性的问题。朱陆对道德根源性的不同看法，直接影响了他们对道德修养方法的认识，或"格物穷理"，或"发明本心"。孟子认为道德起源于人的善性、人的良心，而朱陆关于道德的根源性问题，则一主理本，一主心本，争论不休。他们争论的内容，远比孟子"良知良能"说丰富得多。

朱陆都赞成性善论，认为人通过修养可以回归先天之善性。但他们要达成这一目标的方法则不同，朱熹的道德修养论通过分析"天命之性"与"气质之性"，提倡"格物穷理"，从而"存天理，灭人欲"。象山则通过良心本心与外物的对立，倡导"格心去欲"，以此工夫来使人回归善性。

伦理和道德对于人的要求是不一样的，伦理要求人们遵守外在的训条和价值规范，道德要求人们发挥主体性或良心本心之善性。从儒家的价值立场看，儒者普遍要求人们努力发挥道德的主体性，自觉践行伦理规范。因此，从这个意义上说，朱熹和象山所讨论的问题，已经不是一般的伦理和道德的关系问题了，而是具有了普遍意义的哲学问题。这就是朱陆论辩的实质所在。

朱陆哲学的共同处在于，它们都是在应对佛老挑战而弘扬儒家伦理道德的背景下产生的。佛老对于朱陆思想的实质性影响，仅在于其禁欲主义。

综上所述，朱陆之辩的实质，体现在朱陆学术思想渊源、传承之不同，以及在此基础上形成的重建儒家道德形上学和论证儒家伦理价值规范合理性的哲学方式之差异上。

第二章　象山心学论

陈法在《明辩录》中对象山心学的中心理念和重要命题提出了批评，指出象山"认心为理"为非、"复心见性"为非，等等。陈法批评象山心学的前提是以程朱理学为正宗。这种批评在当时是一种思潮，并非陈法一人之独创。凡此种种看法，涉及对陆象山心学本质的认识，牵连到历史上朱陆之辩、陆王之辩，等等。

第一节　认性为理与认心为理

《明辩录》第一章标题为"论象山认心为理之非"，从题目即可知，陈法以"理"为是，赞成朱熹所谓"认性为理"，而以象山"心即理"为非。可见，陈法宗程朱理学，而反对陆王心学。

有清一代，程朱、陆王异同之辨是学术论辩的重要内容之一，其思想源头是宋代以来的朱陆之辩和朱王之辩。清初以来，理学家宗程朱而非陆王成为普遍思潮，陈法批评象山正是这一思潮的产物。清代朱陆、朱王异同之辨仍然围绕认识论、本体论和道统论等问题展开。在后世学者关于程朱与陆王异同之辨的学术问题中，宗程朱理学一派处于主动的一方。因为他们以理学为正宗，认理为哲学的最高范畴，所以，程朱、陆王之辩的焦点，便聚焦于"认性为理"和"认心为理"这两个命题。

一　认性为理之理本论

朱熹是宋代理学派的代表人物，他以"理"为哲学的最高范畴，认为理是世界的形上本体。万事万物由阴阳二气凝聚而成，事物在形成过程中，便被赋予了理。理无处不在，但"理一"而"分殊"，众理又只是一理。

在朱熹哲学中，作为宇宙本体的理包含三层含义，一是理为世界的本原，朱熹曰："熹窃谓天地生物，本乎一源；人与禽兽草木之生，莫不具有此理。"① 这是以理为宇宙本体，为万物存在之根据。二是理为世界的主宰，朱子云："天之苍苍，此是形体，所谓'惟皇上帝降衷于下民'，此是谓帝。以此理付之，便有主宰意。"（《朱子语类》卷六十八）又说："此理天命也。"② 以理与"天""命""帝"互释，使其具有了超越于人的意志的特性。三是理为超越的形上本体，朱子曰："天地之间，有理有气。理也者，形而上之道也，生物之本也；气也者，形而下之器也，生物之具也。"③ 这是以理为无形无状者，即所谓"道"。气为形而下者，即所谓"器"。因此，理具有超越性，不能靠感觉去认识。

朱熹以理为宇宙本体、世界本原和万事万物存在之根据。相应地，在道德修养论的层面上，朱熹提出"性即理"的观点，力图实现本体与工夫的统一。

朱熹所谓理，从天授予人和物的角度曰"命"，从人与物受于天者曰"性"。有所谓"天地之性""天命之性""天理之性"和"气质之性"的分别，人得于天之性由于受"气禀"或"资禀"影响，故"气质之性"有清者，也有浊者。因此，人应该通过不断地修养，自觉体认天理，克服人欲，保存天理。从而使心中之天理，与万物之天理一起流行不息。朱熹说："性离气禀不得，有气禀，性方存在里面；无气禀，性便无所寄搭了。"（《朱子语类》卷九十四）"未有形气，浑然天理，未有降付，故只谓之理；已有形气，是理化而在人，具于形气之中，方谓之性。"（《朱子语类》卷九十五）理降在具体的人和物的形器上，才有性。人性和性善都是抽象的规定性，但对于具体的人而言，因为有气禀之不同，则个体的人性就产生了差异。

朱陆均认为人性源于天，朱子云："性者，人物之所以禀受乎天地也。……自其理而言，则天以是理命乎人物谓之命，而人物受是于天谓之性。"④ 又说："性即理也，天以阴阳五行化生万物，气以成形，而理亦赋焉，犹命令也。于是人物之生，因各得其所赋之理，以为健顺五常之德，

---

① （宋）朱熹撰《朱子遗书·延平问答》，转引自彭永捷《朱陆之辩——朱熹陆九渊哲学比较研究》，人民出版社，2002。
② （宋）朱熹撰《明道论性说》，《晦庵先生朱文公文集》卷六十七，四部丛刊初编集部，商务印书馆，2009。
③ （宋）朱熹撰《晦庵先生朱文公文集·答黄道夫》，北京图书馆出版社，2006。
④ （宋）朱熹撰《答郑子上》，《晦庵先生朱文公文集》卷五十六，四部丛刊初编集部，商务印书馆，2009。

所谓性也。"① 可见，人之性，就是人禀自天之理。从这个意义上说，性即理。从理的立场说，天授予人和物者曰命，从人和物所承受的立场说，其所受者曰性。朱熹说："大抵言性，便须见得是元受命于天。"（《朱子语类》卷五）朱子对"天""命""理""性"之关系做了详细阐述，他说：

> 天则就其自然者而言，命则就其流行而赋于物者言之，性则就其全体而万物所得以为生者言之，理则就其事事物物各有其则者言之。到得合而言之，则天即理也，命即性也，性即理也。（《朱子语类》卷五）

"各有其则"中之"则"，即是"分殊"之理，朱子所谓"物物有一太极"。在这里，天、理、命、性，"从本质上说，实同而用异。"②朱子的结论是，"性与气皆出于天，性只是理。"（《朱子语类》卷五十九）"理在人心是之谓性。……性便具许多道理，得之于天而具于心者。"（《朱子语类》卷九十八）所以，从来源上说，性源于天；从本质上说，性就是理；而性的承担者或主体，就是心；心所承担的方法就是"心统性情"。

朱子和象山都认为人性源于天，性本善。具体到个人，性有善与不善，是由于"气禀"或"资禀"的不同所致。然而，对于人所得于天之"性"或"心"的规定性，即对于"性"和"心"的本质，朱陆的看法却不相同。

朱子认为，人性的本质是理，此其所谓"性即理"。朱子云："性即是理"。③又云："理便是性"。（《朱子语类》卷九十九）"吾之性即天之理"。（《朱子语类》卷九十八）"性者，人之所得于天之理也。"④ 朱子所谓"性即理"来自程颐，他认为在二程之前、孔孟之后，"性即理"的观点，没有人能够体会得到。朱子还将"性即理"与张载所谓"心统性情"并称，认为这两种说法都是颠扑不破的。"伊川性即理也、横渠心统性情二句，颠扑不破。"（《朱子语类》卷五）

为什么"性"就是"理"呢？在朱子看来，天授予人、物之"命"，是"理一"，是共性，是普遍的"理"。称"天地之性"或"天地之理"，是人共同的人性，是人之所以为人者。而人、物受于天之"性"，是"分

---

① （宋）朱熹撰《中庸章句集注》，中国书店，1984。
② 张立文：《朱熹思想研究》，中国社会科学出版社，1994，第314页。
③ （宋）朱熹撰《中庸章句集注》，中国书店，1984。
④ （宋）朱熹撰《四书集注·孟子集注·告子上》，岳麓书社，1985。

殊"之理、具体的理，故说"性即是理"。"人物之生，同得天地之理以为性，同得天地之气以为形。"① "性即理也，在心唤作性，在事唤作理"。（《朱子语类》卷五），此所谓"心"，即指个人。朱子的学生陈淳解释得更清楚，"盖理，是泛言天地间人物公共之理；性，是在我之理。只这道理，受于天而为我所有，故谓之性。性字从生从心，是人生来具是理于心，方名之曰性。"② 因此，"理"是人性本质的规定性，"性"乃"理"在个体的人身上的体现。

"性即理"，是就普遍的人性而言，即每个人都禀赋"天理"。但具体到个人，则由于"气禀"不同，而所禀"天理"的多少是不同的。故人有智与愚、贤与不肖的分别。可见，朱子用理来规定普遍的人性，用气来规定个性，即"同理而异气"。

晚清理学家刘廷诏阐述了朱陆学术之差异，他说："程朱曰：性即理也。陆王曰：心即理也。此学术邪正异同之辨也。"③ 就是说，认性为理之学为正学、为本于天之学、为圣人之学。而认心为理之学，则为邪学、为异道。刘廷诏还引《系辞传》"穷理尽性以至于命，至命则天可知矣"、《大学》"物格而后知至"、《孟子》"尽其心者，知其性也，知其性，则知天矣"等为证据，得出结论认为，只有孔孟之学，才是本于天之圣学。"惟以性以理，故笃信孟子之性善，以溯源于皇降之衷，而始于知性，终于复性，由穷理尽性以至于命，诚本天之学也。"而"惟以心为理，故力主告子之外义而视善为外铄之缘，必始除事障，终除理障，由明心见性以求悟，诚本心之学也"④。就是说，认心为理之学，企图通过明心而见性，乃本于心之学，非圣学也。

程朱在本体论上主张"性即理"，陆王提倡"心即理"。本体论的差异，导致他们在道德修养论方面的差别，具体体现为对修养方法和道德主体性问题的看法不同。朱熹对道德主体性的看法，可归结为"心统性情"，陆王的看法可概括为"先立乎其大者"。在修养方法或工夫上，程朱提倡"格物穷理"，陆王主张恢复"本心"之善和"致良知"。

① （宋）朱熹撰《四书集注·孟子集注·离娄下》，岳麓书社，1985。
② （宋）陈淳撰《性》，《北溪字义》卷上，中华书局，1983。
③ （清）刘廷诏撰《理学宗传辨正前论》，载北京图书馆出版社影印室编《丛书人物传记资料类编·学林卷4》，北京图书馆出版社，2006。
④ （清）刘廷诏撰《理学宗传辨正前论》，载北京图书馆出版社影印室编《丛书人物传记资料类编·学林卷4》，北京图书馆出版社，2006。

张载最先提出"心统性情"，后由程颐和朱熹发挥。朱熹关于"心统性情"的论点包括以下几层含义。

一是指"心兼性情"或"心包性情"。"性，其理；情，其用。心者，兼性情而言。兼性情而言者，包乎性情也。"（《朱子语类》卷二十）性和情，有体用、动静、已发和未发等特点。性为理，为体，为静；情为用，为动。"一心之中自有动静，静者性也，动者情也。"（《朱子语类》卷九十八）即心涵动静、体用。"性是心之理，情是心之用。"（《朱子语类》卷五）所以，"心统性情"，亦即"心兼体用"。在朱熹看来，喜怒哀乐之未发，即性之静、体之静，亦即心之静；其已发者，即情之动。"心有体用，未发之前是心之体，已发之际乃心之用。"（《朱子语类》卷五）性之欲，使情动，动而分善分恶者也。朱子的弟子陈淳对性情、动静做了很好的解释，"情与性相对，情者性之动也。在心里而未发的，是性；事物遇着，便发动出来的，是情。寂然不动是性，感而遂通是情。"① 在朱子看来，"心统性情"是一个完整的过程，包含未发和已发。这就是说，心涵未发和已发。性具于心，情通于心，但是，心并不直接等于性和情。

朱熹认为，对心、性、情三者，程颐和孟子的看法有所不同，"程子是分别体用而言，孟子是兼体用而言。"（《朱子语类》卷二十）程颐和孟子的不同看法，影响了朱熹、陆王对道德主体性的认识。程子分体用而言，故朱子主张"心统性情"，但心并不就是性、情；孟子兼而言之，故陆王主张"心即理"或"心外无理"，提倡"先立乎其大者"或"致良知"。

二是指"心主宰性情"。"问：'心统性情，统如何？'曰：'统是主宰，如统百万军。"（《朱子语类》卷十一）心通过动静、体用来实现对性情的主宰。静之时，心体寂然不动，为主宰；动之时，心感而遂通，亦为主宰。故云："心则贯乎动静而无不在焉"② 。也就是说，心主宰未发、已发，这是一个不可分割的过程。心之主宰于未发状态而言，就是要保持善性之涵养功夫；于已发状态而言，就是要节制人之欲望，保持一种"省察"工夫，而不专认人欲。总之，朱熹所谓道德主体性或主体意识，即能包能兼能主宰性情之心。

程朱所谓"心兼性情"或"心宰性情"之心，是在认识论和道德论意义上讲的，实际上就是认识或道德修养的主体性问题。这与象山和阳明在

① （宋）陈淳撰《情》，《北溪字义》卷上，中华书局，1983。

② （宋）朱熹撰《答冯作肃》，《朱熹集（四）》，郭齐、尹波点校，四川教育出版社，1996。

本体意义上所谓"心即理"或"心外无理"之心是不同的。

二　认心为理之心本论

象山以"心"为宇宙之最高本体，建立了心学本体论。象山所谓心，指的是本体心和人的道德主体性，而非指作为思维器官的头脑，也不是指人所具有的感知、认识、分析和综合等能力。"因此陆九渊的'心'是万物根源性的实体，充塞宇宙中的万物之理，即在'心'中，也发自'心'中。那么人心所固有的道德规范就成为宇宙的本原，此即被称为'理'。所以'心'与'理'同一，或者说'心'与'理'合一。"①可见，象山所谓心，包含本体和发生两层意义。朱子以理规定和说明普遍的人性，象山则以心规定人性。

"认心为理"是象山的本体论。象山认为，心是完满自足的，非由外铄。这是其树立道德主体意识之"先立乎其大者"的根据，也是"复其本心""发明本心"等修养工夫之可能性依据。象山说："人皆有是心，心皆具是理，心即理也。"② 这是以心为理的根源或本体，心包理。理不是外铄，心本来就具有理。此即认心为理。

心非由外铄，就是说心是"天之所予我者"。"吾所谓心，天之所予我者也。"③ 又云："义理之在人心，实天之所与，而不可泯灭者也。"④ 在这里，象山又将天视为心的本原。

在象山哲学里，心与性也是"实同而用异"。朱子认为天所授予人、物者是命，人受于天者曰性。性、命、理同质而用异。象山也认为性乃天之所予，在天曰性，于人曰心。心就是理，此即认心为理。象山弟子曾向其请教"情""性""心""才"等的关系，象山回答说："若必欲说时，则是在天者为性，在人者为心。"⑤ 心就是理，或心就是性。朱子以性为理，象山以心为理。这并非仅是字面上的差别，朱子虽谓性为理，但作为天理之性是要受人或物之"气禀"影响的，人得理可多可少，从而有贤愚之分。象山以心为理或性，此心具众理，纯然至善，人只需要恢复善性即可。

① 车冬梅、刘欣：《析晚清理学之程朱陆王之辨》，《西北大学学报》（哲学社会科学版）2010年第1期。

② （宋）陆九渊撰《赠丁润父》，《陆象山全集》卷二十二，中国书店，1992。

③ （宋）陆九渊撰《杂说》，《陆象山全集》卷二十二，中国书店，1992。

④ （宋）陆九渊撰《思则得之》，《陆象山全集》卷三十二，中国书店，1992。

⑤ （宋）陆九渊撰《语录下》，《陆九渊集》卷三十五，钟哲点校，中华书局，1980。

在朱熹那里，人性源于天，而天就是理，天、理合一。所以，主张性即理。象山也认为人性源于天，但因其提倡心即理，心才是本体。天与心为二，故不说"性即天"或"性即理"，而说"心即理"。而且，象山强调心外无理、心外无道。这是象山与朱子在人性来源问题上的不同之处。象山所谓心外无理、心外无道的观点，被王阳明所继承。在象山那里，人性之所同者为心，而不是理。因此，心就是性，心、性为一。

类似于朱子所谓理无形、无状，象山认为心是"无声无臭，无形无体"。因为，只有无形、无状的东西，才能成为超越的形上本体。宋明儒者哲学体系中的道、理、仁、心诸范畴，都具有这一特点。

在象山哲学中，心包含两方面具体内容。一指心乃人与物的本质区别之一，象山云："仁，人心也，心之在人，是人之所以为人，而与禽兽草木异焉者也，可放而不求哉？古人求放心，不啻如饥之于食，渴之于饮，焦之待救，溺之待援，固其宜也。学问之道，盖于是乎在。"[①] 就是说，人与草木禽兽之区别，在于人有一颗义理之心。二指心是道德之源头，心蕴含"四端"。也就是说，仁、义、礼、智"四端"，是儒家伦理价值规范之根源。即从心可发展出四个善端，心为伦理道德的根源。

朱子与象山对道德主体性的不同看法，不仅体现在朱子主张"心统性情"，象山倡导"先立乎其大者"，而且体现在道德主体性的指向是不相同的。朱子道德主体性指向对伦理的认知，是知伦理的主体性。而象山所谓主体性则指向道德行动，是行道德的主体性。

三　认心为理之非

陈法《明辩录》中有《论象山认心为理之非》一文，在该文中，陈法对象山"认心为理"提出了批评，这始于其对朱子辟禅观点的肯定，陈法说：

> 朱子之辟释氏曰："吾以心与理为一，彼以心与理为二，亦非故欲如此，乃是见处不同。"彼见得"心空"而"无理"，此见得"心虽空"而"万理咸备"也。[②]

---

① （宋）陆九渊撰《学问求放心》，《陆象山全集》卷二十二，中国书店，1992。

② （清）安平陈法定斋手订，（清）山右荆如棠校刊《明辩录·论象山认心为理之非》，《陈法诗文集续》，陈德远点校，贵州人民出版社，2011，第133页。

朱子批评象山表面上认心为理，实际是析心与理为二，认为象山是受了禅学的影响。陈法赞成朱子而辟象山，在他看来，阳明亦如象山，分理、心为二。陈法说：

> 又：曰"近世一种学问，虽说'心与理一'，而不察乎'气禀物欲'之私，故其发亦不合理，却与释氏同病，不可不察。"此为象山发也。①

陈法继续引用朱子言论，在他看来，象山虽说"心与理一"，但由于人受"气禀"的限制和物欲所蔽，心并不直接就是理，即心、理并不同一。

陈法指出，象山所谓心之"灵明、不昧"，以及其所谓"明心见性"，皆来自佛禅。他说：

> 释氏何尝不心性双举？究之，有见于心，无见于性。今观《象山文集》，每曰："此心本灵，此理本明。"又曰："安详沉静，心神自应，目灵心灵，则事事有长进。"又曰："人心至灵，惟受蔽者失其灵。"又曰："此心之灵，苟无壅蔽昧没，则痛痒无不知者。"②

在程朱一派看来，人所得于天者曰性，而性即是理。因此，此理是外在于人的，是客观的。象山则受佛氏的影响，只见心，不见性，以心之"灵明"为理。

在陈法看来，象山一方面承认"人心至灵"，即人心至善。另一方面又承认人心可能"受蔽""壅蔽"，可能受蔽的人心，如何才能"至灵""至善"呢？陈法认为，象山和阳明找到了佛教禅宗所谓"知觉灵明"之心，用来代替孟子具有"良知良能"的心。因此，陈法站在程朱立场上，以象山所论为非，他高度赞赏罗钦顺对陆王的批评。

罗钦顺站在朱子"格物致知"立场上，对象山"易简"工夫中所谓"明此心"便可"明此理"提出了批评。罗氏说：

---

① （清）安平陈法定斋手订，（清）山右荆如棠校刊《明辩录·论象山认心为理之非》，《陈法诗文集续》，陈德远点校，贵州人民出版社，2011，第133页。

② （清）安平陈法定斋手订，（清）山右荆如棠校刊《明辩录·论象山认心为理之非》，《陈法诗文集续》，陈德远点校，贵州人民出版社，2011，第133页。

有杨简者，象山之高弟子也，尝发"本心"之问，遂于象山言下"忽省此心之清明，忽省此心之无始末，忽省此心之无所不通"。有詹阜民者，从游象山，安坐瞑目，用力操存，如此者半月，一日下楼，忽觉此心已复澄莹。象山目逆而视之，曰："此理已显也。"盖唯禅家有此机轴。[1]

对于罗氏的批评，陈法十分赞赏，他说："是整菴所谓'皆明心'之说者，不为无据。是以讥其执灵觉为至道，而斥之为禅。"[2] 陈法认为，这只是禅宗的机巧而已。没有"格物穷理"的工夫，就凭所谓"易简"的方法，"此理"不可能突然之间就显现的。

陈法从朱学立场出发，认为"心"分为"道心"和"人心"，"道心"即是"性"。

夫心一也，而有道心、有人心。道心者，性也；凡此知觉之灵，禅家所谓"圆明妙觉"者，皆人心也，即大《易》所谓"神"。[3]

陈法的意思是说，象山与禅宗一样，对心没有做分别，并引朱子的话，指出佛家去"道心"，而以"人心"为用。"（朱子）又曰：'释氏去道心，却取人心之危者而作用之。'"[4] 朱子所谓"道心"，具有禅宗所谓"不著""不执""无相""无往""无滞"之心的类似特征。若从这个意义上看，说佛家去"道心"，而以"人心"为用，似与实际不符。佛教禅宗恰恰重视的是"本觉灵明"之心，强调心之"虚""空""明"，恰恰舍弃的是人伦日用。

第二节　朱陆心、理异同

对应于"道问学"与"尊德性"、"支离"与"易简"等范畴及其关

---

① （明）罗钦顺撰《困知记》卷下，中华书局，1990，第36页。

② （清）安平陈法定斋手订，（清）山右荆如棠校刊《明辩录·论象山认心为理之非》，《陈法诗文集续》，陈德远点校，贵州人民出版社，2011，第133页。

③ （清）安平陈法定斋手订，（清）山右荆如棠校刊《明辩录·论象山认心为理之非》，《陈法诗文集续》，陈德远点校，贵州人民出版社，2011，第133页。

④ （宋）陆九渊撰《论语说》，《陆九渊集》卷二十一，钟哲点校，中华书局，1980。

系，在"心"与"理"的关系问题上，人们认为朱子主张"心理为二"，象山认为"心理为一"。事实上，朱子也讲"心理为一"。但是，由于朱陆对作为本体的心、理与人这个道德主体的关系有不同的看法，同时，朱陆对心、理本身的内涵及其关系的理解不同，因此，二人所谓"心理为一"就有了差别。

象山以心为其哲学本体，在道德修养层面上，以"本心""此心"为其所论之基本范畴。然象山亦言理，其所谓理，既与朱子所谓理有相似之处，亦有不同之点。

一　心、理之同

从其相同处看，象山与朱子一样，均认为"理"具有一般性和系统性。如象山云："塞宇宙一理耳，学者之所以学，欲明此理耳。此理之大，岂有限量？"① 这是强调理的普遍性和整体性。又说："此理塞宇宙，谁能逃之，顺之则吉，逆之则凶。其蒙蔽则为昏愚，通彻则为明智。昏愚者不见是理，故多逆以致凶。明智者见是理，故能顺以致吉。"② 也就是说，理不仅是普遍的，而且是人们所应当遵守的。这些关于理的观点和看法，朱陆基本是一致的。

象山与朱子一样，有时理、道并提，如其云："理不可以泥言而求，而非言亦无以喻理；道不可以执说而取，而非说亦无以明道。理之众多，则言不可以一方指；道之广大，则说不可以一体观。"③ 又云："道者，天下万世之公理，而斯人之所共由者也。"④ 可见，朱熹与陆象山对理、道关系的看法基本是一致的。

就象山所谓理、道的内容而言，与朱子所论一样，也主要是指儒学的伦理规范。如其曰："君有君道，臣有臣道，父有父道，子有子道，莫不有道，惟圣人惟能备道，故为君尽君道，为臣尽臣道，为父尽父道，为子尽子道，无所处而不尽其道。常人固不能备道，亦岂能尽亡其道？⑤ 又曰："仁即此心也，此理也。求则得之，得此理也；先知者，知此理也；先觉者，觉此理也；爱其亲者，此理也；敬其兄者，此理也；见孺子将入井而

① （宋）陆九渊撰《与赵咏道》，《陆九渊集》卷二十五，钟哲点校，中华书局，1980。
② （宋）陆九渊撰《易说》，《陆九渊集》卷二十一，钟哲点校，中华书局，1980。
③ （宋）陆九渊撰《与包详道》，《陆九渊集》卷六，钟哲点校，中华书局，1980。
④ （宋）陆九渊撰《论语说》，《陆九渊集》卷二十一，钟哲点校，中华书局，1980。
⑤ （宋）陆九渊撰《论语说》，《陆九渊集》卷二十一，钟哲点校，中华书局，1980。

有怵惕恻隐之心者，此理也；可羞之事则羞之，可恶之事则恶之者，此理也；是知其为是，非知其为非，此理也；宜辞而辞，宜逊而逊，此理也；敬此理也，义亦此理也；内此理也，外亦此理也。"①可见，理、道均指儒家伦理。

朱子继承了张载《西铭》中"理一分殊"的思想，以及二程关于理的统一性和普遍性的论点。他说："天地之间，理一而已。"②"一"就是指理具有普遍性的特点。又说："伊川说的好，曰理一分殊。合天地万物而言，只是一个理，及在人则又各自有一个理。"（《朱子语类》卷一）华严宗也讲"一与多相摄"，但其所谓"一"，不是统摄之一，而是个别的一。而华严宗所谓"多"，反而是"全体"。这正好与朱子所说是相反的。在朱子看来，作为本体的"太极""理一"，在本体上与万物中之"太极""理"并没有差别。只是，前者是"一"，后者是"万"，是"多"，存在量的规定性之差别。而华严宗所谓"一"，就是全体，就是"万法"。即从质和量上看，"一"和"多"都具有同一性。总之，朱子关于"理一"与"万理"的关系，更接近于禅宗所谓"月印万川"之说。

朱子除从体用关系上阐述理的普遍性问题外，又将理看成是宇宙的根源，即理具有统一性和系统性。

> 所谓乾道变化各正性命，然总又只是一个理。此理处处皆浑沦，如一粒粟生为苗，苗便生花，花便结实，又成粟，还复本形。一穗有百粒，每粒个个完全，又将这百粒去种，又各成百粒，生生只管不已，初间只是这一粒分去。物物各有理，总只是一个理。（《朱子语类》卷九十四）

> 太极如一木生上，分而为枝干，又分而生花生叶，生生不穷。到得成果子，里面又有生生不穷之理，生将出去，又是无限个太极，更无停息。（《朱子语类》卷七十五）

就是说世界具有统一性，即统一于"理一"，统一于总的"太极"。如同本根与果实之关系。本根是属概念，果实是种概念，种概念一定具有属概念的一般特性。但量上是不同的，前者是"一"，后者是"多""万"。

①　（宋）陆九渊撰《与曾宅之》，《陆九渊集》卷一，钟哲点校，中华书局，1980。
②　（宋）朱熹撰《西铭解义》，《晦庵先生朱文公文集》，北京图书馆出版社，2006。

果实又可以作为本根。

朱子也理、道并提，他说："理只是这一个，道理则同，其分不同。君臣有君臣之理，父子有父子之理。"（《朱子语类》卷六）问："去岁闻先生曰，只是一个道理，其分不同，所谓分者，莫只是理一而其用不同？如君之仁、臣之敬、子之孝、父之慈、与国人交之信之类是也？曰：其体已略不同。君臣父子国人是体，仁敬慈孝与信是用。"（《朱子语类》卷六）朱子所谓万物所得之理，有时就是指具体事物所禀受之理，亦即仁、义、礼、智、信"五常"。

朱子既讲理的统一性、普遍性，又承认理的差别性和多样性。强调通过个别，可以认识并上升为一般。这是有其合理性的。

二 心、理之异

以上是就其同说，于其异处看，朱子"天理"之说，是欲为儒家伦常寻找哲学上的根据。而象山论"理"，虽然亦未完全脱离儒家伦理规范，但是象山几乎未对儒家伦理原则进行过论证。这与象山对儒家伦常规范的基本观点是联系在一起的，象山更重视道德。象山当然也努力弘道，但他认为，儒家伦理原则就存于"此心"，"此道之明，如太阳当空，群阴毕伏。"[1] 就是说，儒家的伦理无须多去讨论，关键在于道德行动。象山说："此心此理昭然宇宙之间，诚能得其端绪，所谓一日克己复礼，天下归仁焉。"[2] 理如日月昭然，不需要多讨论了。大道理大家都懂，关键是要落实在行动上。

在这种观点指导下，象山认为朱子于理字上下的工夫过于烦琐。象山云："看晦翁书，但见糊涂，没理会。观吾书，坦然明白。吾所明之理，乃天下之正理、常理、公理，所谓'本诸身，证诸庶民，考诸三王而不谬，建诸天地而不悖，质诸鬼神而无疑，百世以俟圣人而不惑者'。学者正要穷此理，明此理。"[3] 意思是说，朱子把问题整复杂了，理就在心中，切近于人，明理而行动就可以了。而朱子却把浅显明白的道理搞得"支离破碎"了，把"易简"的工夫复杂化了。

在象山哲学体系中，与心比较，理可以说居于第二位。就是说，于象

---

① （宋）陆九渊撰《语录上》，《陆九渊集》卷十四，钟哲点校，中华书局，1980。
② （宋）陆九渊撰《与李信仲》，《陆九渊集》卷十三，钟哲点校，中华书局，1980。
③ （宋）陆九渊撰《与陶仲赞二》，《陆九渊集》卷二十五，钟哲点校，中华书局，1980。

山哲学言，理的存在是必要的，但并非充分的。象山尊德性，注重道德行动，而行动却离不开儒家伦理规范。因此，作为重要范畴的理的存在是有必要的。但理并非象山哲学之根据，相反，理常常是从心推导而出，如所谓"心即理"等。可说无心就无理，但不能说无理就无心。这是由象山哲学的"心本论"决定的。

朱陆哲学都以"心"为重要范畴，于象山哲学言，心为本体。朱子哲学虽以理为本体，但其言心处亦颇多。象山从道德实践主体言心，故其所谓心，指义理之心；朱子自道德认识主体层面说心，是指作为思维器官的心。在朱子看来，人就是要通过此思维之心体认儒家伦理，然后化为道德行动。而象山认为，"此心"即具理，依心而行动即可。从这个意义上说，朱子方法似乎有些"支离"，而象山之法则显得"易简"。

从现代哲学的意义上讲，所谓思维之心，其实就是人的头脑。因此，此心有知觉的功能。朱子云："有知觉谓之心。"（《朱子语类》卷十四）朱子所谓"知觉"，是指人的五官感知外物的能力。朱子云："聪明视听，作为运用，皆是有这知觉。"（《朱子语类》卷六十）也就是说，作为知觉的主体，心就具有了感知外物的能力了。

但是，朱子对心之知觉与耳目口鼻之知觉做了分别。朱子用孟子"心之官则思"的概念对此做了说明，指出只有"心之官"才能"思"，而"耳目之官"则蔽于物，故不能思。朱子云："心则能思，而以思为职，凡事物之来，心得其职，则得其理，而物不能蔽。"① 就是说，心之"职"不光是知觉，还能够思。

在朱子看来，"觉"是高于"知"的认识活动。知只是感官与外部事物接触后产生的感觉，而觉则是对事物的"觉悟"。因此，觉就类似于思。朱子说："知是知此一事，觉是忽然自理会得。"（《朱子语类》卷五十八）又说："知者因事因物皆可以知，觉则是自心中有所觉悟。"（《朱子语类》卷五十八）可见，知就相当于感性认识，而觉则是理性认识。朱子还讲"虑"，虑是"思之重复详审者"（《朱子语类》卷十四）。思虑的指向，就是理。

可见，朱子所谓心乃思维之器官，本身不具有义理，仅代表思维之主体而已，无善无恶，与象山所谓义理之心是不同的。朱子虽有所谓道心、

① （宋）朱熹撰《四书集注·孟子集注·告子上》，岳麓书社，1985。

人心之说，但只有当作为认识器官的心遵循义理，才是道心，才是善心。

朱子所谓心有知觉能力，根据有三，一是认为心"至虚至灵"（《朱子语类》卷十八），即具有意识性和精神性，故能感知外物。且这种感觉能力是没有限量的，以至于可穷尽万物之理。此论和象山关于知觉之心的阐述相类似。二是说心是唯一的存在，心无对，主体具有唯一性，这是心具有感觉能力的原因之一。三是认为心为人身和认知活动之主宰，"夫心者，人之所以主乎身者也，一而不二者也，为主而不为客者也，命物而不命于物者也。"①相当于说，心具有认识的主观能动性。总之，朱子所谓心是指知觉之心，象山于知觉外，又赋予心义理之含义。

王阳明曾批评朱熹析心、理为二之观点，后之学者大多遵从其说。阳明谓："朱子所谓格物云者，在即物而穷其理也。即物穷理，是就事事物物上求其所谓定理者也。是以吾心而求理于事事物物之中，析心与理而为二矣。"②然而，不能简单以"性即理"或"心即理"说为标准而断定朱子主心、理为二，而象山主心、理为一。因为，程朱也讲"心即理"。朱子说："理是心，心即是理。有一事来，便有一理以应之。"（《朱子语类》卷三十七）又说："仁者，心便是理。"（《朱子语类》卷三十七）"吾以心与理为一。"（《朱子语类》卷一二六）就概念上说，朱陆都讲"心即理"，两人的差别在于对"心"的理解不同。

象山提倡"心即理"，认为心、理为一，他说："盖心，一心也；理，一理也。至当归一，精义无二，此心此理，实不容有二。故夫子曰：'吾道一以贯之。'孟子曰：'夫道一而已矣。'又曰：'道二，仁与不仁而已矣。'"③可见，朱子与象山都讲心、理为一。所以，并非讲心、理为一者是象山，而讲心、理为二者是朱子。关键还要看所谓"为一""为二"的具体内涵。

按照阳明的说法，朱子所以析心为二，根本原因在于其本体论上。阳明云："夫万事万物之理，不外于吾心，而必穷天下之理，是殆以吾心之良知为未足，而必求于天下之广，以裨补增益之，是犹析心与理而为二也。"④阳明的意思是说，朱子以理在心外，又要穷万物之理，以补良心之未足，

---

①　（宋）朱熹撰《观心说》，载中国社会科学院哲学研究所中国哲学史研究室编《中国哲学史资料选辑·宋元明之部》，中华书局，1992。

②　（明）王阳明撰《答顾东桥书》，《传习录》，中州古籍出版社，2008。

③　（宋）陆九渊撰《与曾宅之》，《陆九渊集》卷一，钟哲点校，中华书局，1980。

④　（明）王阳明撰《答顾东桥书》，《传习录》，中州古籍出版社，2008。

故析心、理为二。

象山认为吾心自足，这是朱陆在本体论上的差别。这种差别体现在朱子讲理与心为一，象山讲理与本心为一。象山经常讲本心自足，而如前所论，朱子所谓心，只是认识的器官。器官并不就是理。

朱子讲心与理为一，实际上讲的是心与理具有同一性，即心能够认识理或天理。在道德修养的意义上，就是指心能够认识儒家伦理纲常。而心和理并不是一回事，心是心，理是理。

在朱子哲学中，心统一于理，心只是格物穷理的"容器"。理在心中，理不离心，性不离心。但作为本体，理依然是超现实的存在。朱子曾将理比作太极，将心比作阴阳。太极只能存在于阴阳中，但太极是太极，阴阳是阴阳。

总而言之，朱子所谓心理为一，可以说是心理合一，就是将外物之理"格"至心中，达到心与理的同一，即实现本体与认识主体之结合。象山所谓心理为一，则指心、理绝不是二事，并非心理合一。理源于心，心自身即是理。朱子所谓心理为一或心理合一，指心与理的联系过程是同一的。而象山心理为一，指心与理本身就是同一的。如果从体用关系上说，则心为体，理是用，理统一于心，心乃道德本体与道德实践主体之统一。

在心与理的关系问题上，陈法坚持程朱的理本论。在《明辩录》中，陈法也提到过"心即理""吾心具众理"等概念，但其对心、理关系概念的使用，均坚持以朱子所论为依据，体现出彻底的程朱理学捍卫者的气魄。

第三章　格物致知与发明本心

朱陆之辩不仅体现在本体论方面，也体现在认识方法即为学之方上。就为学方法而言，朱子主张"格物穷理"，象山倡导"发明本心"。在《明辩录》中，陈法撰有《论象山复其本心之非》和《格致论》两文，其所讨论者，正是朱陆为学之方的异同问题。

第一节　格物穷理

朱熹和陆象山以儒家的复性论为前提，以确立道德的主体性为根基，各自提出了道德修养理论。朱子主张"格物穷理"，象山倡导"发明本心"，这是二人道德修养方法论之差异。朱子和象山提倡道德修养的目的，都在于使道德主体树立道德意识，这是二人关于道德修养目标的共同之处。

一　格物穷理

朱熹重"道问学"，即重视对于外在于人的伦理规范的体认，着重讨论外在伦理如何内化为人的道德行为。朱子又善于将儒家的伦理规范上升到本体的高度，因此，人们要认识和把握外在的儒家伦理，就要通过"格物致知"的方法。

"格物"的观念源自《大学》的格物致知。自北宋二程始，道学家十分重视《大学》的格物致知说。朱子指出《大学》乃曾子所作，因此，对《大学》尤为重视。他说："三千之徒，盖莫不闻其说，而曾氏之传，独得其宗，于是作为传义以发其意。"[①] 就是说，曾子传格物致知之说。

《大学》一开始就讲所谓"三纲领""八条目"，格物致知乃八条目之

---

① （宋）朱熹注《四书集注·大学章句序》，凤凰出版社，2008。

一。朱子将《大学》分为经、传两部分，三纲领、八条目中，只有格物致知没有传。于是，朱子为格物致知立传，并在这个传里，朱子概括了格物致知的内涵。其文云：

> 右传之五章，盖释"格物"、"致知"之义？而今亡矣。间尝窃取程子之意以补之，曰："所谓有致知在格物者，言欲致吾之知，在即物而穷其理也。盖人心之灵莫不有知，而天下之物莫不有理，惟于理有未穷，故其知有不尽也。是以大学始教，必使学者即凡天下之物，莫不因其已知之理而益穷之，以求致乎其极，至于用力之久，而一旦豁然贯通焉，则众物之表里精粗无不到，而吾心之全体大用无不明矣。此谓物格，此谓知之致也。"①

可见，格物致知的目的，就是要穷尽天下万物之理，即体认儒家的价值伦理规范。这是道德修养工夫，也是为学工夫，在朱子哲学中占有重要地位。

从概念结构看，格物致知由"格物"和"致知"构成。朱子所谓格物之"格"有两层意思：一是以格为"至"，格物就是"达于物"，即达到极致。朱子云："格物，格犹至也，如舜'格于文祖'之格，是至于文祖处。"（《朱子语类》卷十五）但是，作为为学之方和道德修养之法，在朱子看来，格物并非仅指"达于物"，还要"至其极"，就是要知道事物之究竟。故朱子又说："格者，极至之谓，如格于文祖之格，言穷之而至其极也。"② 格就是"知至"，即穷理。二是以格为"尽"，就是"穷尽"万物之理。朱子云："格物者，格，尽也。须是穷尽事物之理。若是穷得三两分，便未是格物，须是穷尽得到十分，方是格物。"（《朱子语类》卷十五）两层意思合而言之，格物即"知至""知尽""知止"，正如朱子所说："格物穷理则知尽"（《朱子语类》卷十五），又说："要见尽十分方是格物，既见尽十分便是知止"（《朱子语类》卷十五）。显然，朱子关于格物的这些解释，与后来的王阳明训格为"正"等是不同的。

那么，格的对象是什么呢？即认识的对象"物"是指什么？朱子认为，

---

① （宋）朱熹注《四书集注·大学章句序》，凤凰出版社，2008。
② （明）胡广、杨荣、金幼孜等纂修，周群、王玉琴校注《四书大全校注》（上），武汉大学出版社，2009。

物就是"事"或"事物"，也指"天下之事"。因此，格物就是穷尽天下事物之理。"物，犹事也。穷尽事物之理。"①　又说："致，推及也；知，犹识也。推极吾之知识，欲其所知无不尽也。"②　格物致知实际上讲的是认识的深度和广度，格物讲认识的深度，致知讲认识的广度。"致知所以求为真知，真知是要彻骨都见得透"（《朱子语类》卷十五），这是讲认识深度问题。"知至，谓天下事物之理，知无不到之谓。若知一而不知二，知大而不知细，知高远而不知幽深，皆非知之至也。要须四至八到，无所不知，乃谓至耳。因指灯曰：'亦如灯烛在此，而光照一室之内，未尝有一些不到也。'"（《朱子语类》卷十五）可见，格物致知的目的，就是要使认识具有深刻性、精确性和广泛性。

阳明也训"物"为"事"，主张在"事"上"格"。不同的是，阳明所谓格的最终指向是"本心"之善，格的目标也不是穷理。

在朱子的道德哲学中，其所要"格"者究竟是什么？"穷"的又是何"理"？朱子讲得十分明白，所要格者，就是儒家的伦理；所要穷者，就是儒家伦理规范的内涵。"格物之论，伊川意虽谓眼前无非是物，然其格之也，亦须有缓急先后之序，岂遽以为存心于一草一木、器用之间而忽然是悬悟也哉！且如今为此学而不穷天理、明人伦、讲圣言、通世故，乃兀然存心于一草木、一器用之间，此是何学问！如此而望有所得，是炊沙而欲其成饭也。"③　可见，朱子格物致知的重点是"人伦""世故"。又说："君臣、父子、兄弟、夫妇、朋友，皆人所不能无者，但学者须要穷格得尽。事父母，则当尽其孝，处兄弟，则当尽其友，如此之类。须是要见得尽，若有一毫不尽，便是穷格不至也。"（《朱子语类》卷十五）"格物，是穷得这事当如此，那事当如彼。如为人君，便当止于仁；为人臣，便当止于敬，乃是。"（《朱子语类》卷十五）值得注意的是，朱子讲格物，并非要停留在"一草一木"等"器用"之间，所谓穷理，也并非要求学者"穷尽"每事、每物之理。其所谓格物，强调的是为学和修养的有序性、渐进性和联系性。在这一点上，阳明对朱子的误解是很深的，以致有所谓"格竹"的举动。清代学者魏源说："朱子格物何曾教人格竹，此亦《语录》之一病。"④　这

---

① （宋）朱熹注《四书集注·大学章句》，凤凰出版社，2008。
② （宋）朱熹注《四书集注·大学章句》，凤凰出版社，2008。
③ 《朱文公文集·答陈齐仲》卷三十九，四部丛刊初编集部，商务印书馆，2009。
④ （清）魏源撰《王文成公赞》，《魏源集》上，中华书局，1976。

是指《传习录》所记阳明言论，是对朱子格物致知的误解。

朱子的道德修养工夫论十分细密而烦琐，但其大意，就是教人认真体会和领悟儒家伦理训条，然后内在化为道德行动。他说："如今说格物，只晨起开目时，便有四件在这里，不用外寻，仁、义、礼、智是也。"（《朱子语类》卷十五）由此可知，朱子的修养方法，就是要教人认识儒家伦理，或称天理。

关于朱熹的格物致知说，《宋史·道学传》记载：

> 迨宋南渡，新安朱熹得程氏正传，其学愈加亲切焉。大抵以格物致知为先，明善诚身为要，凡《诗》、《书》、六艺之文，与夫孔孟之遗言，颠错于秦火，支离于汉儒，幽沉于魏、晋、六朝者，至是皆涣然而大明，秩然而各得其所。此宋儒之学所以度越诸子，而上接孟氏者欤。其与世代之污隆，气化之荣悴，有所关系也甚大。道学盛于宋，宋弗究于用，甚至有禁厉焉。后之时君世主，欲复天德王道之治，必来此取法矣。

从这一记载可看出，《宋史》的作者认为，朱熹的哲学是在二程哲学的基础上发展起来的。朱熹的哲学之所以能够成为当时统治者治理社会的指导思想，乃在于其上承孟子并超越了二程哲学。

黄宗羲曾对朱熹的修养方法做出评价，他说："同时紫阳之学，则以道问学为主，谓'格物穷理，乃吾人入圣之阶梯。夫苟信心自是，而惟从事于冥思，是师心自用也'。"[1] 黄百家则对朱陆两家的为学之方评价道："陆主乎尊德性，谓'先立乎其大，则反身自得，百川会归矣'。朱主乎道问学，谓'物理既穷，则吾知自致，瀚雾消融矣'。二先生之立教不同，然后诏入室者，虽东西异户，及至室中，则一也。"[2] 黄氏一方面说明了朱陆修养工夫之差异，另一方面又说明了朱陆的目的都是确立儒家伦理纲常的统治地位。刘宗周对朱陆二人的道德修养论评价说："世言上等资质人，宜从陆子之学；下等资质人，宜从朱子之学。吾谓不然。惟上等资质，然后可

---

① （清）黄宗羲撰《宋元学案·象山学案·案语》，（清）黄百家辑，（清）全祖望修订，（清）王梓材等校定，商务印书馆，1929。

② （清）黄宗羲撰《宋元学案·象山学案·案语》，（清）黄百家辑，（清）全祖望修订，（清）王梓材等校定，商务印书馆，1929。

学朱子。以其胸中已有个本领，去做零碎工夫，条分缕析亦自无碍。若下等资质，必须识得道在吾心，不假外求，有了本领，方去为学。不然，只是向外驰求，误却一生矣。"① 这就是说，无论朱熹的方法，还是象山的方法，都要上等资质才能领会。所谓"零碎工夫""条分缕析"，讲的就是格物穷理的工夫。陈钟凡先生说："总之：两家之学，一主惟理，一综理气二元；一贵循序渐进，一求顿悟；一以德性为先，一以学问为要。"② 所谓"循序渐进"，就是格物致知的工夫。

在《传习录》中，阳明要恢复《大学》古本"诚意"在"格物"之先的顺序，主张以诚意统率格物。阳明对格物做了心学意义上的解释，如说"诚意之功只是个格物""正其心之不正以归于正"等。湛若水说："阳明公初主格物之说，后主良知之说。"③阳明的思想经历了从中年的格物，到晚年"致良知"的发展过程。

阳明自青年时期，始接受格物致知的思想，认为通过格物致知的工夫可以成为圣人。阳明《年谱》载：

> 是年为宋儒格物之学。先生始侍龙山公于京师，遍求考亭遗书读之，一日思先儒谓众物必有表里精粗，一草一木皆涵至理，官署中多竹，即取竹格之，沉思其理不得，遂遇疾。先生自委圣贤有分，乃随世就辞章之学。④

这是《年谱》弘治五年（1492）壬子 21 岁条所载。此所谓先儒，指朱子。后来，在阳明影响下，钱德洪等也面竹而"格"，最终认为"天下之物本无可格"⑤。阳明格竹不得其理之后，感叹说："圣贤是做不得的，无他大力量去格物了。"⑥ 其实，现在看来，这完全是对朱子格物穷理工夫的误解。

---

① 吕思勉：《理学纲要》，东方出版社，1996，第 124 页。
② 陈钟凡：《两宋思想述评》，东方出版社，1996，第 269 页。
③ （明）湛若水撰《阳明先生墓志铭》，《王阳明全集》卷三十七，吴光、钱明、董平、姚延福编校，上海古籍出版社，2011。
④ 《年谱二》，《王阳明全集》卷三十四，吴光、钱明、董平、姚延福编校，上海古籍出版社，2011。
⑤ （明）王守仁撰《传习录下》，《王阳明全集》卷三，吴光、钱明、董平、姚延福编校，上海古籍出版社，2011。
⑥ （明）王守仁撰《传习录下》，《王阳明全集》卷三，吴光、钱明、董平、姚延福编校，上海古籍出版社，2011。

"事实上，阳明把朱子的格物哲学了解为面对竹子的沉思，可以说是宋明哲学史上绝无仅有的。绝大部分理学家，尽管可以不赞成朱子格物理论，但还没有人把朱子思想误解到这个程度。而就阳明的过人才智来说，这种误解就更不应该发生，因此，对这一事件的唯一的合理解释就是，它是在阳明青少年时代即他的思想还完全不成熟的时期所发生的。"① 据史料记载，阳明"亭前格竹"之事，应发生在其 17 岁前后，是在其思想尚未成熟之时。

随着思想的逐渐成熟，阳明按照朱子的格物穷理来理解所谓"道问学"，其思想发展处于朱子的熏陶和影响下。"龙场悟道"是阳明在格物致知之说上的一个转折点，发生转折的原因有二：一是年轻时代起所困惑的格物问题始终没有得到解决；二是与湛甘泉定交后，其受甘泉所谓"自得"之说的影响。于是大悟格物致知之旨。"始知圣人之道吾性自足，向之求理于事物者误也。"② "忽中夜大悟格物致知之旨。"③ 所悟之旨者，即"心外无物""心外无理"。既然吾性自足，不需向外求理，则其所悟与象山所论是一脉相随的，其共同的理论根基就是"心即理"。这也说明，在此之前，格物一直作为阳明哲学核心理念而存在。

阳明所谓"吾性自足""心外无物""心外无理"等观念的形成，是受了禅宗影响的。禅宗大师神秀曾有偈曰："身是菩提树，心如明镜台。时时勤拂拭，勿使惹尘埃。"(《坛经·自序品》)相对于"心"而言，"菩提树""明镜台""尘埃"等都是"外物"。因此，神秀的师兄弘忍大师不赞成神秀的说法，他说："汝作此偈，未见本性。只到门外，未入门内，如此见解，觅无上菩提，了不可得。无上菩提，须得言下认自本心，见自本性，不生不灭，于一切时中，念念自见，万法无滞。一真一切真，万境自如如。如如之心，即是真实。若如是见，即是无上菩提之自性也。"(《坛经·自序品》)弘忍认为万法皆在心中，否定一切外物的存在。故其偈曰："菩提本无树，明镜亦非台。本来无一物，何处若尘埃。"(《坛经·自序品》)弘忍的结论是："故知万法尽在自心，何不从心中顿见真如本性？"(《坛经·般若品》)从儒家为学的传统看，阳明所谓"忽中夜大悟格物致知之旨"，其所悟之圣人之旨、之道，恐怕只能是禅宗之旨、之道，而非真正的孔子、

---

① 陈来：《有无之境——王阳明哲学的精神》，北京大学出版社，2006，第149页。

② 《年谱一》，《王阳明全集》卷三十三，吴光、钱明、董平、姚延福编校，上海古籍出版社，2011。

③ 《年谱一》，《王阳明全集》卷三十三，吴光、钱明、董平、姚延福编校，上海古籍出版社，2011。

孟子之道，也不会是朱子之道。

　　既然格物不需要向外求理，那么，在阳明这里，格物就变成了"求心"或"格心"。阳明说：

> 　　格物如孟子"大人格君心"之格，是去其心之不正，以全其本体之正。但意念所在，即要去其不正以全其正，即无时无处不是，存天理即是穷理，天理即是明德，穷理即是明明德。①

　　《传习录》又载"问格物，先生曰：格者，正也。正其不正以归于正也"。② 所以，格物就是"正心"，就是"格心"。即把"歪"者都弄为"正"，就是"正意"。阳明认为，从本然、本体上讲，人心本来是正的，但因受物欲所蔽，人心不在本然的状态上了。因此，格物就是要格心，使不正者为正。这种说法来源于孟子"反求诸己"的思想。阳明所谓格心，取消了朱子关于到事物上穷究物理的格物说，强调在"心"上用功。这与象山也是一致的。

二　格致辩

　　阳明关于"格物"的思想，经历了一个变化发展的过程，"龙场悟道"时期，阳明认识到"吾性自足""不假外求"。这一时期其所谓格物，主要指"正念头""正心"，即"正其不正以归于正"。此阶段，阳明以"正"训"格"，以"事"为"物"。所谓格物，就是在自家心上下工夫。《大学问》和《传习录》所记，乃阳明比较成熟的思想形态，在这两部文献中，阳明所谓格物，多多少少体现了"即物"的特点，即更加重视实践认知的过程。

　　陈法于《明辩录》中，著有《格致论》一文，专门讨论阳明所谓格物问题。他说：

> 　　程、朱"格致"之说，至阳明而始肆为异论，然其以"正"训

---

① （明）王守仁撰《传习录上》，《王阳明全集》卷一，吴光、钱明、董平、姚延福编校，上海古籍出版社，2011。
② （明）王守仁撰《传习录上》，《王阳明全集》卷一，吴光、钱明、董平、姚延福编校，上海古籍出版社，2011。

"格"，其说之难通，见于整庵所辟者，详矣。近时李穆堂宗阳明之学，亦云"章句固失之，而阳明亦未为得"。是亦无庸再辩矣。[①]

阳明与当时的儒者开展了关于格物的辩论，辩论的对象既有朱子一派的学者，也有阳明自己的弟子和友人。与阳明辩者，主要围绕阳明在《大学》古本和《传习录》上的思想观点来开展的。罗钦顺便是一位有力的辩论者，他恪守程朱格物致知原则，对阳明格物说提出了批评。

阳明格物观念一出，即遭到其友湛甘泉的质疑。在甘泉看来，所谓格物，就是于物上体认天理。一开始，阳明也是表示同意的。但后来，阳明认为甘泉所论是于心外求理，并没有摆脱朱学一派向外求理的弊病。而甘泉则不赞成阳明所谓"物"为"意之所著"之说，他认为自己所谓格物是"大心"的过程，类似象山所说的"先立乎其大者"。万物在心内，因此，甘泉认为自己所谓格物，并非心外求理。在与阳明于南京龙江的讨论中，甘泉告诫阳明，不能"自小其心"[②]。在甘泉看来，阳明将物视为"意之所著"。表面上，阳明格物虽然反对"逐物"，但如此一来，实际上将物视为"外"于心，从而弃物、厌物。

实际上，阳明与甘泉分歧所在，是同不同意将个体意识之外的"物"纳入"格"的范畴，而非"大心""小心"之别。从本质上说，阳明所谓格物，只是强调在"心意"上下工夫。甘泉在答阳明书中云："鄙见以为，格者，至也；格于文祖、有苗来格之格。物者，天理也；即言有物、舜明于庶物之物，即道也。格即造诣之义。格物者即造道也。知行并造，博学审问慎思明辨笃行皆所以造道也。"[③] 在这里，甘泉对格物的看法，与阳明所论还是有很大差距。甘泉以"格"为"至"，训"物"为"理"，认为格物之目标是"造道"。可见，甘泉格物说，确实有朱学的气息。后来，阳明对甘泉的"随处体认天理"公开提出批评。甘泉也不依不饶，如其在书信中说："阳明所见固非俗学所能及，但格物之说以为正念头，既于后面正心之说为赘，又况如佛老之学者皆自以为正念头矣。因无学问思辨笃行之功，

---

① （清）安平陈法定斋手订，（清）山右荆如棠校刊《明辩录·格致论》，《陈法诗文集续》，陈德远点校，贵州人民出版社，2011，第152页。

② （明）王守仁撰《传习录下》，《王阳明全集》卷三，吴光、钱明、董平、姚延福编校，上海古籍出版社，2011。

③ （明）湛甘泉撰《答阳明书》，《湛甘泉先生文集》卷七，山西大学图书馆藏，清康熙二十年（1681年），黄楷刻本。

随处体认之实，遂并与其所谓正者一齐错了。……阳明先生亦尝有辩论，多未同。"① 甘泉认为阳明格物说与释老相类，因为，佛教也讲"正念头"的。另外，《大学》里已讲"正心"，再讲"正念头"就是重复了。

陈法认为，在格物致知问题上，做内外之别，从而"是内非外"，这是阳明与程朱格物说最大的区别之处。

> 而本源之大蔽尤在乎"是内而非外"。夫世之极诋夫程朱者，以吾心之内，万理咸具，只穷吾心之理而已。格致之说为逐物，而求知于外也。夫吾心之理虽无所不备，而所以穷之者，亦闭目兀坐自证、自悟而遂可穷乎？抑将考之往籍，讲之师友，更历之事为而乃可明也。②

在陈法看来，就算吾心具众理，但缺少了格物的工夫，要了解天下万物之理，也是不可能的。这是批评阳明格物说的禅学特点。

> 且吾于事理有所未明，或读古人之书，或师友讲论，或阅历之余胸中恍然有悟，或从前所见之非而今得其深。虽外也，而吾心之理，不亦即此而亦明乎？如饮食，虽外入内，皆所以养吾之精神，岂得以为逐于外乎？如日"吾心万理皆具，只去人欲存天理，即是致知，不假外求"。夫兴观群怨，事父事君，只本吾"去人欲存天理"之心行之可也。……善读书者，于六经、四子之书，无往不得"兴观群怨，事父事君"之益。若诵诗三百，徒为口耳之学而不得其益，此不善读者之咎，乃以《诗》为不必读也，可乎？③

就是说，在物上下一番工夫，"博文"于外，也是有必要的，道理是要通过学习才能掌握的。陈法指出，圣贤如孔子者，都想"五十而学易，可以无大过矣"，何况一般人呢？多读书，多学习，多积累，怎么会是逐于物呢？因此，所谓"吾性自足""万理咸具"等，都是"任心"之学，乃佛

---

① （明）湛甘泉撰《答王宜学》，《湛甘泉先生文集》卷七，山西大学图书馆藏，清康熙二十年（1681年），黄楷刻本。
② （清）安平陈法定斋手订，（清）山右荆如棠校刊《明辩录·格致论》，《陈法诗文集续》，陈德远点校，贵州人民出版社，2011，第155页。
③ （清）安平陈法定斋手订，（清）山右荆如棠校刊《明辩录·格致论》，《陈法诗文集续》，陈德远点校，贵州人民出版社，2011，第155页。

禅之学，不足取。

又如"修身齐家，只本吾'去人欲存天理'之心以行之可也"。圣人必曰："不为《周南》《召南》，其犹正墙面而立。"圣人岂尚不能去人欲存天理？而曰"五十以学《易》，可以无大过……读之至于韦编三绝"。本吾去人欲存天理之心以事神治民，亦何不可！而圣人乃斥之为"佞"。本吾去人欲存天理之心以蓄德，亦何不可！而圣人曰："多识前言往行。"本吾去人欲存天理之心亦当有获，而古人曰："人求多闻，学于古训，乃有获。"仁、知、刚、信、直，美德也，不好学，则蔽不可胜言。《孟子》言"动心忍性"，亦曰"增益其所不能"，岂可绝圣弃知，专求之一"心"而以格物为逐于外乎？①

在这里，陈法对所谓"是内而非外"的观点，提出了批评，强调知识积累的重要性。当然，阳明并不认为自己"是内非外"。

甘泉格物之说，可以说是朱子格物穷理与象山"先立乎其大者"的综合运用。甘泉多次批评阳明训格物为"正心"，以其说近于佛老。"兄之格物训之正念头也，则念头之正否亦未可据，如释老之虚无，则曰应无所住而生其心，无诸相无根尘，亦自以为正矣。杨墨之时皆以为圣矣，岂自以为不正而安之！以其无学问之功而不知其所谓正者乃邪而不自知也。"② 释老、杨墨之流也认为其"念头"无处不正。但实际上正与不正却无法验证。因此，格物需要"即物"而穷其理，而不是"正念头"。

除湛氏外，阳明又与罗钦顺辩释格物。罗钦顺基于朱子格物穷理立场，对阳明格物说提出了批判。罗钦顺认为，阳明在道德修养方法上制造所谓"内"与"外"，再将圣贤学问归之于求内。这种看法，既是不妥的，也与历史实际不符。罗氏指出，以所谓内、外决定正与不正，这不符合孔子以来儒学的实际。他集中批评了阳明在《大学古本旁注》中关于"格物"的观点，如"物者，意之用也""格者，正也。正其不正以归于正"等。罗氏指出，阳明本意在于通过对《大学》的重新解释，教人避免格物所导致的

<hr />

① （清）安平陈法定斋手订，（清）山右荆如棠校刊《明辩录·格致论》，《陈法诗文集续》，陈德远点校，贵州人民出版社，2011，第152~156页。

② （明）湛甘泉撰《答阳明书》，《答阳明王都宪论格物书》卷七，山西大学图书馆藏，清康熙二十年（1681年），黄楷刻本。

"溺于外而遗其内"，结果却走向极端，成了"局于内而遗其外"，而后者正是禅宗的思维特色。

罗钦顺同湛若水一样，认为如果像阳明那样将格物解释为"正其不正以归于正"，则《大学》中的许多条目反而成了多余。罗氏还批评了阳明将朱子许多早年的书信内容也归入《朱子晚年定论》的做法。

阳明认真地回应了罗钦顺的批评，他认为之所以取《大学》古本，乃是因为古本为孔子所传。不用朱子《大学》改本，并非出于所谓内、外之选择。阳明说："理无内外，性无内外，学无内外，讲习讨论未尝非内也，反观内省未尝遗外也。"① 阳明认为，凡是批评其格物说有内外之分的人，恰恰是自己割裂了内与外。他认为罗钦顺批评其本人"约礼"在内而"博文"于外，正是罗氏自己分割了内与外。显然，阳明回避了罗钦顺的正面锋芒。因为，在阳明与湛若水的过往书信中，恰恰是阳明认为湛氏求理于外。也就是说，阳明自己也是做内外之别的，现在反过来强调自己不分内外了。阳明说："夫谓学必资于外求，是以己性为有内也，是有我也，自私者也，是皆不知性之无内外也。"② 这是用来反驳罗氏的，但阳明在这里实际上是接受了湛若水关于"大心"的说法，即"大心"反求诸己并非"遗外"。罗钦顺直接继承朱子一派的格物穷理说，而湛氏则只是强调接触和研究外部事物的必要性。

那么，面对罗氏的批评，阳明又如何阐述其格物说呢？阳明说：

> 夫正心诚意致知格物皆所以修身，而格物者，其所用力日可见之地。故格物者，格其心之物也，格其意之物也，格其知之物也。正心者正其物之心也，诚意者诚其物之意也，致知者致其物之知也。此岂有内外彼此之分哉！
>
> 理一而已。以其理之凝聚而言则谓之性，以其凝聚之主宰而言谓之心，以其主宰之发动而言则谓之意，以其发动之明觉而言谓之知，以其明觉之感应而言则谓之物。故就物而言谓之格，就知而言谓之致，就意而言谓之诚，就心而言谓之正。正者正此也，诚者诚此也，致者

---

① （明）王守仁撰《答罗整庵少宰》，《王阳明全集》卷二，吴光、钱明、董平、姚延福编校，上海古籍出版社，2011。
② （明）王守仁撰《答罗整庵少宰》，《王阳明全集》卷二，吴光、钱明、董平、姚延福编校，上海古籍出版社，2011。

致此也，格者格此也，皆所谓穷理以尽性也。天下无性外之理，无性外之物，学之不明皆由世之儒者认理为外、认物为外，而不知义外之说。①

阳明所谓物，并非指客观存在的事物，而是指意念之所向。故其所谓格致，实际上指的就是"正念头"，就是要在"此心"上下工夫。格者、致者，就是格心、致心。正如阳明自己说："夫在物为理，处物为义，在性为善，因所指而异名，实皆吾之心也。心外无事，心外无物，心外无理，心外无义，心外无善。……格者格此也，致者致此也。"②

陈法引李穆堂的话来批评阳明的格物思想，李穆堂认为"格"就是"揣量"，"物"就是自然存在之有始有末之物。所谓"致知"，就是致"知先、知后"之"知"于事物，从而知事物之"本"。

> 至穆堂所自为说，则以"物"为本末之物，"格"为揣量，"知"为知先后之知。其为说曰："诚意者，欲致其知先、知后之知，在于揣量事物之本末、始终，惟知本而后知至。故古本《大学》于其所薄者厚，未之有也。"之下即继之曰："此谓'知本'，此为'知'之'至'也，格物之义如是而已。"又曰："格物者，即'格'其有本末之'物'；致知者，即'致'其知先后之'知'，既由天下、国家逆遡之身心意知，以知所先，又由格、致、诚、正、修顺推之家国天下，以知所后。"犹恐学者疑格、致、诚、正，与修身各为一事也，而总言之曰："自天子至于庶人壹是，皆以修身为本，本既明而后由本推之末，由所厚而推之所薄，故曰此谓'知本'，此谓'知之至'也。"至此，则格物致知之义已反复深切、明白晓畅而无余矣！乌有残缺以俟后人之增添哉！③

陈法通过李穆堂的话所要表明的观点，是《大学》和程朱关于格物致知的经典思想。当然，陈法并不赞成李穆堂训"格"为"揣量"的观点。

---

① （明）王守仁撰《答罗整庵少宰》，《王阳明全集》卷二，吴光、钱明、董平、姚延福编校，上海古籍出版社，2011。

② （明）王守仁撰《与王纯甫》，《王阳明全集》卷四，吴光、钱明、董平、姚延福编校，上海古籍出版社，2011。

③ （清）安平陈法定斋手订，（清）山右荆如棠校刊《明辩录·格致论》，《陈法诗文集续》，陈德远点校，贵州人民出版社，2011，第152页。

按：以"物"为"本末"之物，先儒亦有是说。夫"物"岂有外于身心、家国、天下者哉？独是以"格"为揣量，以"知"为知先后之知。夫"明德"之为本，"新民"之为末，其义较然，虽至愚者不惑也。八条目顺逆之先后，经文已节节分疏，晓然明白，亦有何难知！且仅一揣量之而知其先后，圣经已明言知所先后矣。于此，又何必郑重其词曰"欲诚其意者，先致其知"？致知在格物，是圣经之言，字字有斤两，字字是实地工夫。而"揣量"之为"格"，"知先、知后"之为"致"，不足以当之也。①

陈法认为，训"揣量"为"格"，不足以尽《大学》及圣人之意。"揣量"也有在心上下工夫的嫌疑。

若以"知本"为知，至是必于经文内物"格"而后知"至"，中间添出一层云"物格而后知本，知本而后知至"。且如此，则"格物"不过一"揣量"之而已，圣经何不明言"致知在知本"，而又多此一周折乎？固知程、朱之说不可易。②

"致知在格物"，这是《大学》和程朱的说法。陈法认为，这种逻辑是不能改变的。"格物而后知至"，"知至"即可"知本"，而非李穆堂所谓"致知在知本"。如果像李氏所言，中间就少了"格物"的环节，最多只是在经文上"揣量"而已，这样做是不能穷理的，即不能"知本"的。

阳明认为其所谓格物，与朱子所谓格物并不存在范围上的不同。所不同的是他主张以"约礼"为"博文"的头脑，约礼于内，博文于外。"严格地说，阳明心学并不是'是内非外'，而是认为内优于外，内重于外，'外'的意义仅在于它是'内'的实现的不可缺少的方式和途径。"③ 罗钦顺既不赞成阳明训格为正，也不同意其以事释物。因为，阳明所谓物只是伦理意义上的物，而不是自然物。若是自然物，"正念头"就得"即物"。这样一

---

① （清）安平陈法定斋手订，（清）山右荆如棠校刊《明辩录·格致论》，《陈法诗文集续》，陈德远点校，贵州人民出版社，2011，第 152～153 页。
② （清）安平陈法定斋手订，（清）山右荆如棠校刊《明辩录·格致论》，《陈法诗文集续》，陈德远点校，贵州人民出版社，2011，第 153 页。
③ 陈来：《有无之境——王阳明哲学的精神》，北京大学出版社，2006，第 166 页。

来，阳明所谓格物说便漏出破绽了。

陈法赞成程颐训"格"为"至"。他认为凡质疑程朱格物致知者，可能至少存在下列六个方面的弊病之一。

> 而世之致疑于程、朱之说者，其蔽有六，曰"泥于训诂"；曰"视之太泛"；曰"视之太难"；曰"论之太拘"；曰"失其本旨"；曰"是内非外"。程子以"格"训"至"，谓如"祖考来格"之"格"，亦即《书》所谓"格于上下"之"格"。罗整庵引吕成公"通彻无间"之意，极为得之。夫子孙之精神，即祖考之精神，当其未"格"，则不能无幽明之间；"格"，则精神歆合而无间矣。格于上下，即彻上彻下之义。夫物之理，即吾心之理。当其未"格"，则不能无彼此之间；"格"，则物之理与吾心之理浑合而无间矣。所谓"贯通"，所谓"众物之表里精粗无不到，吾心之全体大用无不明"，岂非"通彻""无间"之谓乎？而阳明谓"正物不可通"，此泥于训诂之失也。①

"格"就是"通彻无间""彻上彻下"，而阳明训"格"为"正"，以格物为"正物"，这是说不通的。陈法认为，这是阳明于"训诂"方面有失误，即"泥于训诂"。后来，在与顾东桥关于格物的辩论中，阳明所谓格，就有了"至"的意思。

阳明在《答顾东桥书》书中，阐述了格物思想。他说："若鄙人所谓致知格物者，致吾心之良知于事事物物也，吾心之良知即所谓天理也。致吾心良知之天理于事事物物，则事事物物皆得其理矣。致吾心之良知者，致知也。事事物物皆得其理者，格物也。是合心与理而为一者也。"② 将格物解释为"事事物物皆得其理"，这在明正德时期阳明与湛若水、罗钦顺等人关于格物的辩论中是没有的。在与顾东桥于嘉靖时期的辩论中，阳明虽仍然主要训"格"为"正"，但"格"多了"至"之义，即"无一不得其理而后谓之格"③。这样一来，在阳明那里，格物由"正念头"变成了"正其

---

① （清）安平陈法定斋手订，（清）山右荆如棠校刊《明辩录·格致论》，《陈法诗文集续》，陈德远点校，贵州人民出版社，2011，第 153 页。

② （明）王守仁撰《答顾东桥书》，《王阳明全集》卷二，吴光、钱明、董平、姚延福编校，上海古籍出版社，2011。

③ （明）王守仁撰《答顾东桥书》，《王阳明全集》卷二，吴光、钱明、董平、姚延福编校，上海古籍出版社，2011。

事之不正"。格的对象，由心转向了物。阳明此意义上的格物，更接近于儒家经典所言。这个时期，阳明不再停留于"意念所向为物"的层面上，而是强调贯穿良知、天理于事事物物，即强调实践活动。"致良知"的思想提出后，阳明更强调"即物"。这是其晚年思想的一个变化，尤其突出体现在《大学问》中。

《大学问》是阳明集中讨论"八条目"的文献之一，是其成熟思想之代表作，在王学中具有经典和权威的意义。另一文献则为《传习录》，其中也有讨论《大学》首章的文字。《传习录》载：

> 先生曰：先儒解格物为格天下之物，天下之物如何格得？且谓一草一木皆有理，今如何去格？纵格得草木来，如何反来诚得自家意？我解格字作正字义，物作事字义。①

阳明一开始就亮明自己以"正"训"格"的观点。接着，阳明以修身为例，指出修身似乎要做一些向外的工夫，实际上，修身的根本就在于"正心"。

> 大学之所谓身，即耳目口鼻四肢是也。欲修身便是要目非礼勿视，耳非礼勿听，口非礼勿言，四肢非礼勿动。要修这个身，身上如何用得工夫？心者身之主宰，目虽视而所以视之者心也，耳虽听而所以听者心也，口与四肢虽言动，而所以言动者心也。故修身在于体当自家心体，常令廓然大公，无有些子不正处。主宰一正，则发窍于目自然无非礼之视，发窍于耳自然无非礼之听，发窍于口与四肢自然无非礼之言动，此便是修身在正其心。②

阳明以修身为训"格"为"正"的例证，五官自身是没法下工夫的，工夫只能下在心上，即"正心""正念头"。修身在于正心，而正心在于"诚意"。

---

① （明）王守仁撰《传习录下》，《王阳明全集》卷三，吴光、钱明、董平、姚延福编校，上海古籍出版社，2011。
② （明）王守仁撰《传习录下》，《王阳明全集》卷三，吴光、钱明、董平、姚延福编校，上海古籍出版社，2011。

　　然至善者心之本体也，心之本体哪有不善？如今要正心，本体上何处用得功？必就心之发动处才可著力也。心之发动不能无不善，故须就此著力，便是诚意。如一念发在好善上，便实实落落去好善。一念发在恶恶上，便实实落落去恶恶。意之所发既无不诚，则其本体如何有不正的。故欲正其心在诚意，工夫到诚意始有着落处。①

　　就是说，心作为本体是至善的，甚至是无善无恶的。要正心，在心之体上是无法下工夫的。因此，要正心，就要在"心之发动处"用功，这就是诚意。有了诚意，心自然就正了。但是，人懂得好善、恶恶皆因其所发之念为善。若人所发之念为恶，又将如何？阳明没有解释。

　　如何诚意呢？按《大学》的逻辑，诚意之本是"致知"。阳明说：

　　然诚意之本又在于致知也，所谓人所不知而己所独知者，此正吾心良知处。然知得善却不依这个良知便做去，知得不善却不依这个良知便不去做，则这个良知便遮蔽了，是不能致知也。吾心良知既不能扩充到底，则善虽知好，不能著实好了。恶虽知恶，不能著实恶了。如何得意诚？故致知者诚意之本也。②

　　致知的关键，又在于"格物"，阳明说：

　　然亦不是悬空的致知，致知在实事上格。如意在于为善便就这件事上去为，意在于去恶便就这件事上去不为。去恶固是格不正以归于正，为善则不善正了，亦是格不正以归于正也。如此则吾心良知无私欲蔽了，得以致其极，而意之所发，好善恶恶，无有不诚矣。诚意工夫实下手处在格物也。若如此格物，人人便做得，人皆可以为尧舜，正在此也。③

---

①　（明）王守仁撰《传习录下》，《王阳明全集》卷三，吴光、钱明、董平、姚延福编校，上海古籍出版社，2011。

②　（明）王守仁撰《传习录下》，《王阳明全集》卷三，吴光、钱明、董平、姚延福编校，上海古籍出版社，2011。

③　（明）王守仁撰《传习录下》，《王阳明全集》卷三，吴光、钱明、董平、姚延福编校，上海古籍出版社，2011。

从修身到正心，从正心到诚意再到格物，这是《大学》的一种逻辑推演，试图体现一种内在的逻辑关联。"诚意"强调的是"好好善""恶恶"之念头应当是扎扎实实的，即"意念"本身要"存天理，灭人欲"。显然，作为认识和道德修养的完整过程，停留在诚意之上是不够的。知善就应当依良知行善，知恶就应当依良知除恶，否则良知不能扩充到底，这就是"致知"。而为善去恶，就需要在事事物物上作为，此即"格物"。最后一个环节显然受朱子训"格物"为"即物"思想的影响，这种影响在《大学问》中更明显。而明正德年间，阳明只是主张"随意之所在某事而格之"①，并不是"即物"。

就这一方面说，陈法实际上是赞成阳明观点的。即赞成训"物"为"事"，认为格物穷理，并非要格尽天下万物而穷其理。这在实际上也是不可能做到的。

> 夫天下之物，莫不有理，亦皆吾人所当穷。即名物度数，何尝不当考究？但为之有先、后、本、末。程朱教人，未尝令"格"尽天下之"物"，如游骑之无所归也。今不考其言而但曰"欲学者穷尽天下之物"，如一草一木，农圃医卜之类，皆须穷究，此失之太泛之蔽也。朱子所谓"即凡天下之物，莫不因其已知之理而益穷之，以求至乎其极"。向亦疑其下语太重，其实，"物"即"事"也。所谓"即凡天下之物者"，如云"随其所遇"之事耳，非泛泛欲穷尽天下之物也。凡吾一日之间，或亲书册，或应酬人、事、物之至于吾前者，即因吾心已知之理再加穷究，彻首彻尾，理会透彻，即是求至乎其极。如此，岂非吾人日用寻常之事，有何艰深？有何支离？②

认为程朱所谓格物，就是要格尽天下万物而穷其理，如阳明所谓"格竹"之举。陈法以此为弊病之一，即"失之太泛"。其实，朱子已经讲清楚了，所谓"因吾心已知之理而益穷之"，就是要以已知知识为前提，"以求至乎其极"，就是要探索新的知识，以便不断接近真理。并非要格尽一草一

---

① （明）王守仁撰《传习录下》，《王阳明全集》卷三，吴光、钱明、董平、姚延福编校，上海古籍出版社，2011。

② （清）安平陈法定斋手订，（清）山右荆如棠校刊《明辩录·格致论》，《陈法诗文集续》，陈德远点校，贵州人民出版社，2011，第153～154页。

木，从而明一草一木之理。

陈法指出，所谓"求至乎其极"，也只是认识和修养上的一种目标而已，实际上是很难做到的。

> 若谓"求至其极"，亦为甚难。不知读古人之书，便须沉潜反复，使义理融洽。日用酬酢，便须熟思审处，求合于义。未有可以苟且轻率，不求甚解，尝试而漫为之，使蓄疑而败谋也。然亦随其分量，自尽其心。如分量不如圣贤，亦安能如其所见之无不尽？但不可先存畏难苟安之心以自恕耳。①

这是对阳明"圣贤有分"观点的批评。格物、致知、诚意、正心，认识的过程极其复杂，但又不可存畏难之心。陈法认为，这正是后学者的一大弊病，即"视之太难"。

> 今将朱子此句字字用力，顿挫读之，如坠千斤之石于层崖之下，便觉"求至乎其极"，如追穷寇者，必至于沙漠万里之外；如掘井者，必至于九地九渊。此"视之太难"之蔽也。《大学》八条目之先后论其理耳，夫"知""行"，原须并进，非格致之时，不必诚意、正心也。而世之论者乃曰"必物之极处无不到，而后可以知至"，将终身无"知至"之时，即终身无"诚意"之日，此非《大学》之教也。②

要至万物之"极处"，这是不可能的。要是这样来理解格物致知，则永远无法做到"知至"，亦永远无法做到"诚意"。陈法指出，这并非《大学》教人的本意，也非程朱之意。客观地说，陈法关于格物致知的思想，又与阳明所论有某种相通之处，即"随事随物而格"。

陈法认为，世之论程朱格物致知者，过于拘泥地理解经典之义，不懂得变通之道。

---

① （清）安平陈法定斋手订，（清）山右荆如棠校刊《明辩录·格致论》，《陈法诗文集续》，陈德远点校，贵州人民出版社，2011，第154页。
② （清）安平陈法定斋手订，（清）山右荆如棠校刊《明辩录·格致论》，《陈法诗文集续》，陈德远点校，贵州人民出版社，2011，第154页。

又如，格物、致知，虽未即能融会贯通，然事理自有触类旁通者。若只执定一两事推说，世间岂有此板定执泥学问乎？此失于"论之太拘"之蔽也。程、朱格致之学，以诚敬为主，处处鞭辟近里，无非理会自己身心性命。子思所谓"明善"，孟子所谓"知性"是也。①

在这里，陈法注意到了向内自省的重要性。他认为不能机械地理解格物穷理，应到物上去下工夫。而所谓"明善""知性"，则使陈法的格物致知说，具有了阳明格物思想的某些特点。

同时，陈法又认为，后世论学者之所以对程朱格物致知的思想有误解，正是由于象山和阳明的误导所致。

自陆子静妄诋朱子为支离，以"格致"为"格"此"物"，"致"此"知"。阳明祖述之，以"致知"存乎心悟，以"即物穷理"为玩物丧志。世遂以程、朱"格致"之说，与俗儒训诂记诵词章口耳之学同类而共讥，一唱百和，聚蚊成雷，此真须席元山为之鸣冤也！此"失其本旨"之蔽也。②

陈法的意思是说，象山、阳明之所以认为程朱格物致知之法为支离，并非这种认识方法本身支离，而是象山和阳明并不了解程朱之法的本旨，以致后世学者将程朱格物致知的方法当成"训诂记诵词章口耳"之学。陈法将这种弊端名之为"失其本旨"，这是有道理的。

在《大学问》中，阳明关于修身、正心、诚意、格物的表述，与《传习录》下所记基本相同。但又有所补充，例如，关于"诚意"，《大学问》云：

何从而用其正之之功乎？盖心之本体本无不正，自其意念发动而后有不正。故欲正其心者，必就其意念之所发而正之。凡其发一念而善也，好之真如好好色，发一念而恶也，恶之真如恶恶臭，则意无不诚而心可正矣。③

---

① （清）安平陈法定斋手订，（清）山右荆如棠校刊《明辩录·格致论》，《陈法诗文集续》，陈德远点校，贵州人民出版社，2011，第154页。

② （清）安平陈法定斋手订，（清）山右荆如棠校刊《明辩录·格致论》，《陈法诗文集续》，陈德远点校，贵州人民出版社，2011，第154页。

③ （明）王守仁撰《大学问》，《王阳明全集》卷二十六，中央编译出版社，2014。

这就是说，阳明认为人所发之意念，有善亦有恶。而关于是否存在恶念，阳明早期是不解释的。阳明又说：

> 然意之所发有善有恶，不有以明其善恶之分，亦将真妄错杂，虽欲诚之而不可得而诚矣。故欲诚其意者必在于致知焉。致者至也。①

这是强调致知的必要性。阳明在《大学问》中，更为清楚地表达了良知、诚意与格物三者的关系。

> 良知所知之善虽诚欲好之矣，若不即其意之所在之物而实有以为之，则是物有未格，而好之之意犹未诚也。②

这就是说，以诚意和良知为指导，最后落实于格物上。

阳明在"四句教"中也讲了格物的思想，其中就有"为善去恶是格物"。这虽然不能看成格物的定义，但此中的"为善去恶"，与《传习录》和《大学问》中的"正其不正以归于正"还是一致的。只是，"四句教"中的这最后一句，没有很好地体现出"即物"的特点。

陈法告诫后学者，程朱格致说的目的，并非只为了穷理。人一旦通过格物而明理，又可收"存心""养性"之功。本体与工夫统一，内与外兼修。因此，象山、阳明斥程朱之学为支离，并没有道理。

> 且格物致知之学，亦非但明其理而已也。吾既存"养吾心"于端庄静一之中，循循焉诵习乎先圣之遗言，切磋于师友之讲明，而体验于人伦日用之间，此其义理之栽培、浸灌、感发、开悟，濡染渐磨，所以变化吾之气质，涵养吾之德性者，必月异而岁不同。将"人欲"不期其去而日去，"天理"不期其明而日明矣，又岂为"逐于末而求于外"乎？世之君子毋视为泛务，博览记诵口耳之学，毋牵于象山、阳明谬悠之谈，从容反覆乎程朱之书，然后知沉浸、浓郁之意味，深潜、

---

① （明）王守仁撰《大学问》，《王阳明全集》卷二十六，中央编译出版社，2014。
② （明）王守仁撰《大学问》，《王阳明全集》卷二十六，中央编译出版社，2014。

纯粹之气象，与任心者之急迫、躁扰、张皇、浮露天渊悬隔矣。①

相反，在陈法看来，象山、阳明"任心"之"易简"工夫，则是"急迫""躁扰"之学，不足以养吾心，养吾性。

阳明格物理念经历了一个变化的过程，其好友湛甘泉认为阳明早年所谓格物，主要指"正念头"。而黄绾认为是"正其非心"，即"正其心之不正以归于正"。两人均认为阳明早年格物，主要是格"心"。这是致良知说提出以前，阳明所确立的格物观。《大学问》中所谓格物，虽然强调了"即物"，但仍然以"正念头"为重要内容。

综合《传习录》《大学问》阳明以"为善去恶"解释格物可知，同样可用"为善去恶"解释"致知"和"诚意"。阳明谓："格致诚正修者，是其条理所用之工夫，虽亦各有其名，而其实只是一事。"② "何谓修身？为善而去恶之谓也。"③ 又说："为善去恶，无非是诚意的事。"④ 从本质上看，阳明道德修养工夫可以用"依此良知随事随物实落为善去恶"来概括。自良知看，这个过程是"致知"，从"随事随物"的角度说，是"格物"，自意念之实落"好善恶恶"讲，即是"诚意"。也就是说，"随事随物实落为善去恶"是兼备致知、诚意、格物的过程。因此，阳明晚年的格物说，比起正德时期进一步完备了。

阳明格物说，无论从依据经典的解释，还是从儒家为学工夫的传统看，都存在一些矛盾，这就是陈法极力批评阳明格物说的重要原因。在陈法看来，《大学》和程朱关于格物致知的思想是不能修正的。三纲领、八条目的顺序和内容，都应当努力给予维护。

第二节　复其本心

从中国思想发展史的立场看，复其本心，或恢复本心，或发明本心，

---

① （清）安平陈法定斋手订，（清）山右荆如棠校刊《明辩录·格致论》，《陈法诗文集续》，陈德远点校，贵州人民出版社，2011，第156页。

② （明）王守仁撰《大学问》，《王阳明全集》卷二十六，吴光、钱明、董平、姚延福编校，上海古籍出版社，2011。

③ （明）王守仁撰《大学问》，《王阳明全集》卷二十六，吴光、钱明、董平、姚延福编校，上海古籍出版社，2011。

④ （明）王守仁撰《传习录上》，《王阳明全集》卷一，吴光、钱明、董平、姚延福编校，上海古籍出版社，2011。

是作为与格物穷理相对的认识方法、修养工夫而存在的。陈法在《明辩录》中有一篇文章专论"象山复其本心之非"，因此，有必要就此问题开展讨论。

一　儒家复性论

朱熹提倡"存天理，去人欲"，象山主张"存本心，去人欲"。就此问题而言，朱陆所讲的都是认识论问题或道德修养问题。从思维向度上看，朱陆关于修养工夫的问题，涉及儒家的复性论，即道德修养的可能性和依据问题。就修养方法而言，朱熹主张自内而外格物而穷其理，象山提倡反躬向内恢复本心。

复性论讨论的是儒家道德修养的可能性和根据，也就是说，格物穷理也好，复其本心也罢，这些修养方法奏效的可能性和依据是什么？例如，朱子所谓穷理、象山所谓明理，是不是根源于人的善性？如果是，那么，人性中之不善者，如何克服之？"格物"还是"复心"？等等。

唐代学者李翱著有《复性书》，该书讨论了儒家的复性论。其中，上篇讨论情性关系，中篇提出复性方法，下篇指出复性的实质就是复仁义道德之性。

就性情而言，李翱认为"性善情恶"。他说："人之所以为圣人者，性也；人之所以惑其性者，情也。喜怒哀惧爱恶欲七者，皆情之所为也。情既昏，性斯匿矣。非性之过也，七者循环而交来，故性不能充也。"[1]意思是说，人性本是善的，人之所以有不善者，皆为情所恶。故情有善，也有恶。人若能去情之恶，则性之善自然明。也就是说，人之善性是可恢复的。

复性理论为儒家思想所固有。儒家经典《中庸》《孟子》等对复性论多有讨论，如清代学者全祖望评价李翱说："退之之作《原道》，实阐正心、诚意之旨，以推本之于《大学》，而退之论'复性'，则专以羽翼《中庸》。"[2] 孟子云："存其心，养其性，所以事天也。"（《孟子·尽心上》）所谓养其性，即存养其本然的善性，讲的就是复性。

（一）朱熹的复性思想

儒家的人性论道德思想认为，人性之善，使复性有了可能性，而人性

---

[1]　（唐）李翱撰《复性书·上篇》，载龚鹏程主编《改变中国历史的文献》，中国工人出版社，2010。

[2]　（清）全祖望撰《李习之论》，《全祖望集汇校集注》卷三十七，上海古籍出版社，2000。

之不善者，使道德的存在具有了必要性。这就是说，使"格物穷理"和"复心见性"有了必要性。复性论蕴含在性善论之中。

朱熹和陆象山都认为人性之本然为善，其不善者，乃人所秉之气之浊者或物欲对人性本然的污染或遮蔽。朱子说："人之性皆善。"（《朱子语类》卷四）"气有清浊，故禀有偏正。"（《延平答问》，《朱子遗书》）象山云："仁，人心也，心之在人，是人之所以为人，而与禽兽草木异焉者也，可放而不求哉？"① 朱子和象山都以"欲望"为"恶"的基本内容。王阳明也认为"性无不善""天命之性纯然至善"。

恶具体体现在人的各种欲望中，因此，要去恶，就得克服欲望。朱熹从"天理"的立场阐述人性论，故提倡"存天理，去人欲"，象山从"良心本心"的立场论性善，故主张"复其本心"，去"蔽""去私""去欲"。

在朱子看来，天理和人欲是对立的，不能共存，有此即非有彼。但人之性一开始却都是善的，因为物欲之蔽而变恶而已。"初来本心都自好，少间多被利害遮蔽，如残贼之事，自反了恻隐之心，是自反其天理。"（《朱子语类》卷九十七）当然，朱子所谓人欲，是指贪欲。

朱熹认为，天理是人之善性或本然之性的源头，而贪欲则是恶的根源。因此，必须存理去欲。"不为物欲所昏，则浑然天理矣"（《朱子语类》卷十三）。这样一来，在朱子那里，复性的方法就被定义为"克欲复礼"了。"克，胜也；己，谓身之私欲也；复，反也；礼者，天理之切文也。"② 朱熹的结论是："革尽人欲，复尽天理。"（《朱子语类》卷十三）我们认为，作为复善性根源之天理，应当是形上本体的理。即所谓在天曰命、在人和物曰性之理，而不是儒家的纲常伦理。朱熹曾说："所谓天理，复是何物？仁、义、礼、智，岂不是天理？君臣、父子、兄弟、夫妇、朋友，岂不是天理？"③ 如果以儒家纲常伦理作为复善性之基础，那么，这种复性的可能性就大打折扣了。

朱子对人正常的需要和"人欲"是做了区别的，他说："饮食者，天理也；要求美味，人欲也。"④ 又云："此寡欲，则是合不当如此者，如私欲之

---

① （宋）陆九渊撰《学问求放心》，《陆象山全集》卷二十二，中国书店，1992。

② （宋）朱熹撰《四书集注·论语集注》，岳麓书社，1985。

③ （宋）朱熹撰《答吴斗南》，《朱文公文集》卷五十九，四部丛刊初编集部，商务印书馆，2009。

④ （宋）朱熹撰《辛丑延和奏扎二》，《晦庵先生朱文公文集》卷十三，北京图书馆出版社，2006。

类。若是饥而欲食，渴而欲饮，则此欲亦岂能无？但亦是合当如此者。"①
人正常的本能需要是合理的，而且是天理。只有正常需要之外的欲望，才
是恶。

朱熹以理或天理作为人性善的根源，理所赋予和体现的人性，称之为
"天地之性"或"天理之性"。什么是天地之性呢？在朱子看来，整个宇宙
所充斥的，就是一理而已。所以，天地之性就是天理之性。或者说，天地
之性的规定性即是理。朱子说："论天地之性，则专指理言。"（《朱子语类》
卷四）因此，理或天地之性、天理之性是人性善之本然的根源。然而，由
于受气质影响，在人当下所表现出来的，则是"气质之性"。"天地之性是
理也，才到有阴阳五行处，便有气质之性。"（《朱子语类》卷九十四）因
此，天理之性、天地之性是一般，是共性，是体。气质之性是个别，是个
性，是用。

朱子又谓天地之性为"天命之性"，朱子云："《穀梁》言天而不以地
对，则所谓天者，理而已矣，……子思所谓天命之性是也。"② 与地对之天，
是自然之天，不与地对之天则是理，天理即天命之性。因此，朱子又说：
"天命之谓性，是专指理言，虽气亦包在其中，然理意较多。"（《朱子语
类》卷六十二）天命之性虽专指理言，可是，气包其中。故天命之性与天
理之性和天地之性又略有差别。天理之性、天地之性是先天的，天命之性
是先验的，气质之性则是后天经验的。

在朱子看来，天地之性是纯理，是至善，"盖本然之性，只是至善"
（《朱子语类》卷五十九）。又说："性即理也，当然之理，无有不善也。"
（《朱子语类》卷五十九）朱子认为，"本然之理""纯粹至善"，就是天地
之性，孟子谓"性善"，程子称"性之本"。孟子性善论认为，人性的本然
是善的，只要能将"四端"充分开发，善即可体现。朱子继承了孟子性善
论，并用理来说明性善。在朱子这里，性善，就是理善。"性即天理，未有
不善者。"③ 又云："孟子说性善，便都是说理善。"（《朱子语类》卷九十
五）用理规定善，是朱子为儒家性善论寻找形上根据的尝试，旨在超越孟
子人性论和道德修养论。

朱熹接着张载、程颐讲气质之性。朱子说："人之性皆善，然而有生下

---

① （清）江永注《近思录集注》，上海书店出版社，1987。
② （宋）朱熹撰《楚辞集注·天问》，上海古籍出版社，2001。
③ （宋）朱熹撰《四书集注·孟子集注·告子上》，岳麓书社，1985。

来善的，有生下来恶的，此是气禀不同。"（《朱子语类》卷四）"天地间只是一个道理，性便是理，人之所以有善有不善，只缘气质之禀，各有清浊。"（《朱子语类》卷四）又云："人性虽同，而气禀或异。自其性而言之，则人自孩提，圣人之质悉已完具。……善端所发，随其所禀之厚薄，或仁或义或孝或悌，而不能同矣。"① 因此，个体差异是由于气禀的不同。由气禀不同形成的人性，便是气质之性。

朱熹认为，任何人都禀有天地之性、天理之性，只是禀赋多还是少而已。因此，气质之性虽是理、气相杂，但每个人都有向上、向善的可能。

在朱子关于理、气本体关系的论述中，理必须搭于气之上。相应地，在人性论上，朱子认为天地之性也必须搭于个体的气禀上，从而形成气质之性。这样，理才能找到安顿之处。理与气，天地之性与气质之性，就如同水与盛水的容器之间的关系一样，谁也离不开谁。容器清净，则所得理的成分多，反之，所得理的成分就少。但天地之性与气质之性，并不直接对应理与气。因为气质之性包含了理和气，而天地之性则纯然是理。

朱熹认为孟子的性善论不完备，孟子只讲善，认为不善起于善之后。可是，孟子并没有讲人性何以不善。朱熹认为，那是因为孟子没有讲"气"。他认为使儒家性善论走向完备的，是张载和二程。

（二）陆象山的复性观

在象山看来，"性""心"乃天所授，但落实到个体的人身上，也是要受人的"资禀"影响的。资禀好的人，得天之性后，其为人做事就更近于道。反之，则自远于道。象山说："资禀好的人阔大，不小家相，不造作，闲引惹他都不起不动，自然与道相近。资禀好的人，须见一面，自然识取，资禀与道相近。资禀不好的人，自与道相远，却去锻炼。"② 就是说，资禀不同，具体之人性就有差异。这种看法与朱子十分相似。人的品性有"贤"与"不肖"，人心有"智"与"愚"，均由气质不同引起的。贤者气清、心智，不肖者智愚、心浊。

同朱子一样，象山认为"恶人"也有向善的可能，就是说，人的道德善性具有普遍性。因为，性、心皆为天授。

> 良心之在人，虽或有所陷溺，亦未始泯然而尽亡者也。下愚不肖

---

① （宋）朱熹撰《四书或问·中庸或问下》，上海古籍出版社，2001。
② （宋）陆九渊撰《语录下》，《陆九渊集》卷三十五，钟哲点校，中华书局，1980。

之人所以自绝于仁人君子之域者，亦特其自弃而不之求耳。诚能反而求之，则是非美恶将有所甚明，而好恶趋舍将有待强而自决者矣。移其愚不肖之所为，而为仁人君子之事，殆若决江疏河而赴诸海，夫孰得而御之？此无他，所求者在我，则未有求而不得者也。"求则得之"，孟子所以言也。①

我本善良，非由外铄。若能反躬自省，去恶从善，就可移"愚""不肖"而为仁人君子。即认为心之本然是善的，复性是有可能的。

象山亦认为"欲望"或"物欲"属于恶的内容，或说恶就是欲望。他说：

> 夫所以害吾心者何也？欲也。欲之多，则心之存者必寡，欲之寡，则心之存者必多。故君子不患夫心之不存，而患夫欲之不寡，欲去则心自存矣。然则所以保吾心之良者，岂不在于去吾心之害乎？②

因此，要保存"本心"，即保持善性，就要去欲。有时，象山将"本心"与"道"并列，而道则与"欲"相对立。可见，此所谓道就是理。

（三）朱熹和陆象山关于人性的争论

朱熹和陆象山在人性论上曾经有过许多争论，主要有以下几个方面。

第一，天理、人欲辩。朱子用"理善论"说明人性本善，用"人欲"解释现实世界中的"恶"。在朱熹看来，天理与人欲既相互对立，又相互联系。一方面，朱子认为天理与人欲不能并立。另一方面，他又指出天理和人欲相互联系，互为条件。"有个天理，便有个人欲。盖缘这个天理，须有个安顿处，才安顿得不恰好，便有人欲出来。"（《朱子语类》卷十三）这与其关于理、气关系、天地之性与气质之性关系的看法是一致的。朱子道德修养的目标，就是存天理、灭人欲。

朱子关于天理、人欲对立的观点，象山持反对意见。"谓人欲天理，非是。人亦有善有恶，天亦有善有恶，（日月蚀、恶星之类。）岂可以善皆归之天，恶皆归之人。此说出于《乐记》，此说不是圣人之言。"③当然，象山

---

① （宋）陆九渊撰《求则得之》，《陆九渊集》卷三十二，钟哲点校，中华书局，1980。
② （宋）陆九渊撰《养心莫善于寡欲》，《陆九渊集》卷三十二，钟哲点校，中华书局，1980。
③ （宋）陆九渊撰《语录下》，《陆九渊集》卷三十五，钟哲点校，中华书局，1980。

所谓"天"，显然是自然之天，而朱子所谓"天"，则为义理之天。且朱子认为，人欲中也有天理，并没有将天理与人欲绝对分割。

象山虽反对朱子做天理、人欲的分别，但他自己却也讲二者的对立。"天理人欲之相为消长，其间可谓不容发矣。"① 从这一点看，象山与朱子所论，又基本是一致的。

象山之所以既讲天理与人欲对立，又反对朱子所做的分别，乃在于他认为世界的本体是"本心"。他不承认在本心之外，还有客观的天理存在。因此，象山着重反对的是本心中的理、欲对立，也反对朱子外在的天理。

第二，道心、人心辩。由于天理和气禀的双重影响，具体的人性，有所谓天地之性和气质之性。与此相应，人有所谓道心和人心。朱子接着《书经》和程颐讲道心与人心的分别。在朱子哲学中，道心与天理、人心与人欲经常并提，"道心者，天理也。微者，精微。"（《朱子语类》卷七十八）又说："人心者，人欲也。危者，危殆也。"（《朱子语类》卷七十八）从关于理与气、理与事、天地之性与气质之性、道心与人心等范畴关系的阐述中，可看出朱子道德哲学理论的逻辑严密性。在这里，天理与人欲之分，也就是道心与人心之别。道心出于天理，人欲则生于"形气之私"。可是，圣人也有耳、目、口、鼻之形，此为人心，还是道心呢？朱子的回答是，这要看心之所向是义理，还是欲望。若所向为义理，则是道心，反之，则是人心。因此，道心即义理之心、道德之性，人心即人欲之心。这样一来，就将道德与人欲分割开来，此理学之局限。

象山反对《书经》和朱子所做的道心与人心的分别："《书》云：'人心惟危，道心惟微。'解者多指人心为人欲，道心为天理，此说非是。心一也，人安有二心？自人而言，则曰惟危；自道而言，则曰惟微。罔念作狂，克念作圣，非危乎？无声无臭，无形无体，非微乎？"② 象山反对将一心分为二，是因为反对做天理与人欲的分别。因此，象山也不赞成以天理解释道心，而以人欲解释人心。他认为这种分别，是对《尚书·大禹谟》"人心惟危，道心惟微，惟精惟一，允执厥中"的误解。象山认为，人心是合一的，不能有道心、人心之分。善恶差别极其微妙，关键在于我心是"罔

---

① （宋）陆九渊撰《庸言之信庸行之谨闲邪存其诚善世而不伐德博而化》，《陆九渊集》卷二十九，钟哲点校，中华书局，1980。

② （宋）陆九渊撰《语录上》，《陆九渊集》卷三十四，钟哲点校，中华书局，1980。

念"，还是"克念"。罔念就是无义理之心，自然恶，克念则存义理之心，自然为善。

心是象山哲学的本体，他认为在本心之外没有理的存在。因此，其反对做天理与人欲的分别。相应地，也反对所谓道心与人心之别。

朱子向来强调人只有一心，因此，象山认为朱子分一心为二的观点，朱子本人是不赞成的。在朱子看来，在人的一心的基础上，所谓道心与人心，只是心的趋向不同。朱子曾云："道心人心，本是一个物事。"（《朱子语类》卷七十八）又说："只是这一个心，知觉从耳目之欲上去，便是人心；知觉从义理上去，便是道心。"（《朱子语类》卷七十八）朱熹反对"心"外有"心"。应当说，朱子的这一解释，还是说得通的。

象山批评朱子以天理、人欲来分别道心、人心，可谓切中要害。朱子一方面认为天理和人欲相互联系，天理要搭在人欲上。可是，另一方面，他又做道心与人心的分别，道心就是天理，人心就是人欲。象山认为，朱子这两种说法是相互矛盾的。

后来，朱子修正了自己的说法，认为道心和人心也是相互联系的，人心涵天理和人欲。如其云："虽圣人不能无人心，如饥食渴饮之类；虽小人不能无道心，如恻隐之心是。"（《朱子语类》卷七十八）所以，朱熹承认，程颐所谓"人心，人欲也"的观点是不妥的。人心不全是不好的，《书经》只说"危"，是一种"欲坠未落"的状态。朱子说："人心者，气质之心也，可为善，可为不善。"（《朱子语类》卷七十八）人心者，乃气质之心，可向善，亦可向恶。这样一来，道心、人心与天地之性、气质之性的说法，就取得了一致。因为气质之性本身就是理与气杂。朱熹这种修改，使其关于道心、人心的观点，与象山所言趋于相似。

朱子所谓气质之性是天理与气禀相杂，其所谓人心是天理与人欲相杂，人欲又是义理与"耳目之欲"杂。照此逻辑，耳目之欲还可分析出理、气关系。可见，朱熹在本体上解释理与事，即理与万物的关系，就得解释清楚理与理、气的关系。一个是总的理，是作为形上本体的理，一个是下搭在物或气上的理。这种理与理、气的关系，可以无限分析，以至无穷。

相比之下，象山关于本心与利欲对立的观点，直截了当，简明扼要。物欲中不再划分出本心，以及与本心对立的东西。

第三，关于告子人性论之辩。象山对告子评价极高，象山说："……独以古之性说约，而性之存焉者类多；后之性说费，而性之存焉者类寡，告子湍水之论，君子之所必辩，荀卿性恶之说，君子之所甚疾。"① 象山所论，遭到包括朱熹在内的许多儒者的批评，认为象山之学乃告子之学。实际上，象山只是对告子有所肯定而已，并非完全赞成其人性观。

当然，象山也有与告子相类处，如在人性问题上，只说心，不言气。朱子云："陆子静之学，看他千般万般病，只在不知有气禀之杂，把许多粗恶底气都把做心之妙理，合当怎地自然做将去。"（《朱子语类》卷一二四）又接着说："只道这是胸中流出，自然天理，不知气有不好地夹杂在里，一齐衮将去，道害事为害事？看子静书，只见他许多粗暴底意思可畏。……看来这错处，只在不知有气禀之性。又曰：'论性不论气，不备。'孟子不说到气一截，所以说万千与告子几个，然终不得他分晓。告子以后，如荀、杨之徒，皆是把气做性说了。"（《朱子语类》卷一二四）就是说，象山只讲本心，不讲气禀。朱子认为，象山这一点与告子相似。

总体上看，朱子与象山关于告子人性论之辩，要点在象山仅就本心言性，而不及气。朱子一脉则以天地之性、气质之性讨论性善、性恶。

二　复其本心

象山认为理自心中发，没有必要通过天下万物来证明心中之理，而仅需要"本心"认识、印证本心。就是说，认识理的方法，不是向外追逐，而是向内自省，重点在个人的道德修养。具体就是要通过"发明本心"或"恢复本心"这样一些简易的工夫。从而了解本心，即可明心见性，去除心蔽，实现顿悟，从而达到明理的目的。

陆九渊的认识论或道德修养论，是按照孟子"尽其心者，知其性也，知其性，则知天矣"的思路展开的。他认为人只要恢复本心或发明本心，即可复归人性之善。"今学者能尽心知性，则是知天，存心养性，则是事天。"② 这是直承孟子的道德修养论。象山明确指出，要明白是非，就得靠"复心"，他说："知非则本心自复。"③ 象山和朱子一样，认为恶与善是完全对立的，可以说是势不两立。就像阴阳二气消长一样，阳长则阴消，反之亦然。"善恶之习，犹阴阳之相为消长，无两大之理。一人之身，善习长而恶习消，则为贤人，反是则为愚。一国之俗，善习长而恶习消，则为治

---

①　（宋）陆九渊撰《天地之性人为贵论》，《陆九渊集》卷三十，钟哲点校，中华书局，1980。

②　（宋）陆九渊撰《与赵咏道·四》，《陆九渊全集》卷十二，中国书店，1992。

③　（宋）陆九渊撰《语录下》，《陆九渊集》卷三十五，钟哲点校，中华书局，1980。

国，反是则为乱。"① 象山认为，因为万物皆备于我，所以作为君子，其道德修养的责任，就在于惩恶扬善，根绝恶习，善则自扬。"苟此心之存，则此理自明，当恻隐处自恻隐，当羞恶，当辞逊，是非在前，自能辨之。"② 象山指出，理就在人的眼前，只是人被物欲所遮蔽而已。象山所谓复心之要点，可以概括为"尽去为心之累"③。也就是孟子道德修养论中的"求放心"，即把丢失的善性找回来。

朱子与象山均认为人之本性是善的，道德修养的目的，就是要去欲、制欲、绝欲而存人之善性。所以，从道德修养理论特点看，他们都倡导复性论。

> 朱子与象山所主者，均属性善论。人性本善，故为道德可能性之根据。这是性善论者必须给予论证的问题。性善之人何以有恶？以人性为本善，还必须解释和说明"恶"的根源。"恶"是道德必要性之根据。④

在象山看来，恢复人性本然之善，就要"复其本心"。而复其本心就要"先立乎其大者"，即"立心"。"四端"是本心的核心和根据，是人向善的可能性根据，也就是儒家道德的可能性根据。象山说："道塞宇宙，非有所隐遁。在天曰阴阳，在地曰刚柔，在人曰仁义。仁义者，人之本心也。"⑤ 本心自足而圆满，故无不善。象山的学生袁燮将这一点说得更清楚："学问之要，得其本心而已。心之本真，未尝不善，有不善者，非其初然也。"⑥ 本真就是本然之善，即本心的固有特性。

象山指出，人性本然是善的，"人性本善，其不善迁于物也。知物之为害，而能自反，则知善者乃吾性之固有，循吾固有而进德，则沛然无他适矣"⑦。人性本然是善的，也就是本心是善的。朱子以理解释性善，象山则以心规定性善。对应于朱子之"理善论"，象山性善论可谓"心善论"。⑧

① （宋）陆九渊撰《与杨守·三》，《陆九渊全集》卷十二九，中国书店，1992。
② （宋）陆九渊撰《语录上》，《陆九渊集》卷三十四，钟哲点校，中华书局，1980。
③ （宋）陆九渊撰《语录下》，《陆九渊集》卷三十五，钟哲点校，中华书局，1980。
④ 彭永捷：《朱陆之辩——朱熹陆九渊哲学比较研究》，人民出版社，2002，第133页。
⑤ 《年谱》，《陆九渊集》，卷三十六，钟哲点校，中华书局，1980。
⑥ （宋）袁燮：《象山先生文集序》，《陆九渊集》卷三十六，钟哲点校，中华书局，1980。
⑦ （宋）陆九渊撰《语录上》，《陆九渊集》卷三十四，钟哲点校，中华书局，1980。
⑧ 张立文：《走向心学之路——陆象山思想的足迹》，中华书局，1992，第257页。

象山云："仁，人心也，心之在人，是人之所以为人，而与禽兽草木异焉者也，可放而不求哉？古人之求放心，不啻如饥之于食，渴之于饮，焦之待救，溺之待援，固其宜也。学问之道，盖于是乎在。"① 就是说，心的本然是善的，是人之所以为人者。人要努力将心之善"求"回来。

朱子以"气禀"之浊者来说明人性之不善，象山则用"物欲"或"利欲"来解释人性恶的根源。物欲、利欲对人的蒙蔽和"陷溺"，才使人失去本心，恶才产生。"人无不知爱亲敬兄，及为利欲所昏便不然。欲发明其事，止就彼利欲昏处指出，便爱敬自在。此是唐、虞三代实学，与后世异处在此。"② 物欲、利欲皆由人所生，故本心与恶的对立，亦即我与物之矛盾。不被物欲所陷而存本心者，即为圣人，反之，则为常人。"君子役物，小人役于物。夫权皆在我，若在物，即为物役矣。"③

朱熹认为人的气禀是与生俱来的，故人性的根基一开始就有差别，这是主张气禀有定。象山则认为人的本心是人所固有的，恶是源于人为物欲所蔽。只要去蔽，去恶，即可复其本心。从这个意义上说，象山所论，有其超越朱子之处。

在象山看来，树立道德的主体性或主体意识非常重要，如果主体性不明晰，即使向心外求索也是没有根基的。正如黄宗羲所说："先生之学，以尊德性为宗，谓'先立乎其大，而后天之所以与我者，不为小者所夺。夫苟本体不明，而徒致功于外索，是无源之水也'。"④ 所谓"先立乎其大"，乃孟子之观点，"此天之所与我者，先立乎其大者，则其小者不得夺也"（《孟子·告子上》）。象山秉承孟子思想，他说："此理在宇宙间，未尝有所隐遁？天地之所以为天地者，顺此理而无私焉耳。人与天地并立为三极，安得自私而不顺此理哉？孟子曰：'先立乎其大者，则其小者不能夺也。'人惟不立乎其大者，故为小者所夺，以判乎此理，而与天地不相似。"⑤ 因此，"先立乎其大者"就是树立道德主体意识，摒弃物欲之私。"先立乎其大者"，是"复其本心"的前提。

如何"立乎其大"？在这个问题上，象山多有发明。孟子以"大体"为

① （宋）陆九渊撰《学问求放心》，《陆九渊集》卷二十二，中国书店，1992。
② （宋）陆九渊撰《语录下》，《陆九渊集》卷三十五，钟哲点校，中华书局，1980。
③ （宋）陆九渊撰《语录下》，《陆九渊集》卷三十五，钟哲点校，中华书局，1980。
④ （清）黄宗羲撰《宋元学案·象山学案·案语》，（清）黄百家辑，（清）全祖望修订，（清）王梓材等校定，商务印书馆，1929。
⑤ （宋）陆九渊撰《与朱济道三》，《陆九渊集》卷十一，钟哲点校，中华书局，1980。

"大者"，以"小体"为"小者"。那么，什么是大体呢？《孟子集注》云：
"大体，心也。小体，耳目之类也。"① 朱熹的这一解释，应是孟子所谓大体
的本意。孟子认为，心之官则思，耳目之官则蔽于物。思则得天地之道，
不思则不得。故心之官是大体，耳目之官是小体。对心之官和耳目之官的
作用，朱子有精确论述："耳司听，目司视，各有所职而不能思，是以蔽于
外物。既不能思而蔽于外物，则亦一物而已。又以外物交于此物，其引之
而去不难矣。心则能思，而以思为职。凡事物之来，心得其职，则得其理，
而物不能蔽；失其职，则不得其理，而物来蔽之。此三者，皆天之所以与
我者，而心为大。若能有以立之，则事无不思，而耳目之欲不能夺之矣。"②
所以，"立心"就是立大体、大者。大体、大者一立，则小体不可夺之。

以上为孟子和朱子对大体、大者的论述，象山并没有直接回答何为大
体、大者。然观其前后文献，其所谓大者，当为"此心"。"私意是举世所
溺，平生所习岂容以悠悠一出一人而知之哉？必有大疑大惧，深思痛省，
决去世俗之习，如弃秽恶，如避寇仇，则此心之灵自有其仁，自有其智，
自有其勇，私意俗习，如见睍之雪，虽欲存之而不可得，此乃谓之知至，
乃谓之先立乎其大者。"③ 能决去世俗之秽恶，而存其仁、智、勇者，即为
"此心"。此心即为象山所谓大体、大者，"先立乎其大者"，即先立此心。

象山所谓立心或先立乎其大者，具体而言，一方面是指树立道德的主
体性意识，或树立一颗尊德乐道之心。"要知尊德乐道，若某不知尊德乐
道，亦被驱将去。"④ 尊德，就是树立决去秽恶之此心，即树立道德主体意
识。象山又云："有一段血气，便有一段精神。有此精神，却不能用，反以
害之。非是精神能害之，但以此精神，居广居，立正位，行大道。"⑤ 此所
谓"一段精神"，就是道德主体意识。

在象山看来，立乎其大者，就是立志，"人要有大志。常人汩没于声色
富贵间，良心善性都蒙蔽了。今人如何便解有志，须先有智识始得。"⑥ "人
惟患无志，有志无有不成者。……若果有志，且须分别势利道义两途。某

① （宋）朱熹撰《四书集注·孟子集注·告子上》，岳麓书社，1985。
② （宋）朱熹撰《四书集注·孟子集注·告子上》，岳麓书社，1985。
③ （宋）陆九渊撰《与傅克明》，《陆九渊集》卷十五，钟哲点校，中华书局，1980。
④ （宋）陆九渊撰《与傅克明》，《陆九渊集》卷十五，钟哲点校，中华书局，1980。
⑤ （宋）陆九渊撰《与傅克明》，《陆九渊集》卷十五，钟哲点校，中华书局，1980。
⑥ （宋）陆九渊撰《与傅克明》，《陆九渊集》卷十五，钟哲点校，中华书局，1980。

之所言，皆吾友所固有。且如圣贤垂教，亦是人固有。"① 可见，所谓"志"，就是能够克服"势利"而弘扬"道义"之智识。象山认为，此志乃人所固有，非由外铄。

象山认为，立志就是要辨析小大轻重，大处着眼，先立个规模。此心不能为小者所动，所蔽，要开阔视野。因此，象山说："道大，人自小之；道公，人自私之；道广，人自狭之。"②

另一方面，"先立乎其大者"，就是要凸显心的主宰地位和作用。"人须是力量宽洪，作主宰。"③ 意思是说，人要收拾精神，自做主宰，不为物欲所累，所引，所误，就是做自己的主人。可见，象山所谓心的主宰，与朱子说的"心宰性情""心包性情""心兼性情"是有区别的。象山还说："失了头绪，不是助长，便是忘了，所以做主不得。"④ 均强调此心要做自我的主宰，不能放任物欲。在象山看来，凸显心的主宰作用，就是要树立尊德乐道之心，树立一颗向善之心。只有这样，道德修养才有依托之主体。

本心或此心是完满自足的，所以，只要树立了道德的主体性，即"先立乎其大者"，人便可以弃恶从善。象山云："四端皆我固有，全无增添。"⑤ 这是直承孟子的"四端"说。心与理是合一的，"四端"非由外铄，则人只需率性而行，道无时不在，无时不有。《语录》载："先生居象山，多告学者云：'汝耳自聪，目自明，事父自能孝，事兄自能弟，本无少缺，不必他求，在乎自立而已。"⑥ 均强调本心自足，立其大者在于己。也可以说，本心自足，是"先立乎其大者"的基础和前提。

反之，若不"先立乎其大"，则读书、做人、做事、修养，就没有了明确的目标，舍本逐末，失去方向，达不到为善去恶之目的。象山云："凡物必有本末。且如就树木观之，则其根本必大。吾之教人，大概使其本常重，不为末所累。然今世论学者却不悦此。"⑦ 这个"本"，就是本心、此心，就是大者、大体。所以，要以本为重，而不能为物欲所蔽。故象山又曰："我治其大而不治其小，一正则百正。恰如坐得不是，我不责他坐得不是，便

---

① （宋）陆九渊撰《与傅克明》，《陆九渊集》卷十五，钟哲点校，中华书局，1980。
② （宋）陆九渊撰《与傅克明》，《陆九渊集》卷十五，钟哲点校，中华书局，1980。
③ （宋）陆九渊撰《与傅克明》，《陆九渊集》卷十五，钟哲点校，中华书局，1980。
④ （宋）陆九渊撰《与傅克明》，《陆九渊集》卷十五，钟哲点校，中华书局，1980。
⑤ （宋）陆九渊撰《与傅克明》，《陆九渊集》卷十五，钟哲点校，中华书局，1980。
⑥ （宋）陆九渊撰《语录上》，《陆九渊集》卷三十四，钟哲点校，中华书局，1980。
⑦ （宋）陆九渊撰《语录上》，《陆九渊集》卷三十四，钟哲点校，中华书局，1980。

是心不在道。若心在道时，颠沛必于是，造次必于是，岂解坐得不是？只在动与情、为与不为之间。"① 因此，所谓"以本为重"，就是"心在道"。反之，以末为重，则心不在道。

在象山看来，人与天地并立而为三极之一。天地广阔、宏大，空明无私，若人自私自利，为物欲蒙蔽，则不能与天地并立。因此，人应由天地之伟大，悟出"先立乎其大者"的必要性和重要性，而不能自甘渺小和沉默。这就是说，人应效法天地的品格，树立以本为重的道德主体意识，行道德之事。"上是天，下是地，人居其间。须是做得人，方不枉。"② 又说："宇宙不曾限隔人，人自限隔宇宙。"③ 人若能意识到自己身处宇宙中，是宇宙的公民，就不会自甘沉沦。定当奋发自强，与天地立。

在具体的道德修养论上，象山同朱子一样，也讲格物致知。象山也以"格"为"至"。如其言："格，至也，与穷、究字同义，皆研磨考察，以求其至耳，学者孰不曰'我将求至理'，顾未知其所知果至与否耳。所当辨，所当察，此也？"④ 什么是物呢？象山训其为"物理"。

可见，象山所谓格物，其意与朱子所训大体相同。然象山关于格物致知之旨，却与朱子意趣大相径庭。象山曰：

> 所谓格物致知者，格此物致此知也，故能明明德于天下。《易》之穷理，穷此理也，故能尽性至命。《孟子》之尽心，尽此心也，故能知性知天。学者诚知所先后，则如木有根，如水有源，增加驯积，月异而岁不同，谁得而御之？若迷其端绪，易物之本末，谬事之始终，杂施而不逊，是谓异端，是谓邪说，非以致明，只以累明，非以去蔽，只以去蔽。……学绝道丧，不遇先觉，失其端绪，操末为本，其所从事者非古人之学也。⑤

可见，象山所谓格物致知，只是致本心之明，去本心之蔽，即"发明本心"。这种"格此物""致此知"的思想，被阳明所继承。

象山的学生曾向其咨询为学之方，象山教以"发明本心"之法。

① （宋）陆九渊撰《语录下》，《陆九渊集》卷三十五，钟哲点校，中华书局，1980。
② （宋）陆九渊撰《语录下》，《陆九渊集》卷三十五，钟哲点校，中华书局，1980。
③ （宋）陆九渊撰《语录上》，《陆九渊集》卷三十四，钟哲点校，中华书局，1980。
④ （宋）陆九渊撰《格矫斋说》，《陆九渊集》卷二十，钟哲点校，中华书局，1980。
⑤ （宋）陆九渊撰《武陵县学记》，《陆九渊集》卷十九，钟哲点校，中华书局，1980。

伯敏云："无个下手处。"先生云："古之欲明明德于天下者，先治
其国；欲治其国者，先齐其家；欲齐其家者，先修其身；欲修其身者，
先正其心；欲正其心者，先诚其意；欲诚其意者，先致其知；致知在
格物。格物是下手处。"①

可见，象山认为道德修养和为学方法就是格物致知。然而，其所谓格
物致知方法却与朱子不同。

伯敏云："如何样格物？"先生云："研究物理。"伯敏云："天下万
物不胜其繁，如何尽研究得？"先生云："万物皆备于我，只要明理。
然理不解自明，须是隆师亲友。"②

与朱子主张向外体认儒家伦理不同，象山是在孟子所谓"万物皆备于
我"的基础上讲格物致知。因此，他特别强调要在个人的本心上用功。象
山认为心即理，人只要自立，涵养本心，没有必要向外探索即可明理。他
说："既知自立，此心无事时，须要涵养，不可便去理会事。"③象山主张内
省，向内涵养本心，"精神全要在内，不要在外。若在外，一生无是处。"④
这正是孟子所谓"存心""养性""养心"和"求放心"的道德修养工夫。

象山这种为学之方，遭到了陈法的反对。在《明辩录》中，陈法著有
《论象山复其本心之非》《论象山教人之法》等文章，对象山的为学提出了
批评。

一方面，象山指出学习的目的就是明理。另一方面，又主张心即理，
强调"理不解而自明"等。那么，学习还有什么用处呢？象山认为，学习
的目的就是收拾人心，即"明心"或"发明本心"。象山推崇"万物皆备于
我，反身而诚，乐莫大焉"的修养工夫和学习方法。这种取自《大学》和
《孟子》的方法，遭到朱子的鲜明反对。朱子指出，若不向外求索，探究事
物之理，只是向内自省，恐怕反身而诚也未必有所获。

①　（宋）陆九渊撰《语录下》，《陆九渊集》卷三十五，钟哲点校，中华书局，1980。
②　（宋）陆九渊撰《语录下》，《陆九渊集》卷三十五，钟哲点校，中华书局，1980。
③　（宋）陆九渊撰《语录下》，《陆九渊集》卷三十五，钟哲点校，中华书局，1980。
④　（宋）陆九渊撰《语录下》，《陆九渊集》卷三十五，钟哲点校，中华书局，1980。

象山有一套教人明心的特别方法，称"静坐占眸"。也就是教读书人收心安坐，如佛教参禅一般。象山弟子詹阜民对此做了记载："先生举'公都子问钧是人也'一章云：'人有五官，官有其职，某因思是便收此心，然惟有照物而已。'他日侍坐，无所问。先生谓曰：'学者能常闭目亦佳。'某因此无事，则安坐瞑目，用力操存，夜以继日。如此者半月，一日下楼，忽觉此心已复澄莹中立，窃异之，遂见先生。先生目逆而视之曰：'此理已显也。'某问先生：'何以知之？'曰：'占之眸子而已。"① 此相当于现在所说的"眼睛是心灵的窗口"，本心澄莹，则自其眸而可知。有人根据"占眸"之说，认为象山所论源自佛禅，这不完全正确。因为，"占眸"实来自孟子。"存乎人者，莫良于眸子。眸子不能掩其恶。胸中正则眸子了焉；胸中不正则眸子眊焉。听其言也，观其眸子，人焉廋哉？"（《孟子·滕文公下》）当然，象山所谓"静坐收心"，确实也与禅宗参禅顿悟之法有相似之处。象山谓："一是即皆是，一明即皆明。"② 又云："无事时，只似一个全无知、无能的人，及事至方出来，又却似个无所不知、无所不能之人。"③ 这些都是阐述人要明其本心。禅宗谓："若识自性，一悟即至佛地。……智慧观照，内外明彻，识自本心。若识本心，即本解脱。"④ 象山修养方法与禅宗的相似性，被作为其学源自禅宗的依据，如朱熹即认为象山之学乃"昭昭灵灵地禅"等。然而，这只是居于理论逻辑特征相似性的推论，外部的直接实证比较少，即没有鲜明的象山之学与禅宗存在传授关系的证据。而象山心学与禅宗共同受孟子思想的影响，则是肯定的。

象山提倡"复其本心""发明本心"，倡导"尊德性""率性而行"，注重笃行和实践。象山认为《四书》既阐述了明（德），又讲践行，他认为《大学》《中庸》更重视笃行。象山对"智"和"圣"做了分别，以智为"致知"，以圣为"力行"，并认为力行是第一位的。象山以履卦卦义阐述了践行的意义，"《易》道既著，则使君子身修而天下治矣，是故'《履》，德之基也'。《杂卦》曰：'《履》，不处也'。不处者，行也。……经礼三百，曲礼三千，皆本诸此常行之道。'《履》，德之基'，谓以行为德之基也。基，始也，德自行而进也。不行则德何由而积？"⑤ 意思是说，履卦乃德之基，

① （宋）陆九渊撰《语录下》，《陆九渊集》卷三十五，钟哲点校，中华书局，1980。
② （宋）陆九渊撰《语录下》，《陆九渊集》卷三十五，钟哲点校，中华书局，1980。
③ （宋）陆九渊撰《语录下》，《陆九渊集》卷三十五，钟哲点校，中华书局，1980。
④ 《般若品第二》，（《六祖法宝坛经》今译），载钱育渝著《原禅》，贵州人民出版社，2001。
⑤ （宋）陆九渊撰《语录下》，《陆九渊集》卷三十五，钟哲点校，中华书局，1980。

基就是开始，强调行动。

清代学者全祖望对象山"复其本心"之说做了评价，其言曰："陆子之学，近于上蔡，其教人以发明本心为始事，此心有主，然后可以应天地万物之变。""故陆子教人以明其本心，在经则本于《孟子》扩充四端之教。"① 又说："心明则本立，而涵养省察之功，于是有施行之地。"② 应当说，这一评价还是符合象山思想实际的。

三　复其本心之非

陈法认为，人心具众理。此理为"天理""天性"，是人之所得于天者。从这个意义上说，陈法还是认同象山"复其本心"之说的。但是，陈法同时指出，由于人受先天气禀和后天物欲影响，本心所具之理是不可能一复即可呈现的。这一观点，又是秉承朱子的看法。

> 象山教人，使之"先复其本心，以为主宰"。夫人之心，万理咸具。圣人之所以为教，学者之所以为学，无非欲复其本心而已。惟是气禀拘于有生之初，物欲蔽于有生之后。其放而失之也，非一朝一夕之故。则其复之也，亦非旦夕之功。程子曰："古之人，耳之于乐，目之于礼，左右起居，盘盂几杖，有铭有戒，动息皆有所养，今皆废此，独有义理之养心耳。今但存此涵养，意久则自熟矣。"③

因此，要恢复天理，得经过一番去欲、去蔽的格物穷理工夫，才能达到"意久则自然熟"的境界。可见，陈法所谓去欲、去蔽是遵循了程朱的方法。陈法又引程颐的观点，反复强调道德修养方法的重要性。

> （程子）又曰："学者须敬守此心，不可急迫，当栽培深厚，涵泳于其间，然后可以自得；但急迫求之，只是私己，终不足以达道。"④

---

① （清）黄宗羲撰《宋元学案·象山学案·案语》，中华书局，1986。
② （清）黄宗羲撰《宋元学案·象山学案·案语》，中华书局，1986。
③ （清）安平陈法定斋手订，（清）山右荆如棠校刊《明辩录·论象山复其本心之非》，《陈法诗文集续》，陈德远点校，贵州人民出版社，2011，第135～136页。
④ （清）安平陈法定斋手订，（清）山右荆如棠校刊《明辩录·论象山复其本心之非》，《陈法诗文集续》，陈德远点校，贵州人民出版社，2011，第135～136页。

急功近利是以一己之私，而自以为本心自足，从而切近天理。在陈法看来，这是做不到的，违背了认识的渐进性规律。

与程朱相比，陈法似乎更强调天理为吾心所具。只是，他与象山不同，在恢复天理的方法上，陈法坚持程朱的方法。

> 是以，学者之从事于心者，惟端庄、敬一以培壅其根本，讲习、讨论以发明其识趣，而容貌、词气之间，亦无往不致其持守之力；声色货利之乘，无往不致其克治之功。敬义夹持，识明两进，优游厌饫，勿忘勿助，渐摩之以岁月之久，而资质之未逮者，又不惮百倍其功。如是，则气质之偏，渐觉消融，物语之私，渐觉剥落，而吾心之天理亦渐完复，其应天下之事，所谓"大中""至正"之矩者或可，庶几其"无过""不及"之差矣。①

这就是说，要通过长期的修养和积累，才能保持向善的品性，纠正气质之偏、克服物欲之私。这样，才有可能达到"大中""至正"的标准。陈法批评了象山所谓"自证自悟"，认为这种方法是不可能悟得天理的。

> 是以古之圣贤，朝考夕稽，未敢一毫自是；朝乾夕惕，未敢一毫自懈；盖以吾心之理，广大精微，虽无声无臭，未尝不在人伦日用之中；非研究之精，体验之久，无由贯通；非克治之力，涵养之深，无由纯熟；非可自证自悟，生吞活剥，取效旦夕之间，遂可倚违作用者也。②

陈法在这里还是强调了要在伦常日用中格物，才能穷理。他认为，象山所谓"复其本心""明心见性"等，都是些生吞活剥的办法，不可能取得奇效。陈法不赞成象山以心即理本体论为基础的"易简"工夫。在他看来，这简直就不是道德修养工夫。

> 今象山之言曰："此心但存，此理自明。"又曰："诚能不安其旧，

---

① （清）安平陈法定斋手订，（清）山右荆如棠校刊《明辩录·论象山复其本心之非》，《陈法诗文集续》，陈德远点校，贵州人民出版社，2011，第135～136页。

② （清）安平陈法定斋手订，（清）山右荆如棠校刊《明辩录·论象山复其本心之非》，《陈法诗文集续》，陈德远点校，贵州人民出版社，2011，第135～136页。

惟新是图，则本心可以立复，旧习可以立熄，居仁由义，大人之事备矣。"又曰："此心炯然，此理坦然，物各付物，会其有极，归其有极，所过者化，所存者神，上下与天地同流，岂曰小补之哉？"又曰："只一'存'字，自可使人明得此理即是主宰，外物不能移，邪说不能惑。"呜呼！亦何其言之易易也？①

存此心，此理自明。象山、阳明都主张"心外无理""心外无物"，本心圆满自足，心藏万理，明心即可见性。这与理学家的主张是不同的。

陈法指出，象山所谓"自足""自证""自悟"之本心说，并非圣人的学问，乃是对禅宗所谓"知觉灵明"之"本心"说的发挥。

夫心有顿悟之机，而理无骤获之效，是则所谓"本心"者，亦释氏圆明、妙觉之心而已。其收拾、保养亦自虚、明、澄、澈，如所谓"不动道场周偏沙界"、所谓"真空摄众有而应变"者，亦自可作主宰。然究之无星之秤，无寸之尺，与天理、人心、秩序、命讨之实，了无交涉，而其张皇浮露与圣贤深潜醇粹之气象，亦复天悬地隔。②

陈法引用朱子的话，对象山的修养方法提出了批评，他说：

朱子谓其"尽废讲学，专务践履"，却于践履之中，要人提撕省察，悟得本心为"为病之大"。又谓："释氏擎拳、竖拂、运水、搬柴之说，岂不见此心？岂不识此心？而卒不可与入尧舜之道者，正谓'不见天理'而'专任此心'为主宰，故卒流于自私。"③

意思是，象山"任心""悟心"的方法，是企图以一己之私而囊括天理，朱子称此种修养工夫是"为病之大"。陈法的结论是：

---

① （清）安平陈法定斋手订，（清）山右荆如棠校刊《明辩录·论象山复其本心之非》，《陈法诗文集续》，陈德远点校，贵州人民出版社，2011，第 136 页。

② （清）安平陈法定斋手订，（清）山右荆如棠校刊《明辩录·论象山复其本心之非》，《陈法诗文集续》，陈德远点校，贵州人民出版社，2011，第 136～137 页。

③ （清）安平陈法定斋手订，（清）山右荆如棠校刊《明辩录·论象山复其本心之非》，《陈法诗文集续》，陈德远点校，贵州人民出版社，2011，第 137 页。

　　是则圣贤所谓复其本心者，复其"皆备"之心；象山所谓复其本心者，复其"虚灵知觉"之心；圣贤所谓复其本心者，不使此心溺于物欲，以全其固有，象山所谓复其本心者，但欲此心发其灵明以为主宰。①

　　孟子并没有直接讲"复其本心"，而讲"万物皆备于我矣，反身而诚，乐莫大焉；强恕而行，求仁莫近焉"（《孟子·尽心上》）。陈法认为，孟子所讲与象山所说是不同的。孟子所谓"皆备""固有"，是指圣人在精神境界上与万物为一体，反躬自省，去除利欲之蔽，保持向善的品性，即可到达仁的境界。这种境界是通过"格物"的工夫得来的。而象山所谓"复其本心"，则是复佛禅"虚灵明觉"之心，二者是有本质区别的。在陈法看来，修养工夫的不同，也是儒与释区别的重要标志。他说：

　　夫苟知吾心之理无所不该，则其讲明、体认、直内、方外之功，自不能已。但欲识取其知觉之灵，则一心之外无余事。故诋格致为支离，视集义为外义，本源既差，则用功之难易，获效之迟速，自不能以不异，而儒、释之分，亦遂如苍素之不可强同矣。②

　　陈法认为，象山所谓"明""体认""直内""方外"等工夫，就是复本心之"知觉灵明"，认为心外无余事。象山因此以程朱的方法为支离，陈法不苟同。

　　陈法从"存心""明理"等方面，即从本体与工夫方面，讨论了程颐的道德修养方法与象山之法的区别。

　　或曰："存久自明，非明道之言乎？"曰："此即涵养久则天理自明之意。"是程子之所谓"存"者，合内外动静而言；象山之所谓"存"者，偏于内摄，主于虚静者也。程子之所谓"明"者，吾心之天理；象山之所谓"明"者，此心之神明。程子所谓"存久"者，从容涵养、

---

①　（清）安平陈法定斋手订，（清）山右荆如棠校刊《明辩录·论象山复其本心之非》，《陈法诗文集续》，陈德远点校，贵州人民出版社，2011，第137页。

②　（清）安平陈法定斋手订，（清）山右荆如棠校刊《明辩录·论象山复其本心之非》，《陈法诗文集续》，陈德远点校，贵州人民出版社，2011，第37页。

栽培深厚，则由诚而明；象山所谓"但存自明"者，收摄之力，逼迫之甚，则此心之神明亦偶尔呈露。程子所谓"存久自明"者以义理，涵养久之，则心与理一，故非旦夕之功；象山之所谓"但存自明"者，弃见、闻、知、思，一味收摄但存，则灵觉自著，故有骤获之效。深体味之，有不待辩说而自明者矣。①

在这里，陈法就"存心""养性"的本质、方法、目的等，指出了理学与禅学的区别。认为程子所谓"存"的工夫，是讲究"涵养""合内外动静"；程子所谓"明"，是要明"天理""义理"；程子所谓"存"，是由"诚"而"明"，达到"心""理"为一的境界。象山所"存"者，则为佛禅之"虚静"，所"明"者亦为佛禅之神明。总之，象山抛弃了"见闻之知"，而认为"本心"之"灵明"自显。在陈法看来，这是不正确的，不需辩说而明了。

第三节　朱陆为学方法辨

朱陆为学方法，包含其道德修养工夫。朱陆为学方法之辨，体现为"支离"与"易简"、"道问学"与"尊德性"之辨。陈法《明辩录》中《论象山教人之法》和《格致论》等文，实际上就是对朱陆为学之方观点的评价。陈法批评象山的为学方法，是以朱子为学之法为基础而进行的。因此，象山为学之方辨，必然涉及朱陆为学方法之辨。

一　易简与支离之辨

鹅湖之会时，象山于其诗作中提出了所谓"支离"与"易简"问题，并以此作为其在治学方法上区别于朱子的重要标志。象山诗云：

墟墓兴哀宗庙钦，斯人千古不磨心。涓流滴到沧溟水，拳石崇成泰华岑。易简工夫终久大，支离事业竟浮沉。欲知自下升高处，真伪先须辨只今。②

---

① （清）安平陈法定斋手订，（清）山右荆如棠校刊《明辩录·论象山复其本心之非》，《陈法诗文集续》，陈德远点校，贵州人民出版社，2011，第37页。
② （宋）陆九渊撰《语录上》，《陆九渊集》卷三十四，钟哲点校，中华书局，1980。

象山此诗，指出其为学之方是"先立乎其大者"，即所谓"千古不磨心"，同时批评朱子"格物穷理"之琐碎、支离，认为自己的治学方法和修养工夫简易明了，有前途。并且充满自信地与朱子非得辩个水落石出。

象山《年谱》也记载了"鹅湖之会"朱陆关于为学方法的讨论结果，"鹅湖之会，论及教人。元晦之意，欲令人泛观博览，而后归之约。二陆之意，欲先发明人之本心，而后使之博览。朱以陆之教人为太简，陆以朱之教人为支离，此颇不合。"① 此"二陆"之一指象山兄长陆九龄。象山主张为学应先"简"后"博"，朱子主张先"博"后"简"，体现了为学方法上的差别。象山这种为学方法，被王阳明所继承。

（一）象山倡导"易简工夫"

在为学之方和道德修养方法上，象山主张"易简工夫"。《周易·系辞上》云："乾知大始，坤作成物。乾以易知，坤以简能。易则易知，简则易从。……易简而天下之理得矣，天下之理得，而成位乎其中矣。"这正是象山关于"易简"工夫这一概念的根据，即认为《易》的核心精神就是"简""易"。如其云："后世言《易》者以为《易》道至幽至深，学者皆不敢轻言。然圣人赞《易》则曰：'《乾》以易知，《坤》以简能。易则易知，简则易从，易知则有亲，易从则有功。有亲则可久，有功则可大。可久则贤人入德，可大则贤人之业。易简而天下之理得矣。'孟子曰：'大道若大路然，岂能知哉？'夫子曰：'仁远乎哉？我欲仁，斯仁至矣。'又曰：'一日克己复礼，天下归仁焉。'又曰：'未之思也，夫何远之有？'孟子曰：'道在迩而求诸远，事在易而求诸难。'又曰：'尧、舜之道，孝弟而已矣。徐行后长者谓之弟，疾行先长谓之不弟，夫徐行者，岂人所不能哉：不为耳。'……"② 就是说，仁、道皆在我心中，不必远求，发明本心即可得仁得道。象山说："《易系》上下篇，总是赞《易》。只将赞《易》看，便自分明。凡吾论世事皆如此。必要挈其总要去处。"③ 在象山看来，按照《周易》所倡导的易简方法，为学之方便不可能是朱子所谓格物穷理，应是"发明本心"。

在教育弟子时，象山亦倡导"易简工夫"，教育学生克服"支离"的为

① （宋）陆九渊撰《年谱》，《陆九渊集》卷三十六，钟哲点校，中华书局，1980。
② （宋）陆九渊撰《与曾宅之》，《陆九渊集》卷一，钟哲点校，中华书局，1980。
③ （宋）陆九渊撰《语录上》，《陆九渊集》卷三十四，钟哲点校，中华书局，1980。

学方法。象山曰：

> 为学不当无日新，《易》赞《乾》《坤》之简易，曰："易知易从，
> 有亲有功，可久可大。"然则学无二事，无二道，根本苟立，保养不
> 替，自然日新。所谓可久可大者，不出易简而已。①

可见，象山以为"易简工夫"方"可久可大"，是为学之良方。又云：

> 易简之善，有亲有功，可久可大，苟不懈怠废放，固当日新其德，
> 日遂和平之乐，无复艰屯之意。②

在象山看来，"易简"是值得坚持的一种工夫。"易简"工夫是"得
道"的最佳方法。不必像格物穷理那么复杂，专就"繁""难"处下工夫。
象山向学生说明了其"易简"的为学之方是来自《周易》，他认为弟子
和学者所谓"守规矩"的读书方法是"陋习"：

> 忽呵之曰："陋说！"良久复问曰："何者为规？"又顷问曰："何者
> 为矩？"学者但唯唯。次日复来，方对学者诵"乾知太始，坤作成物。
> 乾以易知，坤以简能"一章，毕，乃言曰："《乾·文言》云：大哉乾
> 元。《坤·文言》云：至哉坤元。圣人赞《易》，却只是个简易二字道
> 了。"遍目学者曰："又却不是道难知也。"又曰："道在迩而求诸远，
> 事在易而求诸难。"顾学者曰："这方唤作规矩，公昨日来道甚规矩！"③

可见，象山所立的读书规矩就是"易简"。

> 先生云："后世言道理者，终是粘牙嚼舌。吾之言道，坦然明白，
> 全无粘牙嚼舌处，此所以易知易行。"或问先生："如此谈道，恐人将
> 意见来会，不及释子谈禅，使人无所措其意见。"先生云："吾虽如此
> 谈道，然凡有虚见虚说，皆来这里使不得。所谓德性常易以知险，恒

---

① （宋）陆九渊撰《与高应朝》，《陆九渊集》卷五，钟哲点校，中华书局，1980。
② （宋）陆九渊撰《与杨敬仲二》，《陆九渊集》卷五，钟哲点校，中华书局，1980。
③ （宋）陆九渊撰《语录上》，《陆九渊集》卷三十四，钟哲点校，中华书局，1980。

简以知阻也。今之谈禅者虽为艰难之说，其实反可寄托其意见。吾于百众人前，开口见胆。"①

象山认为其"易简"工夫与禅宗之法并不相同。象山进一步将"易简"工夫视为其教之法之"血脉"，他说：

> 吾与人言，多就血脉上感移他，故人之听之者易，非若法令者之为也。如孟子与齐君言，只就与民同处转移他，其余自正。②

象山认为自己的为学之方与孟子同，教人以"易简"工夫自正其心，而非外部强加。

象山还将其"易简"工夫称为"减担""勿忘"，简言之，就是简化读书、做学问的烦琐细节。象山认为，所谓格物，应转化为"减担"，亦即"易简"之学习方法，他说："某读书只看古注，圣人之言自明白。且如'弟子入则孝，出则弟'，是分明说与你入便孝，出便弟，何须得传注。学者疲精神于此，是以担子越重。到某这里，只是与他减担，只此便是格物。"③象山认为自己教人读书的诀窍就是减去烦琐的细节，而朱子则于教人学习时主张"添"很多东西。《语录》记载云："因说定夫旧习未易消，若一处消了，百处尽可消。予谓晦庵逐事为他消不得。先生曰：'不可将此相比，他是添。'"④"添"自然就不是"减担"了。

"勿忘"之说来自孟子，象山也称其"易简"工夫为"勿忘"。

> 《孟子》揠苗一段，大概治助长之病，真能不忘，亦不必引用耘苗。……凡人之病，患不能知，若真知之，病自去矣，亦不待费力去除。真知之，却只说得"勿忘"两字。所以要讲论者，乃是辨明其未知处耳。⑤

"勿忘"就是要时刻牢记"心即是理"，因此，没有必要"费力去除"，

① （宋）陆九渊撰《语录上》，《陆九渊集》卷三十四，钟哲点校，中华书局，1980。
② （宋）陆九渊撰《语录上》，《陆九渊集》卷三十四，钟哲点校，中华书局，1980。
③ （宋）陆九渊撰《语录下》，《陆九渊集》卷三十五，钟哲点校，中华书局，1980。
④ （宋）陆九渊撰《语录下》，《陆九渊集》卷三十五，钟哲点校，中华书局，1980。
⑤ （宋）陆九渊撰《与项平甫》，《陆九渊集》卷五，钟哲点校，中华书局，1980。

否则就是"格物",就是揠苗助长,就是"支离"。象山告人,只需记住"勿忘"两字。

所谓"易简""勿忘"工夫之本质,乃在于象山对于修养问题的看法,而与《周易》《孟子》所言并无实质之关系。象山认为,道德修养之根基是本心,而本心是完满自足的,只需"复其本心"即可。既然复其本心,即可使人向善,则修养方法不可不谓"易""简"了。"凡物须有本末。且如就树木观之,则其根本必大。吾之教人,大概使其本常重,不为末所累。然今世论学者却不悦此。"① 如本心不为物欲所蒙蔽,则人之所言所行,无不自合义理。又说:"改过迁善,固应无难,为仁由己,圣人不我欺也,直使存养至于无间,亦分内事耳。"② 在象山看来,做学问本来就是轻松简易的事,不应当搞得支离破碎。其弟子杨简自认其为学方法为"未尝用力,而旧习释然",象山十分赞赏:"此真善用力者也。舜之孳孳;文王之翼翼;夫子言'主忠信',又言'仁能守之',又言'用其力于仁';孟子言'必有事焉',又言'勿忘',又言'存心养性以事天',岂无所用其力哉?此《中庸》之戒谨恐惧,而浴沂之志,曲肱陋巷之乐,不外是矣。此其用力,自应不劳。若茫然而无主,泛然而无归,则将有颠顿狼狈之患,圣贤乐地尚安得而至乎?"③ 就是说,读书做学问,要有明确的目标,要有科学的方法。否则,将茫然而不知所之。

(二)象山以朱子为学之方为"支离事业"

这是对朱子为学之方的批评。象山认为孟子、曾子之学为"易简"之学,而有子之学则与圣学不是一类,原因是有子之学支离。《语录》载:"年十三时,复斋因看《论语》,命某近前,问云:'看有子一章如何?'某云:'此有子之言,非夫子之言。'先兄云:'孔门除却曾子,便到有子,未可轻议,更思之如何?'某曰:'夫子之言简易,有子之言支离。'"④ 象山与其兄陆九龄讨论《论语》时,明确指出有子之学支离。当然,象山反对"支离事业",并非全部针对朱子,而是批评当时与朱子为学之方相类的一般做法。

象山以孔子、孟子的言论为据,批评了为学上的"支离事业"。他说:

---

① (宋)陆九渊撰《语录下》,《陆九渊集》卷三十五,钟哲点校,中华书局,1980。
② (宋)陆九渊撰《与杨敬仲》,《陆九渊集》卷五,钟哲点校,中华书局,1980。
③ (宋)陆九渊撰《与杨敬仲》,《陆九渊集》卷五,钟哲点校,中华书局,1980。
④ (宋)陆九渊撰《语录上》,《陆九渊集》卷三十四,钟哲点校,中华书局,1980。

今时学者，攸攸不进，号为知学耳，实未必知学；号为有志耳，实未必有志。若果知学有志，何更悠悠不进。事业固无穷尽，然古先圣贤未尝艰难其途径，支离其门户。夫子曰："吾道一以贯之。"孟子曰："夫道一而已矣。"曰："途之人可以为禹。"曰："人皆可以为尧舜。"曰："人有四端，而自谓不能者，自贼者也。"人孰无心，道不外索，患在戕贼之耳，放失之耳。古人教人，不过存心、养心、求放心。此心之良，人所固有，人惟不知保养而反戕贼放失之耳。苟知其如此，而防闲其戕贼放失之端，日夕保养灌溉，使之畅茂条达，如手足之捍头面，则岂有艰难支离之事？今日向学，而又艰难支离，迟回不进，则是未知其心，未知其戕贼放失，未知所以保养灌溉。此乃为学之门，进德之地。得其门不得其门，有其地无其地，两言而决。得其门，有其地，是谓知学，是谓有志。既知学，既有志，岂得悠悠，岂得不进。①

这段话并没有直接提朱子，而认为"艰难其途径""支离其门户"乃当时学术界普遍存在的问题。象山认为本心、良心人人固有，道不外索。他说："古人之学，其时习必悦，其朋友必乐，其理易知，其事易从。"②象山推崇孔子所谓"吾道一以贯之"、孟子"夫道一而已矣"等论点。他指出，后世之学者，其学明明为"支离"学问，教人一辈子埋头于故纸堆，反自称为古人之学，是以"学术杀天下"③。显然，象山的批评，是针对程朱一派理学的。象山认为，程朱一派以"支离工夫"教人，弟子于读书做学问上都有弊病。

（三）朱子对朱陆为学之方辩论的态度

朱子对朱陆为学之方辩论的态度主要体现在以下三个方面。

第一，朱子认为"易简"工夫也存在弊端。朱子认为象山对"易简"概念含义之理解存在问题，他从易学角度对"易简"做了解释："陆子静答贤书，说个易简字，却说错了。乾以易知，坤以简能，是甚意思？如何只容易说过了！乾之体健而不息，行而不难，故易；坤则顺其理而不为，故简。不是容易苟简也。"（《朱子语类》卷一二四）从易学角度看，朱子对"易简"的理解确实比象山所论更准确。只不过，《周易》所谓"易简"，

---

① （宋）陆九渊撰《与舒西美》，《陆九渊集》卷五，钟哲点校，中华书局，1980。
② （宋）陆九渊撰《武陵县学记》，《陆九渊集》卷十九，钟哲点校，中华书局，1980。
③ （宋）陆九渊撰《与曾宅之》，《陆九渊集》卷一，钟哲点校，中华书局，1980。

只是象山倡其修养工夫之托词，并非思想源头。其"易简"工夫的思想源头，在于其本体论，即认为本心、良心为人所固有，心即是理。朱子认为象山对《周易》之"易简"理解得太简单，而且有误。因此，他反复提出批评，如其云："乾以易知者，乾是至健之物，至健者，要做便做，直是易；坤是至顺之物，顺理而为，无所不能，故曰简。此言造化之理。……易简有几多事在，岂容易苟简之云乎！"（《朱子语类》卷十六）意思是说，象山将《周易》中所谓"易"理解为"简"，"简""易"混淆。《周易》乾坤两卦，讲的是造化之功，而非为学之方。可见，朱子对象山"易简"工夫及其根据均提出了批评。

在为学方法上，朱子主张格物穷理，讲究量的积累。因此，他不赞成"发明本心"一类的"易简"工夫。"问：'一理通则万理通，其说如何？'曰：'伊川尝云：虽颜子亦未到此。天下岂有一理通便解万理皆通！也须积累将去。如颜子高明，不过闻一知十，亦是大段聪明了。学问却有渐，无急迫之理，有人尝说，学问只用穷究一个大处，则其他皆通。如某正不敢如此说，须是逐旋做将去。不成只用穷究一个，其他更不用管，便都理会得。岂有此理！为此说者，将谓是天理，不知却是人欲。'"（《朱子语类》卷十八）所谓"穷究一个大处"，显然是指象山所谓"先立乎其大者"的"易简"工夫。朱子认为，做学问必须有一个积累的过程，舍此，虽如颜子聪明，也不可能"一理通则万理通"。朱子进一步对象山"易简"方法提出了批评，他说："今有一种学者，爱说某自某月某日有一个悟处，便觉不同。及问他如何地悟，又却不说。便是曾子传夫子一贯之道，也须可说，也须有个来历，因做甚么工夫，闻甚么说话，方能如此。今若云都不可说，只是截自甚月甚日为始，已前都不是，已后都是，则无此理。……"（《朱子语类》卷二十七）朱子主张读书做学问，需从字里行间了解事物之理，而这是象山"易简"之法做不到的。

象山认为颜子为学之方是"支离"，仲弓的修养方法是"易简"。朱子则反之，指出颜子为学之方乃"格物穷理""克己复礼"，仲弓无颜子之勇。这体现了朱子和象山不同的为学和修养理念。"如颜子'克己复礼'工夫，却是从头做起来，是先要见得后却做去，大要着手脚。仲弓却只是据见成本子做，只是依本画葫芦，都不问着那前一截了。仲弓也是和粹，但精神有所不及。颜子是大人通晓。向时陆子静尝说，颜子不如仲弓。而今看着，似乎是'克己复礼'底较不如那'持敬行恕'底较无事，但'克己复礼'

工夫较大，颜子似创业之君，仲弓似守成之君。仲弓不解做得那前一截，只据见在底道理持守将去。"（《朱子语类》卷四十二）意思是，颜子秉承从头做起的"格物穷理"工夫，一旦克己复礼便可为仁，仲弓则持守现成的道理。因此，就做学问和道德修养言，颜子比仲弓更勇。这就是说，"易简"工夫乃为学无勇。

第二，朱子承认"格物致知"的为学之方也存在弊病，应当给予修正。他说："孟子言学问之道，惟在求其放心，而程子亦言心要在腔子里。今一向耽着文字，令此心全体都奔在册子上，更不知有己，便是个无知觉、不识痛痒之人，虽读得书，亦何益于我事耶！"[1] 这是"鹅湖之会"后，朱子在与友人的书信往来中所做的反思。又云："觉得此心存亡，只在反掌之间，向来诚是太涉支离。若无本以自立，则事事皆病耳，岂可一向汩溺于故纸堆中，使精神昏蔽，而可谓之学！"[2] "年来觉得日前为学不得要领，自身做主不起，反为文字夺却精神，不为小病。每一念之，惕然自惧，且为朋友忧之。若只如此支离，漫无统纪，展转迷惑，无出头处。"[3] 朱子意识到，以往做学问，确实存在"支离"的情况，为文字所夺。在其与何叔京的书信中，认识到存认知之良心，对于学术之重要性，其言曰："但因其良心发现之微，猛省提撕，使此心不昧，则是做功夫底本领。本领既立，自然下学而上达矣！若不见于良心发现处，渺渺茫茫，恐无下手处也。"[4] 在与周叔谨的交流中，朱子说得更为清楚："某近日亦觉向来说话有太支离处，反身以求，正坐自己用功亦未切耳。因此减去文字功夫，觉得闲中气象甚适。每劝学者亦且看孟子道性善、求放心两章，若实体察，收拾此心为要。"[5] 当然，朱子所谓"本""良心""此心"，并非象山作为本体之"心"。

此外，在教学和与弟子切磋学问时，朱子亦多次提到"支离"之病。《朱子语类》记载：

问："弟子入则孝一章，力行有余暇，便当学六艺之文。要知得事父兄如何而为孝弟，言行如何而能谨信。"语尚未终，先生曰："下面说得支离了。圣人本意重在上面，言弟子之职须当如此，下面言余力

① （清）黄宗羲撰《宋元学案·象山学案·案语》，中华书局，1986。
② （清）黄宗羲撰《宋元学案·象山学案·案语》，中华书局，1986。
③ （清）黄宗羲撰《宋元学案·象山学案·案语》，中华书局，1986。
④ （清）黄宗羲撰《宋元学案·象山学案·案语》，中华书局，1986。
⑤ （清）黄宗羲撰《宋元学案·象山学案·案语》，中华书局，1986。

则学文。大凡看文字，须认圣人语脉，不可分毫走作。若说支离，将来又生出病。"（《朱子语类》卷二十一）

在"鹅湖之会"上，象山对朱子为学之方的批评，对朱子本人的触动很大，他不仅通过与友人的通信来纠正"支离"问题，而且在教学中亦自觉加以改正。在朱子答象山书中，明确意识到"支离"问题，他说："熹衰病日侵，去年灾患亦不少，此数日来，病躯方似略可支吾，然精神耗减，日甚一日，恐终非能久于世者。所幸迩来日用功夫颇觉有力，无复向来支离之病，甚恨未得从容面论，未知异时相见，尚复有异同否耳！"① 这应当是王阳明、黄宗羲等所谓朱子晚年"回归"说之依据，朱子确实意识到其为学之方的弊病，并努力加以修正。

第三，朱子尝试综合"易简"工夫和"格物致知"之长，而克服其短，提出"博""约"并重。朱子将象山"易简"工夫称为"约"，将"格物"称为"博"，主张"博""约"并重。这是朱子在认识到"易简""支离"两种方法各自之优缺点后，企图综合两种方法之尝试。一方面，朱子认为"易简"方法偏向一端，"务反求者，以博观为外驰；务博观者，以内省为狭隘。堕于一偏，此皆学者之大病也！"（《朱子语类》卷九）按照朱子的看法，书是要读的，格物还是有必要的。但读书又要见字里行间之理，不可偏向另一端。"或问读书未知统要。曰：'统要如何便会知得？近来学者，有一种则舍去册子，却欲于一言半句上便要见道理；又有一种，则一向泛滥不知归着处，此皆非知学者。须要熟看熟思，久久之间，自然见个道理四停八当，而所谓统要者自在其中矣。'"（《朱子语类》卷十一）朱子说，读书、做学问，要"宽心"与"紧心"相结合，宽心就是"易简"，就是要见字里行间之理；紧心就是"格物"，就是要体察文义之细密处。"便是看义理难，又要宽着心，又要紧着心。这心不宽，则不足以见其规模之大；不紧，则不足以察其文理（一作义）之细密；若拘滞于文义，少间又不见他大规模处。"（《朱子语类》卷九）

朱子提倡"博""约"并重，他说："博学，亦非谓欲求异闻杂学方谓之博。博之与约，初学且只须做两途理会。一面博学，又自一面持敬守约，莫令两下相靠。做两路进前用工，塞断中间，莫令相通。将来成时，便自

① （宋）朱熹撰《朱文公文集》卷36，四部丛刊初编集部，商务印书馆，2009。

有会通处。若如此两下用工，成甚次第。"（《朱子语类》卷三十三）"博"就是要做细致工夫，"持敬守约"则指"易简"方法。朱子认为，"博""约"两种方法，在认识上有不同的地位和作用。应先"约"，后"博"，最后归于"约"。他说：

> 为学须是先立大本。其初甚约，中间一节甚广大，到末梢又约。孟子曰："博学而详说之，将以反说约也。"故必先观《论》《孟》《大学》《中庸》，以考圣贤之意；读史，以考存亡治乱之迹；读诸子百家，以见其驳杂之病。其节目自有次序，不可逾越。近日学者多喜从约，而不博求之。不知不求于博，何以考验其约！如某人好约，今只做得一僧，了得一身。又有专于博上求之，而不反其约，今日考一制度，明日又考一制度，空于用处作工夫，其病又甚于约而不博者。要之，均是无益。（《朱子语类》卷十一）

朱子也主张为学须"先立乎其大者"，即先有"约"，然后经过"博"，再回归"约"。朱子对其为学之方进行修正，其目的就是要"博""约"结合。因此，朱子认为象山还是过于偏向"约"，他说："子静使气，好为人师，要人悟。"（《朱子语类》卷一二二）"或问东莱象山之学。曰：'伯恭失之多，子静失之寡。"（《朱子语类》卷十一）伯恭指吕祖谦，"鹅湖之会"时，吕祖谦正是召集人，目的就是要调和两种为学之方，取长补短。

朱子确实认识到"支离"工夫之局限，因而主动加以纠正，但这并非如王阳明所说的朱子晚年意识到其学之非而同于象山，或者如黄宗羲所说的朱陆最终会归于一致。《朱子语类》记载了朱子晚年对其学与象山之学关系的看法，朱子说：

> 江西学者偏要说甚自得，说甚一贯。看他意思，只是拣一笼统底说话，将来笼罩，其实理会这个道理不得。且如曾子日用间做了多少工夫，孔子亦是见他于事事物物上理会得这许多道理了，却恐未知一底在，遂来这里提醒他。然曾子却是已有这本领，便能承当。今江西学者实不曾有得这本领，不知是贯个甚么！尝譬之，一便如一条索，那贯底事物，便如许多散钱。须是积得这许多散钱了，却将那一条索来一串穿，这便是一贯。若陆氏之学，只是要寻这一条索，却不知道

都无可得穿。且其为说，吃紧是不肯教人读书，只恁地摸索悟处。譬如前面有一个关，才跳得过这一个关，便是了。此煞坏学者。某老矣，日月无多。方待不说破来，又恐后人错以某之学亦与他相似。今不奈何。苦口说破。某道他断是异端！断然是曲学！断然非圣人之道！但学者稍肯低心向平实处下工夫，那病痛亦不难见。（《朱子语类》卷二十七）

意思是说，要"一以贯之"，也得"积许多散钱"，下足工夫才行，有许多经验知识积累才能贯通。这是朱子晚年对弟子所言，故可看成其对两家为学方法不同之定论。

二　尊德性与道问学之辩

尊德性与道问学，分别是陆、朱两家的为学之方，更是修养方法，与之对应的是"易简工夫"和"格物穷理"。尊德性、道问学概念源自《中庸》，"故君子尊德性而道问学，致广大而尽精微，极高明而道中庸"。朱子释之云："尊德性，所以存心而极乎道体之大也；道问学，所以致知而尽乎道体之细也，二者修德凝道之大端也。"朱子更重视道问学，而象山则重尊德性。朱子认为，所谓尊就是尊崇、抬高，所谓道就是行、做。象山说："朱元晦曾作书与学者云：'陆子静专以尊德性诲人，故游其门者多践履之士，然于道问学处欠了。……然吾以为不可，既不知尊德性，焉有所谓道问学？"① 可见，象山以为尊德性比道问学更重要。这种分别，朱、陆两家是承认的。黄宗羲对朱、陆两家的学术曾做出评论，他说：

> 先生之学，以尊德性为宗，谓"先立乎其大者，而后天之所以与我者，不为小者所夺。夫苟本体不明，而徒致功于外索，是无源之水也"。同时紫阳之学，则以道问学为主，谓"格物穷理，乃吾人入圣之阶梯。夫苟信心自足，而惟从事于覃思，是师心自用也"。②

于是，道问学与尊德性就成为朱、陆两家学术差异的重要标志。
朱子主动提出道问学与尊德性的分别，体现出朱子治学的求实精神。

---

① （宋）陆九渊撰《语录上》，《陆九渊集》卷三十四，钟哲点校，中华书局，1980。
② （清）黄宗羲撰《宋元学案·象山学案·案语》，中华书局，1986。

因为，在朱子看来，儒家经典《中庸》就是尊德性与道问学有机结合之典范。而他本人的学术则道问学多，尊德性少。象山之学则尊德性多，而道问学少。意思是说，他治学之目的，就是要使两者更好地结合起来。另外，朱子认为尊德性与道问学同约与博、易简与支离，是一个问题的不同侧面，是易简与支离问题之延伸。为学之方，蕴含休养之法。学者治学之目的，就是要使博、约结合在一起。"圣人之教学者，不过博文约礼两事尔。博文，是'道问学'之事，于天下事物之理，皆欲知之；约礼，是'尊德性'之事，于吾心固有之理，无一息而不存。"（《朱子语类》卷二十四）

作为回应，象山认为朱子学在道问学上花了大力气，而于尊德性方面，则缺少大的作为。

> 或谓先生之学，是道德、性命，形而上者；晦翁之学，是名物、度数，形而下者。学者当兼二先生之学。先生云："足下如此说晦翁，晦翁之学，自谓一贯，但其见道不明，终不足以一贯耳。吾尝与晦翁书云：揣量模写之工，依放假借之似，其条画足以自信，其节目足以自安。此言切中晦翁之膏肓。"①

所谓"揣量模写之工"等，即指朱子学重道问学，而"见道不明"则批评朱子学缺少尊德性的特质。朱子对象山的批评做了回应，要点如下。

一是指出象山之学片面强调尊德性，从而走向一端，生出很多弊病来。象山称朱子道问学为"意见"，如其以朱子学为"事实湮于意见"②。故朱子针对"意见"说提出了批评。

> 某向与子静说话，子静以为意见。某曰："邪意见不可有，正意见不可无。"子静说："此是闲议论。"某曰："闲议论不可议论，合议论则不可不议论。"先生又曰："《大学》不曾说无意，而说诚意。若无意见，将何物去择乎中庸？将何物去察乎迩言？《论语》无意，只是要无私意。若是正意，则不可无。"先生又曰："他之无意见，则是不理会理，只是胡撞将去。若无意见，成甚么人在这里！（《朱子语类》卷一二四）

---

① （宋）陆九渊撰《语录上》，《陆九渊集》卷三十四，钟哲点校，中华书局，1980。
② （宋）陆九渊撰《与朱元晦二》，《陆九渊集》卷二，钟哲点校，中华书局，1980。

朱子指出，要做好儒家的学问，道问学还是需要的，要分别好"意见"和坏"意见"，不能像象山一样一味地主张除"意见"。因此，朱子又说："某谓除去不好底意见则可，若好底意见，须是存留。"（《朱子语类》卷一二四）朱子认为，吃饭、饮水、行走，其中都有道问学的问题，圣人也不例外。因此，若一味地如象山所言除"意见"，将一事无成。除"意见"的过程，本身就是道问学。

参照《中庸》所言，朱子认为象山为学"极高明"，而不"道中庸"。

从本质上说，尊德性与道问学的区别，仍然是"发明本心"与"格物致知"的分别，也就是道德践履与伦理认知的区别。朱子强调对儒家伦理的认识，他说："圣贤千言万语，只是教人做人而已。"（《朱子语类》卷十三）进一步说，又与象山和朱子各自的本体论紧密联系在一起。象山认为理在心中，本心自足，故尊德性；朱子认为理是客观存在的，需向外求索，故强调格物以穷理。象山重视道德行动，故于"克己复礼"的格物致知的工夫自然很少提及。朱子承认，强调道德践履可以发挥人的道德主体性。但若理未明而行动，则人之行为可能"跑偏"，产生大的危害。"又有一般人都不曾读书，便言我已悟得道理，如此便是恻隐之心，如此便是羞恶之心，如此便是是非之心，浑是一个私意。"（《朱子语类》卷十一）朱子认为，所谓尊德性，主要"尊"的是私意。朱子认为格物穷理的方法虽于道德行动上有所欠缺，但对伦理认知极深，言行与伦理原则相一致。

二是朱子自觉意识到其为学之方是道问学有余，而尊德性不足，有必要借鉴象山的治学方法。如《朱子语类》有如下记载：

> 文蔚以所与李守约答问书请教。曰："大概亦是如此。只是尊德性工夫，却不在纸上，在人自做。自尊德性至敦厚，凡五件，皆是德性工夫。自道问学至崇礼，皆是学问上工夫。须是横截断看。问学工夫，节目却多；尊德性工夫甚约。且如伊川只说一个主一之谓敬，无适之谓一。只是如此，别更无事。某向来自说得尊德性一旁轻了，今觉见未是。上面一截便是一个坯子，有这坯子，学问之功方有措处。"（《朱子语类》卷六十四）

就是说，象山确实指出了朱子为学方法存在的问题。可贵处在于，朱子认识到此种局限，并加以纠正。

三是朱子努力使道问学与尊德性结合起来，即主张二者并重同宗，扬长避短。

> 如今看道理未精进，便须于尊德性上用功；于德性上有不足处，便须于讲学上用功。二者须相趱逼，庶得互相振策出来。若能德性常尊，便恁地广大，便恁地光辉，于讲学上须更精密，见处须更分晓。若能常讲学，于本原处又须好。觉得年来朋友于讲学上却说较多，于尊德性上说较少，所以讲学处不甚明了。（《朱子语类》卷九十四）

朱子主张"明理"与"践行"并重，明理就是穷理，践行就是尊德性，不应偏向任何一端。

对于朱子调和尊德性与道问学的努力，象山并不以为然，即认为不可能真正做到二者并重。朱子意识到，在道问学之时，要尊德性。象山则指出，如不尊德性，道问学便没有意义。象山甚至认为，主张道问学的人，还不如蔽于利欲者更易于明理。实际上，象山也主张人要读书，他说："束书不观，游谈无要。"① 只是，象山十分明确地将尊德性置于第一位。

朱子原以为其关于尊德性与道问学并重的努力，会得到象山的肯定，甚至吕祖谦也这样看。实际效果并非如此，如今之学者云："朱子以为若不知伦理，则行道德不免是抒己之私意，与儒家伦理纲常而未稳；象山则以为道德乃人心固有，关键在于实行，若不尊德性，着意践履，则道问学没有方向，空言无益。朱子与象山之于尊德性与道问学而不可调和，根本在于知伦理与行道德之间的矛盾。……朱子与象山两家之学是两个在出发点上就不同的理论体系，想要在方法论上简单地取长补短，和会为一，似不大可能。"② 彭永捷先生的这一评价，可谓十分中肯。

三　象山教人之法辨

在《论象山教人之法》一文中，陈法对象山以"发明本心"为基础的为学工夫提出了批评。他站在程朱"格物致知"的立场上，批评了象山的"易简"工夫。

---

① （宋）陆九渊撰《语录上》，《陆九渊集》卷三十四，钟哲点校，中华书局，1980。
② 彭永捷：《朱陆之辩——朱熹陆九渊哲学比较研究》，人民出版社，2002，第236页。

在陈法看来，心是可具"众理"的，但此众理又不能如象山所言通过"恢复"或"发明""本心"得之。必须经过格物致知的过程，始能明众物之理。

> 象山教人先发明"本心"，谓"本心原无亏欠，人须见得此心，方可为学"。其讲"学"诸书所谓端绪、所谓开端、发见之大旨是也，是亦庶乎鞭辟近理，乃朱子斥其"主张太过，要得省发觉悟，流于怪异"。何也？曰："学，所以发明本心也。"今象山乃欲先见此心，然后为学，是歧而二之也。①

陈法认为，本心所具有的仁、义、礼、智"四端"及其向善的属性，应当统一在格物穷理的过程之中，而象山则将其一分为二。即将此心与"见闻之知"分为二，并置此心于首位。陈法指出，为学的过程，就是不断扩充"四端"的过程，而扩充"四端"又具体体现为格物穷理的工夫。

> 昔程允夫谓"先有所见，方有下手用工处"。朱子谓"敬，即是下手用工处。须是如此，方能穷理而有所见"。又《答廖子晦书》云："《中庸》所谓'得一善，则拳拳服膺而不失'者，正谓此'博文约礼'工夫不可间断耳。"若能如此实用，其力久之，自然见得此个道理无处不在，不是块然徒守一物，硬定差唤作心性也。②

陈法强调"敬"的重要性，对于为学而言，敬就是专一，就是对"见闻之知"的重视，就是"博文约礼"。象山、阳明强调"约礼"为"博文"的头脑，而程朱则将"博文"即道问学置于第一位，认为两者应有机结合。此体现出理学与心学为学理论之差别。

> 今象山欲于未学之前先发明此心，见得此心，复其本心，以为主宰，此正朱子所谓"不学、不思，以坐待其'无故''忽然'而有见为

---

① （清）安平陈法定斋手订，（清）山右荆如棠校刊《明辩录·论象山教人之法》，《陈法诗文集续》，陈德远点校，贵州人民出版社，2011，第142～143页。

② （清）安平陈法定斋手订，（清）山右荆如棠校刊《明辩录·论象山教人之法》，《陈法诗文集续》，陈德远点校，贵州人民出版社，2011，第143页。

'溺心'于无用之地"。又箴廖子晦"欲洞见全体，而后事无不善"。则是未见以前未尝一一"穷格"以待其"贯通"，而直以意识想象之，……其有不流于怪异者乎？①

陈法认为象山没有遵循由"穷格"而"贯通"之路，这是"不学""不思"而"溺于心"。象山以为"本心圆满"，故强调"发明本心"并以之为主宰，从而抛却经验知识。陈法认为，这是流于怪异之学。

陈法认为象山的教人之法是存在问题的，主张人不读书，认为"存心"而理自明，简直是在教育和学术上"偷工减料"。陈法说：

> 或谓："象山未尝不教人亲书册，求师友，朱子斥其'脱略文字，直趋本根'，何也？"曰："论象山立教之本旨，便可不必读书。其言'求师友'，皆欲人从己之说耳。故曰只一'存'字，自可使人明得此理。"又曰："我虽不识一字，亦须还我堂堂地做个人。"又曰："不识一字之凡夫，提耳而命之，可以立臻神诣。"又曰："自得、自成、自道，不假师友载籍。"②

陈法指出，这种"自得""自成""自道"的"直趋本根"的教育宗旨，实际上就是教人放弃圣贤经典，远离儒家的教育传统。在陈法看来，象山教人，亦拣最容易懂的教，目的是教学生存其心、发明其心，于穷物之理并无裨益。

> 无奈既已讲学，无禁人不读书之理。而其教人读书也，只检明白易晓者，听其发扬告教，以鞭策此心。其难晓者，即令不必深考，不必苦思。至谓"文义之晓不晓，不足为轻重，为解说文义之妙旨"，是正朱子所谓"以多闻博识自为一事，不甚精察其理之所自来，却谓'别有向上'一著"，与此两不相关。③

---

① （清）安平陈法定斋手订，（清）山右荆如棠校刊《明辩录·论象山教人之法》，《陈法诗文集续》，陈德远点校，贵州人民出版社，2011，第143页。

② （清）安平陈法定斋手订，（清）山右荆如棠校刊《明辩录·论象山教人之法》，《陈法诗文集续》，陈德远点校，贵州人民出版社，2011，第143页。

③ （清）安平陈法定斋手订，（清）山右荆如棠校刊《明辩录·论象山教人之法》，《陈法诗文集续》，陈德远点校，贵州人民出版社，2011，第143页。

而深考、苦思，多闻博识，精察物理，恰恰是格物致知最基本的工夫，不可缺少。陈法指出，象山为学之方异于孟子为学之道，也与儒家传统治学方法不同。

> 其视书册，不过如禅家之以经遮眼，如许顺之之"资吾神养吾真"而已，与《中庸》"学问""思辨"之功异矣。是《孟子》以"求放心"为学问之道，而象山只教"学问"以为"放心"之助，是与《孟子》异矣。①

"求放心"就是把丢失的善心找回来，表面上看，孟子所言似乎与象山所说一致。陈法则认为不然，孟子找回善心的过程，是认识的过程，是格物穷理的修养历程。而象山则以本心圆融自足，"复其本心"即可明万物之理。象山的方法，也与《中庸》的为学方法不同。

> 李文贞公曰："朱子为学，先立志主敬以为学问之地，而又加以学问之功。"象山只先立乎其大者，把心养定，便无欠缺，读书亦只检切于身心者读之，只借书鞭策治心之功，不是要于书中求理，所谓"六经注我，我注六经"也，是其始也。假学问以摄心而究之，任心而废学，此其所以一向孤单流于异学而不知也。②

"养心""定心"，进而"任心"，不到先圣经典中寻找根据，这不是儒学的传统，是"六经注我"。按照清代学者李光地的观点，这里有一个问题，即象山是因为佛禅的影响而远离了儒家的传统呢？还是因为佛教特别是禅宗的思想特质与孟子之学有某些相通处，而为象山所兼容并蓄呢？笔者以为是后一个原因所致。

陈法指出，在《答赵咏道书》中，象山讲过"讲明""践履"这样的概念。"讲明"即"存心"以"见性"，而象山所谓"践履"只是"讲明"

---

① （清）安平陈法定斋手订，（清）山右荆如棠校刊《明辩录·论象山教人之法》，《陈法诗文集续》，陈德远点校，贵州人民出版社，2011，第144页。

② （清）安平陈法定斋手订，（清）山右荆如棠校刊《明辩录·论象山教人之法》，《陈法诗文集续》，陈德远点校，贵州人民出版社，2011，第144页。

的手段。

　　或谓象山《答赵咏道书》"'讲明'、'践履'亦两端兼举。"曰："此在象山书中，未有若此之分明者；然其言曰'必一意实学，不事空言'，然后可以谓之'讲明'。"若谓"口耳之学"为讲明，则又非圣人之徒。夫口耳之学，所谓德之弃也，亦安能讲明？其所谓"实"者，若以为"行"即是"践履"，若以"讲明"则自不废言论，未有不落言诠，不事理解，自证自悟而可以谓之"讲明"者。①

表面上，象山似乎也讲"实"，反对"空言"。而从本质上说，象山所谓"讲明"，仍然强调的是"自证自悟"。

　　然则，象山所谓"实学"，仍然只一"存"字，便使人明得此理之意，与《大学》《中庸》《孟子》之旨异矣。……且所谓"践履"者，亦践履其"讲明"者而已。②

因此，在陈法看来，象山所谓践履，并非肯定"见闻之知"的重意义，与儒家经典所提倡的格致方法是不同的。陈法的结论是：

　　今象山之所谓"讲明"者如此，则其所谓"践履"者可知矣。朱子谓"象山只是'践履'他之说"。陈清澜亦谓"象山所谓实学，即事实；所谓事实，即完养精神"。是则不但"讲明"与《大学》《中庸》《孟子》不同，而"践履"亦大异矣。此之不可不知也！③

明代史学家陈清澜将朱子学和陆王学看成冰火难容而截然对立的两面，并对陆王学进行了彻底的批评。在陈清澜看来，象山所谓"实""事实"，也只是培养心性和精神而已。

---

①　（清）安平陈法定斋手订，（清）山右荆如棠校刊《明辩录·论象山教人之法》，《陈法诗文集续》，陈德远点校，贵州人民出版社，2011，第144页。

②　（清）安平陈法定斋手订，（清）山右荆如棠校刊《明辩录·论象山教人之法》，《陈法诗文集续》，陈德远点校，贵州人民出版社，2011，第144页。

③　（清）安平陈法定斋手订，（清）山右荆如棠校刊《明辩录·论象山教人之法》，《陈法诗文集续》，陈德远点校，贵州人民出版社，2011，第144页。

第四章 象山之学与孟子思想

陈法认为，象山之学不同于孟子之学。这里有一个前提，即以孔孟思想为圣人之学，为正学，为道统，而以陆王心学为异端。

第一节 圣人之学

这是儒家内部关于理论正统的争论，盛于唐代，集大成于两宋，回声于清初。争论的态势泾渭分明，但始终难以取得完全统一的看法。

一 圣学即正学

徐阶曾对朱子和象山之学的渊源、学术性质等做过评论，他说：

> 至谓两夫子入门异，而均之为圣人之徒，则又有可言者，夫君子由学以入圣，犹人由门以入室。今指尊德性、道问学为两门矣。然而圣之所以为圣，践形尽性之外，无他事也，则尊德性、道问学，室一而已，门亦一而已，安得有异人乎？凡某所以断两夫子之同者，固慨夫世之人举其训诂之陋，妄自托于朱子，而诋陆为禅；举其空寂之谬，妄自托于陆子，而诋朱为俗学也。今日均之为圣人之徒，则某之所争者固已得矣，又何异之足言哉？[1]

意思是，朱陆之学皆为圣学。不过，这里也有一个提示，即宗朱子者诋象山为禅。陈法便是如此，以朱子学为正宗，认为陆学合乎禅宗。

晚清理学大师唐鉴认为，"圣人之学，格致诚正修齐治平而已"。[2] 在唐

---

① （宋）陆九渊撰《陆九渊集·附录一·学则辩》，钟哲点校，中华书局，1980。
② （清）唐鉴撰《唐确慎公集》卷一，民国二十三年上海中华书局据原刻本校本。

鉴看来，孔子的弟子们对传承圣人之学的贡献程度是不同的，其中，最有贡献者是颜回、曾子等人。而颜回传承的正是"格致""诚正"的治学和修养方法，进而提倡"仁""克己复礼""忠恕""一以贯之"等理念，说明圣人的学问就是要通过格致、诚正的方法才能体会到。在唐鉴看来，从孟子到董仲舒、韩愈，他们所传之"正道"亦为"格致诚正"之法，至北宋二程及张载则发扬光大。朱熹就是得了程颐之真传，又借《大学》《中庸》等阐述"正心""诚意""审慎""修身""博学""明辨"等，从而使后世明圣人道问学和尊德性之学。唐鉴的意思是，朱熹是得了真传，得了正道的。这个正道，就是"格致诚正""修齐治平"，而非"良知良能"之类。因此，后世学者就得按照朱子的治学方法，才能体认正道。而不从朱熹之治学修养方法者，自然就是走乱道了。"援象山之异，揭良知半语为宗旨，托龙场一悟为指归，本立地成佛，谓满街都是圣人，大惑人心，愈传愈谬。"① 这是对程朱理学的赞赏和对陆王心学的批评。

为使圣道广泛流行，唐鉴认为只有通过辨析，才能够明确圣道之学和非道之学。"传何由而得其道乎？曰：孔孟程朱。道何由而得其人？曰：述孔孟程朱。述孔孟程朱何由而遽谓之传乎？曰：孔孟程朱之道晦，而由斯人以明，孔孟程朱之道废，而由斯人以行。孔孟程朱之道，何由而遽明遽行乎？曰：辨之严。"② 意思是，孔孟程朱之学是正道，传道人之责任在于使道由晦而明，由废而行。其方法，则是"辨之严"。唐鉴说：

> 夫天下有性学，而后有纲常，有纲常而后人道不至于澌灭。……今夫圣贤之道，即人人当尽之道也，其理如日月星之丽天，千秋不堕其脉，如江淮河汉之行地，万古不迁其用，如布帛菽粟之资于人，须臾不可离。守此者全其为人，外此者失其为人。孔曾思孟所以勤勤恳恳垂统绪以示来兹者，非欲特立独行，以表异于天下万世也，亦尽乎人道之当然而已矣。周程张朱所以绍述前言，表明大义者，亦非欲自位置以待后人之尊崇也，述圣学以维持万世之心而已矣。……取其简便直捷者从而蹈之，而孔孟之统绪以失，程朱之矩范不可复存矣。夫圣贤之道，实理也，圣贤之学，实功也。舍践履而言良知，舍积累而言顿悟，游其心于寂静，堕其理于虚无，是直以性道以镜花水月，毫

---

① （清）唐鉴撰《唐确慎公集》卷一，民国二十三年上海中华书局据原刻本校本。
② （清）唐鉴撰《唐确慎公集》卷一，民国二十三年上海中华书局据原刻本校本。

无把握也，而圣贤之学几为天下裂。是编标道统之所归，明范围之所在，既不得以猎取名物而弃身心，更不得以蹈袭禅机而忘懿德，挽狂澜于既倒，引一发于千钧。①

唐鉴这段话的意思有三层含义：一是说孔子、曾子、子思和孟子之道即圣人之道；二是说周程张朱等人继承的正是圣人之学；三是说圣人之道不能通过"良知""顿悟"等简易之道而获得。唐鉴的学术努力在于辨析清初以来程朱陆王之思想异同，确立圣道和圣学，目的十分明确。

明末清初理学大师孙奇逢著有《理学宗传》一书，该书将北宋五子与朱熹、陆九渊、王阳明等11人列为大宗。孙并没有说明为什么要这样列，这引起了清道光年间的理学家刘廷诏的不满。刘为此专著《理学宗传辨正》一书，反对孙将陆王列为大宗的做法，改而将其列入附录。可以说，刘的学术态度综合了晚清理学家的共识，该书由倭仁等人校订。

> 呜呼，学术同异之辨难矣哉！顷读钟元孙先生《理学宗传》一书，见其自宋儒濂溪以下平列十一子为正宗，而自汉唐以迄宋元明诸儒载其本传，及其语录为诸儒考，合之补遗共二十六卷，详哉其言之矣。顾理无二致，学只一途，理学之所宗所传而不取极于一正，恐其以异学乱正学，而宗失其宗，传失其传，裂道术而二之也。是安可以弗辨乎？兹于历代诸儒以正传、列传分之，于其学术之异于诸儒者，以附录别之，大抵一仍宗传之旧，而稍有所增损焉。正传则只载濂洛关闽诸子，以上接邹鲁之传，列传则本历代名儒传补入数人，附录则只陆氏门等十余人而止。总若干卷，名曰《理学宗传辨正》只以自抒一时鄙见，非敢与前辈相抵牾也。呜呼！学术同异之辨难矣哉！②

同样，刘氏也是以濂洛关闽诸学为正宗，而以陆王之学为异道。他的任务就是纠《理学宗传》之误，以免正学为异学所乱，保持学术统一于理学。"程朱之学，实属孔孟正脉，后学守之是也。子静以程之言为伤我，以朱子之学为支离，于此别树一帜，师心自用"，"启其徒之猖狂妄恣底訾先

---

① （清）唐鉴撰《学案小识》，《唐确慎公集》，民国二十三年上海中华书局据原刻本校本。
② （清）刘廷诏撰《理学宗传辨正原叙》，载北京图书馆出版社影印室编《丛书人物传记资料类编·学林卷4》，北京图书馆出版社，2006。

贤也"①。很明确，以程朱为正学，以陆王为异道。

刘氏于《理学宗传辨正前论》及《理学宗传辨正后论》中，站在程朱理学立场上辨析儒释关系，他说："程子曰：'圣学本天，释氏本心。'夫天者，理也，心者，载是理者也。学者全此理于心者也。理原于天，则性分之所固有也，学由于人则职分之所当然也。尽其职分，当然之功，以全其性分固有之理，斯为本天而不本心之学。"② 圣人之学，就是本于天之学。要本于天，就必须先知天。要知天，就得格物穷理。这就是本于天的修养工夫。如果仅凭所谓良心本心，自称先立乎其大，则不可能获得圣人之道。"有儒而推本于释，而犹嚣嚣然自命为儒者。夫儒而误入于释而终不害为大儒者，则程朱其人也，若儒而已入于释，而嚣嚣然自命为儒，则阳儒而阴释矣。果孰是其人乎？千里之差，本于毫厘之谬，儒释之分，惟一于其所学所得验之而已。"③ 就是说，不为释氏所害而为大儒者，程朱也。而推儒于释，或阳儒阴释，陆王也。到底学者所学所得，是否为儒家学说，要看其学是本于天，还是本于心。本于天者为儒学，本于心者为禅学。可见，理学家所谓儒释之辨，并非真的要辨析儒释有哪些异同，而是通过辩论，从而搞清楚陆王心学到底与释氏之学有多相似，与作为儒学正宗之理学有哪些差异，进而说明只有程朱之学乃正宗之圣学。

刘廷诏认为程朱之学是本天之学、圣人之学，而陆王之学为本心之学，是释氏之学。在刘氏看来，陆王之"发明本心""致良知"之学，虽然借用了儒家圣贤之话语，但实际上属于自家门户之见，实质是阳儒阴释之学。刘廷诏《理学宗传辨正》指出，陆王就是借用儒家圣人的言语，注释释氏之心法，企图改变程朱儒学正宗的地位。他提倡后世之为学者，应遵循先儒之循序渐进的为学方法，摒弃陆王所谓顿悟之法，可谓旗帜鲜明。

晚清湖南籍学者罗泽南认为，孔孟程朱之学之所以被称为道学或理学，乃在于其说明人应以本心遵循道和理。而陆王心学认道、理为心之障碍，则与释氏所谓"人心见性"一致，故其学被称为"心学"。因此，陆王所谓"心即理"，相背于圣学，但同释氏之学相类，故陆王心学为异道是必然的。

---

① （清）刘廷诏撰《理学宗传辨正》，载北京图书馆出版社影印室编《丛书人物传记资料类编·学林卷4》，北京图书馆出版社，2006。

② （清）刘廷诏撰《理学宗传辨正》，载北京图书馆出版社影印室编《丛书人物传记资料类编·学林卷4》，北京图书馆出版社，2006。

③ （清）刘廷诏撰《理学宗传辨正》，载北京图书馆出版社影印室编《丛书人物传记资料类编·学林卷4》，北京图书馆出版社，2006。

罗氏的主要任务在于辨程朱与陆王学之异。他指出,陆王之学既与程朱理学相异,因此为异端之学、为祸、为邪,必将危害后世,扰乱当世,对其必须加以辨析和攻击。

二　朱陆道统辩

道统以"异端"为其存在的前提,佛、老等所以被儒者视为"异端",乃在于这些思想体系关于世界和个人的存在状态、存在方式的基本观点和看法,与儒学传统的看法是不同的。

道统说由韩愈提出,而将"道"与"统"组合为一个概念,则始于朱熹。韩愈模仿禅祖谱系的形式,提出儒家道统观念,以抵御佛教的影响。朱子则将道与统相结合,他说:"《中庸》何为而作也?子思子忧道学失其传而作也。盖自上古圣神继天立极,而道统之传有自来矣。"[①] 在韩愈看来,儒家存在一条一贯之道。此道,简言之,即是儒家伦理规范之核心——仁义道德。而此仁义道德,是异于佛老之道的。韩愈说:"斯吾所谓道也,非向所谓老与佛之道也。"[②] 韩愈认为,儒家这一道统,是一个传承的统系,即其所谓"尧以是传之舜,舜以是传之禹,禹以是传之汤,汤以是传之文武周公,文武周公传之孔子,孔子传之孟轲。轲之死,不得其传焉。"[③] 儒家这个道统之统系,就是朱子所谓"道统"。"道"是理论逻辑,"统"是历史承续。"对儒家道统说进行哲学的分析,可以把儒家的道统归结为三个方面:认同意识、正统意识、弘道意识。"[④] 认同意识体现为鲜明的儒家立场,子贡、孟子等儒家代表人物均认同"文、武之道",孟子自称"仲尼之徒"。所谓认同,就是认同圣学。认同圣学,是坚持道统的前提。

正统意识产生于儒学内部不同思想学派斗争的过程,即以自己的学术和思想为正统,而视理论观点相异或有差别者为异端。正统意识,是道统意识之基础。牟宗三先生就有关于从先秦儒至宋明儒学正统和非正统思想的认识,并认为自己是承接孔子、孟子和陆王一派儒家之大宗者。

儒学内部各派的思想特征、学术渊源都是各不相同的,这正是造成正统与非正统之别的重要原因。正统是道统的基础,因此,正统意识又蕴含

---

① (宋)朱熹注《四书集注·中庸章句序》,凤凰出版社,2008。
② (唐)韩愈撰《原道》《韩昌黎全集》卷十一,中国书店,1991。
③ (唐)韩愈撰《原道》《韩昌黎全集》卷十一,中国书店,1991。
④ 彭永捷:《朱陆之辩——朱熹陆九渊哲学比较研究》,人民出版社,2002,第256页。

浓厚的卫道意识。

正统意识和弘道意识是紧密联系在一起的，自认为掌握了儒学正统和领会了圣人之学的儒者们，内心产生了一种极强的责任担当感。这种责任感的理性化或内化过程，就是所谓弘道意识。这种意识，在孔子那里已经产生，如孔子说："文王即没，文不在兹乎？天之将丧斯文也，后死者不得与于斯文也；天之未丧斯文也，匡人其如予何？"（《论语·子罕》）朱子解释说："道之显者谓之文，盖礼乐制度之谓。不曰道而曰文，亦谦辞也。'兹'，此也，孔子自谓。"① 孔子以自己为文王之道的担当者而自豪。孟子则更加豪情万丈，认为要平治当今之天下，"舍我其谁也？"（《孟子·公孙丑下》）自认为掌握了儒学正统和圣学之儒者，自觉到传承儒家道统的责任，这正如张载所谓"为往圣继绝学"。总之，儒家道统的传承统系是尧、舜、禹、汤、文、武。对这一统系，孔孟以后的多数儒者都是认可的。这个传承体系虽自孔孟以来就存在，但将其明确表达出来，是韩愈的功劳。

孔子之后，儒分为八，韩愈认为，得孔子真传者为孟子。也就是说，孔子之后，对儒学的解释，孟子所说是标准。因此，韩愈说："孟轲师子思，子思之学，盖出曾子。自孔子没，群弟子莫不有书，独孟轲氏之传得其宗。"② 又说："……故求观圣人之道，必自孟子始。"③ 韩愈婉转地指出自己正是孟子之后，儒家道统的传承人，掌握了儒家的正学。韩愈的学生李翱将其师之学统归于孟子一脉，并以之为正统。

朱熹对韩愈所表述的儒家道统传承体系，也是倍加赞赏的，如其言："此道更前后圣贤，其说始备。自尧舜以下，若不生个孔子，后人却何处讨分晓？孔子后无个孟子，也未有分晓。孟子后数千载，乃始得程先生兄弟发明此理。今看来汉唐以下诸儒说道理见在史策者，便直是说梦！只有个韩文公依稀说得略似耳。"（《朱子语类》卷九十三）宋明理学在韩愈的影响下，其道统意识得以突出显现。朱陆正是在这一大背景下，围绕着各自对儒学本质的理解和争夺儒家正统的需要，展开了关于道统的辩论。

朱陆都认为自己传承儒学正统和儒家道统，但由于他们对道统的内容和本质的认识不同，因此，他们对历代儒家代表人物的思想评估各异，由此产生了关于道统的争论。具体体现如下。

---

①　（宋）朱熹注《四书集注·论语集注·子罕》，凤凰出版社，2008。

②　（唐）韩愈撰《原道》，《韩昌黎全集》卷十一，中国书店，1991。

③　（唐）韩愈撰《原道》，《韩昌黎全集》卷十一，中国书店，1991。

一是对"道"有不同的认识。朱子所传之道是程朱一派所谓圣贤的"十六字箴言",即《尚书·大禹谟》中所谓"人心惟危,道心惟微,惟精惟一,允执厥中",即以所谓"道心"为精髓的儒家伦理。朱子云:"盖自上古圣神,继天立极,而道统之传有自来矣。其见于经,则'允执厥中'者,尧之所以授舜也;'人心惟危,道心惟微,惟精惟一,允执厥中'者,舜之所以授禹也。尧之一言,至矣尽矣。"① 朱子所传之道,即程颢自家体贴出来的天理,在道的指导下,所要做的,就是存天理、灭人欲。而象山认为其所传者,则为孟子之道。

象山以传承孟子之道而自居,这与其对儒学本质的理解有紧密关系。象山曰:"窃不自揆,区区之学,自谓孟子之后至是而始一明也。"② 对此,象山弟子及王阳明都给予承认。如孔炜认为象山之学"唯孟轲氏书是崇是信"③。相比于朱子以儒家伦理纲常为道统之道,象山受启于孟子,重视道德,并以道德为道统之道。比之象山,王阳明更甚一步,他认为圣人之学,心学也。他将程朱一派所谓圣贤"十六字箴言"所包含的天理之道,说成是心学之源。他说:"尧舜禹之相授受曰:'人心惟危,道心惟微,惟精惟一,允执厥中。'此心学之源也。中也者,道心之谓也。道心精一之谓仁,所谓中也。"④

二是对道统的传承统系有不同的看法。朱子认为伊洛关诸公所传,为儒家正传。象山显然不能接受此说法。对于孟子以前,儒家道统之传承统系,朱陆没有大的不同意见。韩愈虽以承继儒家道统自居,然宋明理学家多数不予认可。那么,孟子死后,到底谁才是儒家道统的传承者。朱陆便围绕此问题展开辩论。

朱子以前,程颐认为其兄程颢得儒家道统正传。他说:"周公没,圣人之道不行;孟轲死,圣人之学不传。道不行,百世无善治;学不传,千载无真儒。……先生出,揭圣学以示人,辨异端,辟邪说,开历古之沉迷,圣人之道,得先生而复明,为功大矣。"⑤ 朱子采纳了这一说法,他认为儒家的道统必须继续传下去,必须将孟轲死后道统统系的断层给接上。在朱

① (宋)朱熹注《四书集注·中庸章句序》,凤凰出版社,2008。
② (宋)陆九渊撰《与陆彦彬》,《陆九渊集》卷十,钟哲点校,中华书局,1980。
③ (宋)陆九渊撰《文安溢议》,《陆九渊集》卷七,钟哲点校,中华书局,1980。
④ (宋)陆九渊撰《王守仁序》,《陆九渊集·附录一》,钟哲点校,中华书局,1980。
⑤ (宋)程颐撰《明道先生墓表》,《二程遗书·附录》,潘富恩导读,上海古籍出版社,2000。

熹看来，孟子之后，得儒学之真传，而续儒学之道统者，正是程颐、程颢。朱子说："有宋元丰八年，河南程颢伯淳卒，潞公文彦博题其墓曰：'明道先生'。而其弟颐正叔序之曰：周公殁，圣人之道不行。孟轲死，圣人之学不传。道不行，百世无善治；学不传，千载无真儒。无善治，士犹得以明夫善治之道，以淑诸人，以传诸后；无真儒，则天下贸贸焉莫知所之，人欲肆而天理灭矣。先生生乎千四百年之后，得不传之学于遗经，以兴起斯文为己任。辨异端，辟邪说，使圣人之道焕然复明于世。盖自孟子之后，一人而已，然学者于道不知所向！则孰知斯人之为功，不知所至，则孰知斯名之称情也哉！"① 可见，朱子认为二程乃儒家道统之传承人，功劳地位尊大。

在《中庸章句序》中，朱子说得更为直截了当，其言曰："异端之说，日新月盛，以至于老、佛之徒出，则弥近理而大乱真矣。……故程夫子兄弟者出，得有所考，以续夫千载不传之绪，得有所据，以斥夫二家似是之非。"② 这就是说，圣人之学，儒家道统，所谓"千载不传之学"，乃为二程所得所传。朱子的学生蔡季通夸赞地说，正如"天不生仲尼，万古如长夜"（《朱子语类》卷九十三）一样，如果没有二程，儒家道统就传不下来了。

当然，朱子也认为自己便是儒家道统传承人之一。他说："宋德隆盛，治教修明，于是河南程氏两夫子出，而有接乎孟子之传……然后古者大学教人之法，圣经贤传之指，粲然复明于世。虽以熹之不敏，亦幸私淑而与有闻焉。"③ 朱子是很谦虚的，其学生则将为师者乃儒学真传人的意思明确地表达出来了。如黄幹云："窃闻道之正统，待人而后传，自周以来，任传道之责，得统之正者，不过数人，而能使斯道章章较著者，一二人而止耳。由孔子而后，曾子、子思继其微，至孟子而始著。由孟子而后，周、程、张子继其绝，至先生而始著。"④ 又云："尧、舜、禹、汤、文、武、周公生，而道始行；孔子孟子生，而道始明；孔孟之道，周、程、张子继之；周、程、张子之道，文公朱先生又继之。此道统之传，历万世而可考也。"⑤ 此外，朱子门人陈淳等也认为朱子乃儒家道统之集大成者。此道统于孔孟之后，由周敦颐、二程和张载开其端，至朱子则成其大。有一点需要补充，

---

① （宋）朱熹撰《四书集注·孟子集注》，岳麓书社，1985。
② （宋）朱熹撰《四书集注·中庸章句序》，岳麓书社，1985。
③ （宋）朱熹撰《四书集注·中庸章句序》，岳麓书社，1985。
④ （宋）黄幹撰《朱子行状》，《朱熹集·附录》，四川教育出版社，1996。
⑤ （宋）黄幹撰《徽州朱文公祠堂记》，《黄勉斋先生文集》卷之五，中华书局，1985。

即程颐、朱熹的理本论，是在吸收华严宗形而上学思辨方法的基础上形成的。

象山并不赞成朱子所谓儒家道统之统系，他说："若曰传尧、舜之道，续孔、孟之统，则不容以形似假借，天下万世之公，亦不可厚诬也。至于近时伊、洛诸贤，研道益深，讲道益详，志向之专，践行之笃，乃汉、唐所无有，其所植立成就，可谓盛矣！然江、汉以濯之，秋阳以暴之，未见其如曾子之能信其皜皜；肫肫其仁，渊渊其渊，未见其如子思之能达其浩浩；正人心，息邪说，距诐行，放淫辞，未见其如孟子之长于知言，而有以承三圣也。"① 就是说，伊洛诸公虽然在为学和修养方面有比较大的成就，但仍然无法与曾子、子思和孟子等人相比。因此，象山并不承认朱子所说的孟子之后二程等人为儒家道统传承人的说法。从学术上看，象山并不十分看重北宋周敦颐、程颐等人的学问，认为他们不可能成为儒家道统的担当人。

象山高度赞同韩愈的道统说，他十分重视韩愈所谓"轲之死，不得其传焉"一语。意思是，儒家道统只有到了他这里，才得真传。象山云："自周衰此道不行，孟子没此道不明。今天下士皆溺于科举之习，观其言，往往称道《诗》、《书》、《论》、《孟》，综其实，特借以为科举之文耳。谁实为真知其道者？口诵孔、孟之言，身蹈杨、墨之行者，盖其高者也。其下则往往为杨、墨之罪人，尚何言哉？孟子没此道不传，斯言不可忽也。"② 象山和韩愈一样，以承继孟子之学而自居。然而，他亦如朱子一派一样，并不认为韩愈就是儒家道统的传承人。因此，他的使命是直承孟子之学。

象山将孔子后之儒学分为"里出"和"外入"两支，他说："孔门惟颜、曾得道，他未有闻。盖颜、曾从里面出来，他人从外面入去。今所传者，乃子夏、子张之徒，外人之学。曾子所传，至孟子不复传矣。"③ 这种分别，目的是要说明，孟子之学属于"里出"，而象山继承孟子，故得儒学之正统、道统。

朱子没有直接攻击象山之孟子道统说，但他却表现出明显的尊孔姿态，而对孟子则多有批评。他说："《论语》不说心，只说实事。《孟子》说心，后来遂有求心之病。"（《朱子语类》卷十九）即认为象山心学之病，根源在

---

① （宋）陆九渊撰《与侄孙濬》，《陆九渊集》卷一，钟哲点校，中华书局，1980。
② （宋）陆九渊撰《与李宰》，《陆象山全集》卷一，中国书店，1992。
③ （宋）陆九渊撰《语录下》，《陆象山全集》卷三十五，中国书店，1992。

孟子。

朱陆对儒家道统的内容和本质、道统的传承体系等，都存在不同的看法，这直接影响到他们对历代儒家及其学术的评价。宋明理学家大多数都接受韩愈关于儒家道统至孟子而不传的观点，但他们又都将韩愈排除在道统传承人之外。其目的均在于说明，只有自己和自己这一学术派别，才具备担当道统传承的能力。象山曾说："孟子之后，以儒称于当世者，荀卿、扬雄、王通、韩愈四子最著。"① 朱陆围绕此四人在儒学发展史上的贡献展开辩论，从中便可看出两人道统观念的不同。

朱陆对这四子的评价虽涉及韩愈，但他们又多引韩愈"择焉而不精，语焉而不详"的观点进行品评。朱子云："自孟子后，圣学不传，所谓'轲之死不得其传'。如荀卿说得头绪多了，都不纯一。至扬雄所说底话，又多是庄、老之说。至韩退之唤做要说道理，又一向主于文词。至柳子厚却反助释氏之说。"（《朱子语类》卷一二二）柳子厚，即柳宗元。总之，从道统传承的立场看，朱子对这些人的学术都不满意。朱子推崇的是北宋诸子之学，他说："今且须看孔孟程张四家文字，方始讲究得着实，其他诸子不能无过差也。"（《朱子语类》卷九十三）朱子以此教导门人。

朱子对韩愈《原道》评价极高，认为此书有"辟佛老之功"。韩氏对《大学》的重视，也得到朱子的肯定。但朱子认为，韩愈只重视正心、诚意，而没有讲格物致知。这一缺憾由伊川给予弥补。总之，朱子还是认为韩氏于儒学发展有承前启后的作用。

比之朱子，象山更多的是肯定荀、扬、王、韩在儒学发展史上的贡献。象山曰："由孟子而来，千有五百余年之间，以儒名者众，而荀、扬、王、韩独著。专场盖代，天下归之，非止朋游党与之私也。"② 象山还十分推崇韩愈、柳宗元对师道的重视。

总之，以上诸子在儒学史上的贡献，朱陆的评价虽然不同，但都承认他们是儒学中人，而非以异端待之。当然，这些人在朱陆看来，又都不是道统传承人。朱子认为韩愈对古代圣人的伦理教导，说得多，做得不落实，最后陷入佛老泥潭。

此外，为保护和纯正儒家道统，朱子和象山还在儒家内部进行了学术上的拨乱反正，以朱子为著。例如，朱子就对邵雍提出了批评。他说："康

---

① （宋）陆九渊撰《策问》，《陆九渊集》卷二十四，钟哲点校，中华书局，1980。
② （宋）陆九渊撰《与侄孙濬》，《陆九渊集》卷一，钟哲点校，中华书局，1980。

节之学，近似释氏，但却又挨傍消息盈虚者言之。”（《朱子语类》卷一〇〇）这是批评邵雍杂于佛老。朱子对程氏门人杂于佛老也多有批评。“上蔡老氏之学多，龟山佛氏之学多，游氏只杂佛，吕与叔高于诸公。”（《朱子语类》卷一〇一）尤其对谢上蔡批评得最为严厉。

讨论朱陆道统辩的目的，旨在说明陈法正是站在朱子道统观的立场上，对象山之学提出了批评。在陈法看来，继承了孔孟儒学真传的是北宋二程和南宋的朱熹。除此而外，象山、阳明之学皆非圣学、正学，而是与佛禅相类的异端。

第二节　象山之学与孟子思想

陈法站在朱子学的立场上，指出象山之学与孔孟之学均有区别，尤其不同于孟子思想。在《明辩录》中，陈法著有《论象山之学异于孟子》一文，专论象山之学与孟子思想的区别。在前面讨论象山思想渊源问题时，我们以历史文本和思想特征为根据，已经明确地肯定象山之学源于孟子。针对陈法《论象山之学异于孟子》一文，我们认为有两方面的问题要进一步说清楚，一是象山之学与孟子学相同处在哪里？或象山继承了孟子学中的哪些内容？二是陈法所谓象山之学异于孟子，异在哪里？

一　象山之学与孟子学之同

说象山、阳明思想受佛禅影响，这是不假的。但要说他们的思想与孔孟思想没有联系，也与事实不符。从心学之理论逻辑发展脉络看，象山在人性论、道德修养论等方面均直接受孔孟尤其是孟子的影响。孟子虽不讲本体论，但象山正是将孟子的本心上升到本体的高度，从而为儒家的性善论找到了形而上的根据。

“心”是象山哲学体系中的最高范畴，是宇宙之本体。在象山看来，心或本心、此心是完满自足的，为我所固有，而非由外铄。这一思想来自孟子，孟子说：“恻隐之心，人皆有之。羞恶之心，人皆有之。恭敬之心，人皆有之。是非之心，人皆有之。恻隐之心，仁也。羞恶之心，义也。恭敬之心，礼也。是非之心，智也。仁、义、礼、智，非由外铄我也，我固有之也，弗思耳矣。”（《孟子·告子上》）象山说：“此心之灵，此理之明，岂外铄哉？明其本末，知所先后，虽由于学。及其明也，乃理之固有，何加损于其间哉?"① 又说:"此天之所以予我者,非由外铄我也。思则得之,得此者也;先立乎其大者,立此者也;积善者,积此者也;集义者,集此者也;知德者,知此者也;进德者,进此者也,同此之谓同德,异此之谓异端。"② 先立乎其大,即立心。象山所谓本心,亦来自孟子,《孟子·告子上》谓:"……此之谓失其本心。"朱子在《四书集注》中将本心解释为"羞、恶之心",这是就人性论和道德修养论的层面说的。在象山那里,本心还具有本体论的意义。

象山既说本心非由外铄,又说本心是"天之所予我者",即将"天"视为心的根源。这是受孟子的影响,孟子云:"心之官则思,思则得之,不思则不得也。此天之所予我者,先立乎其大者,则其小者不得夺也。"(《孟子·告子上》)可见,所谓"此天之所予我者",实际上是对"我固有之"和"非由外铄"的补充说明和论证。

象山在自己的哲学中,直接引用孟子观点的地方很多。如在谈到"四端"时,象山云:

> 《孟子》曰:"心之官则思,思则得之,不思则不得也,"又曰:"存乎人者,岂无仁义之心哉?"又曰:"至于心,独无所同然乎?"……又曰:"非独圣贤有是心也,人皆有之,贤者能勿丧耳。"又曰:"人之所以异于禽兽者几希,庶民去之,君子存之。"③

人心都具有"四端",这是人心所同然。然而,只有圣人才将"四端"充分地发挥出来。象山的学术贡献在于,他把作为道德根源的心提高到了本体的层面上加以阐述。因此,象山的本体论可称为道德本体。而朱子以理为世界的本体,理涵盖了儒家纲常伦理,故其本体论可称为伦理本体。

可见,象山所谓本心、此心,是直承孟子的观点。他引孟子的观点说:"'人之所以异于禽兽者几希。庶民去之,君子存之。'去之者,去此心也。故曰:'此之谓失其本心'。存之者,存此心也。故曰:'大人者,不失其赤子之心'。四端者,即此心也;天之所以予我者,即此心也。"④ 去心、存心

① (宋)陆九渊撰《与詹子南》,《陆象山全集》卷七,中国书店,1992。
② (宋)陆九渊撰《与邵叔谊》,《陆象山全集》卷一,中国书店,1992。
③ (宋)陆九渊撰《与李宰》,《陆象山全集》卷一,中国书店,1992。
④ (宋)陆九渊撰《与李宰》,《陆象山全集》卷一,中国书店,1992。

之"心"，都是指本心或此心，即本然为善之心。"四端"是本心的核心和根据，是人性善的根基。象山曰："孟子当来，只是发出人有是四端，以明人性之善，不可自暴自弃。苟此心之存，则此理自明，当恻隐处自恻隐，当羞恶，当辞逊，是非之前，自能辨之。"① 就是说，仁、义、礼、智是人性善的根据。彭永捷先生说："象山之学以孟学为宗，应该是可以确信无疑的。"②

既然本心的属性是善的，那么，从道德修养论上说，人的工夫就是求"放心"而已。这也是继承孟子的思想，象山云："'学问之道无他，求其放心而已矣'。孟子斯言，谁为听之不藐者。"③ "求放心"就是存善心，弃恶念。

象山、朱子都把欲望看成恶的根源，或说，都认为欲望是恶的内容，而这种观念的渊源也在孟子。孟子云："养心莫善于寡欲，其为人也寡欲，虽有不存焉矣，其为人也多欲，虽有存焉者寡矣。"（《孟子·尽心上》）"寡欲"是存良知、良心的必要条件。相比之下，孟子更强调人的正常需要的合理性。孟子道德学说的内容十分丰富，并没有着力讲人的欲望。所以，从这一点说，宋明理学中的"禁欲主义"或"制欲主义"，其源头不在孟子。

在陈法看来，象山之学与孟子之学是有一定联系的，问题在于象山并非得孟子真传。同时，象山之学又受禅学影响。陈法云：

> 夫以象山天资之高，求道之切，追道之勇，皆非常人所及。使其得圣人以为依归，其所成就当在德行之科。惟其独学无师，而于《孟子》所谓"本心"、所谓"求放心"者有契合焉，而未暇深求其义。或静中体究，或因事感触，此知觉之灵，恍惚呈露，盖不难矣。遂于此收拾笼络，至其存养之功，以为此心本灵，此理本明，所谓戕贼日少，光润日著者，亦自有一段景象之可言。④

所谓"独学无师"，就是指象山并非孟子嫡传。

---

① （宋）陆九渊撰《语录下》，《陆九渊集》卷三十五，钟哲点校，中华书局，1980。
② 彭永捷：《朱陆之辩——朱熹陆九渊哲学比较研究》，人民出版社，2002，第250页。
③ （宋）陆九渊撰《学问求放心》，《陆象山全集》卷二十二，中国书店，1992。
④ （清）安平陈法定斋手订，（清）山右荆如棠校刊《明辩录·论象山认心为理之非》，《陈法诗文集续》，陈德远点校，贵州人民出版社，2011，第134页。

二 象山之学与孟子学之异

从总体上看，陈法否认象山之学源于孟子，至少认为象山不得孟学之真传。主要原因，陈法认为是因为象山受了佛禅的影响。

清代理学家刘廷诏在其《理学宗传辨正附录后论》中，阐述了陆王之学与孔孟之学的关系，他说：

> 历观陆与王氏及门人传中，曰悟、曰觉、曰忽觉、曰忽大省、曰始大悟、曰忽一夕大省，若有神启，曰洒然如物脱去，曰洞中有悟，恍惚大汗洒然无碍。凡此等悦心之趣，悟道之机，识一了万之学，求之于孔孟四书中，无有也；求之于周程张朱语录中，无有也；即求之于汉唐宋元以及明初诸儒传中，亦无有也。而陆与王氏及其门人传中则有之，此其所学所得儒耶？释耶？近于儒耶？归于释耶？在儒释之间耶？在不儒不释之间耶？乃谓其为释，曾见用于世而事业可观也；谓其为儒，则只取足于心而修为不事也。非精察而明辨之，将何以析其异同，而究其流弊也。甚矣，儒释之界之难为辨也。①

就是说，陆王所谓顿悟、自省等为学之法和修养方法，在孔孟和程朱那里是找不到根据的。因此，陆王之学到底源于儒，还是源于释，到底是儒，还是释，很难辨析。要辨别清楚，就得坚持以程朱理学为正宗，为本于天之学，为圣学。而陆王之学为本于心之学，为阳儒阴释之学。

我们确实也发现象山哲学中有一些思想观念，在孟子那里找不到根据，却能在禅宗那时找到出处。如象山云："人须是闲时大纲思量，宇宙之间如此广阔，吾自立于其中，须大做一个人"，"若某则不识一个字，亦须还我堂堂地做个人"，"无事时只似一个全无知无能底人。及事至方出来又却似个无所不知无所不能之人"，"仰首攀南斗，翻身倚北辰，举头天外望，无我这般人"。象山在这里，无非是讲"先立乎其大者"的问题。然所谓"不识一个字"和"全无知无能"的状态，在孟子那里是不曾有的说法，甚至与儒家传统也不相类。禅宗却有类似的观念，例如，禅宗主张不立文字等。又如禅宗偈语云："举手攀南斗，回身倚北辰。出头天外望，谁是我般人。"

---

① （清）刘廷诏撰《理学宗传辨正附录后论》，载北京图书馆出版社影印室编《丛书人物传记资料类编·学林卷4》，北京图书馆出版社，2006。

当然，如果认为象山之学完全等同于禅宗，也是错误的。比如，无论从本体论，还是从人性论的角度看，佛教禅宗的最终落实处都是"空"。如禅宗说："一切诸法如幻化相。"从人性立场讲，禅宗云："一切诸众生，身心皆如幻。""性本如空。"象山毕竟承认儒家伦理和道德行为的存在，他说："道塞宇宙，非有所隐遁，在天曰阴阳，在地曰柔刚，在人曰仁义。"

在朱熹与象山关于告子人性论的辩论中，朱子认为孟子言"性"不言"气"，告子言"心"不言"气"。孟子虽不言"气"，但"求之于言"，而告子不仅不言"气"，且不求于言，仅重视一个"心"字。象山既不言"气"，也不"求之于言"。所以，朱子认为象山之学乃告子学。朱子在解答学生提问时说："尝见陆子静说这一段，大段称告子所见高。告子固是高，亦是陆子之学与告子相似，故主张他。然陆氏之学更鹘突似告子。"（《朱子语类》卷五十二）

在《论象山之学异于孟子》一文中，陈法开宗明义地说：

> 王阳明以象山之学为孟子之学，象山亦自云："区区之学，自孟子后，至是而始一明。"然吾以为，象山之学与孟子大异。①

王阳明断以"陆氏之学，孟氏之学也"②。陈法是不同意这一看法的。阳明在《象山文集序》中说：

> 自是而后有象山陆氏……简易直截，真有以接孟氏之传。其议论开阖，时有异者，乃其气质意见之殊，而要其学之必求诸心，则一而已。故吾尝断以陆氏之学，孟氏之学也。而世之议者，以其尝与晦翁之有异同，而遂诋以为禅。……今禅之说与陆氏之说、孟氏之说，其书具存，学者苟取而观之，其是非同异，当有不待于辩说者。③

象山自己也说过："窃不自揆，区区之学，自谓孟子之后至是而始为一明也。"④ 然而，陈法并不赞成象山与阳明所说。他说：

① （清）安平陈法定斋手订，（清）山右荆如棠校刊《明辩录·论象山之学异于孟子》，《陈法诗文集续》，陈德远点校，贵州人民出版社，2011，第138页。
② （宋）陆九渊撰《陆九渊集·附录一》，钟哲点校，中华书局，1980。
③ （宋）陆九渊撰《陆九渊集·附录一》，钟哲点校，中华书局，1980。
④ （宋）陆九渊撰《陆九渊集》卷十，钟哲点校，中华书局，1980。

　　夫孟子之言"失其本心"，所以晓卑污、庸鄙、汩没于利欲之人；言"求放心"，所以晓昏昧、放逸、未尝学问之人。若孟子之学，所以得统一孔子者，则有之矣。曰"明善诚身"，曰"博学详说"，曰"明物察伦"，曰"强恕求仁"，曰"知言集义"，曰"践形尽性"，曰"扩充四端"，曰"知性、知天、存心、养性"，曰"始终"、"条理"，由深造自得，以至于左右逢源；由性善以至于美、大、圣、神；由根心之理充养之，以至于睟面盎背。凡此，皆孟子所学之渊微。象山文集、语录中并无一语相发明，安在其为孟子之学也？①

　　在陈法看来，孟子继承了孔子的传统，以性善为基础，讲究道德修养工夫。强调"深造自得"，注重对"四端"的扩充。而这些为学的特征，是象山之学所不具备的。陈法认为，孟子虽讲"万物皆备于我矣"，但同时又强调"存心""养性""知性""知天"，即重视渐进性的道德修养过程。在他看来，程朱的格物致知方法，在孟子那里就已日臻完善。

　　或曰：《孟子》七篇，仅止"博学""明善"两言，似略于"格致"而详于"存养"。象山之学，亦为得其近似。余以为："格致"之学，至孟子而愈难，亦自孟子而愈精。自古圣贤言性，不过言帝降之衷言。天命之性，至孟子，乃以仁、义、礼、智实之。而又切证之以四端，然后天下、后世有以知性之本善。此义理大源头，已居"格物、致知"之大端矣。其曰"明书物""察人伦""知言""知性""始终""条理"，皆《大学》所谓"格物致知"也。②

　　陈法认为，所谓"天命之性"在孟子那里落实为仁、义、礼、智"四端"。也就是说，"四端"使人具有向善的可能性。但由于受先天气质和后天私欲的影响，到达至善境界而成贤成圣，还要做"格致诚正"的修养。在陈法看来，孟子生活的时代，思想混乱，诐淫邪遁，孟子致力于辨明是

---

① （清）安平陈法定斋手订，（清）山右荆如棠校刊《明辩录·论象山之学异于孟子》，《陈法诗文集续》，陈德远点校，贵州人民出版社，2011，第138页。
② （清）安平陈法定斋手订，（清）山右荆如棠校刊《明辩录·论象山之学异于孟子》，《陈法诗文集续》，陈德远点校，贵州人民出版社，2011，第138页。

非。所以，格物致知修养工夫至孟子而"愈难""愈精"。因此，陈法甚至赞成明朝学者高攀龙关于《孟子》七篇是《大学》注疏的说法。高攀龙强调"学必由格物而入"，指出"圣学正脉，只以穷理为先"。高攀龙从广义立场理解"格物"，认为"天地间触目皆物，日用间动念皆格。一部《大学》皆格物也，六经皆格物也"。并认为"格物"就在于求"至善"，"格物者穷究到天理极至处，即至善也。"①

关于"性""心""情"之关系，陈法从朱子学立场出发，不赞成象山所说。

> 彼象山者，不识乾父、坤母之大义，谓"在天为性"，"在人为心"；谓"性""情""才"只一般。②

按照程朱一派的说法，人所得于天者谓之"性"，即《中庸》所谓"天命之谓性"，而不是象山所谓"在人为心"。

陈法指出，象山之学得于孟子者浅，却出入于佛禅，并深受其影响。

> 是矣，昧于义理之大源，以"人情""物理"为不可胜穷，而诋"格致"为支离，视"闻见"为外、为末，其教人管归一路，虽为敬本，然言"求放心"，则遗学问；言"先立乎其大"，则废思；言"本心"，则只求灵觉。是其学仅得《孟子》之粗浅而又失之，以入于禅，则愈薰莸黑白之不同矣。故余尝谓：《孟子》之学，步步扩充出去，日扩充，则德日宏，而吾心之全体大用日益著。③

陈法认为象山所谓"先立乎其大者"，是抛弃了"见闻之知"；而所谓"求放心"则受启于佛禅所谓"灵觉"和"明心见性"之说。陈法指出，象山之学流于异学而不自知。他引朱子的话，指出象山之学忽视了儒学重视道德修养的传统。

---

① （明）高攀龙撰《高子遗书》，载《文渊阁四库全书补遗·集部·明代卷》第3卷，北京图书馆出版社，2005。
② （清）安平陈法定斋手订，（清）山右荆如棠校刊《明辩录·论象山之学异于孟子》，《陈法诗文集续》，陈德远点校，贵州人民出版社，2011，第138~139页。
③ （清）安平陈法定斋手订，（清）山右荆如棠校刊《明辩录·论象山之学异于孟子》，《陈法诗文集续》，陈德远点校，贵州人民出版社，2011，第139页。

　　朱子之论象山有曰："看他意思，只说儒者绝断得许多利欲，便是千了百当，一向任意做出，都不妨。"此为深中象山膏肓之病。①

　　象山只言"本心自足""心具众理"，"去欲""明心"即可"见性"。这种"简易"的方法，与儒家的为学传统是不相符的。

　　盖当时，鹅湖、南康两次面论，故知其深而论之确。不然，朱子求友四方，于伯恭、喃轩，皆资切磋之益；即子寿，议论相合，犹惓惓不忘，有志同道合之感。其于象山，何嫌何疑，而始终目之为禅，不稍假借。噫！天下、后世之学者，其亦有以谅朱子不得已之心乎？②

　　这是陈法对朱陆之辩的一种认识，认为儒禅之辩是"鹅湖之辩"的内容之一。而陈法同朱熹一样，坚持以陆学为禅。

　　同罗钦顺一样，陈法对象山以禅学的方法教育弟子，也是不赞成的。例如，关于杨简断扇案的事，陈法就认为象山用的是禅宗"明心见性"的那套办法。

　　观其"举四端"之说，以答敬仲"本心"之问，敬仲不省，象山复举"扇讼"以明之，敬仲忽乃大觉，忽省此心之无始末，忽省此心之无所不通。夫此顷刻之间恍惚呈露者，皆知觉之灵耳——此禅家顿悟之机也。③

　　在象山看来，悟本心即可明此理，理不在心外。所以，他教导杨简审案子，不应搞得那么复杂，是者自然知其为是，非者自然知其为非。陈法从格物致知的立场看，象山的教法，简直是主观武断，当然不赞成了。

---

①　（清）安平陈法定斋手订，（清）山右荆如棠校刊《明辩录·论象山之学异于孟子》，《陈法诗文集续》，陈德远点校，贵州人民出版社，2011，第139页。

②　（清）安平陈法定斋手订，（清）山右荆如棠校刊《明辩录·论象山之学异于孟子》，《陈法诗文集续》，陈德远点校，贵州人民出版社，2011，第139页。

③　（清）安平陈法定斋手订，（清）山右荆如棠校刊《明辩录·论象山认心为理之非》，《陈法诗文集》，陈德远点校，贵州人民出版社，2011，第134页。

若夫道心之微，亦岂言下所能洞见？朱子所谓"口讲心思，躬行力究，从容潜玩存久渐明"者，既非一日之功，亦绝无此精光闪烁、大惊小怪景象。且孟子之意在人，因其断而扩充之，以至于仁、义、礼、智，不可胜用，非欲人识其心而遂已。①

"微"相当于孟子所谓"几希"，用以形容微妙而至善之本心。陈法认为，本心的这种属性虽是人所固有，但还是离不开朱子"躬行力究"的工夫。值得注意的是，这种"是者知其为是，非者知其为非"的"易简"工夫，阳明也津津乐道。这是强调良心、良知具有判断是非的功能，但是，是非的标准应当是客观的存在。如果认为良心、良知既能够断是非，又是是非的标准本身，就错了。

陈法认为，孟子只是指出了"四端"是人完成至善品性的基础，但并非就是至善本身。因此，象山所谓悟本心、明此心是不能直接成就至善人性的。

又，（象山）曰："收拾精神，自作主宰，当恻隐即恻隐，当羞恶即羞恶。谁能欺得？谁能瞒得？"如此者，盖屡言之。是此心已全乎仁、义、礼、智之体，其发之无不当，如大舜之由仁义行，更何俟乎扩充？所谓"万法从一心流出"，岂孟子教人之旨乎？②

陈法指出，象山认为本心圆满自足，因此，不需要将"四端"加以扩充。这并非孟子的道德修养工夫，而是受佛教禅宗所谓诸法出自本心的观念的影响。陈法对象山提出了严厉的批评，他认为象山是借孟子"良知良能"说，而阐述佛禅的"任心"之说。

是其始也，假"四端"之说以识取此心知觉之灵；而其既也，反以知觉之灵宰制"四端"之用，不惟不能顺其自然而加扩充之功，反逞其私意而违乎物则之常，以流于任心之弊，所谓差之毫厘，谬以千

---

① （清）安平陈法定斋手订，（清）山右荆如棠校刊《明辩录·论象山认心为理之非》，《陈法诗文集续》，陈德远点校，贵州人民出版社，2011，第134～135页。
② （清）安平陈法定斋手订，（清）山右荆如棠校刊《明辩录·论象山认心为理之非》，《陈法诗文集续》，陈德远点校，贵州人民出版社，2011，第135页。

里者也。①

在陈法看来，一开始象山借用孟子"四端"说，以识取禅宗"明心见性"之旨，其结果则以禅宗"明心"之说代替和宰制了"四端"说。其所谓本心具众理之说，是一种违反格物致知的认识方法，其弊病在于"任心"。陈法认为，象山的"任心"说与宋代张无垢的思想一样，以为凭此心或本心即可体天地之理。

> 昔张无垢谓："当恻隐时体其仁。"朱子曰："孟子论四端，只欲人扩而充之，则仁、义、礼、智不可胜用。"不言当此之时，别起一念，以体其为何物也。无垢此言，犹是禅学意思，只要想象认得此个精灵，而不求践履之实。象山议论，颇宗无垢，宜其所见之合也。整庵以辟禅者辟之，岂为过哉？②

陈法围绕孟子的"四端"说，以朱子的论点为依据，指出仁、义、礼、智"四端"只是人达到至善境界的基础。人要明理、成圣，则必须经过格、致、诚、正的过程，仅凭所谓"知觉灵明"是不能认识天理的。

---

① （清）安平陈法定斋手订，（清）山右荆如棠校刊《明辩录·论象山认心为理之非》，《陈法诗文集续》，陈德远点校，贵州人民出版社，2011，第135页。
② （清）安平陈法定斋手订，（清）山右荆如棠校刊《明辩录·论象山认心为理之非》，《陈法诗文集续》，陈德远点校，贵州人民出版社，2011，第135页。

第五章　象山之学与禅学

朱子与象山的辩论是全方位的，不仅涉及本体论、认识论、修养论，而且涉及道统与异端、儒与释等的辩论。其中，异端辩与道统辩、禅学辩与儒释辩，分别是一个问题的两个方面。因为，就内部之辩论而言，朱陆互指对方为异端，而己之学术为道统。就对外的方面而言，朱陆又有捍卫儒家道统之共同责任。禅学是佛教中国化最成熟的一种思想形态。禅宗的修养最接近于儒家心学理论的修养方式。宋明理学家对禅宗思想的吸收，经历了一个过程，即从周敦颐始开其端，中经朱陆之辩，至阳明始成其大。

陈法在《明辩录》中有《论象山之学合乎禅宗》一文，从本体论、道德修养论等方面指出象山之学的禅学特点。陈法对象山的所有批评，毫无例外地是站在朱子学的立场上开展的。因此，对朱陆关于异端和禅学的态度进行分析，有利于我们理解陈法的批评。

第一节　朱陆异端辨

在朱子和象山的时代，佛与老在很大程度上就是异端的代名词。只是，两人对异端的内涵、外延的看法是存在差别的。这与他们对道统的本质及体系的不同理解有紧密关系。朱子认为，儒学之外的释老便是异端。象山则认为，异端并非专指佛老。

一　朱陆异端观念异同

朱陆都以儒学为正统，而以非儒学之思想如佛老、墨法等为异端，这一点他们是共同的。由于朱子重视对儒家伦理的体认，象山重视道德行动，因此，他们捍卫儒家道统的努力方向是不同的。朱子的努力是要教导人们遵循儒家的伦理原则，象山则要告诉人们，践行心中已有之理。在象山看来，本心圆满自足，以"复其本心"为工夫的道德行动，无一不符合儒家伦理。

（一）朱陆对异端的态度

朱子认为，异端主要是佛、老及杨墨之学。例如，在谈到孟子"好辩"问题时，朱子说："若杨墨则害了人心，须着与之辩。"又云："孟子于当时只在私下恁地说，所谓杨墨之徒也未怕他。到后世却因其言而知圣人之道为是，知异端之学为非，乃是孟子有功于后世耳。"（《朱子语类》卷五十五）所以，朱子认为，孟子"好辩"之目的，就是要明圣人之道，而驳异端之非与害。

那么，作为异端的杨墨，其害人之处在哪里呢？朱子云：

> 杨墨只是差了些子，其末流遂至于无父无君，盖杨氏见世人营营于名利，埋没其身而不自知，故独洁其身以自高，如荷蓧、接舆之徒是也。然使人皆如此洁身而自为，则天下事教谁理会？此便是无君也。墨氏见世间人自私自利，不能及人，故欲兼天下之人而尽爱之。然不知或有一患难，在君亲则当先救，在他人则后救之。若君亲与他人不分先后，则是待君亲犹他人也，便是无父。此二者之所以为禽兽也。孟子之辩，只缘是放过不得。今人见佛老家之说者，或以为其说似胜吾儒之说，或又为彼虽说得不是，不用管他。此皆是看他不破，故不能与之辩。若真个见得是害人心，乱吾道，岂容不与之辩！所谓孟子好辩者，非好辩也，自足信不得也。（《朱子语类》卷五十）

可见，朱子所谓杨墨"害了人之心"，就是孟子批评杨墨"无君""无父"，亦即杨墨对儒家伦理规范的损毁。朱子认为墨子讲"兼爱"是"无父"，是对儒家伦常的不敬，极大地祸害社会。

> 问："墨氏兼爱，何遽至于无父？"曰："人也只孝得一个父母，哪有七手八脚，爱得许多！能养其父无阙，则已难矣。想得他之所以养父母者，粗衣粝食，必不能堪。盖他既欲兼爱，则其爱父母也必疏，其孝也不周至，非无父而何。"（《朱子语类》卷五十）

这是对爱有差等的伦理规范的维护，朱子对儒家伦理的体认，符合当时社会的需要。而墨子所谓兼爱，反而显得过于理想化了。在朱子看来，若不按照儒家伦理行事，将有可能招来"禽兽食人"的恶果。

朱子特别教育弟子，要辨明儒学与非儒学的分别。如佛老，有些论点表面上与儒家伦理相似，其实质则不同。他说："至老佛之徒出，则弥近理而大乱真矣！须是看得他那'弥近理而大乱真'始得。"（《朱子语类》卷六十二）朱子就是要教学生认清佛老是"弥近理而大乱真"，认清异端之本来面目。

朱子以佛老破坏人伦为攻击重点，他说："又有一种人自谓光明，而事事物物元不曾照见。似此光明，亦不济得事。今释氏自谓光明，然父子则不知其所谓亲，君臣则不知其所谓义。说他光明，则是乱道。"（《朱子语类》卷十二）朱子认为，儒家的伦理法则不能践踏。"鸢飞鱼跃，只是言其发见耳。释氏亦言发见，但渠言发见，却一切混乱。至吾儒须辨其定分，君臣父子皆定分也。鸢必戾于天，鱼必跃于渊。"（《朱子语类》卷六十三）朱子认为，儒学与异端势不两立，非此即彼，二者对立的焦点集中在对伦理规范的态度上。

朱子要求儒者应具有攻乎异端的自觉性和主动性，"凡言异端不必攻者，皆是为异端游说反间。孟子谓：'能言距杨墨者，圣人之徒也。'不必便能距杨墨，但能说距杨墨，亦是圣人之徒。"（《朱子语类》卷二十四）这就是说，具有攻乎异端的精神，比攻乎异端的能力更重要。

象山也注意到佛老对儒家思想的影响和扰乱，他亦努力辟佛老而倡儒学。象山对老氏之学和佛教传入中国对儒学的影响评论说：

> 佛入中国，在杨子之后。其事与其书入中国始于汉，其道之行乎中国始于梁，至唐而盛。韩愈辟之甚力，而不能胜。王通则又浑三家之学，而无所讥贬。浮屠老氏之教，遂与儒学鼎列于天下，天下奔走而向之者盖在彼而不在此也。愚民以祸福归向之者则佛老等，以其道而收罗天下英杰者，则又不在于老而在于佛。故近世大儒有曰："昔之入人也，因其迷暗，今之入人也，因其高明"，谓佛氏之学也。百家满天下，入者主之，出者奴之，入者附之，出者污之，此庄子所以有彼是相非之说也。①

---

① （宋）陆九渊撰《策问》，《陆九渊集》卷二十四，钟哲点校，中华书局，1980。

象山认为，佛氏之学对儒学和社会的影响比老氏之学更大。孟子之后，佛学兴起。但在象山看来，儒家有大贤大圣者出，儒学之勃兴又有了希望。

朱子出于卫道之目的而攻乎异端，象山反对异端的目的则在于其认为佛教有碍于人们按本心固有之德行善。因此，他们攻击异端的目的是有差异的。

象山除了视佛教为异端，还将关于儒家伦理原则的烦琐论证也视为异端，朱子格物致知之学即在异端之列。

需要注意的是，朱陆所谓"攻乎异端"之"攻"，乃是一种学术上的批判，而非通常所谓之"攻击"。对此，朱子曾有说明。如《朱子语类》载："或问：'攻乎异端'。曰：'攻者，是讲习之谓，非攻击之攻。这处须看他如何是异端，如何是正道。异端不是天生出来。天下只是这一个道理，缘人心不正，则流于邪说。吾于彼，心害于此；既入于邪，必害于正。异端不止是杨墨佛老，这个是异端之大者。'"（《朱子语类》卷二十四）朱陆主张通过学术上的争论来批判佛老。

（二）朱陆异端辩

朱陆都认为佛老对儒学和当时社会的危害很大，同时，他们又都以为佛教的影响更大。由于朱陆攻乎异端的依据是不同的，因此，他们对于所谓异端的看法和态度并不相同。

朱子认为异端就是佛老，其中，又认为佛的危害更大。如史料载："问：'《集注》何以言佛而不言老？'曰：'老便只是杨氏。人尝以孟子当时只辟杨墨，不辟老，不知辟杨墨便是辟老。如后世有隐遁长往而不来者，皆是老之流。他本不是学老，只是自执所见，与此相似。'"（《朱子语类》卷二十四）朱子反复强调佛老对儒学危害很大，他说："若异端邪说，释老之学，莫不自成一家，此最害义。"（《朱子语类》卷二十九）相比之下，由于佛氏之学理论深厚，影响更广，危害也更大。朱子云："因言异端之教，汉魏以后，只是老、庄之说。至晋时肇法师，释氏之教始兴。其初只是说，未曾身为。至达磨面壁九年，其说遂炽。"（《朱子语类》卷一二二）"味道问：'只说释氏，不说杨墨，如何？'曰：'杨墨为我、兼爱，做出来也淡而不能惑人，只为释氏最能惑人。初见他说出来自有道理，从他说愈深，愈是害人。'"（《朱子语类》卷二十四）可见，朱子攻乎异端的态度十分鲜明，重点在佛。

象山的看法异于朱子，在他看来，异端不是仅指佛老。他说：

"攻乎异端,斯害也已。"今世类指佛老为异端。孔子时佛教未入中国,虽有老子,其说未著,却指那个为异端?盖异与同对,虽同师尧舜,而所学之端与尧舜不同,即是异端,何止佛老哉?有人问吾异端者,吾对曰:"子先理会得同底一端,则凡异此者,皆异端。"①

象山认为,异端之说出现在孔子之时,那时虽已有老氏之学,但未盛行。且《论语》《孟子》等书并没排斥佛老之说,排斥的是"乡愿"之人。因此,异端并不专指佛老。"异端之说出于孔子,今人卤莽,专指佛老为异端,不知孔子时固未见佛老,虽有老子,其说亦未甚彰著。夫子之恶乡原,《论》、《孟》中皆见之,独未见其排老氏。则所谓异端者非指佛老明矣。"②实际上,象山认为,凡是儒学尤其是心学之外的言论,皆是异端。因此,其所谓异端的外延比朱子所论者宽。

象山据史料认为,老子在孔子之前出,但孔孟并没有攻击老子。杨朱之学虽出于老子,但其学与老子并不完全相同。因此,异端并不专指老或佛老。在象山看来,孟子虽与杨朱、告子等人辩论,并对其观点进行攻击,但《孟子》一书亦未以杨朱、告子诸人为异端。也就是说,以杨朱、告子等人之学为异端,是后人的事。总之,象山认为以老氏之学为异端缺少根据。当然,象山并不是要为佛老正名,而重在说明异端者,非专指佛老而已。

那么,象山所谓异端是什么呢?在象山看来,凡与心即理之本体论和"发明本心"的为学之方、道德修养方法不一致的看法和思想,都是异端。因此,象山认为,背离此心、此理"而别有商量,别有趋向,别有规模,别有形迹,别有行业,别有事功,则与道不相干,则是异端,则是利欲,为之陷溺,为之窒臼,说即是邪说,见即是邪见"③。可见,象山的观点十分鲜明。他又说:"天下正理,不容有二。若明此理,天地不能恂此,鬼神不能异此,千古圣贤不能异此。若不明此理,私有端绪,即是异端,何止佛老哉?近世言穷理者亦不到佛老地位,若借佛老为说,亦是妄说。其言辟佛老者亦是妄说。"④ 象山把批评的对象指向了格物穷理之方法,亦即指向程朱一派。因此,凡与象山所言不符者,就是异端。

---

① (宋)陆九渊撰《语录上》,《陆九渊集》卷三十四,钟哲点校,中华书局,1980。
② (宋)陆九渊撰《与薛象先》,《陆九渊集》卷十三,钟哲点校,中华书局,1980。
③ (宋)陆九渊撰《语录下》,《陆九渊集》卷三十五,钟哲点校,中华书局,1980。
④ (宋)陆九渊撰《语录下》,《陆九渊集》卷三十五,钟哲点校,中华书局,1980。

　　总之，朱熹以象山之学为禅学，反之，象山以朱子之学为异端。难怪黄宗羲说："于是宗朱者诋陆为狂禅，宗陆者以朱为俗学，两家之学，各成门户，几如冰炭矣！"① 实际上，朱陆一方面以攻乎异端为己任，但另一方面，他们又共同受到佛老思想尤其是佛老禁欲主义的影响。

　　　　佛老二家对于朱陆的真正影响，在于其禁欲主义思想，其中佛教的影响更著。先秦儒学的伦理学说与道德学说的内容本是十分丰富的，当朱子与象山从各自不同的角度把儒家本来丰富多彩的伦理道德归结为克制"人欲"或"物欲"及"明天理"或"复本心"时，可以说他们已经学到了佛老的精髓。此颇具讽刺意味：激烈地辟佛老以卫道的理学家，宣扬的理论在精神实质上却恰恰是佛老，由此，也可以说理学实际上是佛教化的儒学。在此意义上，儒学发展到理学，便已经走向死亡了。②

　　儒学在其发展史上注意吸收佛老两家的思想内容，又努力保持着自身的特点。从思想文化互动提高的立场说，这本应是件好事。然而，不幸的是，理学在吸收佛老两家精华的同时，却远离了自己的根基和本质。

二　朱陆禅学辩

　　朱子认为象山之学是禅学，陈法以为象山之学合乎禅宗，可见其论点一脉相承。朱子曰："今金溪学问真正是禅，钦夫、伯恭缘不曾看佛书，所以看他不破，只某便识得他，试将《楞严》、《圆觉》之类一观，亦可粗见大意。释氏之学，大抵谓若识得透，应千罪恶，即都无了。然则此一种学，在世上乃乱臣贼子之三窟耳！"（《朱子语类》卷一二四）程朱一派将象山之学视为乱臣贼子之学，批评十分严厉。当然，象山弟子们肯定是不赞成朱子论点的。朱陆关于禅学之辩，围绕着象山之学是否为禅学而展开。

　　朱子从三个方面阐述象山之学为禅学，具体如下。

　　第一，朱子认为象山"复其本心"同于禅学之"明心见性"。象山倡导"易简"工夫，反对程朱一派在为学方法上的"格物致知"，以及建立在此基础上的道德修身之法，诸如"克己复礼"等。禅宗提出"万法尽在自心"

---

① （清）黄宗羲撰《宋元学案·象山学案·案语》，中华书局，1986。
② 彭永捷：《朱陆之辩——朱熹陆九渊哲学比较研究》，人民出版社，2002，第293页。

（《坛经·般若品》），"一切般若智，自性而生，不从外入"（《坛经·般若品》），倡导"菩提只向心觅，何劳向外求玄"（《坛经·般若品》）。所谓"自性而生""尽在自心"等，这些正是禅学所谓"明心见性"。"明心见性"即明察本心，洞见本心佛性。慧能说："若自悟者，不假外求。"（《坛经·般若品》）又说："菩提只向心觅，何劳向外求玄。"（《坛经·般若品》）象山主张"此心即是理"，认为此心完满，道在心中。因此，于修养工夫上提倡"发明本心"或"复其本心"。从思想特点和思维方式上看，象山之学与禅学确实有许多相似处，故朱子之批评并非空穴来风。

　　总体上看，象山之学与禅宗相似处，主体体现在本体论和修养方法上。如禅宗经典云："本性圆满故，菩萨于此中"（《圆觉经》卷上），"一切方法，尽在自心中，何不从自心顿现真如本性！"（敦煌版《坛经》）象山云："此心此理，我固有之"①，"道固在人心矣"②，"人孰无心，道不外索。"③禅宗云："三世诸佛，十二部经，亦在人性中本自具有。……由外名（明）彻，识自本心，若识本心，即是解脱。"（敦煌本《坛经》）象山说："此理本天所以予我，非由外铄，明得此理，即是主宰，真能为主，则外物不能移，邪说不能惑。"④禅宗认为自性圆满，象山认为本心自足。可人却往往受外物和利欲的影响。故禅宗云："智慧常明，于外著境，被妄念浮云盖覆，自性不得明朗。"（《坛经·忏悔品》）象山谓："此心之良，人所均有，自耳目之官不思而蔽于物，流浪展转，戕贼陷溺之端不可胜穷。"⑤

　　禅宗认为"心外无佛""心外无理"，"汝今各信自心是佛，此心即是佛心"，"心外无别佛，佛外无别心。"⑥象山云："人皆有是心，心皆具是理。心即理也。"⑦禅宗强调要消除外物对心的影响，象山认为要去除物欲对人的蒙蔽。禅云："身是菩提树，心如明镜台，时时勤拂拭，勿使惹尘埃。"（《六祖坛·自序品》）象山云："人心有病，须是剥落；剥落得一番，即一番清明。后随起来，又剥落，又清明，须是剥落得净尽，方是。"⑧佛家认

①　（宋）陆九渊撰《与侄孙濬》，《陆九渊集》卷一，钟哲点校，中华书局，1980。
②　（宋）陆九渊撰《与冯传之》，《陆九渊集》卷十三，钟哲点校，中华书局，1980。
③　（宋）陆九渊撰《与舒西美》，《陆九渊集》卷五，钟哲点校，中华书局，1980。
④　（宋）陆九渊撰《与曾宅之》，《陆九渊集》卷一，钟哲点校，中华书局，1980。
⑤　（宋）陆九渊撰《与徐子宜》，《陆九渊集》卷五，钟哲点校，中华书局，1980。
⑥　（南唐）泉州招庆寺静、筠法师合撰《祖堂集·江西马祖》卷第十四，全国图书馆文献缩微复制中心，1993。
⑦　（宋）陆九渊撰《与李宰·二》，《陆九渊集》卷十一，钟哲点校，中华书局，1980。
⑧　（宋）陆九渊撰《语录下》，《陆九渊集》卷三十五，钟哲点校，中华书局，1980。

为，此心众人所有皆同，象山亦持类似看法。"众生与佛性本来共同。"①
"问曰：'凡心、圣心，是一是二？'答曰：'是一。'"② 象山又说："千古圣
贤若同堂合席，必无尽合之理，然此心此理，万世一揆。"③ "心只是一个
心，某之心，吾友之心，上而千百载圣贤之心，下而千百载复有一圣贤，
其心亦只如此"，"东海有圣人出焉，此心同也，此理同也。西海有圣人出
焉，此心同也，此理同也。南海、北海有圣人出焉，此心同也，此理同也。
千百世之上至千百世之下，有圣人出焉，此心此理，亦莫不同也。"④ "人皆
可以为尧舜，此性此道，与尧舜原不异。"⑤ 禅云："十方世界，诸如来心，
于中显现。如镜中像。"⑥ 象山说："仲诚处槐堂一月，一日问之云：'仲诚
思得孟子如何？'仲诚答曰：'如镜中观花。'答云：'见得仲诚也是如此。'
顾左右曰：'仲诚真善自述者。'"⑦ 可见，象山所论与禅学颇多相似处。

　　第二，朱子认为象山尊崇道德主体性的做法与禅学之"肆无忌惮"相
同。朱子之学强调对儒家伦常的体认，强调规范性。象山之学则以"克己
复礼"之道德修养工夫为非，故心之道德主体性与理学之规范性发生冲突。
"佛法固是本不见大底道理，只就他本法中是大段细密，今禅说只一向粗
暴。陆子静之学，看他千万般病，只在不知有气禀之杂，把许多粗恶底气
都把做心之妙理，合当恁地自然做将去。"（《朱子语类》卷一二四）就是认
为象山的"易简"工夫与禅学之"明心见性"一样，都是些漠视伦理规范
的粗暴做法，不可取。

　　第三，朱子认为象山多以禅学之法教育弟子。"子静寻常与吾人说话，
会避得个'禅'字，及与其徒，却只说禅。"（《朱子语类》卷一二四）在程
朱一派看来，象山弟子们的行为接近于禅。因为象山教育弟子之法为禅，
故弟子行为品行拙劣，容不得不同看法，无礼，喜怒无常。朱子以为，象
山之学受禅学影响之深，并非一般出入佛老者所能比。谢上蔡、张子韶等
受禅学影响，都没有象山所受影响之深。更有甚者，朱子认为象山之学中
的儒学立场和观点，乃是为禅学做辩护。"陆子静之学，自是胸中无奈许多

①　（唐）净觉纂撰《楞伽师资记》，中国藏学出版社，1993。
②　惟明法师编《圆明文集·禅宗篇》，2005。
③　（宋）陆九渊撰《语录上》，《陆九渊集》卷三十四，钟哲点校，中华书局，1980。
④　（宋）陆九渊撰《年谱》，《陆九渊集》卷三十六，钟哲点校，中华书局，1980。
⑤　（宋）陆九渊撰《语录下》，《陆九渊集》卷三十五，钟哲点校，中华书局，1980。
⑥　（唐）佛陀多罗译，（唐）宗密疏《圆觉经》卷下，上海古籍出版社，1991。
⑦　（宋）陆九渊撰《语录上》，《陆九渊集》卷三十四，钟哲点校，中华书局，1980。

禅何。看是甚文字，不过假借以说其胸中所见者耳。据其所见，本不须圣人文字得。他却须要以圣人文字说者，此正如贩盐者，上面须得数片鲞鱼遮盖，方过得关津，不被人捉了耳。"（《朱子语类》卷一二四）也就是说，象山以圣人之言掩盖其吸收禅学之实，如同闽中贩卖私盐者所为。这完全是一种讥讽的口气，儒家论点成了象山掩饰其禅学本质的遮羞布。朱子门人陈淳等也以象山弟子杨简之学为禅学。甚至，象山门人中，也有以杨简之学为禅学者，以致象山不得不辩解说："杨敬仲不可说他有禅，只是尚有气习未尽。"①

朱子的批评并非没有根据，象山确实并不反对弟子学禅。史料记载了其弟子刘淳叟与友人周姓者关于学禅的议论，其中可看出象山对弟子习禅的态度。姓周的友人问道："淳叟何故舍吾儒之道而参禅？"淳叟答曰："譬之于手，释氏是把锄头，儒者是把斧头，所把虽不同，然却皆是这手。我而今只要就他明此手。"友答云："若如淳叟所言，我只就把斧头处明此手，不愿就他把锄头处明此手。"先生云："淳叟亦善喻，周亦可谓善对。"② 可见，象山对佛学是兼容并蓄的态度。据史料记载，象山本人讲学，其神情、举止，亦颇似禅宗高僧。

象山指导高徒杨简断扇案，大有禅宗不著文字、得意忘言的味道。

> 偶有鬻扇者讼至于庭，敬仲断其曲直讫，又问如初。先生曰："闻适来断扇讼，是者知其为是，非者知其为非，此即敬仲本心。"敬仲忽大觉，始北面纳弟子礼。故敬仲每云："简发本心之问，先生举是日扇讼是非答，简忽省此心之无始末，忽省此心之无所不通"。先生尝语人曰："敬仲可谓一日千里。"③

本来，杨简是按审判程序办事，可象山却以"易简"工夫做指导，认为杨简"明此心"便可"明理"。对此，罗钦顺评价说："有杨简者，象山之高弟子也，尝发'本心'之问，遂于象山言下'忽省此心之清明，忽省此心之无始末，忽省此心之无所不通。'有詹阜民者，从游象山，安坐瞑目，用力操存，如此者半月，一日下楼，忽觉此心已复澄莹。象山目逆而

---

① （宋）陆九渊撰《语录上》，《陆九渊集》卷三十四，钟哲点校，中华书局，1980。
② （宋）陆九渊撰《语录上》，《陆九渊集》卷三十四，钟哲点校，中华书局，1980。
③ （宋）陆九渊撰《陆九渊集》卷三十六，钟哲点校，中华书局，1980。

视之，曰：'此理已显也。'盖唯禅家有此机轴。"① 可谓一语道破天机了。

禅宗主张不立文字，认为见闻之知不可能认识自性，即不能认识心体。提倡舍文字而直契心体，以所谓"亲证""默照""默契"为工夫。使本体心与主体心无缝对接，这一过程"如人饮水，冷暖自知。"（《坛经·自序品》）这是一种顿悟，阳明称之为"直从本源上悟入"②。要在"不睹不闻"上下工夫，即在良知上下工夫。禅师教育学生时，主张"不说破"，让学生自己领悟真谛和佛性。阳明说："学问也要点化，但不如自家解化者自一了百了，不然亦点化许多不得。"③

象山、阳明均认为良知与经验知识是体与用的关系。朱济道、朱亨道兄弟是象山老乡，年长于象山，曾向象山请教。兄弟俩感叹道："近到陆宅，先生所以诲人者，深切著明，大概是令人求放心。岂有志于学者，数人相与讲切，无非此事，不复以言语文字为意，令人叹仰无已。"④ 这确实是禅宗的教法。

象山教人读书、学习，注重"荡涤""涵泳""去蔽""去病"等，这些方法，本身就是从禅宗借入。因此，说陆学有禅宗气息，确不为过。

第四，朱子认为象山所谓"求放心"，类似于佛教之"参禅""失坐"。朱子云："今说求放心，说来说去，却似释老说入定一般。但彼到此便死了；吾辈却要得此心主宰得定，方赖此做事业，所以不同也。"（《朱子语类》卷十二）又云："心不是死物，须把做活物看。不尔，则是释氏入定、坐禅。"（《朱子语类》卷五十九）

有意思的是，象山也认为朱子于禅学学有所得。他举例说，朱子所谓太极，超出方外，在万物之前而存在，即为学禅宗所得。"尊兄两下说无说有，不知漏泄得多少。如所谓太极真体不传之秘，无物之前，阴阳之外，不属有无，不落方体，迥出常情，超出方外等语，莫是曾学禅宗，所得如此。平时既私其说以自高妙，及教学者，则又往往秘此，而多说文义，此漏泄之说所从出也。"⑤ 显然，这是对朱子的一种反击。在讨论"理一"与

① 罗钦顺撰《困知记》卷下，中华书局，1990，第36页。
② （明）王守仁撰《传习录》（下），《王阳明全集》卷三，吴光、钱明、董平、姚延福编校，上海古籍出版社，2011。
③ （明）王守仁撰《传习录》（下），《王阳明全集》卷三，吴光、钱明、董平、姚延福编校，上海古籍出版社，2011。
④ （宋）陆九渊撰《陆九渊集》卷三十六，钟哲点校，中华书局，1980。
⑤ （宋）陆九渊撰《与朱元晦》，《陆九渊集》卷二，钟哲点校，中华书局，1980。

"万理"的关系时，朱子确实说过："释氏云一月普现一切水，一切水月一月摄，这是那释氏也窥见得这些道理，濂溪《通书》只是说这一事。"（《朱子语类》卷十八）可是，朱子以象山之学为禅学的立场却从未改变。

明代心学家胡居仁认为象山修养方法过于"简易"，从而入于禅门，他说：

> 象山天姿高、力量大，用力甚切，但其见理过于高大，存心过于简易，故入于禅。其自幼与伊川不合者，伊川收敛谨密，其言平实精确。象山必有凌虚驾空之意，故闻伊川之言，似有伤其心。其晚年身在此处能知民间事，又预知死期，则异学无疑。其门人杨简以问答之间，忽省此心之清明，忽省此心之无始末，忽省此心之无所不通，此非儒者之传授。其行状言四时之变化，先生之变化也，天地之广大，先生之广大也，鬼神之不可测，先生之不可测也。亦过高之言矣。每读象山之文，笔力精健，发挥议论，广大刚劲，有悚动人处。故其遗风余烈，流传不泯。然细推之，则于圣贤细密工夫不甚分明。故规模腔骰虽大，未免过于空虚也。①

这就是说，象山所谓"简易""省心"等并非儒家圣学的工夫，而来自禅宗。象山本人举止，也非传统儒者之貌，而是禅宗僧人之风。

明末清初的思想家陆陇其站在朱子学的立场上，亦认为象山之学近于禅。

> 从祀诸贤，经累朝论定，殆无遗议。唯嘉靖九年增入陆象山九渊、万历十二年增入陈白沙献章、王阳明守仁三先生，虽皆一时贤者，然学近于禅，与孔门之旨不免莛楹，学者取其长而去其短，庶几为善学三先生者。②

程朱一派的学者认为陆象山、王阳明和陈献章三位心学家的学问近禅或似禅学，从而与儒学的本质是不同的。

罗钦顺更进一步，他认为象山之学不是近于或似于禅的问题，简直就

---

① （明）胡居仁撰《居业录》，四库全书本。
② （清）陆陇其撰《三鱼堂文集》卷三，四库全书本。

是禅。

> 象山之学，吾见得分明是禅，弟则以为"似禅"。似之为言，仿佛之谓也。以余观之，佛氏有见于心，无见于性，象山亦然。其所谓至道，皆不出乎灵觉之妙，初不见其有少异也，岂直仿佛云乎！据象山所见，自不合攻禅，缘当时多以禅学目之，不容不自解耳。释氏之自私自利，固与吾儒不同。然此只是就形迹上断，他病根所在，不曾说得。盖以灵觉为至道，乃其病根，所以异于吾儒者，实在于此。而此二字正是象山受用处，如何自肯拈出？余所谓"阳避其名而阴用其实"，诚有见乎此也。①

罗钦顺指出，佛家与象山一样，重视的都是"灵觉"妙道。此看法是符合象山哲学实际的，这个提法到阳明，即发展成"知觉灵明"。

再从有关史料的记载看，确实有证据表明象山行为和论点，有似禅宗处。

一是象山承认学过禅学经典。他说："某虽不曾看释氏经教，然而《楞严》、《圆觉》、《维摩》等经，则尝见之。"② 除《楞严经》为伪经外，其余两部为禅宗经典。象山在给王顺伯的信中还说："尊兄日用中所行合理处，自是天资之美，与探讨儒书之力，岂是读《华严》自省发后方始如此。"③这说明，象山对大乘佛教经典还是了解的。

二是象山曾与禅师论禅。象山在给禅师的信中曾说："若是名山大刹，更尚有缘，顶笠便行，亦且无碍。不须拟议，不劳擘画，在在处处皆是道场，何处转不得法轮，何人续不得慧命？"④ 真是一番"禅味"在心头。同宋代许多理学家一样，象山一家有出入佛老的传统，"自少以圣贤为师，其于释老之学辨之严矣，然其徒苟有一善亦所不废。"⑤ 这是指象山兄陆九龄兼治佛儒。可能是受家庭的影响，象山自幼推崇禅学。在象山给禅师允怀的书中，其至将允怀视为做人做事的楷模。他说："怀上人，学佛者也，尊

---

① （明）罗钦顺撰《困知记·附录·答允恕弟》，阎韬点校，中华书局，1990。
② （宋）陆九渊撰《与王顺伯二》，《陆九渊集》卷二，钟哲点校，中华书局，1980。
③ （宋）陆九渊撰《与王顺伯二》，《陆九渊集》卷二，钟哲点校，中华书局，1980。
④ （宋）陆九渊撰《与允清》，《陆九渊集》卷十七，钟哲点校，中华书局，1980。
⑤ （宋）陆九渊撰《全州教授陆先生行状》，《陆九渊集》卷十七，钟哲点校，中华书局，1980。

其法教，崇其门庭，建藏之役，精诚勤苦，经营未几，骎骎乡乎有成，何其能哉！使家之子弟，国之士大夫，举能如此，则父兄君上，可以不诏而仰成，岂不美乎？"① 允怀曾是象山弟子，后出家为僧，象山对其入佛后的行为大加赞赏，以为榜样。

三是象山深谙禅意。他曾在致禅师的书信中说道："学佛居山林，往往仪状野。道人翩然来，礼节何尔雅。职事方惛惛，言论翻洒洒，安得冠其颠，公材岂云寡。"② 这是赞颂禅师在世俗社会中，仙风道骨，能够超然出世。又有《题慧照寺》诗云："春日重来慧照山，经年诗债不曾还。请君细数题名客，更有何人似我顽。"③ 这都是与禅宗有关的诗，反映出象山与禅宗僧人紧密的交往，以及他对禅学的认同。

四是象山推崇禅宗僧人断去宝贵利达的态度。他说："富贵利达之不足慕，此非难知者。仙佛之徒、拘曲之士，亦往往优于断弃，而弗顾视之。"④ 象山还肯定佛教所谓"八法"之说，即赞赏佛教主张去"八风"的态度。"利、害、毁、誉、称、讥、苦、乐，能动摇人，释氏谓之八风。"⑤ 此"八风"为世人所嫉恨，象山认为佛教做得好。

心学一派有些学者如王阳明等对朱子批评象山之学为禅做了辩护，一开始，阳明并不关心朱陆之争，并教育学生专心于"致良知"。后来，阳明断言陆九渊之学为孟子之学，告诫世儒应通过阅读象山著作再看其学之真面目。阳明事实上亦为己辩护。清代的全祖望也曾说："以读书为充塞仁义之阶，陆子辄咎显道之失言，则诋发明本心为顿悟之禅宗者，过矣！"⑥ 象山自己也说："吴君玉自负明敏，至槐堂处五日，每举书句为问。随其所问，解释其疑，然后从其所晓，敷广其说，每每如此。其人再三称叹云：'天下皆说先生是禅学，独某见得先生是圣学。'"⑦ 这些辩护，恰恰从侧面说明，陆学确实有禅学的内容和特质。

对于朱子以象山之学为禅学，需要客观地加以看待。因为朱子与象山

①　（宋）陆九渊撰《赠僧允怀二》，《陆九渊集》卷二十，钟哲点校，中华书局，1980。
②　（宋）陆九渊撰《赠化生》，《陆九渊集》卷二十五，钟哲点校，中华书局，1980。
③　（宋）陆九渊撰《题慧照寺》，《陆九渊集》卷二十五，钟哲点校，中华书局，1980。
④　（宋）陆九渊撰《与赵϶道》，《陆九渊集》卷十二，钟哲点校，中华书局，1980。
⑤　（宋）陆九渊撰《语录下》，《陆九渊集》卷三十五，钟哲点校，中华书局，1980。
⑥　（清）黄宗羲撰《宋元学案·象山学案·案语》，（清）黄百家辑，（清）全祖望修订，（清）王梓材等校定，商务印书馆发行，1929。
⑦　（宋）陆九渊撰《语录上》，《陆九渊集》卷三十四，钟哲点校，中华书局，1980。

各以对方的学问为异端，而以自己的思想为儒家正统。这就免不了在批评对方时，带着情绪和色彩。象山就认为朱子取自周敦颐的太极，正是老氏之学。

陈法也以象山之学为禅，如荆如棠在《明辩录序》中说："然试就其所录，反复潜玩之，如讥子静为儒其迹而释其心，即云禅也，亦得其浅者耳。"①

象山思想与禅学是有某些相似特点，然而，由此便断言象山之学以禅学为源头，还是很勉强。从孟子的"良知良能"说中，可以逻辑地推演出"发明本心"之说。禅宗本是中国本土化的宗教，受以孟子良知学说为主的儒家思想的影响。可以说，象山心学与禅学有共同的思想滥觞，即孟子思想。故而象山之学、禅学、孟子思想三者有某些相似处，不足为怪。所以，不能仅根据朱子的批评而断言象山之学为禅学，从而否认其在儒学中的地位。从史料等外部证据看，说象山之学以禅学为宗，缺乏说服力。

象山之学与禅宗有分别之处，例如，佛教主张一切皆空，而象山则承认儒家道德和伦理的实在性等。又如，佛教主张人性"无善无恶"，而将"有善有恶"视为"无常"。认为"有善有恶"之人性与佛家所谓"四大皆空"的原则是相矛盾的，为人心之蔽。因此，要去除人心之蔽，使人性归于"无常无非常"，从而到达"清净"的境界。"于实性中，不染善恶，此名圆满报身佛。"（《坛经·忏悔品》）而象山则主性善论，认为人的本心无有不善。

在道德修养工夫上，禅宗主张通过顿渐而使人心"无动无静，无生无灭，无去无来，无是无非，无住无往"（《坛经·付嘱品》）。而有动有静，有生有灭等，则为"染心"。因此，禅宗主张通过顿渐而使"染心"复明。象山则主张通过"立志""存养""去欲"等工夫，去除物欲私利之蔽，明心见性。

从骨子里说，象山哲学的根基仍然是儒家的道德学说。象山只是吸收了佛教禅宗本体论和人性论的某些思想观念，借以建立儒家的道德哲学。因此，可以说，象山之学与佛学的关系是"貌合"而"神离"，故宗陆学者为象山喊冤。

佛教宗派林立，而象山独选择禅宗为其吸收学习的宗教派别，乃在于

---

① （清）安平陈法定斋手订，（清）山右荆如棠校刊《陈法诗文集续》，陈德远点校，贵州人民出版社，2011，第129页。

禅宗本是中国化的宗教。禅宗所谓"不立文字""得意望言""教外别传"等宗教理念，以及顿悟等修养方法，是受了孟子"良知良能"说的影响。也就是说，象山哲学与禅宗有共同的思想源头。

第二节　象山之学与禅学

陈法在《明辩录》中著有《论象山辟禅之非》一文，专就象山辟禅进行了讨论。"鹅湖之会"后，"宗朱者诋陆为狂禅。"① 而宗陆学者则极力为陆辩护，洗刷其"冤屈"，并以朱学为俗学。四库馆的编辑者曾说："宋儒之学，至陆九渊始以超悟为宗。"② 那么，到底儒是什么？禅又是什么？朱陆各自有自己的判别方法。而朱子的判别标准，为陈法所采纳，并以其为批评象山辟禅的依据。

一　朱陆之别儒与释

朱陆之时，老氏之学已经衰微，因此，儒家斗争的焦点是佛教。朱陆围绕如何分辨儒与释展开了争论。朱陆二人的判教标准是不同的，朱子以虚实断儒释，象山则侧重从义利辨儒释。《朱子语类》载：

> 问："尽心、知性，不假存、养，其惟圣人乎！佛本不假于存、养，岂窃希望圣人之事乎？"曰："尽、知、存、养，吾儒、释氏相似而不同。只是他所存、所养、所尽处，道理皆不是。如吾儒尽心，只是尽君臣父子等心，便见有是理。性即是理也。如释氏所谓尽心、知性，皆归于空虚。其所养，却是闭眉合眼，全不理会道理。"（《朱子语类》卷六十）

儒家讲究存、养，此为"实"，佛讲"尽心""知性"，此为"虚"。其核心是，讲儒家伦理为实，不重视儒家伦理则为虚。也就是说，儒与释之别，即实与虚之别。

在朱子看来，儒家伦理规范是一种能够开花结果的理论，故为实。孟子说："仁之实，事亲是也；义之实，从兄是也。"（《孟子·离娄上》）朱

---

① （清）黄宗羲撰《宋元学案·象山学案》，中华书局，1986。
② 《杨子折衷（六卷）》提要，《四库全书总目》卷九十六。

子云："此数句，某煞曾人思虑来。尝与伯恭说，'实'字，有对名而言者，谓名实之实；有对理而言者，谓事实之实；有对华而言者，谓华实之实。今这实字不是名实、事实之实，正是华实之实。仁之实，本只是事亲，推广之，爱人利物，无非是仁。义之实，本只是从兄，推广之，忠君弟长，无非是义。事亲从兄，便是仁义之实；推广出去者，乃是仁义之华来。"（《朱子语类》卷五十六）这就是说，只有能够落到实处的儒家伦理，方谓之实。与此相反，佛家之学虽亦言心言性，也讲参禅打坐一类的工夫，但不着实处。"吾儒万理皆实，释氏万理皆空。"（《朱子语类》卷一二四）"若释氏之言见性，只是虚见；儒者之言性，止是仁义礼智，皆是实事。"（《朱子语类》卷一二四）总之，儒家重视伦常规范，且将其落实到日用之中，佛教则缺少这样一套伦理原则。

　　朱子认为佛家也讲"克己"，但不以"复礼"为其目标。因此，"克"了半天，没有个着落。朱子指出，"格物"便是儒家"实"的一个重要体现，儒家"穷理"源自格物。而佛家言"见性"，但那个"性"是怎么"见"的，佛家没有讲清楚。"盖释氏之言见性，只是虚见；儒者之言性，止是仁义礼智，皆是实事。"（《朱子语类》卷一二四）故佛家所言，虚空不实。朱子云：

　　　　故圣人以其先得诸身者与民共之，只是为这一个道理。如老佛窥见这个道理。庄子"神鬼神帝，生天生地"，释氏所谓"能为万象主，不逐四时凋"，他也窥见这个道理。只是他说得惊天动地。圣人之学，则其作用处与他全不同。圣人之学，则至虚而实实，至无而实有，有此物则有此理。佛氏则只见得如此便休了，所以不同。（《朱子语类》卷十三）

　　朱子认为佛为空虚之学，无用，害人不浅。"吾儒更著读书，逐一就事物上理会道理。他便都扫了这个，他便恁地空空寂寂，恁地便道事都了。只是无用。"（《朱子语类》卷十四）朱子认为，老氏之学也是"虚"的，他说：

　　　　如老氏亦谓："恍兮惚兮，其中有物；窈兮冥兮，其中有精。"所谓"物、精"亦是虚。吾道虽有"寂然不动"，然其中粲然者存，事事

有。(《朱子语类》卷一二四)

朱子有时将佛家视为"智者",将老氏视为"贤者"。"智者"了解伦理,但因其将人世间的许多现象看得太透彻,因此,不愿意按规则行动。所以,佛家可谓"有体无用"。"贤者"则只管下工夫,但于"理"不明。只有儒家既明理,又善于行动,将伦理规范落到实处。

象山主要从义利、公私的角度来判别儒与释。象山也讲"实",其所谓实,乃指真心实意地践行道德。他认为朱子一派所谓格物穷理和专心于科举,那恰恰是"虚"。于文章而言,即"虚文",于意见而言,就是"虚见"。

虽亦言虚实,但象山则主张以义利辨儒释。象山认为,就学术内容而言,儒、释、道三家都有"说"和"实"。"说"就是言论,"实"就是践行。但象山认为儒释的区别不在"虚"和"实",而在于三家之"实"不同,而"实"就是义利。儒家讲"义",这是儒家之"实",佛老讲"利",那是其"实"。象山云:

> 某尝以义利二字判儒释,又曰公私,其实即义利也。儒者以人生天地之间,灵于万物,贵于万物,与天地并立而为三极。天有天道,地有地道,人有人道。人而不尽人道,不足与天地并。人有五官,官有其事,于是有是非得失,于是有教有学。其教之所从立者如此,故曰义、曰公。①

也就是说,儒家教人为人处事,教人践行的原则是公和义,这是儒家所以为儒家的重要标志,亦即儒家之"实"。象山接着说:

> 释氏以人生天地间,有生死,有轮回,有烦恼,以为甚苦,而求所以免之。其有得道明悟者,则知本无生死,本无轮回,本无烦恼。故其言曰:"生死事大。"如兄所谓菩萨发心者,亦只为此一大事。其教之所从立者如此,故曰利、曰私。②

象山认为,佛教所谓"生死事大",就是"利",这是佛的重要标志。

---

① (宋)陆九渊撰《与王顺伯二》,《陆九渊集》卷二,钟哲点校,中华书局,1980。
② (宋)陆九渊撰《与王顺伯二》,《陆九渊集》卷二,钟哲点校,中华书局,1980。

重视"义""公"，使人入世。而看重"生死""烦恼"等，则使人出世。象山的结论是："从其教之所由起者观之，则儒释之辨，公私义利之别，判然截然，有不可同者矣。"① "儒为大中，释为大偏。"② 可见，朱子和象山判别儒与释的标准是不同的，由此产生了两派之争论。

朱子认为象山从义利或公私立场判儒释，其意在于以释为"利"，为"私"，但这与佛教的实际不一致。朱子说："'佛氏之学，超出世故，无足以累其心，不可谓之有私意。然只见他空底，不见实理，所以都无规矩准绳。'曰：'佛氏虽无私意，然源头是自私其身，便是有个大私意了。'曰：'他初间也未便尽是私意，但只是见得偏了。'"（《朱子语类》卷四十一）朱子认为佛教强调超然出世，所以，与其说佛教特点是"私""利"，不如说其是"空无实理"。

朱子坚持以虚、实为判断儒释之标准。在朱子看来，义与利源于人们对世间万物的基本看法。或者以世间万物为实，或者以其为虚，在此基础上，才有义与利的分别。"佛说万理俱空，吾儒说万理俱实。从此一差，方有公私、义利之不同。"（《朱子语类》卷十七）比起虚、实而言，义、利与公、私最多只是分别儒释第二位的原因。佛家以尘世为累，主张超然绝世，从此意义上看，佛家对世界的看法是虚、空。由于认为世间万物为虚、为空，故追求个体之解脱，去人伦。从这个意义上说，佛家是私，是利。但是，义、利和公、私是由虚、实派生的。此外，佛教有"大乘""小乘"之分，小乘佛教提倡"吃斋念佛"，谋求个人解脱，可谓"私"。而大乘佛教主张"普度众生"，不可谓私。从这个意义上说，朱子的批评也有其道理。

朱陆判别儒佛之标准不同，反映出他们对儒学和佛教本质的不同认识。因此，在教育方法上，朱子与象山的见解也是不相同的。朱子主张弟子熟读圣人经典，明白其中的"实理"。除了明实理，朱子还教导弟子，要有诚意，下朴实的工夫。

总之，朱子所论较能接近佛教之本质和特点，更能将儒学与佛学分别开来。

二　论象山辟禅之非

陈法认为象山以义、利辨儒、释是不恰当的，故著《论象山辟禅之非》

① （宋）陆九渊撰《与王顺伯二》，《陆九渊集》卷二，钟哲点校，中华书局，1980。
② （宋）陆九渊撰《与王顺伯二》，《陆九渊集》卷二，钟哲点校，中华书局，1980。

一文，专论及此。陈法批评象山辟禅之非，仍然是站在朱学立场上展开的。

（一）朱陆辟禅

前面已经讨论了朱陆禅学辩，其主要内容体现为朱子以象山之学为禅学，象山又认为朱子学也吸收了佛教的理论，莫衷一是。这里所谓"辟禅"，是指朱陆辨别佛禅的方法，以及他们回应佛教禅宗的措施。朱子和象山都主张采取积极措施回应佛老。其中有相同或相似处，大体上包括以下几个层面。

第一，为回应佛老，朱陆都努力丰富儒学理论。朱子认为，佛老理论之所以能够影响一部分士大夫，乃在于这两种理论有其奥妙之处。儒学发展至理学阶段，虽在形上学等方面取得长足进步，但还不足以抗衡佛老。因此，朱子主张从理论上丰富儒学。《朱子语类》载："或问：'子在川上'。曰：'此是形容道体。伊川所谓与道为体，此一句最妙。某尝为人作《观澜词》，其中有二句云：观川流不息兮，悟有本之无穷。'……又问：'明道云：自汉以来，诸儒皆不识此，如何？'曰：'是他不识，如何却要道他识。此事除了孔孟，犹是佛老见得些形象：譬如画人一般，佛老画得些模样。后来儒者于此全无相著，如何教他两个不做大！'"（《朱子语类》卷三十六）朱子认为，佛老两家在形上学和哲学思辨等方面，都比儒学丰富，故"其说足以动人"①。儒学史上，只有孟子、伊川等少量的儒者能够领悟"道体"这样的形上本体。因此，朱子孜孜不倦，建立起理本论，象山继承孟子传统，构建起心学理论体系，力图以之抗衡佛老的影响。

第二，为抗衡佛老，朱陆都主张融合儒、释、道三教。朱陆不同于韩愈，他们主张在丰富儒学理论的基础上，通过理论互动以抗击佛老。朱陆努力从儒家固有经典中找出一些范畴和命题，加以新的诠释和发挥，赋予其本体和思辨的色彩。与此同时，朱陆又吸收非儒学的一些思想观念，特别是释、道的一些理论为己所用。因此，朱陆的学术努力就包含了融合儒、释、道三教的内容。他们具体的学术努力方向如下。

一是朱陆都提倡深入了解佛学思想之本质，分别其利与弊。象山认为，要批评佛老，就要深入了解佛老之本质。他说："虽儒者好辟释氏，绝不与交谈，亦未为全是。假令其说邪妄，亦必能洞照底蕴，知其所蔽，然后可得而绝之，今于其说漫不知其涯涘，而徒以名斥之，固未为儒者之善。"②

① （宋）陆九渊撰《与曹立之》，《陆九渊集》卷三，钟哲点校，中华书局，1980。
② （宋）陆九渊撰《与隐正己二》，《陆九渊集》卷十二，钟哲点校，中华书局，1980。

这是一种理性的学术精神，值得称道。当然，这同时亦表明象山不想完全抛弃佛学。学术理性精神亦体现在朱子的言论中，如《朱子语类》载："'明道曾看释老书，伊川则庄列亦不曾看。'先生云：'后来须着看。不看，无缘知他道理。'"（《朱子语类》卷九十三）要了解佛学的实质，当然要深入其内部才能做到。这一点，朱陆都做得不错。朱陆理性的学术精神，源于他们对待异端的态度，即不主张简单否定。

二是朱陆提倡取佛老言论中之可取处。如《朱子语类》记载了朱子对道家思想的态度，"程先生谓：'庄生形容道体之语，尽有好处。老氏谷神不死一章最佳。'庄子云：'嗜欲深者，天机浅。此言最善。'又曰：'谨礼不透者，深看《庄子》。'然则老庄之学，未可以为异端而不讲之耶？"曰："'君子不以人废言'，言有可取，安得而不取之？如所谓'嗜欲深者，天机浅'，此语甚的当，不可尽以为虚无之论而妄訾之也。"（《朱子语类》卷十七）就是主张"不以人废言"。

三是朱子指出佛老也吸取了儒家的思想。反言之，儒家也应主动吸取佛老之有益言论，为己所用，以便在与佛老的理论竞争中获得主动。例如朱子在解释周敦颐《太极图说》文"乾道成男，坤道成女"时，就借用了佛老《楞严经》的说法。"天地之初，如何讨个人种？自是气蒸。结成两个人后，方生许多成娥。所以先说'乾道成男，坤道成女'，后方说'化生万物'。当初若无那两个人，如今如何有许多人？那两个人便如而今人身上虱，是自然变化出来。《楞严经》后面说，大劫之后，世上人都死了，无复人类，却生一般禾谷，长一尺余，天上有仙人下来吃，见好后，只来这吃，吃得身重，遂上却不得，世间方又有人种。此说固好笑，但某因此知得世间却是其初有个人种如他模样。"（《朱子语类》卷九十四）总体上看，朱陆哲学之所以能够超越前人并分别成为理学和心学之集大成者，恰恰在于他们融合了儒、释、道三教的思想。

朱陆通过开展关于道统、异端的辩论，深入认识到佛老理论有其深刻奥妙之处，故能吸引人，包括吸引部分儒家学者。佛老门庭若市，弟子众多，在学术上刻苦用功，精于钻研，这是儒家所不如的。因此，朱陆有感于此，便十分重视对人才的教育和培养。朱子说："吾儒与老庄学皆无传，惟有释氏常有人。盖他一切办得不说，都待别人自去敲磕，自有个通透处。只是吾儒又无这不说底，若如此，少间差异了。"（《朱子语类》卷十四）象山感叹："怀上人，学佛者也，尊其法教，崇其门庭，建藏之役，精诚勤奋，经营未几，骎骎乡乎有成，何其能哉！使家之子弟，国之士大夫，举能如此，则父兄君上，可以不诏而仰成，岂不美乎？"① 朱陆认识到，同佛老理论上的竞争，必于人才竞争中取得优势。朱子教导学生要下苦工夫，学有收获。他说："正淳云：'某虽不曾理会禅，然看得来，圣人之说皆去，只是空理流行尔。'曰：'他虽是说空理，然真个见得那空理流行，自家虽是说实理，然却只是说耳，初不曾真个见得那实理流行也。释氏空底，却做得实；自家实底，却做得空，紧要处只争这些子。'"（《朱子语类》卷六十三）

朱子在与象山开展的为学之方讨论中，认为象山之学"极高明"，近于佛、老，但不"道中庸"。而他本人的努力，就是要使两者结合起来。朱子说：

> "极高明"须要"道中庸"，若欲高明而不道中庸，则将流入佛、老之学。且如儒者远庖厨；佛老则好高之过，遂至戒杀食素。儒者"不迩声色，不殖货利"；他是过于高明，遂至绝人伦，及欲割己惠人之属，如陆子静，天资甚么高明！却是不道中庸后，其学便误人。某尝说，陆子静说道理，有个黑腰子。其初说得澜翻，极是好听，少间到那紧处时，又却藏了不说，又别寻一个头绪澜翻起来。所以人都捉他那紧处不着。（《朱子语类》卷六十四）

应当说，朱子对象山为学之方的批评，还是十分中肯的。象山常说"心即是理""理即是心"，可是，象山却很少解释什么是"理"，什么是"心"。难怪朱子感觉象山为学之"紧处"，"捉他不着"。

（二）象山辟禅之非

陈法赞成程朱以虚、实为标准对释儒所做的分别，即以释为虚，以儒为实，反对象山以公、私和义、利辨儒释。他说：

> 象山以公、私、义、利辨儒、释，虽程、朱亦有是言。然程子又曰："吾儒本'天'，释氏本'心'。"朱子亦曰："吾儒万理皆实，释氏万理皆空。"此探本之论也。②

---

① （宋）陆九渊撰《赠僧允怀》，《陆九渊集》卷十二，钟哲点校，中华书局，1980。
② （清）安平陈法定斋手订，（清）山右荆如棠校刊《明辩录·论象山辟禅之非》，《陈法诗文集续》，陈德远点校，贵州人民出版社，2011，第145页。

程朱所谓天理，就本质上说，就是儒家伦理准则。作为准则，天理是客观存在的，是实，而非虚。象山认为儒释之别在于义、利之分。陈法说：

> 象山《与王顺伯书》以"儒者立教主于经世，释氏主于出世，其言曰：'天有天道，地有地道，人有人道；人而不尽人道，不足与天地并'"。①

象山的意思是，儒者立教主于"经世"，这就有了功利目的，即为"尽人道"而"与天地并"，这就是"私"。陈法反驳说：

> 夫儒者之道，自天命之性，以至于修道之教，皆其性之不容已，事之当然而无可诿焉耳。非欲与天地并而始尽其道也。②

陈法认为，尽人、尽物之性，终尽己之性，从而成己、成物，这不是"私"，而是"大公"。因此，不能从"公""私""义""利"立场辨儒、释。

> 且成己自能成物。若立教主于经世，是欲新民而始明德，因尽人物之性，而始自尽其性，其为功利之私也大矣，岂圣人立教之旨乎？善夫张子之言曰："性者，万物之一源，非有我之得私，惟大人为能尽道。"故立必俱立，知必周知，善必兼善，成不独成。彼自蔽塞而不知顺吾理者，则亦莫如之何矣，释氏所谓"蔽塞而不知顺吾理"者耳。③

人性得于天，非我所独有。立必俱立，善必兼善，成不独成。这些都是大公无私的表现。故不应从公、私分别的角度辨析儒、释。陈法指出，儒与释的真正差别，在于实与虚之别，儒为实，释为虚。这正是朱子的立场。

---

① （清）安平陈法定斋手订，（清）山右荆如棠校刊《明辩录·论象山辟禅之非》，《陈法诗文集续》，陈德远点校，贵州人民出版社，2011，第145页。
② （清）安平陈法定斋手订，（清）山右荆如棠校刊《明辩录·论象山辟禅之非》，《陈法诗文集续》，陈德远点校，贵州人民出版社，2011，第145页。
③ （清）安平陈法定斋手订，（清）山右荆如棠校刊《明辩录·论象山辟禅之非》，《陈法诗文集续》，陈德远点校，贵州人民出版社，2011，第145页。

　　象山若果见于所以不同之故，则必曰"释氏见得心空，而万理皆虚，故出世；吾儒见得心空，而万理皆实，故经世"。众圣所以经世者，顺乎吾心天理之自然而不容已。释氏所以出世者，寂守其心而天理灭矣。此其所以异也。如是，岂不足以判儒、释而晓顺伯乎？①

　　顺乎天理而经世为实，以万理为空而静守其心则为虚，这才是儒与释之别。陈法认为，象山的根本失误在于，其以佛教之"心生万法"为旨，吸取了佛氏空、虚之说。所以，象山不赞成程朱从虚、实之别辨儒、释，恰恰暴露了陆学佛禅之本质。

　　象山于秩序、命讨之源，天理、民彝之实，毫无所见，而只恃一"心"以为主宰，所谓"当恻隐自恻隐，当羞恶自羞恶"者，与释氏"心生万法"何异？虽曰在典常、彝伦之中，而人伦之未察，庶物之未明，亦无由知明而处。当其本源之地，事实之乐，与出世者何异？如是而辟禅，是窃出世之伎俩为经世之作用，究之体用，衡决本末，皆失，正呵佛骂祖，改头换面之尤者，斥之为禅，又岂冤哉？②

　　陈法指出，由于受佛禅影响，象山既"遗物理"，又不明"人伦"。虽然，象山表面上并不遗人伦，但是，物理就是人伦之理，故象山于人伦是不明的。

　　夫世之左袒陆、王者，皆以释氏为"外人伦""遗物理"。而陆、王无是也。吾以为，陆、王虽不"外人伦"，而实"遗物理"。物外无道，道外无物，所谓"物理"，即人伦之物理耳。既遗物理，则亦不明人伦。"儒其迹"而"释其心"，人见其日在人伦之中，而不知其在家头陀也。噫！蔽也久矣。③

---

① （清）安平陈法定斋手订，（清）山右荆如棠校刊《明辩录·论象山辟禅之非》，《陈法诗文集续》，陈德远点校，贵州人民出版社，2011，第145页。
② （清）安平陈法定斋手订，（清）山右荆如棠校刊《明辩录·论象山辟禅之非》，《陈法诗文集续》，陈德远点校，贵州人民出版社，2011，第146页。
③ （清）安平陈法定斋手订，（清）山右荆如棠校刊《明辩录·论象山辟禅之非》，《陈法诗文集续》，陈德远点校，贵州人民出版社，2011，第146页。

陈法指出陆王之学乃阳儒而阴释，所谓"儒其迹"而"释其心"，可谓旗帜鲜明，表现出对程朱理学的坚定捍卫。

三 论象山之学合乎禅宗

《明辩录》中，陈法著有《论象山之学合乎禅宗》一文，专论象山之学的佛禅特质。现就这一问题，阐述如下。

陈法从性善论出发，认为自古以来，儒家圣贤教人为学做事，皆遵循圣人之言和经典准则。通过渐进性的道德修炼，以充实本心之善，成就高尚的品格。

> 自古圣贤之教人，不过使之循乎子、臣、弟、友之常，谨乎视、听、言、动之则。求之遗《经》，以致其知；反之身心，以践其实；去乎外诱之私，充其本然之善，如是而已。故曰夫"道若大路"，然无他元妙之可言也。①

明道、明理而成就圣人的境界，本无什么妙道。可是，自佛禅流入，情况就发生了变化，象山等一部分儒者受到了佛禅的影响。陈法云：

> 自达摩入，而后直指人心，见性成佛。自宗杲教人"静坐""体究"，而后有改头换面之伎俩。于是，好高欲速者慕其高妙而希冀其捷获，绝圣弃智，定虑澄心，以求之虚无旷渺之中。其恍惚之间，偶有所见，遂矜为独得，以为至道之妙不外乎此。乃举吾儒所谓"一贯"，所谓"仁"，所谓"天理"者，皆以释氏之本来面目当之，盖弥近理而大乱真矣。②

在陈法看来，象山等儒者举儒家"一贯""仁""天理"之名，实则行佛禅之道，即所谓"阳儒而阴释"。起初，陈法对于圣学与禅学是否有相似

---

① （清）安平陈法定斋手订，（清）山右荆如棠校刊《明辩录·论象山之学合乎禅宗》，《陈法诗文集续》，陈德远点校，贵州人民出版社，2011，第 139 页。

② （清）安平陈法定斋手订，（清）山右荆如棠校刊《明辩录·论象山之学合乎禅宗》，《陈法诗文集续》，陈德远点校，贵州人民出版社，2011，第 139～140 页。

处，也曾经产生过疑惑，他举身边的例子加以说明。

> 曩余伯父拙夫先生，少年读书攻苦，屡试皆冠。其侪偶一叹曰：
> "是岂圣人之学乎？"遂弃其青衿，慨然有求道之志。因往深山中静坐
> 月余，忽见此心光明洞彻，与天地万物为一体。一矜持，便了不可见，
> 以为此一段活泼泼地何以实有诸己？①

其后，陈法通过学习、了解佛禅的一些经典，才知道所谓"忽见此心
光明洞彻"之类，与佛禅所言相类。实则就是佛禅的观念。

> 法时不晓所谓，窃怪圣门中何故有此一段奇特景象？六经、四子
> 之书，何故未尝一言及之？后以忧归里，于山寺中取《楞严》《圆觉》
> 《法华》《金刚》等经观之，其言极相符合，因疑佛说所谓"形而上
> 者"与圣人同。②

陈法以忧归安平，有机会浏览佛禅经典，初疑圣人本体之学与佛禅所
论相似。之后，陈法阅读《朱子语录》，并于朱子答廖子晦的言论中，始知
佛禅之学实与圣学不同。

> 及读《朱子文集》，见廖子晦亦尝极力寻究于"日用"事上，见所
> 谓广大、虚静者，以为大本。又闲居默坐，见所谓"充周"而"洞达"
> 者，万物在其中，各各呈露。而朱子以为用心太过，思虑泯绝，恍惚
> 之间，瞥见心性之影象，与圣贤"真实知见""端的践履""彻上彻
> 下""一以贯之"之学，不可同日而语。③

廖子晦以为自己于伦常日用中，通过"默坐"等方式悟到了所谓"广
大""虚静"者。朱熹则认为只是思虑太过，瞥见心性景象罢了，与圣人之

---

①（清）安平陈法定斋手订，（清）山右荆如棠校刊《明辩录·论象山之学合乎禅宗》，《陈
　法诗文集续》，陈德远点校，贵州人民出版社，2011，第140页。
②（清）安平陈法定斋手订，（清）山右荆如棠校刊《明辩录·论象山之学合乎禅宗》，《陈
　法诗文集续》，陈德远点校，贵州人民出版社，2011，第140页。
③（清）安平陈法定斋手订，（清）山右荆如棠校刊《明辩录·论象山之学合乎禅宗》，《陈
　法诗文集续》，陈德远点校，贵州人民出版社，2011，第140页。

学是不同的。陈法说：

> （朱子）又引横渠先生所谓"若谓'万象为太虚中所见'，则物与虚不相资，形自形、性自性者"以晓之。乃知子晦为灵明之空见，所持与禅宗静智、妙圆、光明、寂照者无异，而圣人之说无是也。①

象山学禅也是从《楞严》《圆觉》《法华》等佛禅经典开始的，其所谓本心之"知觉灵明"，其"易简"工夫中之"明心见性"等，亦取自禅宗。

陈法站在儒家圣学的立场上，对象山、阳明心学一脉的顿悟工夫，旗帜鲜明地提出了批评。他说：

> 其后读《象山文集》，于杨慈湖，则有"双明阁"之悟；于詹子南，则有"下楼"之悟；于徐仲诚则有"槐堂镜中观花"之见。他如慈湖之在太学循理斋，夜臆先训，默自反观，已觉天地万物通为一体；王阳明之在龙场，日夜端居默坐，澄心静虑以求诸静一之中，一夕大悟，汗出，踊跃若狂；陈白沙之静坐久之，见此心之体隐然呈露；钱绪山之静坐僧房，凝神静虑，倏见此心真体；蒋道林之寺中静坐半年，一旦忽觉此心洞然，宇宙浑属一身；罗念庵之坐石莲洞中有悟，恍惚大汗，洒然自得；罗近溪一日忽悟，心甚痛快，直趋父榻前陈之，其父亦起舞——凡其学之堕落禅室者，无不有此顿悟之机，与子晦所见无二。顾乃袊为"独得"，惊为"妙悟"，而不知拾前贤之唾余，堕空门之妄见，终生迷惑而不知返。而于天理、民彝、大本、达道之实，然而不可易者，概乎其未有闻也。是何异宝燕石而遗美玉，怀鱼目而弃明珠，不亦可哀也哉！②

在陈法看来，儒家浩如烟海的经典及其所包含的"天理""大本"等达道之实，是需要长期涵泳于其间才能有所收获的。心学一脉则主张所谓"默坐澄心"等"顿悟"之方法，这简直是以燕石为宝而弃美玉，怀鱼目而

---

① （清）安平陈法定斋手订，（清）山右荆如棠校刊《明辩录·论象山之学合乎禅宗》，《陈法诗文集续》，陈德远点校，贵州人民出版社，2011，第140页。

② （清）安平陈法定斋手订，（清）山右荆如棠校刊《明辩录·论象山之学合乎禅宗》，《陈法诗文集续》，陈德远点校，贵州人民出版社，2011，第140~141页。

舍明珠，错得无法原谅。

要纠正禅宗的顿悟之非，陈法认为只能回到程朱格物穷理的为学之方上。他认为廖子晦因得朱子教诲，终于认识到其所见之为非。

> 夫子晦得朱子而就正之，乃恍然悟其所见之非，而曰："非夫子之教几殆。"①

相比之下，杨慈湖、徐仲诚、詹子南等人则迷途而不知返，越走越远离儒学之根本。

> 乃象山之于慈湖，举"四端"以发明"本心"，慈湖当下忽觉此心澄然清明，亟问曰："止如斯耶？"象山曰："更何有也！"于徐仲诚令其思《孟子》"万物皆备于我，反身而成，乐莫大焉"。仲诚处槐堂一月，问之，云："如镜中观花。"象山谓"其善自述"，因与说云："此事不在他求，只在自己身上。"仲诚因问："《中庸》以何为要语？"答曰："我与尔说内，尔只管说外，看其机锋迎击。"真是一棒一喝手段。其于慈湖，则叹其一日千里。又曰："杨敬仲不可说他是禅。"于詹子南之安坐瞑目，半月操存，一日下楼，忽觉此心澄莹中立者，则目逆而视之曰："此理已显，且证其为智、仁、勇，证其为万善皆是物。"②

在陈法看来，象山连儒家经典《中庸》都视为"外"，而一门心思地专注于禅宗之"内"。与此同时，象山又谓"杨敬仲不可说他是禅"。意思是，象山误入异学了还不承认。

陈法反复强调孟子"良知良能"说和"反身而诚"的内省之法，与象山所谓"复其本心""发明本心"是有本质区别的。在他看来，象山是假托孟子而实行佛禅之法。

> 呜呼！孟子之言"四端"，在察诚而扩充之，由火然泉达之机，以

---

① （清）安平陈法定斋手订，（清）山右荆如棠校刊《明辩录·论象山之学合乎禅宗》，《陈法诗文集续》，陈德远点校，贵州人民出版社，2011，第141页。
② （清）安平陈法定斋手订，（清）山右荆如棠校刊《明辩录·论象山之学合乎禅宗》，《陈法诗文集续》，陈德远点校，贵州人民出版社，2011，第141页。

至于保四海，而象山借之以识取其灵觉之心。孟子之所谓"反身而诚"者，朱子谓"乃穷理、力行工夫，成就之效，贯通纯熟，与理为一处"。则是，非岁月之功所能至。而直欲于一月之间识取，是其所谓"反身"者，不过"反观内照"；所谓"万物皆备"者，不过"镜中影象"而已。①

陈法认为，依朱子的观点，"反身而诚"就是格物穷理的结果。因此，要认识天理，不可能是一月之功。"反观内照""镜中影象"皆是佛家之法。至于仁、智、勇之德行，离开学问之辩、力行之功，是不可能具备的。

今乃瞑目安坐，操存半月，而遂可以全"三德"而备"万善"，虽颜、闵亦不能几此。所谓"直指人心，见性成佛"者耶，是则师弟之间，传授心法，无非瞿昙之故，知桑门之衣钵，虽善辩者亦不能为之解也。②

就算贤良如颜渊等人，也不可能闭目操存半月，而成就仁、智、勇之德，何况一般人呢？因此，象山等所谓"明心见性"，最多也就是朱子所谓"瞥见心性影象"而已。

陈法认为，象山之学禅，比之佛家中人更神秘，而实际上并不理解佛禅之真义。他说：

胡文敬又谓："象山身在此，能知民间事，又预知死期，为异学无疑。"按：《程子遗书》有云："方外之士有先知者，有诸？"曰："有之。向见嵩山董五经能如此。"问："何以能尔？"曰："只是心静，静而后能照。"又问："圣人肯为否？"曰："何必圣贤！使释氏稍近道理者，便不肯为。"释子犹不肯为，况圣人乎？以释氏所不为者，象山乃以示其神奇，是又得禅之浅焉者矣。③

---

① （清）安平陈法定斋手订，（清）山右荆如棠校刊《明辩录·论象山之学合乎禅宗》，《陈法诗文集续》，陈德远点校，贵州人民出版社，2011，第141页。
② （清）安平陈法定斋手订，（清）山右荆如棠校刊《明辩录·论象山之学合乎禅宗》，《陈法诗文集续》，陈德远点校，贵州人民出版社，2011，第141~142页。
③ （清）安平陈法定斋手订，（清）山右荆如棠校刊《明辩录·论象山之学合乎禅宗》，《陈法诗文集续》，陈德远点校，贵州人民出版社，2011，第142页。

意思是，即便是禅门中人，只要稍懂格物才能穷理之道的人，就不会去做预知死期一类的事情。可象山却以其法为神，足见象山既宗佛禅，又仅懂佛禅皮毛。

四　论象山轮对五劄

陈法在《明辩录》中著有《论象山轮对五劄》一文，专门讨论象山关于为政之道的见解。在陈法看来，象山讨论政治仍然受佛教思想的影响。

宋孝宗淳熙十一年（1184 年），象山有机会面见孝宗皇帝，陈述自己的政治见解。象山的目的是要通过自己的努力，帮助和鼓励孝宗皇帝恢复"三代"开明政治。象山分别围绕不同主题，先后写了五次奏劄，陈述自己的主张，史称"轮对五劄"。

陈法认为，象山奏劄中的政论之所以包含佛教思想，乃在于宋孝宗本来就青睐于佛教，可以说象山是投其所好。他说：

> 象山《轮对五劄》无一语及禅，而朱子有葱岭之戏，何也？盖是时，孝宗溺于释、老之学。朱子《壬午封事》即云："比年以来，圣心独诣，欲求大道之要，又颇留意于释、老之书，垂拱奏劄，则曰：'陛下求所以进乎此者，又不过取之老子、释氏之书'。"《戊申封事》则曰："陛下深于老、佛之学，而得其识心见性之妙，则孝宗之溺于禅可知。"①

也就是说，孝宗皇帝吸收了佛老之道，以"识心见性"为求大道之要。因为具备这样潜在的条件，象山才有可能在奏劄中陈述其包含禅学内容的心学之政治观，并一定程度上得到孝宗皇帝的认可。陈法十分赞成朱熹对象山轮对五劄论点的判断，他说：

> 是以朱子进说于君，深斥虚无寂灭之非，颠倒运用之失，而于天理、人欲、邪正、消长之际，反复开陈，深切至到。呜呼！如朱子者，可谓责难于君，欲"格"其非"心"者矣。象山之未轮对也，朱子贻书云："不知轮对对班在何时，果得一见明主，就紧要处下得"数句为

---

① （清）安平陈法定斋手订，（清）山右荆如棠校刊《明辩录·论象山轮对五劄》，《陈法诗文集续》，陈德远点校，贵州人民出版社，2011，第 147 页。

佳，其余屑屑不足言也。①

　　朱子和象山在学术观点上是有争论的，但同为当时的文化领袖，他们两人在为政之道上又相互理解、相互支持。朱熹一开始是希望象山之奏劄能够对孝宗有所帮助，切实起到推动朝廷政治的作用。

　　象山第一劄围绕君臣相处之道，鼓励孝宗广纳人才，定立兴邦之计，以尧舜之治为目标，开创超越贞观之治的伟业。象山于第二劄中以"三代"政治为理想之政道目标，认为"三代"政治之核心就在于人君知"道"。就是要有志道之心，弘道之责，要身体力行，才能收到治道效果。象山的第三劄是围绕"知人""识人"而提出的，认为这是人君的头等大事。象山劝告孝宗要知人、用人之善，才能成就天下大治的理想。象山在第四劄中阐述了自己关于为政方法的观点，主要内容为劝导孝宗皇帝"立规模""立趋向"，即树立求道之志，做求道之事。要发明人人皆有的善之本心，"念虑之不正者，顷刻而知之，即可以正；念虑之正者，顷刻而失之，即为不正。"② 对于具体的政治事务，象山则建议孝宗皇帝不要操之过急，而要循序渐进。为政既要顺天理，又要合人心。只有这样，才能复兴"三代"之政。象山的第五劄围绕着"为君之道"展开论述，其要点是劝告皇帝要知人善用，要立兴邦之志，而不必事事躬亲。

　　这五篇奏劄体现了心学政治学的特点，以立"规模"、立"志"为核心，以追求"三代"政治为理想。象山将"三代"政治视为人类社会最理想的治道模式，所谓"三代之时，道行乎天下"③。象山对"三代"政治的崇尚，折射出其对"道"之心学解读，"在他看来，'三代'时期之所以淳美、完善，就是因为那时'道'流行于天下，人人知'道'，天赋予人的本心良知还没有被后世的利欲私心所蒙蔽，所以能够人人为公，天下为公，人君能悉心于代天理物的责任，百官能尽力于承流宣化的职守，而君臣之间也能够同心协力、共尽职责。"④ 而这正是象山所努力重建的心学之最高境界，这个境界的确立，又包含了禅宗的某些观念内容。如象山认为人君求诚乐道和恢复"三代"理想政治的决心，可以顿悟而立。因为本心所具

①　（清）安平陈法定斋手订，（清）山右荆如棠校刊《明辩录·论象山轮对五劄》，《陈法诗文集续》，陈德远点校，贵州人民出版社，2011，第147页。

②　（宋）陆九渊撰《陆九渊集》卷三十六，钟哲点校，中华书局，1980。

③　（宋）陆九渊撰《荆国王文公祠堂记》，《陆九渊集》卷十九，钟哲点校，中华书局，1980。

④　邢舒绪：《陆九渊研究》，人民出版社，2008，第72页。

有的天理之善，包括皇帝在内，人人皆有，只要发明本心，去掉后天利欲之蔽塞，即可达到"简易"地明理、明道之目的。只是涉及具体政务时，则需要分轻重缓急而已。当然，光有本心之善是不够的，要懂得存养，即不断地磨炼本心，以成就完美之人格。

象山所谓恢复"三代"理想政治，只是重建道德之努力，这与触及根本的改革是不同的。所以，皇帝虽然未必满意象山所有轮对，但"赞叹甚多"。① 朱熹对象山"轮对五劄"也颇多赞赏，他说："得闻至论，慰沃良深。其规模宏大，源流深远，岂腐儒鄙生所可窥测。"② 然而，陈法则因象山所呈奏劄以"发明本心"立论，渗透着佛禅的影响，故对象山"轮对"提出了批评。陈法说：

> 后象山轮对，孝宗果问禅，而象山不能别白，但曰："生聚教训处，便是道。"夫朱子之贻书，盖于象山有厚望。孝宗未尝问禅于朱子，而朱子言之惟恐不尽；乃问禅于象山，而象山未尝一语斥禅之非，此朱子所以有"向上一路未曾拨转"之恨也。③

所谓不能"别白"，就是不好辩说。当孝宗问禅宗时，象山只好说"妙道"存在于"生聚教训"中。这正是佛家的话。本来，朱熹对象山利用轮对奏劄的机会规劝皇帝努力为政是充满希望的。不曾想到，象山不仅没有斥禅宗为非，反而婉转地表达了禅宗的理念。

> 或曰："事外无道，以生聚教训为道，即所以辟禅。"夫孝宗方以禅为问，是以禅为道也。必深斥禅学之非，如朱子《戊申封事》精析于"虚实""真妄"之间，然后人主之心始知虚无、寂灭，非所以贯"本末"而立"大中"，今但云尔，是尚能万分一有以感动其君乎？其《五劄》所言，不过用人行政之大概，其于人主之性情、心术，所以立大本而行达道者，概乎其未有以及之也。朱子"向上一路未曾拨转"之云又岂诬乎？④

---

① （宋）陆九渊撰《语录下》，《陆九渊集》卷三，钟哲点校，中华书局，1980。
② （宋）陆九渊撰《语录下》，《陆九渊集》卷三，钟哲点校，中华书局，1980。
③ （清）安平陈法定斋手订，（清）山右荆如棠校刊《明辩录·论象山轮对五劄》，《陈法诗文集续》，陈德远点校，贵州人民出版社，2011，第147页。
④ （清）安平陈法定斋手订，（清）山右荆如棠校刊《明辩录·论象山轮对五劄》，《陈法诗文集续》，陈德远点校，贵州人民出版社，2011，第147页。

象山虽言"道外无事，事外无道"，"道"在"生聚教训"中。似乎，这就是象山政论与佛禅之区别。但陈法仍坚持认为，朱子批评象山"向上一路未曾拨转"是有的放矢的。即认为象山在政论中，总是坚持"明心见性"之说，并告诫孝宗皇帝要弘扬个人意志云云。陈法认为此皆为空泛不实之论，故朱熹提出了批评。

至于朱子《与刘子澄书》谓"不免禅之意"云者，正以其《五劄》之中，吞吐闪烁，实际处只一二语逗漏，并不明白敷陈，只此便是禅家机锋作用。是看破象山之禅于语言文字之外，故曰"禅之意"。夫象山虽无状，亦何至直以禅之说陈于君父之前？不过阴享其实，阴祖其说，而袭其妙用耳。若谓"无一语及禅"，亦似朱子未见奏篇者。①

陈法指出，表面上看，象山"五劄"中虽未直接出现禅语，但这恰恰是禅宗之"机锋""妙道"所在。其实质是阳儒而阴释，遮遮盖盖，故朱子云其奏劄"不免禅之意"。

或谓"未尝言禅而斥之为禅，不亦深文乎？"曰："若其既已言禅，则又何必斥？惟其不言禅，而阴用其机，阴祖其术，故不得不推见至隐，所谓实是如此，讳不得也。"朱子又尝曰："子静杂禅，又有术数，或说或不说。"今观象山《文集》《语录》，无非机锋作用，非朱子亦孰能识之？②

陈法认为自己与朱子一样，对象山"轮对五劄"之禅意的批评并非严厉，而是不得不做的事情。因为，不主动给予揭露，象山"五劄"之禅学本质就不容易暴露。这从一个侧面体现出程朱理学与陆王心学在学术和政治观点上的尖锐对立。

① （清）安平陈法定斋手订，（清）山右荆如棠校刊《明辩录·论象山轮对五劄》，《陈法诗文集续》，陈德远点校，贵州人民出版社，2011，第147～148页。
② （清）安平陈法定斋手订，（清）山右荆如棠校刊《明辩录·论象山轮对五劄》，《陈法诗文集续》，陈德远点校，贵州人民出版社，2011，第147～148页。

第六章　良知和致良知辩

陈法在《明辩录》中，著有《良知辩》和《致良知辩》两文。这里涉及两个问题：一是对"良知"及其本质的认识，二是对阳明道德修养方法"致良知"的看法。这两个问题紧密联系在一起。阳明思想的发展经历了三个阶段，一是"龙场悟道"时期，认识到吾性自足、不假外求，提出"知行合一"说；二是平定"宁王之乱"后提出"致良知"说；三是晚年居越时期提出"四句教"。结合陈法所论，此章重点放在考察阳明后两个阶段的思想方面。

第一节　良知辩

孟子讲"良知""良能"，象山讲"良心""本心"，阳明讲"良知"。这些范畴及其展开，体现出心学一脉在理论上的相互承续。

一　良知及其本质

从逻辑上说，"知"先于"行"，"良知"先于"致知"。因此，我们先讨论"良知"，后讨论"致良知"。

陆象山将以仁、义、礼、智"四端"为核心的本心，又称之为良心。

> 良心正性，人所均有。不失本心，不乖其性，谁非正人。纵有乖失，思而复之，何远之有？①

本心就是良心，就是人的正性。

---

① （宋）陆九渊撰《与郭邦瑞》，《陆九渊集》卷十三，钟哲点校，中华书局，1980。

人要有大志。常人汩没于声色富贵间，良心善性都蒙蔽了。今人如何便能有志，须先有智识始得。①

良心就是人的善性，只要不为物欲所蔽，善性就会显现。

将以保吾心之良，必有以去吾心之害。何者？吾心之良吾所固有也。吾所固有而不能以自保者，以其有以害之也。有以害之，而不知所以去其害，则良心何自而存哉？故欲良心之存者，莫若去吾心之害。吾心之害既去，则心有不斯存而自存者矣。②

良心为人所固有，要保存良心，就得去心之害。这就是孟子所谓："人之所以异于禽兽者几希，庶民去之，君子存之。"（《孟子·离娄下》）君子所存者，为良心、本心，为义理之心，是人之所为人者。而君子所去者，心之害也。

象山所谓良心，即阳明所谓良知，由孟子"良知""良能"发展而来。孟子说："人之所不学而能者，其良能也。所不虑而知者，其良知也。孩提之童无不爱其亲者，及其长也，无不知敬其兄也。"（《孟子·尽心上》）陈来先生说："'不学'表示其先验性，'不虑'表示其直觉性，'良'即兼此二者而言。"③ 当然，良知有一个从潜在到扩充的发展过程。

象山阐述了良心与孟子所谓"尽心"的关系。他说：

彝伦在人，维天所命，良知之端，形于爱敬，扩而充之，圣哲之所以为圣哲也。先知者，知此而已；先觉者，觉此而已。气有所蒙，物有所蔽，势有所迁，习有所移，往而不返，迷而不解，于是为愚为不肖，……所谓格物致知者，格此物致此知也，故能明明德于天下。《易》之穷理，穷此理也，故能尽性至命。《孟子》之尽心，尽此心也，故能知性知天。④

---

① （宋）陆九渊撰《语录下》，《陆九渊集》卷三十五，钟哲点校，中华书局，1980。
② （宋）陆九渊撰《养心莫善于寡欲》，《陆九渊集》卷三十二，钟哲点校，中华书局，1980。
③ 陈来：《有无之境——王阳明哲学的精神》，北京大学出版社，2006，第187页。
④ （宋）陆九渊撰《武陵县学记》，《陆九渊集》卷十九，钟哲点校，中华书局，1980。

也就是说，尽心在孟子那里，就是尽"良知"。在象山这里，就是尽"良心"，或曰"恢复本心""复其本心"。

象山与阳明不同，他没有突出地论良心，但常讲良知；他较少讲"良心自足"，却常谓"本心自足"。象山所谓本心自足，除了发挥孟子"四端"说外，又借鉴禅宗的众人皆具佛性的观念和直契本心的顿悟工夫以圆其说。

孟子讲"尽心"，象山说"恢复本心"，阳明谓"致良知"，实质就是"致良心"，真是一脉相承。

王阳明所谓致良知，则是将《大学》所谓"致知"与"良知"结合起来，从而构成其道德修养方法。王阳明提出良知即是天理，具体包括孝、悌、忠、信等伦理信念，企图从哲学层面体现其至上权威。在孟子那里，良知与良能是并称的。阳明则扼其中枢，突出良知。良能蕴含于良知中。此外，孟子是在认识论意义上讲良知，阳明则在本体意义上讲良知。孟子之良知是"金矿"，而阳明之良知则是矿中之金，更纯粹，相当于佛家所谓"真如""佛性"。

王阳明自认为是在"龙场悟道"之后，确立了良知这一范畴在其哲学体系中的地位。他说："吾'良知'二字，自龙场以后，便已不出此意，只是点此二字不出。与学者言，费却不少辞说。今幸见出此意，一语之下，洞见全体，真是痛快！"① 阳明晚年承认，其思想体系自龙场以后即已形成。实际上，阳明于正德元年（1506 年）被贬贵州龙场。在龙场那种特定环境下，阳明逐渐抛弃了格物致知之说，认为吾性自足，不假外求。良知概念的提出，则在平定宁王之乱之后，中间经历了 16 年。所以，阳明自己也说："故迩来只说致良知。良知明白，随你去静处体悟也好，随你去事上磨练也好，良知本体原是无动无静的，此便是学问头脑。我这个话头自滁州至今，亦较过几番，只是致良知三字无病。"②

阳明同象山一样，把孟子仁、义、礼、智"四端"视为良知。因为，阳明认为，"见孺子入井便知恻隐，此便是良知。"③

阳明对孟子所谓良知加以创造和转化，又吸取了《大学》的思想材料，

① （明）钱德洪撰《刻文录叙说》，载《王阳明全集》卷四十一，吴光、钱明、董平、姚延福编校，上海古籍出版社，2011。
② （明）王守仁撰《传习录下》，《王阳明全集》卷三，吴光、钱明、董平、姚延福编校，上海古籍出版社，2011。
③ （明）王守仁撰《传习录上》，《王阳明全集》卷一，吴光、钱明、董平、姚延福编校，上海古籍出版社，2011。

使其哲学体系中的良知具有了新的属性。

良知是本体心、至善心和天理心。良知是本体之心、本然之心，阳明说："是良知也者，是所谓'天下之大本'也。"① 良知为天下贤愚老少皆具有。良知的特点是不假外求，阳明谓："见父自然知孝，见兄自然知弟，见孺子入井自然知恻隐，此便是良知。"② 阳明认为，良知为本然之心所固有，得于内、得于心。而程朱认为，良知由人体认天理而得，即得于外、得于理。

良知又是自觉之心，阳明云："能戒慎恐惧者，是良知也。"③ 又云："父而慈焉，子而孝焉，吾良知所好也；不慈不孝焉，斯恶之矣。"④ 所谓良知是自觉之心，阳明之意是要解决对善的认识与实践善的统一。

良知乃是非之心，故阳明谓："是非之心，不虑而知，不学而能，所谓良知也。"⑤ 这是对孟子"是非之心"的发挥，认为良知能知是非、辨善恶。"孟子之是非之心，知也，是非之心人皆有之，即所谓良知也。"⑥ 阳明对陈惟濬说："尔那一点良知，是尔自家底准则。尔意念着处，他是便知是，非便知非，更瞒他一些不得。"⑦在阳明看来，良知优于意念，良知为至善，又具有知善知恶的功能。意念则包含是非善恶，得靠良知来辨别。

意念以良知为判断原则，良知对意念起着监督、指导的作用。阳明说："意与良知当分别明白，凡应物起念处皆谓之意，意则有是有非，能知得意之是非者，则谓之良知。"⑧ 在《大学问》中，阳明将作为是非之心的良知表达得更清楚一些，他说："良知者，孟子所谓是非之心，人皆有之者也。

---

① （明）王守仁撰《书朱守乾卷》，《王阳明全集》卷八，吴光、钱明、董平、姚延福编校，上海古籍出版社，2011。

② （明）王守仁撰《传习录上》，《王阳明全集》卷一，吴光、钱明、董平、姚延福编校，上海古籍出版社，2011。

③ （明）王守仁撰《答陆原静书》，《王阳明全集》卷二，吴光、钱明、董平、姚延福编校，上海古籍出版社，2011。

④ （明）王守仁撰《从吾道人记》，《王阳明全集》卷七，吴光、钱明、董平、姚延福编校，上海古籍出版社，2011。

⑤ （明）王守仁撰《答聂文蔚》，《王阳明全集》卷二，吴光、钱明、董平、姚延福编校，上海古籍出版社，2011。

⑥ （明）王守仁撰《与陆元静》，《王阳明全集》卷五，吴光、钱明、董平、姚延福编校，上海古籍出版社，2011。

⑦ （明）王守仁撰《传习录下》，《王阳明全集》卷三，吴光、钱明、董平、姚延福编校，上海古籍出版社，2011。

⑧ （明）王守仁撰《答魏师说》，《王阳明全集》卷六，吴光、钱明、董平、姚延福编校，上海古籍出版社，2011。

是非之心不待虑而知，不待学而得，是故谓之良知，是乃天命之性，吾心之本体自然灵昭明觉者也。凡意念之发，吾心之良知无有不自知者。其善欤惟吾心之良知自知之，不善欤亦惟吾心之良知自知之。"① 良知对人的行动起监督、判断和指导的作用，故阳明说："当弃富贵即弃富贵，只是致良知，当从父兄之命即从父兄之命，亦只是致良知，其间权量轻重，稍有私意，于良知便不自安。"② 良知成了万事万物的尺度。

陈法对阳明以良知为是非之心提出了批评，在陈法看来，既然良知是善性，是心之体，又怎么是"是非之心"呢？

> 又曰"良知是是非之心"。夫既以良知为性、为心之本体，而又单属之"是非"，是五常缺其四而心体有不全矣。若曰辞让亦须分别是非，彼恻隐、羞恶乃良心真切，不容更有是非于其间也。先儒以"仁"统四端，未闻以"知"统四端也。③

"是非之心，智之端也"。阳明既以心体为至善，而"四端"为心体所有。那么，恻隐、羞恶之心，是否也要分别是与非呢？如果要分别，则与阳明关于心体至善的看法是相矛盾的。儒者以仁统"四端"，而非以智统"四端"。

良知还是至善之心，阳明说："天命之谓性，粹然至善。其灵昭不昧者，皆其至善之发见，是皆明德之本体，而所谓良知者也。"④ 良知不仅知是非、善恶，而且教人"好善恶恶"。良知是至善的，是人明德之体。所谓粹然至善，就是无"人伪""私意"所杂，纯乎天理。"至善只是此心纯乎天理之极便。"⑤所谓"纯乎天理""纯乎天理之极"，说明良知又是超越善

---

① （明）王守仁撰《大学问》，《王阳明全集》卷二十六，吴光、钱明、董平、姚延福编校，上海古籍出版社，2011。

② （明）王守仁撰《与王公弼》，《王阳明全集》卷六，吴光、钱明、董平、姚延福编校，上海古籍出版社，2011。

③ （清）安平陈法定斋手订，（清）山右荆如棠校刊《明辩录·良知辩》，《陈法诗文集续》，陈德远点校，贵州人民出版社，2011，第148页。

④ （明）王守仁撰《大学问》，《王阳明全集》卷二十六，吴光、钱明、董平、姚延福编校，上海古籍出版社，2011。

⑤ （明）王守仁撰《传习录上》，《王阳明全集》卷一，吴光、钱明、董平、姚延福编校，上海古籍出版社，2011。

恶的，乃无善无恶者。"无善无恶，是谓至善。"① 可以说，作为明德本体的良知，作为心之体的良知，是无善无恶的。而作为"发见"的良知，其有知善识恶的功能。

正因为良知是至善的，因此，良知又可谓圣。可谓圣，不等于就是圣。只是说，就本然之心、本体之心说，人人皆具有成圣的良知和潜力。《传习录下》记载了陈九川等与阳明关于"人人可以成圣"的对话，其文曰：

> 在虔与于中、谦之同侍先生，曰："人胸中各有个圣人，只自信不及，都自埋倒了。"因顾于中曰："尔胸中原是个圣人。"于中起："不敢当。"先生曰："此是尔自家有的，如何要推？"于中又曰："不敢。"先生曰："众人皆有之，况在于中！却何故谦起来，谦亦不得。"于中乃笑受。又论："良知在人，随你如何，不能泯灭，虽盗贼，亦自知不当为盗，唤他作贼他还忸怩。"②

阳明的意思是，从本然状况看，人本来就是圣人。所以，后来阳明提出"满街都是圣人"。如《传习录下》曰：

> 先生锻炼人处，一言之下，感人最深。一日王汝止出游归，先生问曰：游何见，对曰：见满街都是圣人。先生曰：你看满街人是圣人，满街人看你是圣人。又一日董萝石出游而归，见先生曰：今日见一奇异事。先生曰何异，对曰见满街都是圣人。先生曰此亦常事耳，何足为异！③

人人都具有"成圣"的潜质，但是，不能"用存在结构代替存在过程"④，因为道德修养只是接近圣人的漫长过程。否则将导致道德狂热，王学末流正是如此。

---

① （明）王守仁撰《传习录上》，《王阳明全集》卷一，吴光、钱明、董平、姚延福编校，上海古籍出版社，2011。
② （明）王守仁撰《传习录下》，《王阳明全集》卷三，吴光、钱明、董平、姚延福编校，上海古籍出版社，2011。
③ （明）王守仁撰《传习录下》，《王阳明全集》卷三，吴光、钱明、董平、姚延福编校，上海古籍出版社，2011。
④ 杜维明：《人性与自我修养》，中国和平出版社，1988，第132页。

王阳明认为，良知、良心就是天理，此由象山笼统的"心即理"说发展而来。他说："诸君要识得我立言宗旨。我如今说个心即理是如何，只为世人分心与理为二故，便有许多病痛。……分心与理为二，其流至于伯道之伪而不自知。故我说个心即理，要使知心理是一个，便来心上做工夫，不去袭义于义，便是王道之真。此我立言宗旨。"① 这是针对程朱一派的理本论说的。良知就是天理，良知就是道，良知成了一切社会生活的尺度和原则。

同许多明清时期的儒者一样，王阳明认为将心与理分为二，是造成当时社会许多弊病的原因。他说："盖王道息而伯术行，功利之徒外假天理之近似以济其私，而以欺于人，曰：天理固如是，不知既无其心矣，而尚何有所谓天理者乎？自是而后，析心与理而为二，而精一之学亡。世儒之支离，外索于刑名器数之末，以求明其所谓物理者。而不知吾心即物理，初无假于外也。"② 这与象山的看法是一致的，是对程朱理学的批评。在阳明看来，在程朱理学的影响下，许多人打着天理良心的旗号，却干着欺世盗名的事情，扰乱了社会。因此，他认为必须恢复人人固有的良知。

阳明反对朱子析心、理为二，还受到禅宗的影响。禅宗认为真如佛性是一个完整的整体，不可能分为不同层次逐渐加以认识，而只能单刀直入，直契心体本源，顿见佛性。因此，顾东桥指出阳明"未免堕于佛氏明心见性、定慧顿悟之机"③ 阳明自觉地吸收禅宗思想，这是事实，但"堕于"佛氏，那倒未必。因为阳明毕竟深受儒家大传统的影响。

王阳明指出，天理与良知、心与理本来为一，不能析其为二。良知即是天理，二者异名而同质。阳明继承了程颢"良知即天理"的说法，反对外求天理而内行人欲的做法。

阳明又称良知为"独知"，这来自《大学》和朱子的有关注释。《大学》云："所谓诚其意者，毋自欺也，如恶恶臭，如好好色，此之谓自慊。故君子必慎其独也。"朱子注云："独者，人所不知而己所独知之地也。"④ "独知"就是个人的心理世界，是慎独之知，是非之知。

① （明）王守仁撰《传习录下》，《王阳明全集》卷三，吴光、钱明、董平、姚延福编校，上海古籍出版社，2011。
② （明）王守仁撰《传习录上》，《王阳明全集》卷一，吴光、钱明、董平、姚延福编校，上海古籍出版社，2011。
③ （明）王阳明撰《答顾东桥书》，《传习录》，中州古籍出版社，2008。
④ （宋）朱熹注《四书集注·大学章句》，凤凰出版社，2008。

总之，阳明所谓良知来自孟子"良知良能"说，其所谓致良知则是将《大学》的致知与孟子良知说结合而形成的道德修养方法。阳明良知和致良知说，还受了禅宗的影响。

二　良知辩

儒家内部曾出现过对"良知"的批评，一是批评良知的先验性，例如，王廷相就认为良知是后天形成的。二是批评良知的局限性，湛若水即持此种批评意见。陈法在《明辩录》中著有《良知辩》《致良知辩》两文，前者是针对阳明良知本体论提出的批评，后者则驳斥阳明的道德修养方法。

儒家内部对阳明学的批判，内容之一就是以阳明"四句教"为禅。攻击者一般认为，包括阳明在内的儒家学者，任何对佛学的吸收，都是对儒学正统的背叛。有意思的是，批评者通常以程朱理学为正学，却置朱子对佛学也有所吸收的事实于不顾。在儒家学者中，除朱子、阳明外，受禅学影响者大有人在。如程颢便是，黄宗羲说："明道先生看得禅书透，识得禅弊真。"[1] 要了解禅宗的弊端，得先读禅宗的书。

阳明所谓"无善无恶心之体，有善有恶意之动，知恶知善是良知，为善去恶是格物"的"四句教"，来自《大学》"八条目"的正心、诚意、致知、格物。前一句讲本体，指心具有超道德的、纯粹的无执着性。心体如冰面一样顺滑，物过之而不留、不滞，冰面亦不求物为己有。后三句言工夫。

阳明对"心体"的描述，具有禅宗的烙印。"实际上，王阳明所谓无善无恶心之体这一说法本身就带有禅学的印记。"[2] 例如，禅师大珠慧海曾对心体有过这样的描述，"不青不黄，不赤不白，不长不短，不去不来，非垢非净，不生不灭，湛然本寂。此是本心形相也，亦是本身，本身者即佛身也。"[3]《坛经》云："性体清静，此是以无相为体。"（《坛经》敦煌本十七节），"去来自由，心体无滞，即是般若。"（宗保本《般若品》第二）"自性建立万法是功，心体离念是德。"（《疑问品》第三）佛教的理想境界是"万法无滞""无善无恶"，而这正是人心的本然之体。虽然人也要通过修养才能到达此境界，但佛教认为此修养工夫应"不思善""不思恶"，这是人

---

[1]　（清）黄宗羲撰《宋元学案·明道学案》，中华书局，1986。

[2]　赵旗：《心学与禅学》，陕西人民出版社，2001，第217页。

[3]　《大珠禅师语录》，载石峻等编《中国佛教思想资料选编》第2卷第4册，中华书局，1991，第176页。

心的本来面目，即心体。

陈法所谓良知辩，除涉及良知的先验性、局限性问题外，更主要的是围绕阳明所谓良知与孟子良知说及禅宗的关系展开的。陈法指出，阳明"四句教"是用良知来阐述佛教理念。

> "良知"之说本之《孟子》，非无稽也。惟是《孟子》之言良知，本爱敬而言，阳明之言良知，离爱敬而言，是假良知之名以文其灵觉之知也。①

意思是说，孟子讲良知是道德意义上的，是至善或纯善。而阳明所谓良知则是禅宗所称之"知觉灵明"，因而，是"无善无恶"之心体。

> 夫"无善无恶"，阳明岂不知其出于《告子》？乃断然以为"心之体"而无疑者，盖是实见得如此。彼既不知"心之具众理"，而以所谓虚灵、明觉者当之，其以为无善无恶也固宜。阳明既以良知为"心之本体"，又以良知即"天理"，天下固有无善无恶之天理乎？②

陈法看出了阳明关于心体论点的矛盾，阳明认为"无善无恶是心之体"，又说良知为心之体。而良知即是天理，阳明承认，良知就是儒家的伦理规范。能说儒家的伦理规范"无善无恶"吗？这显然是说不通的。

按照菏泽神会的说法，禅宗强调"以心传心"，并以"知"为心之体，或曰知为心体的本性。禅宗将此所谓知称为"本觉""本智"和"灵知"，又称为"真如""佛性"等。禅宗认为，见闻之知不仅不能认识心体，反而会成为认识心体之障碍，如慧能说："若见一切法，心不染著，是为无念。"（《坛经·般若品》）"无念""不染著"，就是阳明所谓心体如冰面一样不留、不滞的比喻。慧能还说："见一切法，心不染著，是为无念。"（《坛经·般若品》）慧能又将这种不执着于幻相世界的方法叫"无往""无相"。

禅宗所谓无念、无往、无相，正是阳明所谓纯粹的无执着的心体之性。

---

① （清）安平陈法定斋手订，（清）山右荆如棠校刊《明辩录·良知辩》，《陈法诗文集续》，陈德远点校，贵州人民出版社，2011，第148页。

② （清）安平陈法定斋手订，（清）山右荆如棠校刊《明辩录·良知辩》，《陈法诗文集续》，陈德远点校，贵州人民出版社，2011，第149～150页。

心与外物接触，但不求物为己所有，保持心体对外物的本真感受。当然，慧能所谓无念指的是"无妄念"。在青原系的石头希迁那里，无念则指情顺万物、仁爱万物。这一点与阳明所说是一致的。也就是说，人所应存者为"正念""正照"。如果连正念、正照都没有了，从根本上说，就无法知善知恶和为善去恶了。禅宗认为，只要做到了不执着、无妄念，则本体之心与主体心就融合无间，人的精神就达到了极高的境界，即佛性。在此种境界中，人进退自由，智慧常明。阳明接触禅宗后，他感悟道："欣然有会于心，以为圣人之学在此矣。"① 就对人的本心的研究而言，阳明认为宋儒在释老二氏学之下。

以知为心体，把世界看成依赖于心而存在，实际上就否认了世界的客观性，也消解了现实世界的各种差别。认为此知能够了解世界的虚幻性，知的此种能力，就是所谓"觉性"或"佛性"。既然一切皆可由心洞彻，那么，成佛就可在此岸世界实现。在工夫上必然强调顿悟，而反对烦琐的渐修。

禅宗所谓知为心体的思想，对阳明哲学产生了很大影响。阳明说："知是心之全体。"② 从本体意义上理解知，即是所谓良知。故阳明又谓："良知者，心之本体。"③ "心者，身之主也，而心之虚灵明觉，即所谓本然之良知也。"④ 唐代禅宗僧人宗密谓本心"明明不昧，了了常知"⑤。可见，禅学对心体的理解，对阳明的影响很大。禅宗所谓知并非通常意义上的经验之知，而是指心体能够洞见一切般若智慧的功能。阳明所谓良知就具有这种属性。

佛学中所谓"真如""诸法实相""法性""佛性"等概念，都具有本体的含义。本体具有不生不灭、非染非净、不动不转等特征，区别于变动不居的事物现象。在禅宗那里，本心之性与真如、佛性是同一的。阳明则认为，良知与理或天理也是同一的，良知即天理。

① （明）王守仁撰《传习录上》，《王阳明全集》卷一，吴光、钱明、董平、姚延福编校，上海古籍出版社，2011。

② （明）王守仁撰《传习录上》，《王阳明全集》卷一，吴光、钱明、董平、姚延福编校，上海古籍出版社，2011。

③ （明）王守仁撰《传习录中》，《王阳明全集》卷二，吴光、钱明、董平、姚延福编校，上海古籍出版社，2011。

④ （明）王守仁撰《传习录下》，《王阳明全集》卷三，吴光、钱明、董平、姚延福编校，上海古籍出版社，2011。

⑤ 宗密撰《禅源诸诠集都序》，载石峻等编《中国佛教思想资料选编》第2卷第2册，中华书局，1991，第435页。

　　然而，陈法认为阳明析良知为二，一是作为本体的良知，一是作为主体所具有的认识能力的良知。他说："且阳明既曰'良知即天理'，又曰'良知所知之天理'，是歧而为二矣。"①　良知即天理，这是讲本体意义上的良知，良知所知之天理，则讲认识论意义上的良知。这是析良知为二。

　　　　且既以天理之昭明、灵觉为良知，又云"良知所知之天理"，是由天理发为良知，又以良知知天理也。既曰"致其良知以精察此心之天理"，又曰"精察吾心之天理以致其良知"，是"以良知察天理，又察天理以致良知"也。且曰"良知即是天理"，是"以良知致良知，天理察天理"也。为说愈多，愈纷纭胶葛而不可通矣。②

　　阳明并没有从体与用、本体论与认识论立场，对良知做出清楚的说明。故陈法发现了其中的矛盾。从本体论意义上说，良知即天理，天理即良知。在阳明看来，这个意义上的良知，就如佛家所谓"真如""般若智慧"等。所谓"以良知察天理"，则是在认识论意义上使用良知。绕来绕去，所以，陈法认为其结果是"以良知致良知，天理察天理"，不无道理。

　　总之，陈法认为阳明所谓良知者，实是佛教禅宗的产物，托之以先儒之辞而已。

　　　　要之，阳明所谓良知，即昭昭灵灵之知觉而已，故曰"心之虚明灵觉，即所谓本然之良知"，已自分明说破。而其徒欧阳崇一知其说之陋，乃为之回复曰："知视、听、言、动者为知觉，知恻隐、羞恶、恭敬、是非者为良知。"不知其说有不可通者。③

　　在陈法看来，阳明的弟子欧阳崇一所为是"此地无银三百两"，正好暴露出阳明良知说的内在悖论。若知恻隐、羞恶、恭敬、是非者为良知，则此良知是道德论和认识论意义上的。

---

①　（清）安平陈法定斋手订，（清）山右荆如棠校刊《明辩录·良知辩》，《陈法诗文集续》，陈德远点校，贵州人民出版社，2011，第148页。
②　（清）安平陈法定斋手订，（清）山右荆如棠校刊《明辩录·良知辩》，《陈法诗文集续》，陈德远点校，贵州人民出版社，2011，第148~149页。
③　（清）安平陈法定斋手订，（清）山右荆如棠校刊《明辩录·良知辩》，《陈法诗文集续》，陈德远点校，贵州人民出版社，2011，第149页。

陈法根据程朱理学关于"人心"与"道心""未发"与"已发"的论点，辨析了阳明良知之本质。他说：

> 夫阳明既以良知为是非之心，崇一又以"知是非"为良知，是有二知，即有二性也。且知恻隐、羞恶、恭敬之"知"，不可不谓之良知，而非阳明之所谓良知。夫人之心一也，而有人心、道心，均此知觉之灵为之运用，故曰"心统性情"。心之未发，性也；心之已发，情也。当其发而为四端也，触于物而感于中，固良知之呈露，即所谓道心也。境过情迁，则寂然还其未发之本体。故其为端甚微，为时甚暂，非可当下识取以为照心者也。①

阳明谓良知为"知觉灵明"，因此，陈法认为欧阳崇一所谓知恻隐、羞恶之心，并非阳明所谓良知。在这里，陈法从体与用、本体论与认识论立场理解良知。他认为良知是一个由体而用的过程，欧阳氏所言者只是其用。只有当良知触于物而显露之时，才是道心。而心之未发时，其为善端，可谓危、微，而非阳明所谓一"知觉灵明"之心体呈现在那里。

在陈法看来，阳明自己都自觉承认了其学说的佛禅本质，已经不证自明了。

> 若阳明所谓良知者，彻动彻静，彻昼彻夜，彻古彻今，彻死彻生，亭亭当当，灵灵明明，无所不照，无所不觉，此禅宗所谓"光明寂照无所不通"者，非此心知觉之灵而何？故其言曰："二氏之用，皆我之用。"又曰："道一而已，仁者见之谓之仁，智者见之谓之智。"释氏之所以为释，老氏之所以为老，皆是道也，宁有二乎？阳明既已直下承当，后人亦毋庸更费分疏矣。②

阳明的本体之心，正是禅宗所谓"光明寂照无所不通者"，其特点为空泛、灵明、觉悟。这当然非朱子"统性情"之心了。

---

① （清）安平陈法定斋手订，（清）山右荆如棠校刊《明辩录·良知辩》，《陈法诗文集续》，陈德远点校，贵州人民出版社，2011，第149页。
② （清）安平陈法定斋手订，（清）山右荆如棠校刊《明辩录·良知辩》，《陈法诗文集续》，陈德远点校，贵州人民出版社，2011，第149页。

陈法认为，阳明以所谓心体本然之"不思善，不思恶"为良知，正是佛家所谓"本来面目"。

> 且佛氏于"不思善、不思恶"时认本来面目，阳明以佛氏本来面目为良知，又以"随物而格"是致知之功，即佛氏之"常惺惺亦是存他本来面目"，又欲人将"货色名利"等心一切消灭，只留"心"之本体，便是寂然不动，所谓"不思恶"也。又谓"心体上著不得一念留滞，不但私意，便好念头亦著不得些子"，所谓"不思善"也。是则随物而格即去人欲、存天理；而去人欲、存天理，不过存养本来面目，其本体工夫则在于不思善、不思恶，与圣人所谓去人欲、存天理者，燕越异向矣。①

因此，阳明虽说"随物而格"，但陈法认为，这仍然是没有工夫可言的。只是存养所谓"本来面目"而已，与儒家圣人的修养工夫是不同的。

陈法指出，在禅宗的影响下，阳明在本体和工夫的关系问题上，始终存在矛盾。一方面，阳明认为心体"无善无恶"或"不思善，不思恶"。另一方面，阳明又认为致良知就是去恶存善，本体和工夫始终未能统一起来。

> 至禁遏其心苦，其灭于东而又生于西也，又欲于静中追究搜好货、好色、好名之根，逐一克治，真乃鼓怒浪于平流，震惊飙于静树。以致其徒有剜肉做疮，引犬上堂而逐之之疑。而阳明反斥之为自私自利。不知己之为此，正程子所谓"急迫求之，只是私己，终不足以达道"。其为自私自利也大矣！②

阳明所谓"本来面目"，即禅学"清净佛性"，指人本来就有佛性。清净就意味着不受私利、物欲的诱惑和影响，保持心体纯然、无滞。只有保持这种心境，人才能达到空明灵觉的状态。

陈法认为，佛氏所谓"本来面目"并不就是性，更不是儒家所谓天理。

---

① （清）安平陈法定斋手订，（清）山右荆如棠校刊《明辩录·致良知辩》，《陈法诗文集续》，陈德远点校，贵州人民出版社，2011，第151页。

② （清）安平陈法定斋手订，（清）山右荆如棠校刊《明辩录·致良知辩》，《陈法诗文集续》，陈德远点校，贵州人民出版社，2011，第151页。

阳明以儒家的良知等同于佛家的"真如佛性",是想掩盖其学说之佛学本质。

> 既曰"良知即性",又曰"佛氏本来面目,即儒门所谓良知"。夫佛氏本来面目其果性耶?天理耶?又曰"良知,一也。以妙用而言谓之神;以流行而言谓之气;以凝聚而言谓之精"。朱子曰"神亦形而下者"。然则,神也,气也,精也,果性耶?果天理耶?其《答肖惠》曰:"所谓'汝心',即是能视、听、言、动的,这便是性,便是天理,此即禅宗所谓'作用是性'也。"①

也就是说,"神""视""听""言"等皆是形而下者,非本体之谓,不可能是儒家所谓天理者。

据《传习录下》等文献的记载,阳明弟子钱德洪、王畿曾围绕阳明"四句教"展开了争论,可以视为儒家内部良知辩的代表。钱德洪的意思是,阳明"四句教"为其定论,不能更改,并提出所谓"四有"说概念。王畿则认为"四句教"为阳明未尽之言,他认为既然心之体无善无恶,那么,意念、良知、格物也应该是无善无恶的,并提出"四无"说与钱氏相对。"而阳明的主张既不是四无,也不是四有,却又在某一种方式下同时容纳了四无和四有。"② 阳明对二弟子的说法采取了折中的办法,要求他们取长补短。

钱氏"四有说"文云:"至善无恶者心,有善有恶者意,知善知恶是良知,为善去恶是格物。"③ 又说:"心体是天命之性,原是无善无恶的,但人有习心,意念上见有善恶在,格、致、诚、正、修,此正是复那性体工夫。若原无善恶,工夫亦不消说矣。"④ 王畿"四无说"文云:"心无善无恶,意无善无恶,知无善无恶,物无善无恶。"⑤ 王畿解释说,"四句教""未是究竟话头,若说心体是无善无恶,意亦是无善无恶的意,知亦是无善无恶

① (清)安平陈法定斋手订,(清)山右荆如棠校刊《明辩录·致良知辩》,《陈法诗文集续》,陈德远点校,贵州人民出版社,2011,第148页。
② 陈来:《有无之境——王阳明哲学的精神》,北京大学出版社,2006,第188页。
③ (明)邹守益撰《青原赠处》,《邹守益集》卷三,董平校整理,凤凰出版社,2007。
④ (明)王守仁撰《传习录下》,《王阳明全集》卷三,吴光、钱明、董平、姚延福编校,上海古籍出版社,2011。
⑤ (明)邹守益撰《青原赠处》,《邹守益集》卷三,董平编校整理,凤凰出版社,2007。

的知，物亦是无善无恶的物。若说意有善恶，毕竟心体还有善恶在。"① 就是说，如意有善恶，那么倒推回去，心体也有善恶。王畿发现了阳明"四句教"的内在矛盾，故以其为"未是究竟话头"。在王畿看来，若心体无善无恶，则意、知、物也为无善无恶，则修养工夫就没有了着落。

在阳明本人看来，钱、王二人之说各有其偏，如王畿过于悬空本体等，而其"四句教"兼二者之说。因为，阳明认为，"四句教"中的有、无特质，是针对不同资质的学者说的。对于"上根"之人，可以通过顿悟而体会无善无恶之心体，即一悟本体就是工夫。而对于"下根"之人，则可以经过渐修为善去恶，这就是致良知的工夫。实际上，阳明认为"四句教"适用于所有人，可以帮助所有人成圣，即"中人上下皆可引入于道"②。虽然阳明更倾向于"四无"说，认其为"传心秘藏"。但他又意识到，"上根"的人毕竟很少，所以，他教导钱德洪、王畿二位弟子，还是应该在为善去恶上多下工夫。

阳明曾经用"判教"的手法对《孟子》中的一段话做过分析，"尽其心者，知其性也，知其性则知天矣。存其心，养其性，所以事天也。妖寿不贰，修身以俟之，所以立命也。"（《孟子·尽心上》）在阳明看来，这段话阐述了三类人的修养方式及所达到之境界。"'尽心、知性、知天'者，生知安行，圣人之事也；'存心、养性、事天'者，学知利行，贤人之事也；'妖寿不贰，修身以俟'者，困知勉行，学者之事也。"③ 其目的是要说明"上根""中根""下根"三类资质的差异，以便解决心体与工夫之间的矛盾。

关于"无善无恶心之体"，阳明说："佛氏说无，圣人岂能无上加得一毫有？"④ 意思是，"无善无恶心之体"正是佛家所谓"无"。他认为这与儒家所谓"无滞"是不矛盾的。难怪黄宗羲否认"四句教"为阳明的教法，当然，这是缺少依据的。因为，阳明亦认为佛家之"无"与"无善无恶"之心体，还是有一定差别的。《传习录上》载：

---

① （明）王守仁撰《传习录下》，《王阳明全集》卷三，吴光、钱明、董平、姚延福编校，上海古籍出版社，2011。
② （明）王守仁撰《传习录下》，《王阳明全集》卷三，吴光、钱明、董平、姚延福编校，上海古籍出版社，2011。
③ （明）王守仁撰《传习录中》，《王阳明全集》卷二，吴光、钱明、董平、姚延福编校，上海古籍出版社，2011。
④ （明）王守仁撰《传习录下》，《王阳明全集》卷三，吴光、钱明、董平、姚延福编校，上海古籍出版社，2011。

曰：“佛氏亦无善无恶，何以异？”曰：“佛氏着在无善无恶上，便一切都不管，不可以治天下。圣人无善无恶，只是'无有作好、无有作恶'，不动于气。”①

也就是说，佛家的“无”是完全忽视工夫的，忽视道德践行的。而其所谓“无善无恶”之心体是“未发”之“中”，可以工夫的形式而存在。只是“不著意思”“不动气”，便是“无”。也就是说，在阳明看来，禅宗的“不执”“不著”，是对外界事物不进行分别思虑，是绝对的“无执著”。而他本人所谓心体无私欲，并非排除对外物的分别思虑，只是强调不能沉溺。总之，阳明认为，他所讲的作为心之本体的良知，比佛教禅宗所讲的心体要至纯至善得多。但至纯至善之心体，并非与道德修养工夫割裂开来。因此，阳明与象山一样，认为佛教所谓“无执著”，是要求得个体的解脱，这恰恰是最大的“执著”，是自私自利。这种批评是有道理的。

通常，朱子以“湛然”为心体之特质，阳明以“至善”为其特质，佛教则以“清净”为心体特质。“阳明以'明莹无滞'说心体，正是吸收了禅宗'去来自由、心体无滞'的生存智慧，根本上是指心体具有的无滞性、无执著性。”②

王畿的“四无说”正是抓住了阳明道德论意义上的心体“无善无恶”说的漏洞，他认为，“所谓心之体与意之动应有一致的善恶，否则便难成体用关系。纯善的心体不可能产生恶的意念，这一问题是相当严重的。”③ 阳明以良知为心之体，以七情六欲为良知之用。王畿发现了其中的矛盾。要解决此问题，要么就否认心体的至善性，要么就否认修养工夫的必要性。这是阳明不愿意看到的，他认为“无善无恶”之心体，与“知善知恶”之良知不矛盾，是以良知为其体之两面。为此，阳明提出折中的办法，认为“上根”之士一悟即是本体，“中下根”之士则需渐修，用这种办法亦可洞彻本体。然而，这实际上否认了“中下根”人士心体的至善性，仍然存在矛盾。相应地，如果承认“上根”之人可以直接了悟本体，则工夫就没有

① （明）王守仁撰《传习录上》，《王阳明全集》卷一，吴光、钱明、董平、姚延福编校，上海古籍出版社，2011。
② 陈来：《有无之境——王阳明哲学的精神》，北京大学出版社，2006，第201页。
③ 赵旗：《心学与禅学》，陕西人民出版社，2001，第214页。

了存在的必要性。

阳明学说中的此种矛盾，与禅学所具有的矛盾是一样的。如慧能曾说："一切万法，本元不有，故知万法本因人兴，一切经书，因人说有，缘在人中有愚有智。"① 正因为人有贤愚之分，所以，不同的修养方式才有存在的必要。实际上，禅宗在这里又否定了本心自足的说法。

阳明所谓"无善无恶"之心体，又具有存在论的意义。从这个意义上说，此心体与儒家性善性恶，又是没有关系的，是佛教禅宗的产物。例如，阳明认为"无善无恶"之心体之"无"，与仙佛的境界是一样的。他认为圣人和释老二氏一样，均言"虚""无"。

> 圣人致知之功至诚无息，其良知之体暾如明镜，略无纤翳。妍媸之来，随物见形，而明镜曾无留染，所谓"情顺万物而无情"也。"无所住而生其心"，佛氏曾有是言，未为非也。明镜之应物，妍者妍，媸者媸，一照而皆真，即是"生其心"处。妍者妍，媸者媸，一过而不留，即是"无所住"处。②

所谓"一照而皆真""一过而不留"，指的就是"无善无恶"的心体本然。《坛经》认为心体本身以空寂为其存在状态，故云："心量广大，犹如虚空，无有边畔，亦无方圆大小，亦非青黄赤白，亦无上下长短，亦无嗔无喜，无是无非，无善无恶，无有头尾。"（《坛经·般若品》）"若见一切人恶之与善皆尽不取不舍，亦不染著，心如虚空名之为大，故曰摩诃。"（《坛经·般若品》）阳明认为良知之"虚"亦即太虚之"虚"，良知之"无"就是"太虚"之无形，等等。太虚大师认为，阳明良知学说乃"梵华两文明构成之一良果"③。在阳明看来，作为心之本体的良知，也是空寂广大的。如说："心之本体，自是广大的。"④ "心之本体，原无一物。"⑤ "良

---

① 敦煌本《坛经》，载石峻等编《中国佛教思想资料选编》第 2 卷第 4 册，中华书局，1991，第 15 页。
② （明）王守仁撰《答陆元静》，《王阳明全集》卷二，吴光、钱明、董平、姚延福编校，上海古籍出版社，2011。
③ 《王阳明全书·太虚序》，上海古籍出版社，1992。
④ （明）王守仁撰《传习录下》，《王阳明全集》卷三，吴光、钱明、董平、姚延福编校，上海古籍出版社，2011。
⑤ （明）王守仁撰《传习录上》，《王阳明全集》卷一，吴光、钱明、董平、姚延福编校，上海古籍出版社，2011。

知之虚，便是天之太虚，良知之无，便是太虚之无形。"① 同时，阳明也将作为心之本体的良知看作一种虚灵明觉之知，这也与禅宗一样。只不过，所知的对象不同而已。程颐所谓"人体本明"，朱子讲的"人心至灵"等，都有佛教禅宗影响的印迹。

心体是无相无为，不生不灭的。阳明认为其所谓良知、心体之虚、空，比佛家所言更纯粹，他说："仙家说到虚，圣人岂能虚上加得一毫实？佛氏说到无，圣人岂能无上加得一毫有？但仙家说虚，从养生上来；佛氏说无，从出离生死苦海上来，却于本体上加却这些子意思在，便不是他虚无的本色了，便于本体有障碍。圣人只是还他良知的本色，更不着些子意在。"② 然而，阳明关于心体虚、空的思想，正是从佛道那里继承来的。

当然，从另一角度看，"无善无恶是心之体"与良知是至善的说法，并非矛盾。阳明说："至善者，心之本体。"③ 至善指的是纯善无恶，乃善之极致。而"无善无恶"，并非言其善恶不定，其本质就是至善。但这种至善，在阳明看来，就连颜回、程明道这样的贤者，都不一定能做到，而非圣人莫属。就是说，只有圣人能够达到至善的境界，不需要专门"为善去恶"，那种境界自然就是"无善无恶"了。

阳明以佛老为圣学的枝叶，认为佛儒可以并行，并且二者在根本上是一致的。湛若水不赞成阳明的这一说法，他认为如果说圣学的大树上可以长出枝叶的话，那也是儒学内部的学者们的学问。甘泉认为，儒与佛在思想本质上是有区别的。在阳明看来，佛老的境界很高，与圣人境界相类。湛氏承认，在"极高明"的方面，儒与释确实有相似处。但儒学在"道中庸"的方面，佛老是没有的。特别是佛教否认社会伦理，这是儒释两种思想体系相区别的重要标志。

阳明以佛家所谓"空"为治学的最高境界，甘泉对阳明此说表示异议，认为无处不是"天理流行"，儒学是建立在人生和社会真实的有的基础上的，怎么会是空呢？甘泉云："上下四方之宇，古往今来之宙，宇宙间只是

---

① （明）王守仁撰《传习录下》，《王阳明全集》卷三，吴光、钱明、董平、姚延福编校，上海古籍出版社，2011。

② （明）王守仁撰《传习录中》，《王阳明全集》卷二，吴光、钱明、董平、姚延福编校，上海古籍出版社，2011。

③ （明）王守仁撰《传习录下》，《王阳明全集》卷三，吴光、钱明、董平、姚延福编校，上海古籍出版社，2011。

一气充塞流行，与道为体，何莫非有？何空之云？"① 即在湛甘泉看来，儒佛是不可能一致的，而阳明恰恰认为二者是一致的。当然，阳明所谓空，是指心体之本然，而不是存在论意义上的空。如果是那样，那"无善无恶之心体"又如何与良知、格物联系起来呢？

阳明认为儒释间没有辩论的必要，甘泉则认为不辩不行。不辩则可能将异端当圣学。"事实上，在正德七年阳明《别湛甘泉序》中也已提出三教一致的思想，认为老释皆得圣道之一隅，以各自方式实现了'自得'的境界，这实际上是以佛老为圣之枝叶的思想。"② 之后，阳明又提出"空"的概念，以为治学的最高境界。同时认为佛教在境界方面优于儒学。陈来先生说："在阳明的整个思想中一直有两条线索：一条是从诚意格物到致良知的强化儒家伦理主体性的路线，另一条是如何把佛道的境界与智慧吸收进来，以充实生存的主体性的路线，而这两条线索最后都在'良知'上归宗。"③ 从修养方法说，禅宗提倡"悟"，心学倡导"诚意"。陈先生这一评估切中了阳明晚年思想的实际。

禅宗从体用立场解释"真如""佛性"与"念"的关系，从中亦可看出这种解释对阳明"四句教"之心体特点的影响。慧能说："真如是念之体，念即是真如之用。真如自性起念，非眼耳鼻舌能念。"（《坛经·定慧品》）也就是说，以知为特性的心体产生了感觉和观念，这种感觉和观念的对象就是现象世界。虽然心体容易受现象世界的利欲所蔽，但心体本身却是清净的、昭然不昧的。人会有"妄念""烦恼"等，但这掩盖不了心体的空寂灵明，其佛性不会被淹没。而且这种不能被掩盖的佛性，也即以知为本性的心体，为众生所具有。这样，众生都具有了成佛的潜质。故慧能云："菩提般若之智，世人本自有之"，"愚人智人，佛性本无差别。"（《坛经·般若品》）心体之性既然是知，而心体又是空明灵觉，那么，任何人都可以将这种空寂灵明发展成实际的解悟，故皆可成佛。这与阳明所论是一致的，阳明所谓"无善无恶"之心体是指消除了一切私利欲念的心之本体，乃心之本然状态。这种心之本然状态，使人具有成圣的可能。

阳明认为，人有七情六欲，如人欲顺自然而行，就是良知。而如果人

① （明）湛甘泉撰《湛甘泉先生文集》卷七，山西大学图书馆藏清康熙二十年（1681年）黄楷刻本。
② 陈来：《有无之境——王阳明哲学的精神》，北京大学出版社，2006，第206页。
③ 陈来：《有无之境——王阳明哲学的精神》，北京大学出版社，2006，第207页。

对欲望"执著"，则是"妄念"。尽管良知、心体易被人欲和妄念所遮蔽，但改变不了良知的本性。阳明云："虽妄念之发而良知未尝不在"，"虽昏塞之极而良知未尝不明"，"良知在人，随你如何，不能泯灭。"① 人要做的事情，就是尽力恢复本心的状态，这样一来，凡人与圣人可以无异，人人皆可以成圣。

阳明吸收佛教的思想是自觉的行为，这从其弟子黄绾于晚年对阳明提出的批评即可知。

> 予昔年与海内一二君子讲学，有以致知为至极其良知，……又令看六祖《坛经》，会其"本来无一物"，"不思善、不思恶"、见"本来面目"，为直超上乘，以为合于良知之至极。又以《悟真篇》后序为得圣人之旨，以儒与佛仙之道皆同，但有私己同物之殊，以孔子《论语》之言皆下学之事，非直超上悟之旨。②

所谓"直超上乘"，就是指直达精神境界之"无"的状态。阳明劝导弟子去读《坛经》等佛家经典，在他看来，佛教有些教义和训条，与圣人之学是一致的。他的努力就是要使禅学的一些理念与良知融合在一起。

阳明并不否认自己对佛教思想的吸纳，他甚至认为，圣人也不否认仙佛之道，心体的无滞性并非佛家所独有，在儒学内部就有其合法性根据的。

在阳明看来，儒学与释老二氏之学一也，至少在道德境界的追求方面是如此这般。因此，当有人问他，是否应吸收佛老的某些思想时，阳明回答说："说兼取便不是，圣人尽性至命，何物不具？何待兼取？二氏之用皆我之用，即吾尽性至命中完养此身谓之仙，即吾尽性至命中不染世累谓之佛。但后世儒者不见圣学之全，故与二氏成二见耳。譬之厅堂，三间共一厅，儒者不知皆吾之用，见佛氏则割左边一间与之，见老氏则割右边一间与之，而己则自处其中间，皆举一而废百也。"③ 因此，阳明不仅不像其他一些儒者，反对吸取佛家思想，反而认为，佛教所谓虚、无等理念，本来为我圣学所有，只不过需要发扬光大而已。"毫无疑问，阳明心体无善无恶

---

① （明）王守仁撰《传习录中》，《王阳明全集》卷二，吴光、钱明、董平、姚延福编校，上海古籍出版社，2011。

② （明）黄绾撰《明道编》，刘厚祜、张岂之标点，中华书局，1959。

③ 《年谱·癸未条》，《王阳明全集》卷三十四，吴光、钱明、董平、姚延福编校，上海古籍出版社，2011。

的思想来自禅宗的直接影响。"①

阳明自己并不避讳对禅学的吸收和学习，他说："夫禅之学和圣人之学，皆求尽其心也，亦相去毫厘耳。"② 在阳明看来，儒、佛都是求尽心。不同之处仅在于，儒无人己内外之分，而佛则有内外之别。即佛学忽视了外在的伦理，不利于治国理政。阳明说："佛氏不着相，其实着了相……佛怕父子累，却逃了父子；怕君臣累，却逃了君臣；怕夫妇累，却逃了夫妇，都是为个君臣、父子、夫妇着了相，便须逃避。"③ 阳明认为禅宗脱离现实的修养方法是"着相"，意思是，君臣、父子、夫妇这都是基本的社会存在，禅宗宣称要洞彻佛性、真如，却忽视了这些基本关系，这就是"着相"了。

总之，阳明虽吸收禅学的思想，可是，阳明始终没有脱离儒家现世的立场。阳明秉持"仁者与天地万物同体"的思想，这是一种"民胞物与"的情怀，是儒家立足于当下的立场。在其晚年，敢于在自己的思想体系中融入佛教的因素，"在传统中国文化环境中，阳明作为一个儒学思想家，这样做是需要勇气的。在他晚年思想中所要解决的是这样一个问题：怎样在儒家思想体系中容纳禅宗关于超越境界的思想，使儒家的基调并不因此改变，又使禅宗的精华得以有机地结合到儒家中来。"④ 阳明认为自己融合了儒学与禅宗精神的工夫，优于佛教的工夫。例如，佛教虽然宣称"不著""不滞"，但其所谓"出家"，阳明认为还是"着了相"。而他自己的努力就要使人在"担水砍柴"中，实现精神境界的超越。

当然，禅宗也有主张在日常生活中随处修行，而反对坐禅持定的，如义玄认为，"道德佛法无用功处，只是平常无事，屙屎送屁，着衣吃饭，困来即卧"，提倡"随处作主，立处皆真"⑤。阳明吸收了禅宗的这一思想，据说有一崇拜者非常敬仰阳明，想从其为学，苦于公务繁忙。阳明开导其曰："我何尝教尔离了簿书讼狱悬空去讲学？尔既有官司之事，便从官司的事上

---

① 陈来：《有无之境——王阳明哲学的精神》，北京大学出版社，2006，第212页。
② （明）王守仁撰《重修山阴县学记》，《王阳明全集》卷七，吴光、钱明、董平、姚延福编校，上海古籍出版社，2011。
③ （明）王守仁撰《传习录下》，《王阳明全集》卷三，吴光、钱明、董平、姚延福编校，上海古籍出版社，2011。
④ 陈来：《有无之境——王阳明哲学的精神》，北京大学出版社，2006，第210页。
⑤ 义玄撰《镇州临济慧照禅师语录》，载石峻等编《中国佛教思想资料选编》第2卷第4册，中华书局，1991，第265页。

为学才是真格物……簿书讼狱之间，无非实学。"① 又如南岳系的马祖道一认为，"若欲直会其道，平常心是道。谓平常心无造作，无是非，无取舍，无断常，无凡无圣……只如今行住坐卧，应机接物具是道。"② 实际上，这是以无工夫为工夫了。此即禅宗所谓"搬柴运水，无非佛事"③。在阳明看来，在伦常日用中实现超越之所以有可能，源于本心自足，不假外求。

晚清学者罗泽南著有《姚江学辨》一书，集中体现了晚清理学关于程朱陆王之辩中"辟王"的学术思想。书中比较重要的论点体现在罗泽南对"王门四句教"的辩论上。罗泽南对王阳明所谓良知提出了质疑，认为王阳明之良知，就是释氏之"本觉"。"阳明之学，佛氏之学也。阳明之良知，即佛氏之本觉也。"④ "觉"又称"慧""智"，佛家认知觉为性，因此，以慧、知解释本体。阳明曾说："心者，身之主也，而心之虚灵明觉，即所谓本然之良知也。"⑤ 罗泽南指出，王阳明尊释氏异说，"曰良知即天理即本体，真性如如之本觉也。"⑥ 意思是，阳明只是套用了先贤"良知"二字，借来掩盖其学之释氏本来面目，实乃阳儒阴释之法。因此，必须辨明其学之本质，以免贻害后世。

罗泽南还将程朱陆王之辩与社会治乱联系在一起，认为遵循程朱理学则有利于社会治理，若行陆王特别是阳明之道，则社会将人心浮躁，社会混乱。

当然，罗泽南同唐鉴、刘廷诏等学者一样，在他们所谓程朱陆王之辩中，均以己是彼非为前提，故除学术上产生压迫感外，未体现出真正的学术新见解。

在晚清的学术环境中，也确实出现过调和朱陆学术的倾向，例如，倭仁、李棠阶、刘熙载等学者，他们认为朱陆之术可以相互补充，不必持门户之见。李棠阶说："程朱陆王可互相资不相妨之意，诸儒当识其大旨所

① （明）王守仁撰《传习录下》，《王阳明全集》卷三，吴光、钱明、董平、姚延福编校，上海古籍出版社，2011。
② 洪修平：《中国禅学思想史纲》，南京大学出版社，1996，第179页。
③ 郭朋：《隋唐佛教》，齐鲁书社，1980，第571页。
④ （清）罗泽南撰《姚江学辨》，载湖南省文献委员会编《湖南文献汇编》第2辑，湖南省文献委员会，1949。
⑤ （明）王守仁撰《传习录下》，《王阳明全集》卷三，吴光、钱明、董平、姚延福编校，上海古籍出版社，2011。
⑥ （清）罗泽南撰《姚江学辨》，载湖南省文献委员会编《湖南文献汇编》第2辑，湖南省文献委员会，1949。

归，各取所长不必泥语言文字相诋訾。"① 晚清学者看到了陆王之学的一些可取之处，发现了程朱与陆王之学的一些相似点。但是，他们所谓调和，依然是站在理学立场上进行的，故未能有新的创见。

第二节　致良知辩

孟子讲"尽心知性"，象山讲"发明本心"或"复其本心"，阳明继承《大学》"致知"说，提倡"致良知"。这是心学一派在为学方法和道德修养上的传承和发展。

一　致良知的内涵及本质

"致良知"是一种修养工夫，它以作为心之本体的"良知"为前提。因此，致良知是本体与工夫的统一。作为本体的良知，在本章第一节已详述。在这里主要阐述作为道德修养方法的"致良知"。

孟子所谓"尽心"，在象山那里是"尽良心"，在阳明这里就是"致良知"。在《答顾东桥书》中，阳明谓："致吾心之良知者，致知也。"② 比起"发明本心"，致良知更强调认识的实践意义。

从这点来看，"良知"具有比"本心"更接近意识活动的性格，更强调道德主体作为活动原则的一面。良知即体即用，既是本体，又是现成；既是未发，又是已发；既是立法原则，又是行动原则，尤其在工夫上使人易得入手处。较之发明本心，来得更为亲切。③

阳明弟子钱德洪明确表示说，阳明致良知的提出，是在江西平宁王之乱后。"师学静于阳明洞，得悟于龙场，大彻于征宁。"④ 致良知的提出，表明王阳明找到了《孟子》与《大学》理念结合的路径。阳明将《大学》的"诚意"转换为"致知"，而致良知是王阳明后期哲学体系中最成熟的理论形态。

在答友人的书信中，阳明也提到致知，他说："致知二字是千古圣学之秘，向在虔时终日论此，同志中尚多有未彻。近于古本序中改数语，颇尤

---

① （清）李棠阶撰《李文清公日记》，岳麓书社，2010。

② （明）王阳明撰《答顾东桥书》，《传习录》，中州古籍出版社，2008。

③ 陈来：《有无之境——王阳明哲学的精神》，北京大学出版社，2006，第211页。

④ （明）王守仁撰《续编序四·序》，《王阳明全集》卷二十九，吴光、钱明、董平、姚延福编校，上海古籍出版社，2011。

发此意，然见者往往亦不能察。今寄一纸，幸熟味。此是孔门正法眼藏，从前儒者多不曾悟到，故其说卒入于支离。仕鸣过虔，尝与细说，不审闲中曾论及否。"① 可见，阳明提出致良知，是在平宁王之乱的过程中。

阳明用良知代替了《大学》之"诚"和孟子所谓"善"，从而构建了道德主体，"诚"乃良知之本质。这种道德主体思想，除受《大学》和孟子影响外，也受到了禅宗"心体清净"思想的影响。禅宗的影响正是导致致良知辩出现的重要原因。

在阳明看来，良知人人具有，之所以还要"致"，乃在于人的良知易为利欲所蔽。从本体上说，良知虽廓然大公，但又"不能不昏蔽于物"②。所以，还需要做一番努力，要克服私利，恢复纯善之本心。曾有学生向阳明请教，"心无恶念时，此心空空荡荡的，不知亦须有个善恶否？"对此，他明确答道，"既去恶念，便是善念，便复心之本体矣。譬如日光被云来遮蔽，云去光已复矣。若恶念既去，又要有个善念，即是日光之中添燃一灯。"③ 复心之本体，就是象山所谓"复其本心"。

从本体、本然上说，良知是寂然不动的，但可以感而遂通。"良知即是未发之中，即是廓然大公，寂然不动之本体。"④ 推广良知于事事物物的办法，就是"致"。所以，王阳明提出致良知说。"夫学、问、思、辨、笃行之功，虽其困勉至于人一己百，而扩充之极，至于尽性知天，亦不过致吾心之良知而已。良知之外，岂复有加于毫末乎？"⑤ 可见，致良知就是从良知之本然推广而为良知之发用，并去掉人欲和私意，是本体与工夫的融合和统一。

自本体意义上说，良知乃心之本体，心之本然，属于心之"未发"。其特点是寂然不动、大公无私。在此意义上，良知才是天理。从"发用"上说，良知就是"天理之昭明灵觉处"。在阳明看来，无论从哪个层面说，良知和天理不能为二。

---

① （明）王守仁撰《答薛尚谦》，《王阳明全集》卷五，吴光、钱明、董平、姚延福编校，上海古籍出版社，2011。

② （明）王守仁撰《传习录中》，《王阳明全集》卷二，吴光、钱明、董平、姚延福编校，上海古籍出版社，2011。

③ （明）王守仁撰《传习录下》，《王阳明全集》卷三，吴光、钱明、董平、姚延福编校，上海古籍出版社，2011。

④ （明）王守仁撰《传习录中》，《王阳明全集》卷二，吴光、钱明、董平、姚延福编校，上海古籍出版社，2011。

⑤ （明）王阳明撰《答顾东桥书》，《传习录》，中州古籍出版社，2008。

良知就是天理，是说道德主体可以自我确立道德原则；良知是天理昭灵明觉，是说良知又具有践行的特性。"所谓致良知，就是随时随地按照良知的要求去思想，去行动。"① 致吾之良知于事事物物，使事事物物都得天理。就是将本体和工夫打成一片，提倡即心即理、知行合一。王阳明谓："天理即是良知，千思万虑，只是要致良知。"② 又云："吾心之良知，即所谓天理也。致吾心良知之天理于事事物物，则事事物物皆得其理矣。"③致良知的目的是明天理，因此，阳明说："良知是天理之昭明灵觉处，故良知即是天理。思是良知之发用。若是良知发用之思，则所思莫非天理矣。"④ 致良知就是"天理的昭明灵觉处"，是良知的"发见流行处"。而良知所发见者，其实就是儒家伦理。阳明说："故致此良知之真诚恻怛，以事亲便是孝；致此良知之真诚恻怛，以从兄便是弟；致此良知之真诚恻怛，以事君便是忠。"⑤阳明与朱子都认为儒家的伦理原则是天理，所不同的是，朱子认为，这个意义上的天理是圣人制定的，是外在的，其作用是他律。而阳明则认为，此天理是通过致良知的途径产生的。在象山，则是"复其本心"而产生。

良知人人具有，能致其良知者，即为圣人。这是凡、圣的区别所在。致良知主要包括"事上磨练"和"静时存养"两种工夫，阳明认为事上磨炼更重要。例如，阳明的学生课间接到儿子病危的消息，阳明不但没有安慰学生，反而教导学生此时更应该磨炼意志品质，几乎到了不近人情的地步。静时存养，要求平时就要经常注意克服私欲对良知的影响。就禅宗的影响而言，事上磨炼主要受南宗于担水砍柴、事父事亲中修行成佛的思想影响。而静时存养则主要受北宗"磨镜而使之明"的工夫论影响，磨镜的目的，就是使镜一尘不染，去除利欲对心体之蔽。阳明说："私欲日生，如地上尘，一日不扫便又有一层。"⑥ 这是强调静养时要自觉扫除心中私欲、杂念，保持心体的纯粹性。

---

① 赵旗：《心学与禅学》，陕西人民出版社，2001，第 204 页。
② （明）王守仁撰《传习录下》，《王阳明全集》卷三，吴光、钱明、董平、姚延福编校，上海古籍出版社，2011。
③ （明）王阳明撰《答顾东桥书》，《传习录》，中州古籍出版社，2008。
④ （明）王守仁撰《答欧阳崇一》，《王阳明全集》卷二，吴光、钱明、董平、姚延福编校，上海古籍出版社，2011。
⑤ （明）王守仁撰《传习录中》，《王阳明全集》卷二，吴光、钱明、董平、姚延福编校，上海古籍出版社，2011。
⑥ （明）王守仁撰《传习录上》，《王阳明全集》卷一，吴光、钱明、董平、姚延福编校，上海古籍出版社，2011。

阳明并没有完全否定认识的积累和循序渐进，他说："我辈致知，只是各随分限所及，今日良知见在如此，只随今日所知扩充到底；明日良知又有开悟，便从明日扩充到底，如此方是精一工夫。"① 这与其知行合一说和"四句教"的宗旨是一致的。

《传习录下》也记载了阳明与陈惟濬交流时对致知的解释，"庚辰往虔州再见先生，问：近来工夫虽若稍知头脑，然难寻个稳当快乐处。先生曰：尔却去心上寻个天理，此正所谓理障。此间有个诀窍。曰：请问如何？曰：只是致知。曰：如何致？曰：尔那一点良知，是尔自家底准则。尔意念着处，他是便知是，非便知非，更瞒他一些不得。尔只不要欺他，实实落落依着他去做，善便存、恶便去，他这里何等稳当快乐！此便是格物的真诀、致知的实功。若不靠这些真机，如何去格物？"②

孟子说："凡有四端于我者，知皆扩而充之矣，若火之始燃，泉之始达，苟能充之，足以保四海；苟不能充之，不足以事父母。"（《孟子·公孙丑上》）阳明认为，所谓"致其知"即是"充其恻隐之心"，以便"心之良知更无障碍，得以充塞流行"。以"充"释"致"，这是对孟子思想的发挥。但是，在阳明看来，致并非简单地指知识量的扩充，致就是"至"。致知的目的是"知至"，至是形容道德和知识的极限。"致者，至也。如云'丧致乎哀'之致，《易》言'知至至之'，知至者知也，至之者致也。致知云者，非若后儒所谓充广其知识之谓也，致吾心之良知焉耳。"③ 也就是说，从本体上讲，良知的认识能力具有至上性。致良知，就是要扩充此至上性。阳明说："吾良知之所知者无有亏缺障蔽，而得以极其至矣。"④ 当然，在扩充良知本体以达全体之善时，还要去人欲之蔽。"孩提之童无不知爱其亲，无不知敬其兄，只是这个灵能不为私欲遮隔，充拓得尽，便完完是他本体。"⑤ 正因为有物欲之蔽，方要致知，强调要下工夫。阳明说："诚意之本又在于

① （明）王守仁撰《传习录下》，《王阳明全集》卷三，吴光、钱明、董平、姚延福编校，上海古籍出版社，2011。
② （明）王守仁撰《与陈惟濬》，《王阳明全集》卷六，吴光、钱明、董平、姚延福编校，上海古籍出版社，2011。
③ （明）王守仁撰《大学问》，《王阳明全集》卷二十六，吴光、钱明、董平、姚延福编校，上海古籍出版社，2011。
④ （明）王守仁撰《大学问》，《王阳明全集》卷二十六，吴光、钱明、董平、姚延福编校，上海古籍出版社，2011。
⑤ （明）王守仁撰《传习录上》，《王阳明全集》卷一，吴光、钱明、董平、姚延福编校，上海古籍出版社，2011。

致知也，所谓人虽不知而己所独知者，此正吾心之良知处。然知得善却不依这个良知便做去，知得不善却不依这个良知便不做去，则这个良知便遮蔽了，是不能致知也。吾心之良知既不能扩充到底，则善虽知好，不能著实好了。恶虽知恶不能著实恶了，如何得意诚！"①所以，致良知就是将良知"完全扩充"。

致良知，除了指"完全扩充"良知以便"知至"外，还指"依良知而行"。这是阳明更重视的一个侧面，他认为，只有这样，才能更好与"知行合一"结合起来。这就是阳明谓陈九川"尔只不要欺他，实实落落依良知去做"②。阳明说："如知其为善也，致其为善之知而必为之，则知至矣。……知犹水也，人之心无不知，犹水之无不就下也。决而行之，无有不就下者。决而行之者，致知之谓也，此吾所谓知行合一者也。"③ 知善与不善是良知，知善而为之，就是致知。为之，即是依良知而行。良知人人都有，致良知的活路，人人都可以干，只是有些人不去做而已。"可以知致知之必在于行，而不行不可以为致知也，明矣。知行合一之体不益较然矣乎。"④ 强调致知须依良知而行。

阳明批评了朱子一派格物致知的观点，"近世格物致知之说，只一知字尚未有下落，若致字工夫，全不曾道着，此知行所以二也。"⑤ 这是说朱子一派仅强调知，忽视行，使知、行分离。在阳明看来，致良知与知行合一是一致的。

王阳明解释了心、意、知三者的关系，这种关系分别体现为阳明的三种说法。一是在《大学古本旁释》中所表达的"四句理"之内涵，"心者身之主，意者心之发，知者意之体，物者意之用。"在这里，良知作为意念的本体，表达得并不十分清楚。二是在《答顾东桥书》中所言，"心者身之主也，而心之虚灵明觉即所谓本然之良知也，其虚灵明觉之良知应感而动者

① （明）王守仁撰《传习录下》，《王阳明全集》卷三，吴光、钱明、董平、姚延福编校，上海古籍出版社，2011。
② （明）王守仁撰《传习录下》，《王阳明全集》卷三，吴光、钱明、董平、姚延福编校，上海古籍出版社，2011。
③ （明）王守仁撰《书朱守谐卷》，《王阳明全集》卷八，吴光、钱明、董平、姚延福编校，上海古籍出版社，2011。
④ （明）王守仁撰《答顾东桥书》，《王阳明全集》卷二，吴光、钱明、董平、姚延福编校，上海古籍出版社，2011。
⑤ （明）王守仁撰《答陆元静》，《王阳明全集》卷五，吴光、钱明、董平、姚延福编校，上海古籍出版社，2011。

谓之意。有知而后有意，无知则无意矣，知非意之体乎。"① 这里强调了良知，即心之虚灵明觉是意的本体。三是在答罗钦顺时，阳明说："以主宰而言谓之心，以其主宰之发动而言谓之意，以其发动之明觉而言则谓之知，以其明觉之感应而言则谓之物。"② 三种说法有一定差别，但都强调在本然之心、虚灵明觉之心的基础上，主体与客体合一。

朱子明确将心分为"未发"和"已发"，而在阳明这里，心之发动，既包含意念，又包含虚明灵觉，即包含"未发"和"已发"。良知也是"即未发即已发的"③。

致良知还是人发挥善性、成为圣人的路径，阳明晚年说："心之良知是谓圣，圣人之学，惟是致此良知而已。自然而致之者，圣人也。勉然而致之者，贤人也。自蔽自昧而不肯致之者，愚不肖者也。愚不肖者虽其蔽昧之极，良知又未尝不存也。苟能致之，即与圣人无异矣。"④ 这与良知是谓圣的说法是一致的。

二 致良知辩

阳明尝试融合儒学与佛教禅宗思想精华的努力，遭到程朱一脉学者和心学内部部分学者的批评。陈法正是秉持程朱理学观点而对阳明致良知提出批评的一员。

阳明致良知说受到批评，首先源于其理论描述与禅宗言论的相似处。例如，阳明多处提到"正法眼藏"这样的佛教用语，用以说明圣人的观点，"近来信得致良知三字，真圣门正法眼藏。往年尚疑未尽，今自多事以来，只此良知无不具足。"⑤ 所谓正法眼藏，佛教认为是包含宇宙奥妙之理。阳明认为"只是致良知三字无病"⑥。其在《与杨仕鸣》的信中说："区区所谓致知二字，乃是孔门正法眼藏！于此见得真伪，真是建诸天地而不惊，

① （明）王阳明撰《答顾东桥书》，《传习录》，中州古籍出版社，2008。
② （明）王守仁撰《答罗整庵少宰书》，《王阳明全集》卷二，吴光、钱明、董平、姚延福编校，上海古籍出版社，2011。
③ 陈来：《有无之境——王阳明哲学的精神》，北京大学出版社，2006，第200页。
④ （明）王守仁撰《书魏师孟卷》，《王阳明全集》卷八，吴光、钱明、董平、姚延福编校，上海古籍出版社，2011。
⑤ 《年谱二》，《王阳明全集》卷三十四，吴光、钱明、董平、姚延福编校，上海古籍出版社，2011。
⑥ （明）王守仁撰《传习录下》，《王阳明全集》卷三，吴光、钱明、董平、姚延福编校，上海古籍出版社，2011。

质诸鬼神而无疑，考诸三王而不谬，百世以俟圣人而不惑。"①

王阳明把致知看成认识最重要的方法，并认为自己讲学除了致良知三字，别无他途。他说："致知之说鄙见恐不可易，亦望老兄更一致意，便问示知之，此是圣学传心之要，于此既明，其余皆洞然矣。"② 又谓："致知二字是千古圣学之秘，此是孔门正法眼藏，从前儒者多不曾悟到。"③"良知之外，别无知矣。故致良知是学问大头脑，是圣人教人第一义。"④ 阳明将致良知看成是儒学为学的重要方法，"致良知之外无学矣，自孔孟既没，此学失传几千百年，赖天之灵，偶复有见，诚千古之一快！"⑤ 大有传承儒家道统的舍我其谁的气概。致良知之外，其他学问都不足取了。

王阳明尝试超越朱陆之争，他认为，致良知就是要实现道问学与尊德性、格物和诚意、穷理与居敬的统一，即追求心与理、良知与天理合一的境界。是本体与工夫一并收摄，阳明称之为"圣门之正法眼藏"。

阳明以良知为"明觉"，意欲使良知说与《大学》之"明德"结合起来。阳明说："天命之性粹然至善，其灵昭不昧者，此其至善之发见，是乃明德之本体，而即所谓良知者也。"⑥ 明德是良知的固有属性，是指良知本体所固有的、不可缺少之"明"。明德是总目标，致良知是充分发挥"四端"，以便实现总目标。明觉就是"灵昭不昧"，程朱一派学者如陈法认为，这种理念在儒家古代圣人那里是不曾有的，完全是佛教禅宗的东西。

阳明认为其所谓致良知是一种直契心体的方法，不立文字，先于见闻之知。这显然是受了禅宗的影响。如当弟子问其关于"中"，即关于心体的意义时，阳明说："此须自心体认出来，非言语所能喻。"⑦ 又说："道不可

---

① （明）王守仁撰《与杨仕鸣》，《王阳明全集》卷五，吴光、钱明、董平、姚延福编校，上海古籍出版社，2011。
② （明）王守仁撰《与甘泉》，《王阳明全集》卷五，吴光、钱明、董平、姚延福编校，上海古籍出版社，2011。
③ （明）王守仁撰《与薛尚谦》，《王阳明全集》卷五，吴光、钱明、董平、姚延福编校，上海古籍出版社，2011。
④ （明）王守仁撰《传习录中》，《王阳明全集》卷二，吴光、钱明、董平、姚延福编校，上海古籍出版社，2011。
⑤ （明）王守仁撰《书魏师孟卷》，《王阳明全集》卷八，吴光、钱明、董平、姚延福编校，上海古籍出版社，2011。
⑥ （明）王守仁撰《大学问》，《王阳明全集》卷二十六，吴光、钱明、董平、姚延福编校，上海古籍出版社，2011。
⑦ （明）王守仁撰《传习录上》，《王阳明全集》卷一，吴光、钱明、董平、姚延福编校，上海古籍出版社，2011。

言也，强为之言而益晦；道不可言也，妄为之见而益远。"① 在阳明看来，"用功到精处，愈着不得言语，说理愈难。"② 阳明认为，如果把工夫花在语言文字上，反而越搞越糊涂。

阳明认为，如果能保持本心纯净、不滞、不染、不执的空明状态，不受经验知识影响，就可以直契心体的本来状态，亦即良知的状态。到了这样的境界，"而于天下之事，自无所感而不通，无所措而不当。"③

禅宗主张"明心见性"，认为体察本心，就可洞见本心佛性，阳明吸收了禅宗的这一观念。慧能说："不悟即佛是众生，一念悟时，众生是佛。"（《坛经·般若品》）又说："汝今当信，佛知见者，只汝自心，更无别佛。""汝之本性，犹如虚空，了无一物可见，是名正见，无一物可知，是名真知。无有青黄长短，但见本源清净，觉体圆明，即名见性成佛，亦名如来知见。"（《坛经·机缘品》）王阳明的致良知说体现了这种反求诸己的特点，如其在诗中云："尔身各各自天真，不用求人更问人。但致良知成德业，谩从故纸费精神！乾坤是易原非书，尽性何形得有尘。莫道先生学禅语，此言端的为群陈。"④ 阳明所学者绝非"禅语"而已，乃禅宗之根本精神，即"明心见性"或"见性成佛"。

关于良知与见闻的关系，一方面，阳明认为致良知离不开见闻，即离不开经验知识。但这是指良知的作用要通过实际才能得到体现，并非指离开实际良知就不存在了，良知是人人所固有的。阳明强调的是良知的本体地位。这一点也体现在阳明对于致知与格物关系的说明中，他说："不是悬空的致知，致知在实事上格。"⑤ 就是说，致良知也是即事即物的活动。王畿主张"一悟本体即是工夫"，对此，黄宗羲提出了批评，"直把良知作佛性看，悬空期个悟，终成玩弄光景，虽谓之操戈入室可也。"（《明儒学案·师说》）

---

① （明）王守仁撰《见斋说》，《王阳明全集》卷七，吴光、钱明、董平、姚延福编校，上海古籍出版社，2011。

② （明）王守仁撰《传习录下》，《王阳明全集》卷三，吴光、钱明、董平、姚延福编校，上海古籍出版社，2011。

③ （明）徐阶撰《王阳明全集原序》，载杨光主编《王阳明全集》第1卷，北京燕山出版社，2009。

④ （明）王守仁撰《示诸生三首》，《王阳明全集》卷二十，吴光、钱明、董平、姚延福编校，上海古籍出版社，2011。

⑤ （明）王守仁撰《传习录下》，《王阳明全集》卷三，吴光、钱明、董平、姚延福编校，上海古籍出版社，2011。

另一方面，阳明又认为凭见闻之知是不能认识和把握良知的，反会成为认识良知的障碍。他说，良知"不是以私意安排思索出来"[1]。致良知就是要恢复、达到本心的本然状态，就要"在不睹不闻上着实用功"[2]。这与前面所讲的禅宗不执、不染、不著，心不留物，心不滞物等是一致的。阳明说："心体上着不得一念留滞，就如眼中着不得些子尘沙。些子能得几许，满眼便昏天黑地了。"[3] 所谓"着不得一念留滞"，指心体下既不能包含恶念，也不能存善念。因此，阳明谓："着意去好善恶恶，便又多了分意思。"[4] 就是说，不仅心体无善无恶，就连好善恶恶的念头，都不应该有。因为，只要一想，便又是执着了。阳明甚至认为佛家关于这个问题都讲的不太彻底，"佛氏说无，从出离生死苦海上来，却于本体上加却些子意思在，便不是他虚无的本色了，便于本体有障碍。"[5] 当然，阳明所谓着不得一念留滞，并非要人两耳不闻窗外事，而是指人虽与外物接触，但纯然虚寂之心体不能受外物的影响。

致良知辩也包括阳明自己的辩说。例如，王阳明认为，致良知与程朱所谓"体认天理"是有区别的。他举例说：

> 譬之种植，致良知者，是培其根本之生意而达之枝叶者也；体认天理者，是茂其枝叶之生意而求以复之根本者也。然培其根本之生意，固自有以达之枝叶矣；欲茂其枝叶之生意，亦安能舍根本而别有生意可以茂之枝叶之间者乎？[6]

这就是把致良知看成是最根本的，是前提。没有根本之生意，就不可能枝繁叶茂，就没有枝叶之生意。阳明认为程朱的认识方向颠倒了。

---

[1] （明）王守仁撰《传习录中》，《王阳明全集》卷二，吴光、钱明、董平、姚延福编校，上海古籍出版社，2011。

[2] （明）王守仁撰《传习录下》，《王阳明全集》卷三，吴光、钱明、董平、姚延福编校，上海古籍出版社，2011。

[3] （明）王守仁撰《传习录下》，《王阳明全集》卷三，吴光、钱明、董平、姚延福编校，上海古籍出版社，2011。

[4] （明）王守仁撰《传习录上》，《王阳明全集》卷一，吴光、钱明、董平、姚延福编校，上海古籍版社，2011。

[5] （明）王守仁撰《传习录上》，《王阳明全集》卷一，吴光、钱明、董平、姚延福编校，上海古籍出版社，2011。

[6] （明）王守仁撰《与毛古庵宪副》，《王阳明全集》卷六，吴光、钱明、董平、姚延福编校，上海古籍出版社，2011。

王阳明强调，致良知是要下工夫的，否则就不能与支离之学相区分。他说："圣贤论学，无不可用之功，只是致良知三字，尤简易明白，有实下手处，更无走失。近时同志亦已无不知有致良知之说，然能于此实用功者绝少，皆缘见得良知未真，又将致字看太易了，是以多未有得力处。虽比往时支离之说稍有头绪，然亦只是五十步百步之间耳。"①

致良知是阳明晚年提出的思想观念，与其龙场悟道之后所谓知行合一说，还是有一定差别的。知行合一强调的是知与行在本体意义上的必然统一，即阳明所谓"未有知而不行者，知而不行只是未知"②。致良知强调的是良知本体与致用工夫应当合一，良知人人都有，只是，有人扩充良知而至其极，即知至。有人则不能很好地扩充，或有人根本就不去扩充。我们不能说良知不致，它就不是良知。

阳明的良知、致良知说深受禅宗的影响，但在阳明自己看来，他的学问是经过与格物致知等"邪说"的长期斗争而最终直承孔孟之学而来的。

阳明后来认为自己在佛老二氏耽误了 20 年，主要指佛老抛弃了纲常伦理，不能用来治国和安民。"吾儒养心未尝离却事物，只顺其天则自然就是功夫。"③ 而阳明对佛老之哲学尤其是其心性论，则从未加以否定。因此，从归宿上说，阳明最终还是应当归于儒。

陈法指出，阳明所谓致良知，与子思、孟子和朱熹所言都是不同的。他说：

> 昔者，子思尝言"致良知"矣，曰"其次致曲"；孟子尝言"致良知"矣，曰"扩充四端"；朱子尝言"致良知"矣，曰"因其所发而遂明之"，曰"因其已知之理而益穷之"。——皆由其偏而致其全，由其发见之微致之，以至于不可胜用；由其所从生致之，以至于其所终极。如是而言"致良知"，所谓"充其本然之善"是也，岂非圣门最切至要之功？④

---

① （明）王守仁撰《与陈惟濬》，《王阳明全集》卷六，吴光、钱明、董平、姚延福编校，上海古籍出版社，2011。

② （明）王守仁撰《传习录上》，《王阳明全集》卷一，吴光、钱明、董平、姚延福编校，上海古籍出版社，2011。

③ （明）王守仁撰《传习录下》，《王阳明全集》卷三，吴光、钱明、董平、姚延福编校，上海古籍出版社，2011。

④ （清）安平陈法定斋手订，（清）山右荆如棠校刊《明辩录·致良知辩》，《陈法诗文集续》，陈德远点校，贵州人民出版社，2011，第 150 页。

在陈法看来，只有子思、孟子和朱熹所谓致良知，才是儒家正确的认识方法，是圣门"最切至要之功"。实际上，陈法认为，致良知就是格物穷理，是从个别现象上升为普遍知识的工夫。

阳明认为良知就是天理，致良知于事事物物，事事物物便具有天理。力图使本体与工夫统一起来。但陈法并不赞成阳明的说法，他认为阳明视良知即为天理，正如佛教所谓"万法自一心流出"，是不需要下任何工夫的。

> 而阳明之所谓"致良知"者，不尔也。其言曰："天性之真，明觉自然，自有条理。"又曰："吾心之良知，即所谓天理，致吾心良知之天理于事事物物，则事事物物皆得其理。"是所谓"良知"者，已自然纯乎天理而无一毫人欲之私。所谓"致"焉者，毫不假推致之力，纯任自然，无妄非道，所谓万法从一心流出。①

陈法认为，阳明所谓致良知，只不过是禅宗那套"明心见性"的方法，非儒家传统所谓致知。

按照陈来先生的解释，"良"兼"不学""不虑"，"良知"具有先验性和直觉性特征。可陈法认为，就是孔子这样的圣人，也未必真能随心所欲，不学而能，不虑而知。

> 夫以孔子之圣，至七十而始从心所欲不逾矩。今欲概之人人，不学不虑，坐致于此，失虚灵之运用，非天则之自然，其不至猖狂妄行，流为无忌惮小人者，几希矣！故其言曰："这些子看得透彻，随他千言万语，是非诚伪，到前便明，合得的便是，合不得的便非，如佛家说'心印相似'。"又曰："良知原是完完全全的，是的还他是，非的还他非，只是依着他，更无有不是处。"其全集中如此者不可殚述。此任心之弊也。②

孔子也要遵循格物致知的认识方法，而不能"任心"而行。

---

① （清）安平陈法定斋手订，（清）山右荆如棠校刊《明辩录·致良知辩》，《陈法诗文集续》，陈德远点校，贵州人民出版社，2011，第150页。
② （清）安平陈法定斋手订，（清）山右荆如棠校刊《明辩录·致良知辩》，《陈法诗文集续》，陈德远点校，贵州人民出版社，2011，第150页。

先儒亦云："正心之始，当以心为严师；然非究竟法也！"盖是心之知气拘物蔽所发，安能尽是？《大学》之"毋自欺"，亦在致知已。后其于善恶见之已真，故戒以勿欺，非谓心生万法也。①

由于"心"可能被后天的气质和物欲所蔽，因此，致知就要"诚"。所以，佛家所谓"心生万法"，与传统儒家所谓致知是有本质差别的。

陈法认为，阳明将致良知理解为"去人欲，存天理"，这是不错的。但去人欲、存天理，并非"任心"所能达到，还得经过一番"致知在格物，格物而后知至"的过程。只有经历此认识过程，才能存善去恶。

或曰："阳明以'去人欲'、'存天理'为'致良知'者，非乎？"曰："《大学》之序，'知至'而后'意诚'。知有'不至'，有错认人欲作天理者，且'欲'之难去而'理'之难存也。"是以，圣人先之以"格物""致知"。使其真知"善"之当为，"恶"之当去。如知乌喙之不可食则必不食，而又涵养之于"端庄静一"之中，谨之于视、听、言、动之则。其临事也，又致其省察、克治之功。如是，而人欲庶乎可去，天理庶乎可存。②

"好善恶恶"，去欲、存理，是需要下一番工夫的。陈法又说：

夫天理、人欲之大端、粗节，以心度之亦自分明，所谓"已知之理"也。若夫精微之蕴，疑似之间，或过或不及，人情物理之细微、曲折，岂任其私智者所能了彻耶？故吾尝谓："陆、王之学，或无私心而不当理，所谓'虽诚亦错'者，此也。"③

在陈法看来，由于受禅宗顿悟观念的影响，阳明所谓去人欲、存天理，即其所谓致良知，缺少格物穷理的工夫。因此，其所欲去者，未必能去，

---

① （清）安平陈法定斋手订，（清）山右荆如棠校刊《明辩录·致良知辩》，《陈法诗文集续》，陈德远点校，贵州人民出版社，2011，第150页。
② （清）安平陈法定斋手订，（清）山右荆如棠校刊《明辩录·致良知辩》，《陈法诗文集续》，陈德远点校，贵州人民出版社，2011，第151页。
③ （清）安平陈法定斋手订，（清）山右荆如棠校刊《明辩录·格致辩》，《陈法诗文集续》，陈德远点校，贵州人民出版社，2011，第155页。

其所欲存者，未必能存。

> 今阳明直以"慎独"戒惧为"格致"，以克去人欲、存天理为"致良知"。既无格物、致知之功，又无庄静、涵养之素。无可拟议，无可持循。而但欲于发念之时，凭虚蹈空。恃此知觉之灵，以去欲而存理，不惟所谓天理者见之未必得其真，而所谓去焉、存焉者，亦急迫躁扰，视其心如寇仇。故其言曰："念念去人欲，存天理，不管宁静不宁静。"又曰："持志如心痛"。盖亦强制其心，如克伐怨欲之不行焉者耳。①

陈法对阳明的批评是十分严厉的，在陈法看来，阳明之学是不能入"正学"范畴的。他说：

> 如是而曰"致良知"，亦借圣言以文其奸，以涂天下后世之耳目，适足以汩其良知而已。若夫训"格物"之谬，"无善无恶"之非，"废学废行"之弊，"知行合一"之妄见，于整庵、泾阳、景逸及近时张武承，所论著详矣。学者取而究心焉，然后知其为"正学"之榛芜，心法之螟贼，辟之而后可以入道，有不容假易焉耳。②

意思就是说，阳明假借圣人之言，以掩盖其学术之佛禅本质。总之，陈法对阳明之本体论、修养论都提出了批评。就连阳明丁明正德年间在贵州龙场提出的知行合一论，也未能逃出陈法的批评。朱子强调先知后行，阳明强调知行合一。陈法认为，阳明实际上是以知为行。

---

① （清）安平陈法定斋手订，（清）山右荆如棠校刊《明辩录·致良知辩》，《陈法诗文集续》，陈德远点校，贵州人民出版社，2011，第151页。
② （清）安平陈法定斋手订，（清）山右荆如棠校刊《明辩录·致良知辩》，《陈法诗文集续》，陈德远点校，贵州人民出版社，2011，第152页。

附录　陈法年谱简编[*]

陈法（1692～1766）字世垂，号圣泉，晚号定斋，贵州安平（今平坝县）白云庄人，清初著名理学家，官至北京大名道。因上疏为河督白钟山辩枉，被革职戍边。获赦后，不愿为官，回黔主讲贵山书院，献身地方教育。著述有《易笺》《河干问答》《明辩录》《醒心集》《犹存集》《塞外纪程》《内心斋诗稿》《敬和堂文稿》诸篇，涉及哲学、政治、水利、诗词、文章、教育等方面。陈法一生，为官清廉，崇尚直道；为政求兴利除弊，为学注重躬行实践，是贵州开省以来继清平（今凯里炉山）孙应鳌、贵筑（今花溪青岩镇）周起渭（渔潢）之后的又一有影响的历史人物。

一　家世

陈法先世籍江南扬州府江都县。始迁祖讳旺，元顺帝至正十九年己亥（1359 年）从朱元璋军，明洪武十四年丁酉（1381 年）随傅友德大军进征云南，平定普里，后以武功授昭信校尉，洪武十八年辛丑（1385 年）奉旨致仕，赐平坝卫左所百户，占籍平坝（见《黔南陈氏族谱》，以下简称《陈谱》）。

旺子亮（《安顺府志》有传）升千户。亮子学，学子景，景子鉴，鉴子琳，均袭百户（见《陈谱》）。琳子松，松子志（未详）。志子王道，字纯吾，明岁贡生，官河南延津知县。王道子一贯，字肖鲁，明岁贡生，官教谕，升直隶任邱知县。一贯子位，字我立，明选贡生，官广西宜山知县。位子祥士，字贤裔，号希声，清顺治中拔贡，官四川庆符知县，擢兵部员

　＊《陈法年谱简编》由陈法第二十四代孙陈德远先生提供。原载《贵州民族调查卷十三·屯堡人、贵州少数民族君国主义专辑》，贵州民族研究所，1995；重载张新民、李红毅主编《中华传统文化与贵州地域文化研究论丛》第二辑，巴蜀书社，2008；复载《平坝文史资料选辑第十八辑·清初黔中名儒陈法》，2011。《陈法年谱简编》由陈法第二十四代孙陈德远先生提供。

外郎（以上见《民国贵州通志》）。

祥士子七：长仁锡，字善长；次智锡，字拙夫；三义锡，字宜庵；四德锡，字明庵；五恭锡，字逊庵；六恒锡，字贞庵；七珍锡。恭锡官直隶丰润知县（见《平坝县志》），娶同邑槎头堡人云南曲靖知府谭瑞女，生三子：长即法，次浩，次澂。

法原配谭氏，同邑槎头堡人，正安州教授、知县谭廷恺女，生子符升；继配王氏，江南宁丰县庠生王我来女，无子；继室纪氏，直隶文安县人雍正进士刑部员外郎纪达宜女，无子；庶室汪氏，籍贯无考，生子庆升、昭升（以上见《陈谱》）。

二　年历

△**清圣祖康熙三十一年**壬申（1692 年）生于贵州安平（今平坝县）白云庄，1 岁。

按：法生卒年份有二说：一说生于康熙三十一年，卒于乾隆三十一年，享年 75 岁，《黔南陈氏族谱》《安平县志》《贵州名贤传》《黔诗纪略后编》等为此说；一说生于 1691 年即康熙三十年，卒于 1764 年即乾隆二十九年，享年 74 岁，《哲学研究》1991 年第 6 期为此说。本年谱取前说。是年，法祖祥士外出云游已历 4 年；清平孙应鳌卒后 108 年；贵筑周起渭 29 岁；法原配谭氏 4 岁。

△康熙三十五年丙子（1696 年），5 岁。仲弟浩（1696～1770），字集生，号雨泉，生于白云庄。

△康熙三十六年丁丑（1697 年），6 岁。就塾。继祖母衡恭人（1632～1697）、大伯仁锡（1676～1697）卒于白云庄。

△康熙三十八年己卯（1699 年），8 岁。父恭锡举本科乡试 13 名。祖祥士云游回黔居家。

△康熙四十年辛巳（1701 年），10 岁。祖祥士（1631～1701）卒于白云庄。庶室汪氏（1701～1769）生。

△康熙四十二年癸未（1703 年），12 岁。江苏金坛人于采（字培松）官安平知县；山东德州人孙勷（字子未，号峨山）以翰林院检讨任贵州学使。岁考，法应童子试，取冠军，得于知县与孙学使嘉奖（见《陈谱》）。

△康熙四十三年甲申（1704 年），13 岁。肄业安平县学。

△康熙四十四年乙酉（1705 年），14 岁。继室王氏（1705～1734）生

于江南宁丰。

△康熙四十五年丙戌（1706 年），15 岁。父恭锡公车北上。

△康熙四十八年己丑（1709 年），18 岁。仲弟浩补博士弟子员。

△康熙四十九年庚子（1710 年），19 岁。贵州学使孙勷召浩至使院肄业。

△康熙五十一年壬辰（1712 年），21 岁。季弟澂（1712～?），号珠泉，生于白云庄；继配纪氏（1712～1733）生于直隶文安；长子符升（1712～1760），字允中，生于白云庄。

△康熙五十二年癸巳（1713 年），22 岁。春，举贵州乡试亚元。是科乡试在春季举行，主考官大理寺少卿余化鹏，同考官翰林院编修林之浚。秋，成进士，入词馆，光禄寺大夫经筵讲官文渊阁大学士兼礼部尚书王琰为法座师。法在馆阁与同榜孙嘉淦、李元直齐名，时人目之为"三异人"（钱塘《袁枚笔记》、福建《张甄陶文集》有录）。按：孙嘉淦字锡公，号懿斋，山西兴县人，乾隆年间官至吏部尚书、协办大学士，久负直名，卒谥文定，有《春秋义》传世。李元直字愚村，山东高密人，雍正年间授御史，直言敢谏，人呼"憨李"，后被谗左迁，告归隐居（见《中国人名词典》）。

△康熙五十三年甲午（1714 年），23 岁。官翰林院庶吉士。是年，贵筑周起渭卒于北京；起渭父国柱、弟起濂赴京治丧毕，将起渭京城住房捐作贵州会馆（见《陈谱·贵州新馆记》）。

△康熙五十五年丙申（1716 年），25 岁。散馆，授职检讨。是年，祖母谭恭人（1631～1716）卒于白云庄；父恭锡官直隶丰润知县。

△康熙五十六年丁酉（1717 年），26 岁。官翰林院检讨，与谢世济同充顺天（北京）乡试房考官。按：谢世济字石霖，广西全州人，康熙壬辰（1712 年）进士。是年，关中刘荫枢（字乔南）复巡抚贵州，知法系黔籍学者，以书迎其来黔任职，法未就（见《陈谱》）。

△康熙五十七年戊戌（1718 年），27 岁。与谢世济同以翰林院检讨充会试同考官，法得一卷，力荐未中；及出闱，其人谒见，乃知为张百川（名江），张终身执弟子礼弗衰（见《陈谱》）。按：《黔南丛书别集·塞外纪程序》称"五十九年充会试同考官"误。此据《陈谱》和《清史·本传》"丁酉、戊戌两为房考官"句正。"房考"、"同考"都是副主考。丁酉充乡试同考，戊戌充会试房考，符合定制。

△康熙五十八年己亥（1719 年），28 岁。次子庆升（1719 ~ 1780），字来章，生于北京。

△康熙五十九年庚子（1720 年），29 岁。成诗作《近侍集》，咏癸巳迄今官京师事。按：此《近侍集》与以下之《傲装》《还朝》《应制》《归山》《应召》《出守》《宦游》《出塞》《自干》《后南游》诸诗集，合称《内心斋诗稿》，诗藏北京国家图书馆分馆及贵州省博物馆。

△康熙六十年辛丑（1721 年），30 岁。父恭锡（1667 ~ 1721）卒于丰润官署。丁父忧，回黔。

△康熙六十一年壬寅（1722 年），31 岁。居家，乡里大疫。原配谭氏（1689 ~ 1722）卒于白云庄。成诗作《傲装集》咏辛丑、壬寅请假回黔事。

△**清世宗雍正元年**癸卯（1723 年），32 岁。诏"举翰林才堪部务"者，翰林院以法应荐，改秩刑部河南司郎中。时朝中有一权贵欲汲引法，一月中三引见于便殿，只要法愿"馆其家"，便可立得显宦；法度其人不可恃，辞之，后其人果败，凡出其门者皆得罪，唯法得免，人谓法有知人识人之明。是年秋，广西桂林陈宏谋（1696 ~ 1771，字汝咨），满洲镶黄旗尹继善（1696 ~ 1771），福建宁化雷翠（字廷宏）等成进士，入词馆，与法结识。廷宏在馆阁与法同称"人望"（见《安平县志》）。是年，清廷敕封法父恭锡为文林郎，封法母谭氏为孺人。法成诗作《还朝集》，咏重来京师事。

△雍正二年甲辰（1724 年），33 岁。官刑部河南司郎中，成诗作《应制集》，收本年以前于京师之赋颂暨纪事诗。是年，江苏吴江徐大椿（1693 ~ 1771）于京师与法结识（一说为雍正四年）。按：大椿字灵胎，晚号洄溪，更名大业，法医学家，不屑科举，精研《周易》，与法有文字交。

△雍正三年乙巳（1725 年），34 岁。福建晋江颜仪凤官安平知县。冬，法因病告假回籍，顺访仪凤，仪凤留宿官斋。法夜闻捶楚之声，问之，答曰："府符昨下，急追穷民逋负，期以岁内竣事，囹圄皆满，奈何？"时值岁暮，法念及穷民父母妻子可怜，于是请其籍，凡数百金，代偿之，囹圄皆空（见《陈谱》）。按：仪凤号亦凡，法同年友。是年，法成诗作《归山集》，咏供职京师二载事。

△雍正四年丙午（1726 年），35 岁。居家，撰《玉螺山记》（文见《黔南丛书》第六辑），述其祖祥士"以经济才，遭世变，不克见用"及"平生耽佳山水"之志好，赞弟浩（雨泉）"率子弟读书此山中，意在摒绝章句"的教学思想。是年，颜仪凤增修安平县学，法代同年贵州学政王志

山撰《重修安平县学记》（见《平坝县志》），记中对康熙年间安平知县于采及本届知县颜仪凤重视地方教育的功绩予以肯定，并对后来的知县们寄予深切的希望。

△雍正五年丁未（1727 年），36 岁。居家，助三伯宜庵（义锡）开垦安平城北廓校场坝陈氏入黔始祖墓旁荒地成田庐。

△雍正六年戊申（1728 年），37 岁。垦建田庐成，撰《狮山山园记》纪之（文见《黔南丛书》第六辑）。

△雍正七年己酉（1729 年），38 岁。有诏：凡在籍候选者皆赴京挑选。法入都。

△雍正八年庚戌（1730 年），39 岁。帝召见，御史李元直力荐法文学志操，授知直隶顺德（河北邢台）府。法在顺德设立乡长，实行保甲之法。是年，成诗作《应召集》，咏应召来京事。

△雍正九年辛亥（1731 年），40 岁。六叔恒锡（1672～1731）卒于荆州寓中。

△雍正十年壬子（1732 年），41 岁。有诗作《出守集》，咏出守顺德事。

△雍正十一年癸丑（1733 年），42 岁。法与唐山县令赵杲拆毁染红、宣憝诸山寺观，改建义学数十处。赵令因是褫职，法亦因是引疾归里，便中出游江南。是年，弟浩入都谒选，授知顺天府昌平县。

△雍正十二年甲寅（1734 年），43 岁。继室王氏（1705～1734）卒于湖北蕲州，法回黔，居家，有诗作《游览集》，咏离京出游江南事。

△雍正十三年乙卯（1735 年），44 岁。赋闲居家。

△**清高宗乾隆元年**丙辰（1736 年），45 岁。高宗登进英贤，吏部侍郎孙嘉淦、礼部尚书任兰枝荐法才华，授知山东登州府。法于任所亲制文告，弭盗惩奸，倡廉黜贪，整肃吏治，民生大惠。是年六月，令贵州贡监应顺天乡试，季弟澂（字珠泉）举是科乡试第 33 名。时有登州治下海阳县令满人高晋（字文端）谒法，法器其才华，交与甚笃，并力荐之。

△乾隆二年丁巳（1737 年），46 岁。官登州府。兵部尚书甘汝来疏荐法"宜大用"，升河东运河兵备道（又称河东河道）护理（代理）总河，与白钟山、顾琮、高斌等共事。是年秋，季弟珠泉成进士；新建裘曰修勘视河道，于山东济宁官舍与法结识。时有李穆堂著《志学编》阐发陆、王学说，法因著《明辩录》十章，辩朱、陆异同，时人将其与陆稼书《王学

质疑》并称。

△乾隆五年庚申（1740 年），49 岁。署河东运河道护理总河，与天津道陈宏谋会勘漳河。是年，弟浩入觐，升江西驿盐道兼巡瑞袁临道；次子庆升回黔应试，补诸生。

△乾隆六年辛丑（1741 年），50 岁。陈宏谋署江宁布政使，疏荐法治世才华。是年乡试，子庆升不第，入贵山书院肄业。

△乾隆七年壬戌（1742 年），51 岁。顾琮授漕运总督，于上前言法守顺德时立乡长行保甲为"得古今繁简之宜"，建议在各地施行。适庐凤（安徽庐州凤阳，清为卢凤道）数遭水旱，户口混乱，上特遣法为庐凤监司以行其法。

△乾隆八年癸亥（1743 年），52 岁。任庐凤监司。法以漕艖北上，河干奔走之故，援例于霜降秋汛后告假奉母还乡；适淮扬监司缺人，两江总督尹继善、东河总督白钟山合辞举荐，七月，法奉旨调任淮扬。是时，吉庆充两淮盐政，与法结识，情深笃厚；平阴朱近堂为淮扬转运使，与法友善；钱塘袁枚知沭阳县，执下官礼谒法。

△乾隆九年甲子（1744 年），53 岁。任淮扬监司，撰《河干问答》十二章（文见《黔南丛书别集》）。是年，子庆升以五经中贵州乡试第 11 名；陈宏谋调陕西巡抚，有诏："督抚自陈得举人自代"，宏谋又以法应命。

△乾隆十年乙丑（1745 年），54 岁。任淮扬监司。六月，淮、黄交涨，黄河陈家浦决堤，沿河州县被淹，漕督顾琮倡筑遥堤以束水势，讷亲、高斌仍议塞决口（见《清史稿》）。清廷采纳讷、高之议。十一月，溢口工竣，法积劳成疾，请于两江总督，援例告归；已允，复奉旨调任大名道。法濒行，视道淮阴，淮安县令李弘于晚甘园赋诗相赠（诗见《陈谱》）。是年，子庆升会试，取入明通榜。

△乾隆十一年丙寅（1746 年），55 岁。官大名道。春，河工议论纷起，河督白钟山为御史杨开鼎劾，上命高斌会尹继善按治，召钟山诣京，夺官下狱，并没其资以偿（见《清史稿》）。法在大名道得知钟山被劾，因念及曾与共事之情，不宜令其单独受罚，遂上疏为钟山辩枉，且引咎自责。部臣奏上，革职，发十六军台（内蒙古）效力。

△乾隆十二年丁卯（1747 年），56 岁。八月，季子昭升夭于京；九月，次子庆升妻梅氏逝；十二月十三日，法以四骆驼载书数万卷，由北京出居庸关，经宣化、大同、归化往十六军台赴谪。适陈宏谋从秦中入觐，与之

遇于都门，法以"荷戈塞外，于份为宜"，无纤毫戚容见于颜，与宏谋道别。是年，成诗作《宦游记》咏丙辰膺荐入都迄今十二年事。又有《出塞集》《自干集》咏调任大名及获谴出塞事。

△乾隆十三年戊辰（1748年），57岁。戍守军台，撰《易笺》八卷（文见《黔南丛书》第一辑）。论述《周易》并非卜筮之书，乃专为明人事而作。军台无水，居民取之百里之外，法亲到附近勘测，派人向指定地点挖掘，果然得水。当地人民为纪念其功绩，将该井命名为"陈公井"（文见《贵州明贤传》）。是年，次子庆升成进士，入词馆，钦点翰林院庶吉士。庆升上疏为父赎罪，法于塞外得悉，以书责之。

△乾隆十四年己巳（1749年），58岁。夏，季弟澂出任安徽颍上令。仲弟浩告养奉母还乡，成诗作《授鹤草》（诗见《贵州历代诗选·明清之部》）。时，平阴朱近堂移贵州通省清军粮驿道布政使司参政。是年八月十二日，法奉旨赐还，入北京，止彰仪门外旅舍，子庆升每日晨出定省，历二旬无间。法有《塞外纪程》（文见《黔南丛书别集》）记述其出塞入塞见闻。十月十四日，母谭氏（1670~1749）卒于白云庄，法闻讣，丁忧返黔。

△乾隆十五年庚午（1750年），59岁。丁忧居家。是年，白钟山授永定河道（见《清史稿》）；诏举经学，陈宏谋又以法应荐，法无意仕宦，宏谋书"真品实学"匾赠之（见《陈谱》）。

△乾隆十六年辛未（1751年），60岁。仲弟浩得贵州巡抚开泰给资，入京引见，授湖南长宝道；子庆升散馆，授职检讨，十一月钦点壬申科四川乡试正考官。是年，吉庆因事系狱，法闻讯，差人走八千里赴京赠金慰问。

△乾隆十七年壬申（1752年），61岁。服阕，朱近堂引主贵山书院讲席。子庆升充是科四川乡试主考。按：陈法主讲贵山书院年限有四说。《安平县志》云："设教贵山书院十载"；《黔南丛书·国史儒林外传》云："法无意仕进，归，主讲贵山书院十有八年而卒"；《黔诗纪略后编》、《教育大辞典》云"主讲贵山书院二十年"；《哲学研究》1991年第6期称"主讲十五年"。考：陈法自乾隆十四年己巳（1749年）丁母忧回黔，至乾隆三十一年丙戌（1766年）辞世，整17年。其间忧期3年，服阕，朱近堂引主讲席，当是本年事。又乾隆二十三年（1758年），法闻弟浩寄居长沙不愿回黔，亲往湖南探视，寻游吴门陈宏谋署院，至二十七年始返，离去5年；乾隆二十八、二十九两年，复主贵山书院，时法已是73岁高龄了。乾隆三十

年，云贵总督刘藻兼巡抚贵州，见法年老，引云南五华书院讲席张甄陶接任，法退休。据此，法主讲贵山书院应是 8 年。其言 10 年者，概数也；言 20 年者，美誉也；言 15 年与 18 年者，疑未除去丁忧与重游湖湘及退休之期也。

△乾隆十八年癸酉（1753 年），62 岁。主讲贵山书院。捐去年与本年束脩二百金"付质库、取其息以为书院公费"，做购置书籍、补贴教师私课及资助贫寒学员年终返家等费用，撰《贵山书院公费纪略》碑，立于书院讲堂之东壁（文见《陈谱》）。是年，浩因属吏被劾，降职铨补，寓居长沙。

△乾隆十九年甲戌（1754 年），63 岁。陈宏谋复任陕西巡抚，再次举荐陈法经学。法决意服务桑梓，献身教育，不愿出仕，仍主贵山书院讲席，亲制《学约》九条，《学规》十四条（见《黔南丛书》第六辑）。是年，庆升补授陕西道监察御史，监武闱会试。

△乾隆二十一年丙子（1756 年），64 岁。主讲贵山书院。庆升第四子若畴（1756～1837）生于京。按：若畴字闻之，仁宗嘉庆四年己未（1799 年）进士，铨选咸安宫教习，授湖北远安知县，寻调黄冈，继充湖北乡试同考官，后改教直隶，入籍宛平，不忘祖、父遗训，与弟若藻捐资修建贵州会馆新馆，编辑梓行《定斋先生全集》，对家乡文化建设做出贡献。

△乾隆二十二年丁丑（1757 年），66 岁。主贵山书院讲席，著《醒心集》一卷，阐发圣贤义蕴，"欲学者体验于身心，不徒求工于语言文字"。

△乾隆二十三年戊寅（1758 年），67 岁。陈浩谢病侨居长沙，法告假赴湘探视。是年，子庆升巡视通州漕务。

△乾隆二十四年己卯（1759 年），68 岁。陈宏谋驻节吴门（江苏苏州），得悉法赴湖湘消息，特邀至署院讲论先儒理学及陆（象山）王（阳明）之学。是年，法成诗作《后南游记》，咏己巳赐还及今十年事。十一月，庆升授工科掌印给事中。

△乾隆二十五年庚辰（1760 年），69 岁。寓居吴门陈宏谋署院。是年，宏谋为《醒心集》作序；宏谋子钟珂、钟琛亦序。庆升第五子若藻生于北京。按：若藻（1760～?），号芳洲，由邑太学生援例报捐州同（副知州），借补西城司马吏目，历署南北城副指挥。生平敦友爱，摒浮华，矢谨信，偕兄若畴捐银购房做贵州会馆新馆，为贵州文化建设做出应有贡献，民国《贵州通志》有传。

△乾隆二十六年辛巳（1761 年），70 岁。寓居陈宏谋署院，与徐大椿

于宏谋处再次会晤。仲春，陈浩迎法于吴门，宏谋不能留，作《送陈定斋先生序》相赠（文见《陈谱》），并捐俸刻《易笺》。是年恩诏：加法子庆升一级副都御史；诰封法父恭锡为中宪大夫；诰封法母谭氏为恭人；敕封法为中宪大夫；敕封法原配谭氏为孺人。

△乾隆二十七年壬午（1762 年），71 岁。陈宏谋复迎法至署院。徐大椿在宏谋处与法三晤，大椿作《送陈圣泉先生道情》相赠（文见《陈谱》）。是年，陈宏谋为《易笺》作序（文见《黔南丛书》第一辑）。仲秋，法回黔，著《黔论》（文见《黔南丛书》第六辑）。按：陈法回黔时间，《安平县志》称乾隆二十六年（1761 年）。此据徐大椿《道情》考订为今年。

△乾隆二十八年癸未（1763 年），72 岁。复主贵山书院讲席。集课诸生文稿 200 余篇。

△乾隆二十九年甲申（1764 年），73 岁。主讲贵山书院。是年，刘藻以云贵总督兼署贵州巡抚，藻见法年事已高，请调滇省五华书院张甄陶主讲贵山书院（见陈寿祺《东越儒林后传》）。

△乾隆三十年乙酉（1765 年），74 岁。法告老家居，张甄陶接任贵山书院讲席。是年，陈宏谋索法课贵山书院诸生全稿读之，称《敬和堂文稿》（文稿现藏北京国家图书馆分馆），并为之作序（文见《陈谱》），陈浩亦序。

△乾隆三十一年丙戌（1766 年），75 岁。十二月六日，法卒于安平（今平坝县）白云庄。贵山书院掌教张甄陶撰文祭之（文见《陈谱》），称法为"经人两师"。是年，庆升因满洲御史奏"五城案件宜存贮公所"一折，降三级调用；奉旨从宽留任。

三　后记

△乾隆三十二年丁亥（1767 年），卒后 1 年。正月，庆升丁忧回黔，路过金陵，现任两江总督高文端闻讣，亲至庆升舟次吊唁，并索法遗著《玩易图》题赠。按：此《玩易图》为庆升所藏。庆升后籍北京，传子若藻（号芳洲），若藻传子均（号履贞），均传子希谦（号岫轩）。希谦官河南卫辉府，传子鹤翘（号梅生）。光绪三十年（1904 年）甲辰，法平坝后裔陈楷（号绍书）赴京会试毕，顺到河南探亲，于开封陈鹤翘处亲见该图。鹤翘子桓（字小梅），已娶，未育，夫妇旋逝；鹤翘有弟名鹤翔，生子洛生

（一名洛），娶妻多年，无子，亦无音耗，斯图未知入于谁氏？民国二十年（1931 年），平坝陈氏修谱时，曾出重金购求斯图，至今未获。是年，陈宏谋闻讣，撰文祭之（文见《陈谱》），并撰"四海即今称长者，千秋原自有真儒"联恭挽。陈宏谋、裘曰修、朱硅、李弘、荆如棠、卢文诏、卢世昌、胡绍南、蒋和宁、李奉汉等故旧索法《玩易图》题赠（文见《陈谱》）。

△乾隆三十三年戊子（1768 年），卒后 2 年。法墓葬安平（今平坝）城南赵家庄团坡（今名高瓦）。是年，贵山书院学子组织"陈公会"，订每年八月二十四日（法生日）在书院举行纪念会，缅怀法捐金资学、献身教育的功德（见《平坝县志》）。该会延至民国初年。

△乾隆三十四年己丑（1769 年），卒后 3 年。闽南科捷题《玩易图》。法庶室汪氏卒于长沙白茅铺。

△乾隆三十五年庚寅（1770 年），卒后 4 年。季春，凤阳观察荆如棠梓《明辩录》并作序；新安后学程壎校《明辩录》并作序（以上序文见《陈谱》）。后学秦簧于朗江书院题《玩易图》。

△乾隆三十八年癸巳（1773 年），卒后 7 年。袁枚题《玩易图》。长白觉罗敦福奉命采访遗书，得《易笺》《明辩录》进呈。纪昀收《易笺》入《四库全书》。

△乾隆四十一年丙申（1776 年），卒后 10 年。仲秋，长白觉罗敦福题《玩易图》。季秋，钱塘后学梁敦书题《玩易图》。

△乾隆五十四年己酉（1788 年），卒后 22 年。受业李台题《玩易图》。

△乾隆五十五年庚戌（1789 年），卒后 23 年。嘉平后学卢荫溥题《玩易图》。

△**清仁宗嘉庆**十三年戊辰（1808 年），卒后 42 年。旨谕：法入祀乡贤（见《陈谱》贵州巡抚《请入乡贤祠原折》）。

△嘉庆十六年辛未（1811 年），卒后 45 年。桂林鲍桂星为《醒心集》作序（序文见《陈谱》）。

△嘉庆十八年癸酉（1813 年），卒后 47 年。陈若畴集法遗著《应制》《近侍》《俶装》《还朝》《归山》《应诏》《出守》《游览》《宦游》《出塞》《自干》《后南游》诸诗稿编为《内心斋诗稿》，由鲍桂星作序并付梓，若畴作跋。秋，湖南巡抚陈豫（宛平人，字立凡）重梓《醒心集》于官廨，并作序；萧山汤金钊亦序。嘉兴钱仪吉撰《衍石斋纪事续稿·谢（济世）陈（法）二先生事状》（见《黔南丛书别集》）。

　　△嘉庆二十一年丙子（1816 年），卒后 50 年。陈若畴与荆如棠刻版重印《明辩录》并作跋。

　　△**清宣宗道光**七年丁亥（1827 年），卒后 61 年。馆后学徐培琛题《玩易图》。五月，安平知县刘祖宪修《安平县志》。祖宪为法作传，并奏请入祀乡贤；九月，安顺知府庆林核实转呈；十一月，贵州布政使祺祯、按察使何金、云贵总督阮元、贵州学政许乃普等合词恭疏入祀贵州名宦乡贤，陪祀尹（道真）公祠（见《安平县志》），原贵山书院"陈公会"移贵阳府学奎光阁举行。

　　△道光八年戊子（1828 年），卒后 62 年。陈若畴于北京首刊《河干问答》，并作序。是年，后学吕音题《玩易图》。

　　△道光九年己丑（1829 年），卒后 63 年。贵筑张日晸于叙州官廨题《玩易图》，并为《醒心集》作序。嘉禾沈维鐈为《内心斋诗稿》作序。

　　△道光十年庚寅（1830 年），卒后 64 年。后学傅潢待选京门，题《玩易图》。按：尚有陈辉祖、王猷、吴赓枚、梁国治、卢浙、鲍桂星、张九镒、李世杰、李汪度、胡承壁、汪新等题《玩易图》的年份无考。

　　△道光十三年癸巳（1833 年），卒后 67 年。滇南李文耕于黔中臬署跋《明辩录》。

　　△道光十六年丙申（1836 年），卒后 70 年。陈若畴于京师刻《犹存集》（文见《黔南丛书》第六辑）与《敬和堂文稿》。

　　△道光十八年戊戌（1838 年），卒后 72 年。独山莫友芝礼闱，得《易笺》于北京琉璃厂书市。后莫氏在其所著《宋元旧本书经眼录·附录》中对该书有"虽异朱、郭，犹有发明"，"持平蹈质，粹然儒者言矣"的评价。

　　△**清穆宗同治**元年壬戌（1862 年），卒后 92 年。吉林承龄跋法手泽《临圣教序》。按：《临圣教序》，陈法手泽，时已装潢，裱为一册，每页四行，字如胡桃大，宣纸书，共十二页，另有题跋之页。原件已佚，仅见记述。

　　△同治十三年甲戌（1874 年），卒后 108 年。滇池孙清彦、云巢孙毓凤跋《临圣教序》手泽。

　　△**清宣宗光绪**元年乙亥（1875 年），卒后 109 年。贵州学政黎培敬（湘潭人）跋《临圣教序》。

　　△光绪二年丙子（1876 年），卒后 110 年。宣汉王正玺跋《临圣教序》。

△光绪四年戊寅（1878 年），卒后 112 年。独山莫庭芝跋《临圣教序》。

△光绪五年己卯（1879 年），卒后 113 年。贵州学政张登瀛（山西崞县人）跋《自书诗》手泽。按：《自书诗》，陈法手泽，四纸，共十一首，系法当年文字酬应之作，皆行书署款。该手泽于同光间颇受书法界赞誉，惜仅见史实，未睹真迹。是年，袁思跸跋《临圣教序》与《自书诗》。

△光绪六年庚辰（1880 年），卒后 114 年。普定周之冕于贵山书院跋《临圣教序》。

△光绪十一年乙酉（1885 年），卒后 119 年。陈希谦（法第四世孙）就陈若畤京师版重印《易笺》《明辩录》《河干问答》《敬和堂文稿》《醒心集》《内心斋诗稿》《犹存集》诸书于河南卫辉府。按：上述七书，分为二函，时以三部赠黔中陈氏，因道远不便，由河南卫辉府转寄洋县（今属陕西省），复由洋县寄黔。舟出汉江，船水渍湿，至黔仅二部完好，一藏省城陈寿颐处，一藏平坝陈绍书（楷）处。平坝一部已佚。贵阳一部尚在查找。唯北京国家图书馆藏《陈定斋先生各种》二函保存完好。

△光绪十四年戊子（1888 年），卒后 122 年。陈希谦为《易笺》等七书作跋。

△光绪十六年庚寅（1890 年），卒后 124 年。孙庭寿跋《自书诗》手泽。

△**中华民国**元年壬子（1912 年），卒后 146 年。是年，滇军占据贵阳府学奎光阁为军警公所，贵山书院士子将"陈公会"款产变卖，分三十金与陈氏士子，将该会移平坝陈氏宗祠办理（见《平坝县志·人物志》）。贵州省议员张在兹提议，法崇祀贵阳扶风山，陪祀尹公祠。

△民国六年丁巳（1917 年），卒后 151 年。平坝陈文荣（号耀阶，法第六世孙）为《塞外纪程》作序。

△民国九年庚申（1920 年），卒后 154 年。商务印书馆出版《中国人名辞典》，收录陈法生平。

△民国二十年辛未（1931 年），卒后 165 年。陈文荣编辑《黔南陈氏族谱》，并跋《河干问答》，广告购求《玩易图》。

△民国二十二年癸酉（1933 年），卒后 167 年。贵阳学者凌惕安因慨近世士大夫之"工于趋避，巧于弥逢，爵禄之念重，国家之念轻，一任是非颠倒，不肯直言，如江河日下"，特专函访求陈法《塞外纪程》，并为之作

序（见《民国贵州通志·艺文志》卷九）。

△民国二十四年乙亥（1935年），卒后169年。贵州通志局增辑《黔南丛书别集》，贵阳凌惕安撰《河干问答》序，紫江（开阳）朱启钤（字桂辛、晚号蠖公）节录嘉兴钱仪吉《衍石斋记事续稿·谢陈二先生事状》，盛赞陈法风节行谊。

△民国二十九年庚辰（1940年），卒后174年。中华书局出版《中华人名辞典》，收录陈法生平。

△民国三十年辛巳（1941年），卒后175年。仲春，贵州通志局刊印《黔南丛书》至第六集，专载古文以挽时弊，特取陈法《犹存集》全卷，与孙山甫、江辰六两先生所著，编为合璧。安顺学者杨恩元为《犹存集》作跋，称陈法"文章政绩，皆足模范当世，取法后来，庶几览者知黔中文化有开必先，不待郑（珍）莫（友芝）出而已名作如林，后先济美"。

△公元1983年癸亥，卒后217年。上海古籍出版社出版《中国丛书综录》，收《易笺》《犹存集》诸书目。

参考文献

（汉）孟喜撰，（清）王谟辑《周易章句》1卷，《汉魏遗书钞》本。

（汉）孟喜撰，（清）孙堂辑《周易章句》1卷，《汉魏二十一家易注》本。

（汉）孟喜撰，（清）黄奭辑《易章句》1卷，《汉学堂知足斋丛书》本。

（汉）京房撰，（清）孙堂辑《周易章句》1卷，《汉魏二十一家易注》本。

（汉）京房撰，（清）马国翰辑《周易京氏章句》1卷，《玉函山房辑佚书》本。

（汉）京房撰，（清）王保训辑《京氏易》8卷，《木樨轩丛书》本。

（汉）京房撰，（清）王仁俊辑《京房易传》1卷，《玉函山房辑佚书续编》本。

（汉）京房撰，（吴）陆绩注《京氏易传》3卷，《四部丛刊》本。

（汉）荀爽撰，（清）孙堂辑《周易注》1卷，《汉魏二十一家易注》本。

（汉）荀爽撰，（清）马国翰辑《周易荀氏注》3卷，《玉函山房辑佚书》本。

（汉）郑玄撰，（宋）王应麟辑《周郑康成注》1卷，《四部丛刊三编》本。

（汉）郑玄注，（清）唐仁寿录，（清）翁方纲校跋并录，（清）惠栋校注《周易乾凿度》2卷，清乾隆二十一年（1756）卢见曾刻《雅雨堂丛书》本，今藏国家图书馆。

（三国吴）虞翻撰，（清）黄奭辑《周易注》10卷《附录》1卷，《汉学堂知足斋丛书》本。

（魏）王弼撰《周易》3卷附《周易略例》1卷，《三经晋注》本。

（魏）王弼撰，（晋）韩康伯注《周易》9卷，《袖珍十三经注》本。

（魏）王弼撰，（晋）韩康伯注，（唐）孔颖达正义，卢光明、李申整理，吕绍纲审定《周易正义》10卷，北京大学出版社，1999。

（晋）干宝撰，（元）屠曾辑，（清）孙堂补《周易注》1卷，《汉魏二十一家易注》本。

（唐）孔颖达撰，宋刻递修本，（清）翁方纲跋，傅增湘跋《周易正义》14卷，今藏国家图书馆。

（唐）李鼎祚撰，陈德述整理《周易集解》，巴蜀书社，1991。

（宋）欧阳修撰《易童子问》3卷，《四部丛刊》本。

（宋）张载撰《横渠先生易说》3卷，明嘉靖十七年（1538）吕柟刻本，莫棠跋，今藏上海图书馆。

（宋）程颐撰《易传》4卷，《四库全书》本。

（宋）程颐撰《程氏易传》12卷，明嘉靖七年（1528）姜梁刻本，今藏南京图书馆、湖南省图书馆。

（宋）邵伯温撰《易学辨惑》1卷，《四库全书》本。

（宋）朱震撰《周易集传》11卷，《四部丛刊续编》本。

（宋）朱熹撰《周易本义》12卷，《四库全书》本。

（宋）朱熹撰，廖名春点校《周易本义》，广州出版社，1994。

（宋）朱熹撰《易学启蒙》4卷，《朱子全书》本。

（宋）杨简撰《杨氏易传》20卷，《四库全书》本。

（宋）杨万里撰《张先生校正杨宝学易传》20卷，宋刻本，今藏国家图书馆。

（宋）杨万里撰《诚斋易传》20卷，《四库全书》本。

（宋）俞琰撰《读易举要》4卷，《四库全书》本。

（宋）雷思齐撰《易图通变》5卷，《道藏》（正统本）本。

（元）萧汉中撰《读易考原》1卷，《四库全书》本。

（明）蔡清撰《易经蒙引》12卷，《四库全书》本。

（明）来知德撰《周易集注》16卷，《四库全书》本。

（明）胡居仁撰《易象钞》18卷，《四库全书》本。

（明）孙应鳌撰《淮海易谈》4卷，《四库全书存目丛书》本。

（清）孙奇逢撰《读易大旨》5卷，《四库全书》本。

（清）王夫之撰《周易稗疏》4卷《考异》1卷，《四库全书》本。

（清）王夫之撰《周易内传》12卷，《船山遗书》（道光本）本。

（清）王夫之撰《周易内传发例》1卷，《船山遗书》本。

（清）王夫之撰《周易外传》7卷，中华书局，1977。

（清）王夫之撰《周易大象解》1卷，《船山遗书》本。

（清）王夫之撰《周易考异》1卷，《船山遗书》本。

（清）黄宗羲撰《易学象数论》6卷，《四库全书》本。

（清）黄宗炎撰《周易象辞》21卷，《四库全书》本。

（清）黄宗炎撰《周易寻门余论》1卷，《四库全书》本。

（清）黄宗炎撰《易学辨惑》1卷，《四库全书》本。

（清）胡渭撰，王易等整理《易图明辨》，巴蜀书社，1991。

（清）毛奇龄撰《仲氏易》30卷，《西河合集》本。

（清）毛奇龄撰《推易始末》4卷，《西河合集》本。

（清）惠栋撰《易汉学》8卷，《四库全书》本。

（清）惠栋撰《易例》2卷，《四库全书》本。

（清）孙星衍撰《周易集解》（2册），成都古籍书店，1988影印本。

（清）张惠言撰，（清）张敦仁点校并跋《周易虞氏义》9卷《周易虞氏消息》2卷，清嘉庆八年（1803）琅嬛仙馆刻本。

（清）焦循撰《易章句》12卷，《皇清经解》本。

（清）焦循撰《易通释》20卷，《皇清经解》本。

（清）焦循撰《易图略》8卷，《皇清经解》本。

（清）崔述撰《易卦图说》1卷，《崔东壁遗书》本。

（清）罗泽南撰《周易附说》1卷，《罗忠节公遗集》本。

（清）陈澧撰《易义纂释》5卷，《求在我斋全集》本。

蔡尚思撰《周易思想要论》，湖南教育出版社，1991。

蔡尚思主编《十家论易》，岳麓书社，1993。

高亨撰《周易古经通说》，中华书局，1958。

高亨撰《周易大传今注》，齐鲁书社，1998。

高亨撰《周易古经今注》（重订本），中华书局，1987。

金景芳撰《易通》，商务印书馆，1945。

金景芳、吕绍纲撰《周易全解》，吉林大学出版社，1989。

李学勤撰《周易经传溯源》，长春出版社，1992。

南怀瑾、徐芹庭撰《周易今注今译》，台湾商务印书馆，1979。

宋祚胤撰《周易新论》，湖南教育出版社，1982。

唐明邦等编《周易纵横录》，湖北人民出版社，1986。

张立文撰《帛书周易注释》，中州古籍出版社，1992。

朱伯崑撰《易学哲学史》第一、二、三、四卷，昆仑出版社，2005。

章太炎等撰《易学论丛》（附《易学书目汇纂》），广文书局，1971。

后 记

俗话说，靠山吃山，靠水吃水。强调的是利用身边现有资源，开展生产劳作和生活实践。这几年在地方工作，作为一名研究者，靠什么山、吃什么水呢？这是我颇费思量的事情。有同事听说我的问题后，建议我研究陈法的哲学思想。现在看来，研究陈法哲学思想，并非搜罗维持生计的山水资源一样朴素简单，而是一件花费精力但意义重大的研究工作。虽然研究有难度，耗时耗神，但终究基本完成了研究任务，基本达到了预期目标。这源于陈法严谨的治学精神和丰富成果对我的吸引和感召。

古人以"立德""立功"和"立言"为"三不朽"，立德靠"力"，即靠个人的不懈努力和修养；立功靠"命"，用现在的话说，即靠"机遇"；立言靠"才"，即靠天赋。立德、立功、立言的排名，是有讲究的，立德居首，表明古人更看重人的德行。次为功名，功名不行了，最后才不得不发表一些议论，写点东西，留下一些文献、著作什么的。陈法主讲贵山书院十有余年，不仅提出了一系列"学约""学规"以约束和规范教学，取得了良好成效，且曾用自己的薪水资助困难学生完成学业，在师德方面做出了榜样，为后人所称道。陈法在外为官26年，治河治水有方，曾给朝廷提出过可行的建议和意见，留下了许多宝贵经验，可谓功成名就。后因替同事白钟山辩冤，得罪朝廷，于乾隆十三年（1748年）被谪内蒙古十六军台戍边。陈法赴十六军台时，用马匹驮了一万多册书随身相伴。这种被环境逼出来的"立言"的"机遇"，反而真正使陈法有机会集中精力系统深入地研究《周易》，撰有《易笺》八卷。在《易笺》中，陈法总结并批判地继承了历代著名易学家研究《周易》的经验得失，在关于易的起源、易的性质、《周易》体系结构和解易体例等方面，提出了自己独到的见解。陈法解易，曾得到四库馆编纂者的肯定，《易笺》亦被收入《四库全书》。

2011年，我以"陈法先生治河治水及哲学思想研究"为题，申请贵州省教育厅自然科学研究课题，获准立项。课题组按照研究计划认真开展相关研究。随着研究的不断深入，课题组根据陈法先生的思想实际，向贵州省教育厅提出申请，将课题名称调整为"陈法哲学思想研究"，目的在于先集中精力研究陈法最具代表性的易学和儒学思想。申请得到教育厅的批准。2013 年 12 月，课题"陈法哲学思想研究"结题，同行专家对结题成果给予了充分肯定，认为成果具有填补研究空白的意义。

2013 年 9 月，在课题研究的过程中，课题组成员有幸在陈法的故乡平坝参加了一次陈法思想文化研讨会，课题主持人有机会在会上向与会者讲述了自己研究陈法哲学思想的心得和体会，有关专家也提出了很好的建议和意见。课题组成员还趁机考察了陈法故里和陈法墓，亲身感受了"一门四进士；父子两翰林"的文化气息，并领略了陈法墓"黄龙奔江"的气势。当然，真正感染课题组成员的，并非陈法墓奔腾入江的气势，而是陈法求实、创新的学术风格和精神，这种精神让我们作为后继的学术研究者，终身受益。

研究开始时，新版《黔南丛书》第一、二辑，《陈法诗文集》《陈法诗文集续》等均未出版，资料寥寥。这个时候，关心、关注陈法思想研究状态的陈德远、吕燕平、张定贵等学者，为课题主持人提供了宝贵的资料，使得课题的初步研究得以顺利开展，在此一并致以衷心的感谢！

王芳恒

2015 年 4 月 13 日于安顺

图书在版编目（CIP）数据

陈法哲学思想研究/王芳恒著.—北京：社会科学文献出版社，
2016.4

ISBN 978 - 7 - 5097 - 8518 - 8

Ⅰ.①陈…　Ⅱ.①王…　Ⅲ.①陈法（1692~1766）- 哲学思想 -
研究　Ⅳ.①B249.9

中国版本图书馆 CIP 数据核字（2015）第 303420 号

陈法哲学思想研究

著　　者/王芳恒

出 版 人/谢寿光
项目统筹/王　绯　黄金平
责任编辑/黄金平

出　　版/社会科学文献出版社·社会政法分社（010）59367156
　　　　　地址：北京市北三环中路甲 29 号院华龙大厦　邮编：100029
　　　　　网址：www. ssap. com. cn
发　　行/市场营销中心（010）59367081　59367018
印　　装/三河市尚艺印装有限公司

规　　格/开本：787mm×1092mm　1/16
　　　　　印张：23　字数：385 千字
版　　次/2016 年 4 月第 1 版　2016 年 4 月第 1 次印刷
书　　号/ISBN 978 - 7 - 5097 - 8518 - 8
定　　价/98.00 元

本书如有印装质量问题，请与读者服务中心（010 -59367028）联系